大国之兴

China's Renaissance

使命型政党与中国式现代化

Mission-oriented Political Party and Chinese Modernization

黄相怀 / 著

北京出版集团
北京人民出版社

图书在版编目（CIP）数据

大国之兴：使命型政党与中国式现代化 / 黄相怀著. —
北京：北京人民出版社，2024. 5（2024.9重印）
ISBN 978-7-5300-0615-3

Ⅰ. ①大… Ⅱ. ①黄… Ⅲ. ①中国共产党 — 党的建设
— 研究②现代化建设 — 研究 — 中国 Ⅳ. ①D26 ②D616

中国国家版本馆 CIP 数据核字（2024）第049852号

总 策 划：高立志　　　责任编辑：侯天保
责任印制：燕雨萌　　　责任营销：王绍君
封面设计：田　晗

大国之兴
使命型政党与中国式现代化
DAGUO ZHI XING
黄相怀　著

出　　版　北京出版集团
　　　　　北京人民出版社
地　　址　北京北三环中路6号
邮　　编　100120
网　　址　www.bph.com.cn
发　　行　北京伦洋图书出版有限公司
印　　刷　北京华联印刷有限公司
经　　销　新华书店
开　　本　710毫米 ×1000毫米　1/16
印　　张　25.5
字　　数　362千字
版　　次　2024年5月第1版
印　　次　2024年9月第2次印刷
书　　号　ISBN 978-7-5300-0615-3
定　　价　108.00元

如有印装质量问题，由本社负责调换
质量监督电话　010-58572393

目录

序章　新时代坐标中的中国共产党与中国特色社会主义

上篇　使命型政党

下篇 中国式现代化

结束语　向下一个100年再进发

China's Renaissance

使命型政党与中国式现代化

Mission-oriented Political Party and Chinese Modernization

序　章

新时代坐标中的
中国共产党与中国特色社会主义

党的二十大报告指出，进入中国特色社会主义新时代，改革开放和社会主义现代化建设深入推进，书写了经济快速发展和社会长期稳定两大奇迹新篇章，我国发展具备了更为坚实的物质基础、更为完善的制度保证，实现中华民族复兴进入了不可逆转的历史进程。并且，中国人民的前进动力更加强大、奋斗精神更加昂扬、必胜信念更加坚定，焕发出更为强烈的历史自觉和主动精神，中国共产党和中国人民正信心百倍推进中华民族从站起来、富起来到强起来的伟大飞跃。这句话实际上指明，党的十八大以来，以习近平同志为核心的党中央肩负起实现中华民族伟大复兴的历史使命，站在了实现强起来的新的历史起点上。“新中国”“新时期”“新时代”既紧密相连又层层递进，构成了中国特色社会主义发展波澜壮阔的历史画卷。同时也指明，科学社会主义在中国，进而中国特色社会主义在世界，焕发新的蓬勃生机，由低位向高位迈进，站在了中国特色社会主义自我主张、自我确证而又得到更广泛认可的新的历史起点上。

一、一以贯之坚持和发展中国特色社会主义

习近平总书记指出：“中国特色社会主义不是从天上掉下来的，是党和人民历尽千辛万苦、付出各种代价取得的根本成就。”① 中国特色社会主义，是科学社会主义理论逻辑和中国社会发展历史逻辑的辩证统一，是根植于中国大地、反映中国人民意愿、适应中国和时代发展进步要求的科学社会主义，是全面建成小康社会、加快推进社会主义现代化、实现中华民

① 习近平：《在纪念毛泽东同志诞辰120周年座谈会上的讲话》（2013年12月26日），人民出版社2013年版，第14页。

族伟大复兴的必由之路。[①]

中国共产党从成立起就肩负着实现中华民族伟大复兴的历史使命。100多年来，我们党坚持把马克思主义基本原理同中国具体实际和时代特征结合起来，独立自主走自己的路，历经千辛万苦，付出各种代价，胜利完成了新民主主义革命、社会主义革命，胜利进行了改革开放新的伟大革命，开创和发展了中国特色社会主义，推动进入中国特色社会主义新时代，从根本上改变了中国人民和中华民族的前途命运。

中国特色社会主义，承载着几代中国共产党人的理想和探索，寄托着无数仁人志士的意愿和期盼，凝聚着千千万万革命先烈的奋斗和牺牲，凝聚着全国各族人民的奋斗和实践，传承着中华优秀传统文化，是近代以来中国社会发展的必然选择，是历史和人民的选择，是文化和文明的选择。中国特色社会主义伟大实践，不仅使我们国家快速发展起来，使我国人民生活水平快速提高起来，使中华民族大踏步赶上时代前进潮流、迎来伟大复兴的光明前景，而且使中国人民和中华民族为世界和平与发展作出了重大贡献。事实雄辩地证明，要发展中国、稳定中国，要全面建成小康社会、加快推进社会主义现代化，要实现中华民族伟大复兴，必须坚定不移坚持和发展中国特色社会主义。[②]

科学社会主义在近代中国从多项选择之一成为单项选择之唯一，是社会发展规律的必然体现。选择以马克思主义为指导思想，选择以共产主义为未来理想，选择社会主义为奋斗目标，是近现代中国历史发展的必然结果。社会主义思想从提出到现在的历史过程，大致分为六个时间段：包括空想社会主义产生和发展，马克思、恩格斯创立科学社会主义理论体系，列宁领导十月革命胜利并实践社会主义，苏联模式逐步形成，新中国成立后我们党对社会主义的探索和实践，我们党作出进行改革开放的历史性决

① 习近平：《在新进中央委员会的委员、候补委员学习贯彻党的十八大精神研讨会开班式上的讲话》（2013年1月5日），《人民日报》2013年1月6日。

② 习近平：《在党的十八届一中全会上的讲话》（2012年11月15日），《求是》2013年第1期。

策、开创和发展中国特色社会主义。[①] 近代中国呈现出积贫积弱、落后挨打的衰败状况，中华民族和中国人民蒙受了耻辱、失去了尊严。从洪秀全领导的太平天国革命，到康有为、梁启超领导的戊戌变法，以至孙中山领导的辛亥革命，最后都以失败告终，都没能救中国。近现代中国实现民族独立、人民解放和国家富强、人民富裕的基本主题，迫切实现从传统到现代转型的基本要求，积贫积弱、发展落后的基本国情，从根本上决定了只有马克思列宁主义才能指引中国、只有社会主义才能救中国。毛泽东深刻指出："马克思列宁主义来到中国之所以发生这样大的作用，是因为中国的社会条件有了这种需要，是因为同中国人民革命的实践发生了联系，是因为被中国人民所掌握了。"[②]

一个国家、一个民族要选择什么样的社会制度，都是与其历史发展走向密切相关的，都有其历史决定性。邓小平指出："人们提出这样一个问题，如果中国不搞社会主义，而走资本主义道路，中国人民是不是也能站起来，中国是不是也能翻身？让我们看看历史吧。国民党搞了二十几年，中国还是半殖民地半封建社会，证明资本主义道路在中国是不能成功的。中国共产党人坚持马克思主义，坚持把马克思主义同中国实际结合起来的毛泽东思想，走自己的道路，也就是农村包围城市的道路，把中国革命搞成功了。"[③]

中国革命的胜利和社会主义制度的确立，奠定了当代中国一切发展进步的政治前提和制度基础。在落后条件下搞社会主义建设，一无成熟理论为指导，二无成功经验可借鉴，必然要付出种种代价，出现种种失误与挫折。但是这也启迪后来者，在中国进行社会主义建设，必须要走出一条充满探索和开创精神的新路，找准社会主义与中国实际的恰当结合点，实现二者的有机融合、相互贯通，把"在中国建设社会主义"命题落实为"建

---

① 习近平：《在新进中央委员会的委员、候补委员学习贯彻党的十八大精神研讨班开班式上的讲话》（2013年1月5日），《人民日报》2013年1月6日。

② 《毛泽东选集》（第四卷），人民出版社1991年版，第1515页。

③ 《邓小平文选》（第三卷），人民出版社1993年版，第62—63页。

设中国的社会主义”命题。由此，中国特色社会主义是社会主义在中国发展演变的必然结果，是社会主义中国的必然选择，是在改革开放新时期对社会主义革命和建设的历史任务继承和发展的必然结论。

中国特色社会主义是邓小平于1982年党的十二大开幕词中最先提出来的，是在和平与发展成为时代主题的历史条件下，在我国改革开放和社会主义现代化建设的实践过程中，在总结我国社会主义胜利和挫折的历史经验，并借鉴其他国家社会主义兴衰成败历史教训的基础上，逐步形成和发展起来的。以邓小平同志为核心的党的第二代中央领导集体带领全党全国各族人民深刻总结我国社会主义建设正反两方面经验，借鉴世界社会主义历史经验，作出把党和国家工作中心转移到经济建设上来、实行改革开放的历史性决策，深刻揭示社会主义本质，确立社会主义初级阶段基本路线，明确提出走自己的路、建设中国特色社会主义，科学回答了建设中国特色社会主义的一系列基本问题，成功开创了中国特色社会主义。正如有学者评价中国的经济改革，从始至今，从来都没有想到放弃社会主义，而转向资本主义。相反，改革的目标是“社会主义现代化”，改革被看作第二次革命，一次新的长征。①

在全党全国人民的长期持续努力下，中国特色社会主义取得了巨大的建设成就，社会主义中国焕发出勃勃生机，走出了一条中国特色社会主义的成功之路。这充分说明，中国特色社会主义是正确抉择、必然选择，是势所必至、理所当然。中国特色社会主义，既坚持了科学社会主义基本原则，又根据时代条件赋予其鲜明的中国特色，以全新的视野深化了对共产党执政规律、社会主义建设规律、人类社会发展规律的认识，从理论和实践结合上系统回答了在中国这样人口多底子薄的东方大国建设什么样的社会主义、怎样建设社会主义这个根本问题。②

---

① 〔英〕罗纳德·哈里·科斯、王宁：《变革中国——市场经济的中国之道》，中信出版社2013年版，第206页。

② 胡锦涛：《坚定不移沿着中国特色社会主义道路前进　为全面建成小康社会而奋斗——在中国共产党第十八次全国代表大会上的报告》，人民出版社2012年版，第13页。

中国是社会主义的国家而不是其他什么国家，中国特色社会主义是社会主义而不是其他什么主义。

毫不动摇地坚持中国特色社会主义，是当代中国一切发展进步的根本保证。中国特色社会主义是植根于中国大地、反映中国人民愿望、适应中国发展进步要求的社会主义，是马克思主义基本原理与当代中国伟大实践共同孕育而出的科学社会主义。马克思主义经典作家是在深刻分析人类社会基本矛盾和历史发展一般规律的基础上创立科学社会主义学说的，中国特色社会主义是马克思主义基本原理同时代特征和中国国情相结合的产物。中国特色社会主义道路之所以正确、之所以能够引领中国发展进步，关键在于我们既坚持了科学社会主义的基本原则，又根据我国实际赋予其鲜明的中国特色。中国特色社会主义之所以能够历经国际共产主义运动巨大挫折而愈益展现其强大生命力，关键在于它坚持了社会主义的正确方向，在马克思主义的指导下体现了中国社会发展规律、顺应了人类社会发展规律。

在中国特色社会主义伟大旗帜指引下，党团结带领全国各族人民凝心聚力、凝魂聚气，聚精会神搞建设，一心一意谋发展，使得社会主义中国的面貌发生了历史性变化：社会主义的优势在中国得到了充分释放，中国的社会主义建设成就在世界范围内引起了广泛关注，中国人民渐渐找回了屹立于世界民族之林的尊严和信心。实践充分证明，中国特色社会主义是党和人民的正确选择，是必须长期坚持的根本方向，是未来中国发展进步的基本遵循，是社会主义中国最为鲜明的标识。离开或背离中国特色社会主义，必将脱离中国具体国情，必将偏离马克思主义的科学指导，从而必将走上封闭僵化的老路或改旗易帜的邪路，不但未来毫无希望，所有已经取得的一切成就也将失去。国内外有些舆论曾提出过中国现在搞的究竟还是不是社会主义的疑问，有人说是“资本社会主义”，还有人干脆说是“国家资本主义”“新官僚资本主义”。这些都是完全错误的。我们说中国特色社会主义是社会主义而不是其他什么主义，最根本的就在于中国特色社会主义成功实现了马克思主义与中国实际相结合：它既坚持了科学社会主义基本原则，又根据我国实际和时代特征赋予其鲜明的中国特色；既破除了对马克思主义的教条式理解，又抵制了偏离和抛弃社会主义基本制度的错误主张。党和国家的长期实践充分证明，只有社会主义才能救中国，只有中国特色社会主义才能发展中国。[①]

二、推动中国特色社会主义不断发展完善

与改革开放以来的历届党中央面临的任务不同，以习近平同志为核心的党中央面临着推动中国特色社会主义更加成熟定型的历史性任务。经过多年不懈的努力，我们一心一意为之奋斗的中国特色社会主义的整体轮廓已经浮现：

在道路层面，我们党带领全国各族人民探索形成了中国特色社会主义道路。这条道路，是实现全面建成小康社会目标、不断推进社会主义现代化建设、实现中华民族伟大复兴的唯一正确的道路。中国特色社会主义道路，是实现我国社会主义现代化的必由之路，是创造人民美好生活的必由之路。中国特色社会主义道路，既坚持以经济建设为中心，又全面推进经济建设、政治建设、文化建设、社会建设、生态文明建设以及其他各方面建设；既坚持四项基本原则，又坚持改革开放；既不断解放和发展社会生产力，又逐步实现全体人民共同富裕、促进人的全面发展。[②]

在理论层面，我们一定要以我国改革开放和现代化建设的实际问题、以我们正在做的事情为中心，着眼于马克思主义理论的运用，着眼于对实际问题的理论思考，着眼于新的实践和新的发展。[③] 我们党坚持“两个结合”，形成了习近平新时代中国特色社会主义思想。这一重要思想，是当代

---

① 习近平：《紧紧围绕坚持和发展中国特色社会主义　学习宣传贯彻党的十八大精神——在十八届中共中央政治局第一次集体学习时的讲话》（2012年11月17日），人民出版社2012年版，第2页。

② 习近平：《紧紧围绕坚持和发展中国特色社会主义　学习宣传贯彻党的十八大精神——在十八届中共中央政治局第一次集体学习时的讲话》（2012年11月17日），人民出版社2012年版，第4页。

③ 习近平：《紧紧围绕坚持和发展中国特色社会主义　学习宣传贯彻党的十八大精神——在十八届中共中央政治局第一次集体学习时的讲话》（2012年11月17日），人民出版社2012年版，第4—5页。

中国马克思主义、二十一世纪马克思主义，是中华文化和中国精神的时代精华，是党和人民实践经验和集体智慧的结晶，是全党全国人民为实现中华民族伟大复兴而奋斗的行动指南。

在制度层面，我们完善和发展了人民代表大会制这一根本政治制度，包括中国共产党领导的多党合作和政治协商制度、民族区域自治制度以及基层群众自治制度在内的基本政治制度，公有制为主体、多种所有制经济共同发展的基本经济制度，以及建立在根本政治制度、基本政治制度、基本经济制度基础上的经济体制、政治体制、文化体制、社会体制等各项具体制度。坚持把根本政治制度、基本政治制度同基本经济制度以及各方面体制机制等具体制度有机结合起来，坚持把国家层面民主制度同基层民主制度有机结合起来，坚持把党的领导、人民当家作主、依法治国有机结合起来，符合我国国情，集中体现了中国特色社会主义的特点和优势，是中国发展进步的根本制度保障。①

在文化层面，中国共产党强调，坚定中国特色社会主义道路自信、理论自信、制度自信，说到底是要坚定文化自信。文化自信是更基本、更深沉、更持久的力量。中国共产党深刻认识到，一个民族的复兴需要强大的物质力量，也需要强大的精神力量。没有先进文化的积极引领，没有人民精神世界的极大丰富，没有民族精神力量的不断增强，一个国家、一个民族不可能屹立于世界民族之林。强调要围绕我国和世界发展面临的重大问题，着力提出能够体现中国立场、中国智慧、中国价值的理念、主张、方案。我们不仅要让世界知道舌尖上的中国，还要让世界知道学术中的中国、理论中的中国、哲学社会科学中的中国，让世界知道发展中的中国、开放中的中国、为人类文明作贡献的中国。

尽管仍处于不断发展完善之中，但中国特色社会主义的基本发展取向、基本理论指导和基本制度架构已经趋于成型，这在中国特色社会主义建设

① 习近平：《紧紧围绕坚持和发展中国特色社会主义　学习宣传贯彻党的十八大精神——在十八届中共中央政治局第一次集体学习时的讲话》（2012 年 11 月 17 日），人民出版社 2012 年版，第 5 页。

历史进程中具有极其重大的意义。它标志着，在缺乏理论指导和经验借鉴条件下开启的中国改革开放和社会主义现代化建设事业，经过几十年的摸索，已经有了初步定型化的结论；我们当前和今后进一步深入推进中国特色社会主义，已经有了基本的遵循；应对各种可以预料和难以预料的风险挑战，有了更加稳固的依靠。

自觉自信地完善中国特色社会主义，是主动赢得未来的努力方向。实践证明，中国特色社会主义所积累积淀的实践、理论、制度和文化成果，适应了生产力和经济基础的客观要求，已经形成了一种新型的生产关系和上层建筑，已经形成了一种新型的国家制度和政党制度，有利于保持党和国家的活力，有利于调动人民群众的积极性、主动性和创造性，有利于解放和发展社会生产力，有利于维护公平正义、实现共同富裕，有利于集中力量办大事、有效应对各种风险挑战，有利于维护民族团结、保持社会稳定和实现国家统一。今天的中国，同新中国成立以前之中国相比，同鸦片战争以后之中国相比，有天壤之别。同欧美一些国家受困于金融危机、债务危机相比，同一些发展中国家陷入发展陷阱相比，同西亚北非一些国家政治动荡、社会混乱相比，我国可以说是“东方山河春长在”。在这种对比中所蕴含的一个国家发展与治理的底层逻辑，颇值得深思。

事实雄辩地证明：中国特色社会主义这条路，走得对、走得好。中国特色社会主义这条道路来之不易，它是在改革开放40多年的伟大实践中走出来的，是在中华人民共和国成立70多年的持续探索中走出来的，是在对近代以来170多年中华民族发展历程的深刻总结中走出来的，是在对中华民族5000多年悠久文明的传承中走出来的，具有深厚的历史渊源和广泛的现实基础。中国人民珍视自己为之奋斗的成果，必然沿着自己的选择继续坚定不移地走下去，这就是自觉自信地完善中国特色社会主义的客观依据。

同时，实践发展永无止境，认识真理永无止境，理论创新永无止境，建设中国特色社会主义的历史条件和时代特征仍处于发展变化之中，一系列迫切需要解答的重大理论和实际问题不断涌现。改革开放在取得举世瞩目成就的同时，也积累了许多新的矛盾和问题。改革开放进入深水区，发展面临新的历史节点。这要求我们党一定要勇于实践、勇于变革、勇于创新，把握时代发展要求，顺应人民共同愿望，在深化对共产党执政规律、社会主义建设规律、人类社会发展规律的认识的同时，更加注重探索和把握中国特色社会主义发展规律。在底线思维、风险意识上，到什么时候也都不能放松。

正如一棵大树上没有完全一样的两片树叶一样，天下没有放之四海而皆准的经验，也没有一成不变的发展模式。西方仍普遍认为，中国最终会遵循他们的发展道路，这只是一厢情愿，必然面临来自中国的挑战。① 中国特色社会主义肯定还要不断发展、不断完善。世界在变化，中国也在变化，中国特色社会主义也必须随着形势和条件的变化而向前发展。只有不断与时俱进，中国才能充满活力。我们愿意借鉴人类一切文明成果，但不会照抄照搬任何国家的发展模式。② 从中国特色社会主义的本质要求和内在规定出发，着眼社会主义初级阶段总依据、五位一体总布局、实现社会主义现代化和中华民族伟大复兴总任务，把中国特色社会主义不断推向前进，使之越来越成功、越来越成熟、越来越成型，越来越成为一种较为完善的社会形态，从而进一步丰富和发展人类文明新形态。

三、坚持和发展中国特色社会主义的新时代自觉

中国特色社会主义始终表现出在改革开放和社会主义现代化建设事业中不断丰富深化的鲜明特征。十一届三中全会以来，以邓小平同志为主要代表的中国共产党人，开辟了社会主义事业发展的新时期，逐步形成了建设中国特色社会主义的路线、方针、政策，阐明了在中国建设社会主义、

---

① 〔英〕马丁·雅克：《当中国统治世界——中国的崛起和西方世界的衰落》，张莉、刘曲译，中信出版社2010年版，第160页。

② 习近平：《接受金砖国家媒体联合采访》（2013年3月19日），《人民日报》2013年3月20日。

巩固和发展社会主义的基本问题。十三届四中全会以来，以江泽民同志为主要代表的中国共产党人，在建设中国特色社会主义的实践中，加深了对什么是社会主义、怎样建设社会主义和建设什么样的党、怎样建设党的认识，积累了治党治国新的宝贵经验，形成了“三个代表”重要思想。十六大以来，以胡锦涛同志为总书记的党中央根据新的发展要求，集中全党智慧，提出了科学发展观。十八大以来，习近平新时代中国特色社会主义思想则实现了马克思主义中国化的又一次飞跃，成为当代中国的马克思主义、21 世纪的马克思主义。

在长期实践中，我们党坚持马克思主义的思想路线，不断探索和回答什么是社会主义、怎样建设社会主义，建设什么样的党、怎样建设党，实现什么样的发展、怎样发展等重大理论和实际问题，不断推进马克思主义中国化，坚持并丰富党的基本理论、基本路线、基本纲领、基本经验。可以看出，中国特色社会主义，一方面是理论指导下的现实展开，另一方面，又是在实践中不断丰富发展的理论总结，“实践—认识—再实践—再认识”构成了中国特色社会主义螺旋式前进的基本动力和基本路径。这是中国特色社会主义的最鲜明特点，也是它的最显著优势。“中国经济改革过程中最非凡的特征或许在于，中国共产党在市场化转型的 30 年中不但没有消亡，而且发展得更加强大。这既非缘于共产党本身的坚不可摧，也不是因为社会主义的优越性，而是体现出共产党在失败的社会主义试验之后所展现出的组织灵活性与适应性。”①

自新时代由往及今观之，如果说，毛泽东对中国社会主义的探索与试验是辩证发展过程中“正”的阶段，为而后的发展作了必要的准备，奠定了基础；邓小平纠正了毛泽东晚年的错误，继续进行试验，初步形成了中国特色社会主义理论，其后继者进一步丰富和发展了这一理论，这是辩证发展过程中“反”的阶段；理论发展的自身逻辑和当代中国社会的现实要

① 〔英〕罗纳德·哈里·科斯、王宁：《变革中国——市场经济的中国之道》，中信出版社 2013 年版，第 209 页。

求需要一个“合”的阶段。“合”不是复旧，而是在“正”“反”两阶段基础上进行综合创新。中国特色社会主义取得了伟大的成就，积累了丰富的经验和深刻的教训，现在客观上已进入到“合”的阶段。但“合”需要主观条件，需要有开拓创新、敢冒风险和坚强有力的领导集体。“合”不仅要有经验智慧和领导艺术，而且要有胆量魄力和钢铁意志。全党全国团结在以习近平同志为核心的党中央周围，同心同德做好“合”的大文章，共同把中国特色社会主义事业推向更高水平，围绕坚持和发展中国特色社会主义作出了以下贡献：

新时代更加明确奋力实现中国梦是坚持和发展中国特色社会主义的愿景主旨。革命年代，马克思主义经典作家对于未来社会的构想激发了一代又一代共产党人为之浴血拼搏、至死不悔；建设年代，为了加快建设社会主义的“四个现代化”，全党全国各族人民凝心聚力、自强不息，既取得了巨大的成就，也经历了不小的曲折；改革开放以来，在小康社会和基本实现现代化目标的激励下，中国共产党最高领导团队一任接着一任干，一步一个脚印地向着目标靠近。运用“中国梦”这个词语，习近平总书记进一步升华了近代以来包括共产党人在内先进的中国人孜孜以求的伟大复兴的夙愿，进一步明确了当代中国人应当为之付出全部心血和汗水的努力方向，进一步在过去和未来之间、在理想和现实之间设置了中国特色社会主义的时空方位，从而以鲜活、生动的中国梦明确了坚持和发展中国特色社会主义的愿景主旨。

新时代更加明确全面深化改革是坚持和发展中国特色社会主义的必由之路。在长期孕育中，中国特色社会主义创生于改革开放伟大实践，发展于、壮大于持续进行的改革开放之中，改革开放与中国特色社会主义内在有机地连接为一体，构成了党和国家事业不断前进的一体之两面。以习近平同志为核心的党中央深刻认识到，改革进入到攻坚期和深水区，必须打一场全面改革的围剿战，打一场深化改革的攻坚战，打造中国改革，才能进一步更好地坚持和发展中国特色社会主义。同时，也只有通过全面深化改革，中国特色社会主义这篇大文章才能更好地续写下去，才能在理论上更加立得住、在制度上更加站得稳、在道路上更加蹚得开，从而获得新的更加持久的发展动力。

新时代更加明确“五位一体”总布局是坚持和发展中国特色社会主义的基本内容。坚持和发展中国特色社会主义有形式上的要求，更重要的是有具体内容的要求。在当代中国，坚持和发展中国特色社会主义的基本内容，就是“五位一体”总布局。由于中国特色社会主义是全面发展的社会主义，因此经济建设、政治建设、文化建设、社会建设和生态文明建设的任何一项内容都不可或缺。同时，在坚持和发展中国特色社会主义的过程中，必须突出重点，坚持以经济建设为中心，推动社会全面进步。因此，必须按照经济基础与上层建筑、生产力与生产关系之间的互动规律办事，建设良性发展、高效运行的中国特色社会主义新范式。

新时代更加明确进行伟大斗争是坚持和发展中国特色社会主义的必然要求。在新的历史条件下坚持和发展中国特色社会主义，所面临的艰难险阻以及所要求的政治魄力和智慧，既不同于革命年代，也不同于改革开放初期。从一定意义上说，当前所面临的困难、风险和挑战都大大增加了，且内部因素和外部因素、经济因素和政治因素、观念诉求和利益诉求相互叠加交织。如果不能够以坚忍勇毅的态度和无私无畏的气魄进行坚决的斗争，非但中国特色社会主义这篇大文章难以续写下去，已经取得的成果都有失掉的危险。当然，进行许多具有新的历史特点的伟大斗争，并不是要回到“阶级斗争”那样“左”的老路上去，也不是倡导一种“斗争哲学”。斗争绝对不是全部，而是更宏大的政治操盘的其中一部分。斗争是手段，目的是实现安全稳定与和平的发展。只有进行新的伟大斗争，才能引导社会思想意识，才能推动经济社会发展，才能维护社会稳定局面，才能确保国家长治久安，才能实现党长期执政的历史使命。

新时代更加明确人民群众是坚持和发展中国特色社会主义的主体力量。毛泽东说过：“人民，只有人民，才是创造世界历史的动力。”① 对于中国

① 《毛泽东选集》（第三卷），人民出版社 1991 年版，第 1031 页。

共产党人来说，这绝不仅仅是一句口号，而是有着深刻体悟的现实政治要求。“人民群众是我们力量的源泉。”① 坚持和发展中国特色社会主义，归根结底，就是为了能让国家实现良好治理、人民过上幸福生活。同时，在坚持和发展中国特色社会主义的具体路径上说，人民群众的愿望要求构成了坚持和发展中国特色社会主义的努力方向，人民群众的评价判断构成了坚持和发展中国特色社会主义的衡量标准，人民群众的分享和参与构成了坚持和发展中国特色社会主义的支撑力量。中国共产党之所以伟大，就在于她能够顺应人民过上好日子的期盼要求，在对民心民意深思熟虑的基础上，以科学的手段和良好的政策充分调动起最广大人民群众的积极性、主动性和创造性，从而把建设中国特色社会主义伟大事业一步步推向前进。因而新时代中国共产党人明确喊出人民至上，强调江山就是人民，人民就是江山，宣示：“人民对美好生活的向往，就是我们的奋斗目标。”

新时代更加明确党的领导是坚持和发展中国特色社会主义的根本保证。二十大报告明确：中国特色社会主义的本质特征是中国共产党领导，中国特色社会主义的最大优势是中国共产党领导，中国共产党是最高政治领导力量，坚持党中央集中统一领导是最高政治原则。中国特色社会主义之所以能够快速平稳发展、取得巨大成就，之所以能够经受住市场化、全球化和信息化的冲击而立于不败之地，之所以能够不断获得实践特色、理论特色、民族特色、时代特色，从根本上说都取决于中国共产党的领导的持续改善与不断加强。经济社会发展水平越高，坚持和发展中国特色社会主义所面临的情况越复杂，任务越艰巨，就越离不开中国共产党的领导。中国共产党以其强大的政治动员能力、社会整合能力、决策执行能力和全局掌控能力，保证了中国特色社会主义既不偏离社会主义的基本原则，又不脱离中国的具体国情，从而始终沿着正确的道路顺利前进。

因而习近平总书记指出：“站立在960万平方公里的广袤土地上，吸吮

---

① 习近平：《在十八届中共中央政治局常委同中外记者见面时的讲话》（2012年11月15日），《人民日报》2012年11月16日。

着中华民族漫长奋斗积累的文化养分，拥有13亿中国人民聚合的磅礴之力，我们走自己的路，具有无比广阔的舞台，具有无比深厚的历史底蕴，具有无比强大的前进定力。”①

四、中国特色社会主义新时代的历史方位与显著特征

从历史比较的角度看，当年邓小平领导建设的中国特色社会主义，是在没有历史先例的情况下开辟一条社会主义中国的发展新路，而今天以习近平同志为核心的党中央所领导的新时代中国特色社会主义建设事业，主要是在以往的基础上向着更高层次提升。也就是说，在坚持党的基本路线，在继续推动经济发展的同时，需要更好解决我国社会出现的各种问题，更好实现各项事业全面发展，更好发展中国特色社会主义事业，更好推动人的全面发展、社会全面进步。

从所处的世界大背景看，中国特色社会主义建设起步阶段的任务，主要是抓住和用好世界给中国带来的战略机遇，重点是克服思想障碍和体制障碍融入世界；今天新时代的中国特色社会主义，主要任务则是中国如何在纵横捭阖中为自己创造新的战略机遇，重点是与世界各国共同构建人类命运共同体，扩大和平发展的战略机动空间。这不但需要从中国的视角经略中国，更加需要从全球的角度经略中国。

以前，当落后成为中国人对中国最大感受时，改革开放必然要以解决发展落差为主要任务，这是符合当时的实际的。今天，当特色、优势成为中国人对中国最大期待时，中国既要在一定程度上解决发展落差问题，同时必须把解决中国自身发展的合理性与中国特色社会主义制度本身的优越性问题即制度优势问题，作为重心所在。其大背景在于，在新时代条件下，发达国家不再是中国唯一的参照体系，中国开始以整个世

① 习近平：《在纪念毛泽东同志诞辰120周年座谈会上的讲话》（2013年12月26日），人民出版社2013年版，第20页。

界的发展态势作为整体参照系并积极参与其中，而中国自身也已经成为这个整体参照系中一个最重要的被参照的对象。过去我们的视角比较注重从中国看世界，今天我们的视角应当更加注重从世界看中国。今日之中国，不仅是中国之中国，而且是世界之中国。

（一）开辟现代化建设新路的时代

40多年前在邓小平领导下开辟的中国特色社会主义道路，主要是在人们思想陷入僵化的状态下启动的，因而主要的特征表现为“杀出血路”。1979年，作为改革开放总设计师的邓小平，对特区的领导者们下达了颇有军人气势的命令：“你们自己去搞，杀出一条血路来。”然而，不可否认的是，走过了40多年改革开放历程的中国，在继续前进的道路上，面临着内生动力不足、积极性和热情有所丧失等问题。

党的十八大之后，习近平总书记指出，“改革开放越往纵深发展，发展中的问题和发展后的问题、一般矛盾和深层次矛盾、有待完成的任务和新提出的任务越交织叠加、错综复杂”，“改革开放中的矛盾只能用改革开放的方法解决”。对于这些问题，习近平总书记用中华民族伟大复兴中国梦的愿景激励人们，用强化作风建设来约束党员干部行为，用大力加强反腐败斗争来振奋党员干部及全社会的奋斗精神，用理想信念唤醒共产党人的初心使命，用危机意识增强大家的责任心和担当精神，用深化开放进一步推动改革深化，用各种制度机制来固定改革开放的成果，等等。通过这些办法，在原有的基础上进行“凤凰涅槃”，开辟一条新路出来。

基于对十八大以来党中央治国理政伟大成就的总结，十九大报告曾豪迈指出，中国特色社会主义进入新时代，意味着近代以来久经磨难的中华民族迎来了从站起来、富起来到强起来的伟大飞跃，迎来了实现中华民族伟大复兴的光明前景；意味着科学社会主义在21世纪的中国焕发出强大生机活力，在世界上高高举起了中国特色社会主义伟大旗帜；意味着中国特色社会主义道路、理论、制度、文化不断发展，拓展了发展中国家走向现代化的途径，给世界上那些既希望加快发展又希望保持自身独立性的国家和民族提供了全新选择，为解决人类问题贡献了中国智慧和中国方案。这三个“意味着”意味深刻！

中国的改革开放，是向着中华民族伟大复兴中国梦不断前进的改革开放，从而，中国的改革开放，不是对社会主义制度的改弦易张，不是对其他国家的简单模仿，更不是想怎么改就怎么改。这是一件极其需要智慧、极其考验心力的事情。其目标，就是发展和完善中国特色社会主义制度，推进国家治理体系和治理能力现代化；其路径，既在于把促进公平正义、增进人民福祉作为全面深化改革的出发点和落脚点，又在于坚定不移走中国特色社会主义道路。这就要“为人类对更好社会制度的探索提供中国方案”。

（二）重点解决好“发展起来以后的问题”的时代

1993 年 9 月，邓小平在同自己的弟弟邓垦谈话时就说：过去我们讲先发展起来，现在看，发展起来以后的问题不比不发展时少。2020 年 8 月，习近平总书记说：“事实证明，发展起来以后的问题不比不发展时少。”① 中国特色社会主义建设事业启动之初，所面临的问题和困难集中起来，就是解决“发展问题”，重在通过解放思想破除头脑僵化，除旧布新、破旧立新、以新易旧。今天所面临的问题和困难，既有“发展的问题”，又有“发展起来以后的问题”，既有过去改革积累下来的问题的羁绊和牵扯，又有面向未来的探索和创新；从解决问题的方式上看，40 多年前的方式，重在渐进和渗透，重在敢冒敢闯的劲头和灵感，强调发展速度，今天的改革开放，既需要渐进和渗透，同时又要高质推进和疾风暴雨，重在智慧和勇气，强调发展高度。这就把中国的改革开放，从着重解决“发展的问题”的 1.0 版本升级到了着重解决“发展起来以后的

① 习近平：《正确认识和把握中长期经济社会发展重大问题》，《十九大以来重要文献选编》（中），中央文献出版社 2021 年版，第 666 页。

问题”的2.0版本。

着重解决“发展起来以后的问题”体现在什么地方？当时所启动的改革，先从容易改的地方改起，可谓“标本兼治、重在治标”，主要是治标性改革。然而，随着改革进入攻坚期和深水区，发展进入了关键期，社会矛盾进入了凸显期，改革的复杂性和艰巨性前所未有，改革已经成为“标本兼治、重在治本”的治本性改革；40多年前的改革开放主要是要解放和发展社会生产力，而我国发展起来以后的全面深化改革，则主要解决在解放和发展生产力的同时如何更好促进公平正义和增进人民福祉的问题；40多年前的改革开放是从激发个人的积极性获得动力，而在我国发展起来以后的全面深化改革，必须从破除体制机制弊端和利益固化藩篱获得动力；40多年前的改革虽有设计，但更多是摸着石头过河，而我国发展起来以后的全面深化改革，还要继续摸着石头过河，但主要是在顶层设计的框架下摸着石头过河，顶层设计的要求更加突出了；40多年前的主题是发展，安全并不在重要的考量之列，但如今必须统筹好发展与安全，最好实现高质量发展与高水平安全双目标。正是因为步入了重在解决“发展起来以后的问题”的阶段，正因为改革开放之难之险之苦，才更显习近平总书记的政治勇气和智慧。真可谓：“事非经过不知难，成如容易却艰辛。”

（三）注重各方面制度“更加成熟定型”的时代

中国的改革开放，实质是社会主义制度的自我发展和完善，因而从一开始就具有明确的方向性和原则性。然而，中国的改革开放，又是在传统的社会主义道路走不下去而外部世界蓬勃发展的情况下进行的，因而，在相当长的时间内，追赶西方，缩小与发达国家的发展落差，是主要任务。但是，时至今日，中国发展的整体水平已经超过了世界发展的平均水平，中国的经济体量早已跃居世界第二，因此，在继续念好“发展经”“改革经”的同时，也必须更加注重中国特色社会主义制度的完善。

邓小平1992年在视察南方谈话中指出：“恐怕再有三十年的时间，我们才会在各方面形成一整套更加成熟、更加定型的制度。”与解决“发展落差”问题相比，解决“制度成熟定型”问题具有更高要求。40 多年前的改革开放，中国共产党治国理政，方向目标比较明确，核心的调控方向是“踩油门”，即推动以经济建设为中心的快速发展；今天的改革开放，中国共产党治国理政已经上升到了在“未经勘察的水域”负重前行的层次，这就需要一方面“踩油门”，另一方面“点刹车”，同时还要牢牢把握好改革开放的“方向盘”，推动经济社会各方面全面协同均衡有序发展。而改革开放的宏观目标，也从过去的缝缝补补、拆拆洗洗，到了必须要为自己量身定制一套合身的、质地优良的套装上来，就是说要打造和形成一套适合中国发展的现代制度体系和道路模式，这套体制机制应当具有相对的稳定性、可靠性和持久性。所以，习近平总书记要求，全党要提高战略思维能力，不断增强工作的原则性、系统性、预见性、创造性，按照新要求制定党和国家大政方针，完善发展战略和各项政策，以新的精神状态和奋斗姿态把中国特色社会主义推向前进。党的十九届四中全会作出的战略安排，就是完善和发展中国特色社会主义制度，推进国家治理体系和治理能力现代化。二十大之后我们党提出的中国式现代化理论体系，也是一种系统性的战略安排。

（四）系统回答新的重大课题的时代

致力于改革开放和社会主义现代化建设事业的中国共产党，团结带领全国各族人民取得了举世瞩目的伟大成就，这一点是毋庸置疑的。不要说，与广大发展中国家相比，中国在经济政治文化社会和生态文明等方面所取得的成就是显著的、毋庸置疑的；与原社会主义国家相比，中国在保持发展的自主性、独立性、连续性和有效性等方面所取得的成就是显著的、毋庸置疑的；与其他金砖国家相比，中国在经济发展结构、工业生产体系、人民文化素质、公共行政效能和政党权威性等方面，也具有独特的优势。即便与发达国家相比，在中国这样一个超级复杂的、超大规模的社会中实现了经济发展、社会进步、民生改善和政治调控等各种变量相对的均衡与优化，中国共产党的治国理政成绩也是值得赞叹的，用经济快速发展和社会长期稳定这两大奇迹进行描述是不为过的。

当今世界，要说哪个政党、哪个国家、哪个民族能够自信的话，那中国共产党、中华人民共和国、中华民族是最有理由自信的。从制度基础上看，中国特色社会主义制度以人民代表大会为根本政治制度，实行多党合作和政治协商等基本政治制度；以公有制为主体，多种经济成分并存和共同发展。从指导思想上看，中国的社会主义市场经济高度重视宏观调控，强调发挥计划与市场两个手段的长处。特别是，党的十八大以来，以习近平同志为核心的党中央科学把握当今世界和当代中国的发展大势，顺应实践要求和人民愿望，推出一系列重大战略举措，出台一系列重大方针政策，推进一系列重大工作，解决了许多长期想解决而没有解决的难题，办成了许多过去想办而没有办成的大事，取得了历史性的成就，催生了历史性的变革。

党的十八大以来国内外形势变化和我国各项事业发展都给以习近平同志为核心的党中央提出一个重大时代课题，这就是必须从理论和实践结合上系统回答新时代坚持和发展什么样的中国特色社会主义、怎样坚持和发展中国特色社会主义。正是在对这个问题的探索和回答中，我们党团结带领人民推进着新时代中国特色社会主义。站在长期奋斗的伟大成就基础上，中国共产党人领导中国人民在中国特色社会主义道路上推进着从站起来、富起来再到强起来的历史性飞跃和发展。我们现在最为接近民族复兴这个伟大目标，我们现在也最有能力最有信心实现民族复兴这个伟大目标。

（五）展现社会主义新的生机活力的时代

一百多年前，十月革命一声炮响，给中国送来了马克思列宁主义。中国先进分子从马克思列宁主义的科学真理中看到了解决中国问题的出路，由此也就有了中国的社会主义运动。中国革命的胜利和社会主义制度的确立，奠定了当代中国一切发展进步的政治前提和制度基础。在落后条件下搞社会主义建设，一无成熟理论为指导，二无成功经验可借鉴，势必不可避免要付出种种代价，出现种种失误与挫折。但是这也启迪后来者，在中国进行社会主义建设，必须要走出一条充满探索和开创精神的新路，找准社会主义与中国实际的恰当结合点，实现二者的有机融合、相互贯通，把“在中国建设社会主义”命题落实为“建设中国的社会主义”命题。

长期以来特别是改革开放以来，中国共产党人团结带领人民以大无畏的政治勇气和理论智慧，科学回答了建设中国特色社会主义的一系列基本问题，成功开创了中国特色社会主义。在全党全国人民的长期持续努力下，中国特色社会主义取得了巨大的建设成就，社会主义中国焕发出勃勃生机，走出了一条中国特色社会主义的成功之路。以习近平同志为核心的党中央推动中国特色社会主义进入新时代，使这条成功之路更加巩固、扎实。这充分说明，中国特色社会主义是正确抉择、必然选择；新时代中国特色社会主义是势所必至、理所当然。

中国道路是从中国革命实践中开创出来的一条道路——中国革命的伟大胜利使得中国拥有了以共产党为领导核心的、以全国各族人民紧密团结为基础的，独立自主地向着实现强国富民目标奋进的一整套制度体系和路线方针。中国道路是在社会主义建设实践中不断探索的一条道路——社会主义建设正反两方面的经验教训使得中国在坚持社会主义性质和方向不动摇的同时，对于如何在中国更好地建设社会主义具备了高度的反思能力。中国道路更是在改革开放新时期发展出来的一条道路——改革开放使得中国大踏步赶上了世界发展水平，并在这一追赶过程中牢牢坚持了正确的方向、原则和要求。中国道路更是在中国特色社会主义新时代深度拓展的一条道路——新时代的重大理论与实践成就使这条道路更加丰富厚重，更加夯实巩固。

在长期伟大理论与实践中孕育和成长的中国道路，使得中国共产党在治国理政上形成了一整套独具特色和优势的做法，比如，在经济建设上，既注重发挥市场的基础性作用，又注重发挥政府的宏观指导作用；在政治建设上，既汲取人类政治文明的发展成果，又注重保持底线思维和战略定力，避免出现颠覆性错误；在文化建设上，既对世界各国文化保持开放的交流态度，又注重传承和弘扬中华民族优秀传统文化，同时也注重传承和弘扬革命文化、社会主义先进文化；在社会建设上，既注重保障和改善民生，发展社会事业，又注重激发社会创造活力，同时也注重提升社会治理水平，保持较高的社会整合和化解社会矛盾的能力；等等。

科学社会主义由马克思、恩格斯于19世纪40年代创立，从空想到科学、从理论到实践、从挫折到复兴，这一伟大学说、运动、理想在艰辛探索中奋力前行，中国共产党人在历史进程中为之作出越来越大的贡献。中国共产党人坚定不移地高举中国特色社会主义伟大旗帜，一代又一代地推进中国特色社会主义伟大事业，科学社会主义在21世纪的中国焕发出新的蓬勃生机。中国是世界上最大的社会主义国家和发展中国家，中国特色社会主义建设所取得的世界性、历史性成就，使中国特色社会主义这面伟大旗帜在世界上高高飘扬。新时代中国特色社会主义，既坚持了科学社会主义基本原则，又根据时代条件赋予其鲜明的中国特色，以全新的视野和全新的前景深化了对共产党执政规律、社会主义建设规律、人类社会发展规律的认识。

（六）承载新的使命任务的时代

中国特色社会主义，是科学社会主义理论逻辑和中国社会发展历史逻辑的辩证统一，是根植于中国大地、反映中国人民意愿、适应中国和时代发展进步要求的科学社会主义，是推进社会主义现代化、实现中华民族伟大复兴的必由之路。事实雄辩地证明，要发展中国、稳定中国，要推进社会主义现代化，要实现中华民族伟大复兴，必须坚定不移坚持和发展中国特色社会主义。

同时，当前我们党面临的形势十分复杂，需要应对的风险、挑战和考验非常多。如何承前启后、继往开来，带领全党全国各族人民不断把中国特色社会主义事业推向前进，实现中华民族伟大复兴的中国梦，这确实是一份沉甸甸的责任。放眼当下，我国仍处于并将长期处于社会主义初级阶段的基本国情没有变。我们面临参与经济全球化的新机遇新挑战，面临工业化、信息化、城镇化、农业现代化深入发展的新形势新任务，世情、国情、党情继续发生深刻变化，我国发展中不平衡、不协调、不可持续问题突出，制约科学发展的体制机制障碍躲不开、绕不过。在这样的情形之下，必须要与时俱进地发展中国特色社会主义，全面深化改革开放，继续推进经济体制、政治体制、文化体制、社会体制的改革创新，加快重要领域和关键环节改革步伐，坚决破除一切妨碍科学发展的思想观念和体制机制弊端，促进现代化建设各个环节、各个方面相协调，促进生产关系与生产力、上层建筑与经济基础相协调，不断完善适合我国国情的发展道路和发展模式，使中国特色社会主义永葆生机活力。

中国特色社会主义改变了中国近现代历史发展的原有轨迹，展现了世界社会主义运动的光明前景，影响了当今世界发展演变的宏观图景，我们所要坚持、发展和完善的中国特色社会主义，正在不断获得新的历史意义、理论意义、时代意义和世界意义。习近平总书记指出，坚持和发展中国特色社会主义是一篇大文章，我们这一代共产党人的任务，就是继续把这篇大文章写下去。实践发展永无止境，认识真理永无止境，理论创新永无止境，建设中国特色社会主义的历史条件和时代特征仍处于发展变化之中，一系列迫切需要解答的重大理论和实际问题不断涌现。这要求我们党一定要勇于实践、勇于变革、勇于创新，把握时代发展要求，顺应人民共同愿望，把对于共产党执政规律、社会主义建设规律、人类社会发展规律认识的深化，集中体现为对中国特色社会主义发展规律的探索和把握。党的二十大报告指出，我们必须坚持解放思想、实事求是、与时俱进、求真务实，一切从实际出发，着眼解决新时代改革开放和社会主义现代化建设的实际问题，不断回答中国之问、世界之问、人民之问、时代之问，作出符合中国实际和时代要求的正确回答，得出符合客观规律的科学认识，形成与时俱进的理论成果，更好指导中国实践。

五、从政党主导的现代化看中国特色社会主义

为了实现国家富强、人民幸福和民族复兴，中国共产党带领人民选择了社会主义性质的现代化发展之路，并以巨大的政治智慧和实践创造在改革开放中开创并发展了中国特色社会主义。这是人类现代化进程中的一件大事，具有极其丰富的历史意义和理论内涵。在庆祝新中国成立70周年的重要历史时段，习近平总书记指出，要围绕中国共产党为什么“能”、马克思主义为什么“行”、中国特色社会主义为什么“好”等重大问题，广泛开展宣传教育，加强思想舆论引导。中国特色社会主义一头连着党的领导，一头连着马克思主义，从现代化的角度看中国特色社会主义为什么“好”，内涵十分厚重。

（一）中国特色社会主义是使中国发展富强起来的有力支撑

近代以来，陷于危亡的国家很多，但采用社会主义方式成功实现救亡图存的并不算多，中国就是其中一个；冷战时期，渴望独立自主发展的国家很多，但能够实现独立自主的国家并不算多，中国就是其中一个；20世纪后半期，实行改革开放的国家很多，但坚持原有社会制度不变同时又成功实现发展的并不算多，中国就是其中一个；2008年以来，受国际金融危机影响的国家很多，但较好摆脱危机影响进而有效推动改革发展、提升社会治理的国家并不算多，中国也是其中一个。把这些现象背后的原因搞得更清楚一些，有助于人们更加透彻地认识到中国特色社会主义为什么“好”，有助于中国共产党团结带领人民更好演绎新时代中国特色社会主义“历史活剧”。

1. 中国特色社会主义继承了社会主义革命带来的推进现代化的基础性优势

任何国家要想从传统走向现代，现代化都是绕不开的必修课，关键在

于用什么样的方式、在什么样的路径上实现现代化。具体到中国来说，实现现代化必须解决救国救民、强国富民两大历史性任务。习近平总书记指出："一个国家实行什么样的主义，关键要看这个主义能否解决这个国家面临的历史性课题。"① 从完成救国救民的历史重任看，在半殖民地半封建的旧中国，历史必然地要求反对帝国主义以求民族独立，反对封建主义以求民众解放，反对官僚资本主义以除旧布新。过往的中国社会发展历史表明，农民阶级革命、资产阶级改良和革命都不能救中国。中国共产党使得中国人民看到了实现民族独立、民众解放的希望，从而在广大人民群众的衷心拥护下，取得了中国革命的"上篇"即新民主主义革命的胜利。从实现强国富民的历史重任看，革命胜利之后中国共产党发现，如果不顺势开启中国革命的"下篇"即社会主义革命，那么非但革命胜利的成果难以巩固，且中国发展依然缺乏强大动力与支持。由此，保障中国革命的最终胜利，确定中国发展的真正奠基，是以 1956 年社会主义改造所完成的政治形态、制度形态和社会形态等为前提和基础的。

政治前提和制度基础是新中国传递给中国特色社会主义的核心要素。新民主主义革命和社会主义革命，清除了中国走现代化道路的根本障碍，为生产力发展、经济基础变革、走出一条成功的现代化道路，提供了根本政治前提和制度保障。其内在机理在于：对后发国家来说，现代化所要解决的首要难题，就是社会动员问题，即动员起来全社会绝大部分的物质、精神和劳动力量等要素共同推进现代化建设。而解决社会动员问题，最重要的是要对原有的社会结构进行分解和重构，使得参与现代化的各种要素充分活跃起来。这就必然需要一场政治的和社会的革命，这就是新中国的成立特别是社会主义改造对于中国式现代化的最大意义所在。反过来说，如果没有一定的政治和社会改造，强行和局部地推进了现代化，那么，现代化要素的突然闯入与旧有的社会结构之间会产生极其严重的冲突性后果。许多国家就是因为难以解决这一难题而掉入现代化陷阱的。社会主

① 习近平：《关于坚持和发展中国特色社会主义的几个问题》，《求是》2019 年第 7 期。

义革命之于中国式现代化的根本性意义，在于它为中国实现现代化奠定了基础性的政治社会条件。这一点，在今天越看越重要。中国革命的伟大意义不仅在于“改朝换代”，更在于“改天换地”。“告别革命论”的错误就在于，无论从历史逻辑还是从现实逻辑说，革命及其成果都是告别不了的。看似实现现代化的障碍的“革命”，实际却是现代化想要彻底深刻推进的根本前提，这就是中国现代化的历史辩证法，或许也是世界各国现代化的历史辩证法。

2. 中国特色社会主义汲取了中国和世界社会主义建设的经验教训

社会主义建设并非总是一帆风顺，既有巨大成就，也有不少教训，这是符合历史辩证法的。从中国看，在社会主义建设时期，一方面，社会主义体制使得中国能够在短时期内凝聚调动起全国力量进行现代化建设，实现现代化之路上的追赶超越；另一方面，由于对苏联模式缺乏深刻反思，由于过分强调人的主观能动性而忽略社会发展的客观规律性，在探索社会主义历程中也遭受了严重挫折。从世界看，一方面，“二战”后特别是20世纪五六十年代，由于社会主义为落后国家掌握自身命运、推进现代化建设提供了最强有力的制度机制，世界社会主义运动风起云涌，一派欣欣向荣之象；另一方面，冷战所造成的紧张氛围，苏联的所作所为对社会主义形象的破坏，以及社会主义国家内生发展动力难以持续等原因，也使得社会主义国家发展逐渐陷于困顿。

在开创并发展中国特色社会主义的过程中，中国共产党人和中国人民创造性地对社会主义进行深度理解和重新解读。他们认识到：理想的社会主义并不等于现实的社会主义；某国的社会主义并不代表社会主义的应然状态；科学社会主义的基本原则与某个国家的具体国情结合得越好，社会主义建设事业就越容易成功；社会主义国家应坚守科学社会主义的基本原则，但也应积极向其他国家学习，等等。如此，在中国特色社会主义的理论和实践中，科学社会主义获得了又一次新生：它甩掉了过去不恰当不适当的社会主义理论与实践所带来的阴影，获得了在理论殿堂中它应当占据的神圣而崇高的位置。在深刻总结这些经验教训的基础上而孕育生长出来的中国特色社会主义，必然是富有生机活力的、更加灵动活泼的，因为它是深度反思和深刻学习的产物，它写出了科学社会主义的新版本。因此，习近平总书记深刻指出："科学社会主义在中国的成功，对马克思主义、科学社会主义的意义，对世界社会主义的意义，是十分巨大的。"①

3. 中国特色社会主义实现了对"二战"后人类现代化建设成功经验的吸收借鉴

社会主义的性质和方向，是中国式现代化道路区别于西方现代化模式的根本标志。中国特色社会主义一方面坚守和坚持了科学社会主义的基本原则，即坚持党的领导，坚持社会主义制度，坚持共产主义理想，坚持为了人民的价值取向，等等；另一方面，又通过改革开放途径引入先进技术、现代管理、市场经济、民主法治，等等，从而极大丰富了社会主义的理论内涵和实践形态。前者使得中国式现代化始终保持了正确的发展方向，始终不以毁坏原有制度体系为代价，后者则使得中国式现代化充分吸收和融合了人类最新的现代化智慧与成果。如果只看到第一个方面而忽视第二个方面，那就会无视历史事实，甚至埋下更大的危险。

当然，必须指出的是，对中国特色社会主义来说，西方发达国家现代化建设经验之中，既包含着滋养和助推中国式现代化的有益成分，同时也包含着可能误导乃至损伤中国式现代化的有害因子。从有益成分的角度看，那些技术的、管理的、现代手段性的内容，包括民主法治中的那些技术性的内容，总体来说对中国来说都是有裨益的；而那些政治性的、意识形态性的内容，包括思想文化中的一些核心内容，大体上可能会产生某些有害后果。比较致命的是，这两种成分往往是同时并存的，接受前者往往意味着必然要接受后者。这就是为什么许多发展中国家的现代化过程往往也都

① 习近平总书记在学习贯彻党的十九大精神研讨班开班式上发表重要讲话强调：《以时不我待只争朝夕的精神投入工作　开创新时代中国特色社会主义事业新局面》，新华社北京2018年1月5日电。

是西方化过程的根本原因——其实，发展中国家最想要的是现代化，它们并不那么需要西方化——特别是，如果西方化意味着原有制度体系和价值观念的毁灭的话。那么，为什么中国能够吸收有益成分而没有被西方化呢？社会主义的抗体发挥了关键作用。或者反过来说，恰恰是因为具有强大的免疫力，中国才具有强大的对西方现代化建设经验的吸收能力，才能够比较成功地借鉴和推广西方的现代化经验。事实上，由于缺少这种免疫力，许多发展中国家的现代化停滞于某个发展阶段而难以前进，从而出现进退两难的“现代化锁定”局面。这种局面所带来的严重后果，在某种程度上并不亚于拒绝现代化。某些理论家想当然地认为，西方所谓的“好制度”移植到发展中国家必然会产生“好结果”。殊不知，缺乏相应的抗体，这种移植所造成的“政治转基因”足以产生致命后果。因此，习近平总书记鲜明指出：“中国特色社会主义是社会主义而不是其他什么主义，科学社会主义基本原则不能丢，丢了就不是社会主义。”①

（二）中国特色社会主义使得中国拥有治国理政的独特优势

纵观 19 世纪末以来的世界历史，即便根据直观印象，人们也可以得出这样的结论，即社会主义是发展中国家保护本国利益、推动本国发展的最好武器。进一步说，从治国理政的角度看，正确运用了的社会主义，比如中国特色社会主义，将使得国家具有十分独特的优势。这种优势是其他国家难以学习和具备的，可以在相当程度上解释中国崛起。

1. 中国特色社会主义赋予中国独立自主探索现代化道路的思想品格

现代化进程中，既要与世界经济体系融合，又不至于沦为弱肉强食的对象；既要对外开放，又要保持自身特性，独立自主异常重要。习近平总书记深刻指出：“人类历史上，没有一个民族、没有一个国家可以通过依赖

① 习近平：《关于坚持和发展中国特色社会主义的几个问题》，《求是》2019 年第 7 期。

外部力量、跟在他人后面亦步亦趋实现强大和振兴。那样做的结果，不是必然遭遇失败，就是必然成为他人的附庸。”① 对中国这样的国家来说，独立自主是一种品性、品行、品质，是一种刚需。新中国临近诞生之际，发出的最强音就是：“中国必须独立，中国必须解放，中国的事情必须由中国人民自己作主张，自己来处理，不容许任何帝国主义国家再有一丝一毫的干涉。”②

“自从中国人学会了马克思列宁主义后，中国人在精神上就由被动转入主动。”③ 中国共产党和中国人民幸运的是，社会主义首先就提供了一种独立自主探索发展道路的思想理论指导，中国特色社会主义就是这种理论指导下的必然产物。社会主义理论必须与实际条件相结合，必须在实践中寻找最合适的实现方式，解决面临的历史性课题。科学社会主义的基本立场、观点、方法是经过实践反复检验的普遍真理，但正如列宁所言，其“所提供的只是总的指导原理，而这些原理的应用具体地说，在英国不同于法国，在法国不同于德国，在德国不同于俄国”。科学社会主义要求中国始终以世界眼光来看待社会主义的发展，根据时代发展的主题来确定战略与策略。

“如果我们不坚持社会主义，最终发展起来也不过成为一个附庸国，而且就连想发展起来也不容易。”④ 科学社会主义的理论逻辑，中国社会发展的历史逻辑，以及富有智慧和勇气的中国共产党人的合力，推出了中国特色社会主义，这是一种根植于中国大地，反映中国人民意愿，同时又适应中国和时代发展进步要求的社会主义，它是科学社会主义。所谓理论逻辑，是指对人类社会发展的规律揭示；所谓历史逻辑，是指中国社会发展

① 习近平：《在纪念毛泽东同志诞辰120周年座谈会上的讲话》（2013年12月26日），人民出版社2013年版，第21页。

② 毛泽东：《在新政治协商会议筹备会上的讲话》，见《毛泽东选集》（第四卷），人民出版社1991年第2版，第1465页。

③ 毛泽东：《唯心历史观的破产》，见《毛泽东选集》（第四卷），人民出版社1991年第2版，第1517页。

④ 邓小平：《第三代领导集体的当务之急》，见《邓小平文选》（第三卷），人民出版社1993年版，第311页。

的必然趋势。“两个逻辑”辩证统一，就是把马克思主义普遍原理与中国具体实际相结合，就是党的实事求是思想路线。中国特色社会主义是遵循科学社会主义的基本原则，依据中国社会发展的历史实践，并使二者有机统一的实践成果。在“两个逻辑”的共同驱动下，新时代中国特色社会主义喷薄而出。党的十八大后，以习近平同志为核心的党中央为中国特色社会主义注入了新的理论内涵，进一步增强了实现社会主义现代化和中华民族伟大复兴中国梦的理论指导。习近平总书记在党的十九大报告中指出：“中国特色社会主义是改革开放以来党的全部理论和实践的主题”“全党要更加自觉地增强道路自信、理论自信、制度自信、文化自信，既不走封闭僵化的老路，也不走改旗易帜的邪路，保持政治定力，坚持实干兴邦，始终坚持和发展中国特色社会主义。”中国特色社会主义给了中国人坚持自信自立、追求精神上的独立自主的新的指引、更大的底气。

2. 中国特色社会主义能够使中国式现代化获得巨大的制度资源和组织化力量

现代化，特别是落后国家的现代化，必然表现为一个惊心动魄的历史过程。其最惊心动魄之处，莫过于如何积聚推进现代化的巨大发展动能，并且能够合理释放和管控这些发展动能始终朝着正确的方向前进。从这个角度来说，制度资源与制度力量对于一个国家的现代化来说，就具有了十分关键的作用，它是撬动现代化的“杠杆”，支撑现代化的“骨架”。也正是在这个意义上，中国特色社会主义显现出了它独特的优势。中国特色社会主义制度，是从新中国成立后开始建立和形成、改革开放时期逐步丰富和完善的崭新的社会制度体系，是当代中国发展进步的根本制度保障，集中体现了中国特色社会主义的性质、特点和优势，体现了稳定性与活力性的统一、民主性与集中性的统一、一脉相承与与时俱进的统一。从推进现代化的角度看，中国特色社会主义制度能够集中力量办大事，有利于解放和发展社会生产力；能够集中力量解决人民群众最需要解决的问题，有利于维护和促进社会公平正义；能够一以贯之进行长期规划，有利于发展的持久性、稳定性和战略性；等等。这些特点和优势，非但发展中国家不具备，相当多的发达国家也并不具备。强韧的制度是支撑国家发展的独特战略资源。

进一步说，为什么中国特色社会主义能够拥有和具备这些制度性优势？根本原因在于中国共产党的领导。中国共产党是全心全意为人民服务的马克思主义执政党，它的初心和使命就是为中国人民谋幸福、为中华民族谋复兴。带领人民创造美好生活、实现共同富裕，是我们党始终不渝的奋斗目标。以中国共产党的领导为核心要义的中国特色社会主义一方面坚持和加强党的领导，另一方面又根据党情国情世情的变化，不断改进党的领导方式和执政方式，使党能够在风险和挑战面前迎难而上，充分发挥以马克思主义为指导的无产阶级政党优势，赢得最广大人民群众的拥护。可以说，中国共产党的领导是中国特色社会主义的核心竞争力。“世界上很多国家，特别是一些发展中国家，长期处于动荡和贫困状态，根本原因就是没有一个正确而坚强的政治力量能够把社会力量凝聚起来，各种势力相互争斗，甚至内战连绵。”①

3. 中国特色社会主义教给了中国共产党和中国人民推进现代化的实践智慧

既唯物又辩证，这既是马克思主义哲学的精髓，也是中国特色社会主义的精髓。正是因为深得历史唯物主义和唯物辩证法的滋养，中国特色社会主义才处处闪耀实事求是、解放思想、独立自主、创新进取、广纳博取、包容多样等诸多实践智慧。关于这种实践智慧，习近平总书记指出：“中国特色社会主义道路，既坚持以经济建设为中心，又全面推进经济建设、政治建设、文化建设、社会建设、生态文明建设以及其他各方面建设；既坚持四项基本原则，又坚持改革开放；既不断解放和发展社会生产力，又逐

① 江泽民：《关于坚持四项基本原则》，见《江泽民文选》（第三卷），人民出版社2006年版，第224页。

步实现全体人民共同富裕、促进人的全面发展。”① 正是这种实践智慧，使得中国既享受到了现代化的成果，又在相当程度上避免了现代化的偏颇，实现了现代化的良性发展；既以和平合作的方式参与全球化从而贡献世界，又保证了现代化过程中国家的独立自主性，捍卫了国家核心利益；既推动中国实现快速发展，又较好地缓和解决了快速发展中出现的不稳定不协调因素；既注重通过物质性因素来调动发展积极性，同时又强调精神境界的提升和精神文明建设；既注重满足人民群众的物质文化需要，倾听人民群众的呼声，同时又不至于陷入民粹主义的发展泥淖；等等。这是一种“因时而变，随事而制”的智慧，是一种“随物赋形”的智慧。

李大钊在中国共产党建立之初就指出，社会主义原则是能够运用于实际的，但是当它成为一种“实际运动”时，会因为具体环境的变化而发生变化；社会主义制度将是共性和特性相结合的一种制度，中国将来的社会主义会有自己的特性。以习近平同志为核心的党中央在深入把握中国特色社会主义的科学性和真理性的基础上，以高度的自信和创新精神，领导人民继续推进改革开放和社会主义现代化建设的进程，开辟了中国特色社会主义新境界，推动中国特色社会主义进入新时代，这具有十分重大的政治意义和理论意义。

（三）中国特色社会主义使得实现中华民族伟大复兴具有扎实根基

社会主义与中国的结合，是近代人类文明进程中的一件大事。70 多年来，中国沿着社会主义方向推进现代化所取得的巨大成就及孕育形成的道路、理论、制度和文化要素，使得中国共产党人在写出民族复兴新史诗的同时，也写出了马克思主义理论的新版本，写出了科学社会主义的新篇章，可统归于“中国特色社会主义”。中国特色社会主义之所以“好”，一言以

---

① 习近平：《紧紧围绕坚持和发展中国特色社会主义　学习宣传贯彻党的十八大精神——在十八届中共中央政治局第一次集体学习时的讲话》（2012 年 11 月 17 日），人民出版社 2012 年版，第 4 页。

蔽之，因为它是中国实现现代化和民族复兴的最好脚本。

1. 中国特色社会主义的历史合理性：中国近代以来现代化和民族复兴的必然结果

“如果不搞社会主义，而走资本主义道路，中国的混乱状态就不能结束，贫困落后的状态就不能改变。”① 哪一种方案能够救国救民、强国富民，哪一种方案就最具有历史合理性，社会主义就是基于这样的历史逻辑为先进中国人所接受并登上近代中国舞台中央位置的。习近平总书记指出：“历史和现实都告诉我们，只有社会主义才能救中国，只有中国特色社会主义才能发展中国，这是历史的结论、人民的选择。”② 这个重要论述，指明了中国特色社会主义所具有的深刻的历史合理性。

在社会主义方向上实现现代化和民族复兴，是理解中国革命、建设和改革的一条红线。为了国家的现代化和民族的复兴，中国共产党领导全国各族人民，开展反对帝国主义、封建主义、官僚资本主义的革命斗争，取得了新民主主义革命的胜利，建立了人民民主专政的中华人民共和国，为现代化和民族复兴奠定了根本性基础；新中国成立以后，推进社会主义改造，完成了从新民主主义到社会主义的过渡，确立了社会主义基本制度，发展了社会主义的经济、政治和文化，奠定了当代中国发展进步的政治前提和制度体系。中国的社会主义革命和建设，从一开始就充满着探索和开创精神，尽管在马克思主义基本原理与中国国情“二次结合”的过程中出现了种种挫折与失误，但其所确立的社会主义基本制度和取得的巨大成就，奠定了中国特色社会主义的基础；特别是其中所体现出的“走自己的路”的精神，对中国特色社会主义的形成，起到了巨大的启迪作用。正如习近平总书记指出的：“中国特色社会主义是在改革开放历史新时期开创的，但也是在新中国已经建立起社会主义基本制度并进行了20多年建设的基础

① 邓小平：《建设有中国特色的社会主义》，见《邓小平文选》（第三卷），人民出版社1993年版，第63页。

② 习近平：《关于坚持和发展中国特色社会主义的几个问题》，《求是》2019年第7期。

上开创的。”① 面对“文化大革命”造成的危难局面，以邓小平同志为核心的党的第二代中央领导集体坚持解放思想、实事求是，以巨大的政治勇气和理论勇气科学评价毛泽东同志和毛泽东思想，彻底否定“以阶级斗争为纲”的错误理论和实践，作出把党和国家工作中心转移到经济建设上来、实行改革开放的历史性决策，确立社会主义初级阶段基本路线，开创了中国特色社会主义这条伟大历史道路。改革开放40多年来，在中国共产党的领导下，全国人民在中国特色社会主义道路上阔步前进，取得了巨大的建设成就，社会主义中国焕发出勃勃生机。我国革命、建设和改革的历史证明，中国特色社会主义是近代以来中国社会历史发展的规律体现和必然选择。

中国特色社会主义是中国共产党人带领人民进行的伟大创造，40多年的改革开放塑造了它的基本形态，但它烙印着世界社会主义500年的风云变幻，传承着科学社会主义150多年的真理品格，承载着中国共产党人100多年的理想追求，饱含着新中国成立以来70多年的艰辛探索。中国特色社会主义之所以能够历经国际共产主义运动巨大挫折而愈益展现其强大生命力，关键在于，一方面，它坚持社会主义的正确方向，另一方面，它又从中国式现代化实践中不断获得验证和支撑。换言之，中国特色社会主义提供了一个现代化的系统解决方案，在这一框架下，中国发展的领导力量、制度基础、价值取向以及未来方向等根本性问题都得到了妥善解决，从而为中国式现代化和民族复兴提供了一整套集成性系统。同时，中国发展则赋予中国特色社会主义一种实践性智慧，它不断地反馈并验证：应当如何实现理想与现实之间的均衡，应当如何基于现实情况框定社会主义的历史坐标，应当如何从现实发展中给理论以明确合理的反馈从而使之更具有生命力和指导意义。自己走出来的路，是自己的路，因而也是最稳妥、最可靠、最有利于实现自己理想社会目标的路——这就是中国特色社会主义道路的实质要义所在。

---

① 习近平：《关于坚持和发展中国特色社会主义的几个问题》，《求是》2019年第7期。

2. 中国特色社会主义的根本支撑性：在托举现代化和民族复兴的进程中逐步稳固成型

经过新中国成立以来70多年长期不懈努力，中国特色社会主义的整体轮廓已经显现。在实践层面，我们党带领全国各族人民探索形成了中国特色社会主义道路。中国共产党人以马克思主义为指导，开辟了通过社会主义实现现代化的道路。这条道路，是夺取全面建设小康社会新胜利、不断推进社会主义现代化建设、实现中华民族伟大复兴的唯一正确的道路。在理论层面，中国共产党进行了长期的探索，先后形成了毛泽东思想、邓小平理论、“三个代表”重要思想和科学发展观，特别是形成了习近平新时代中国特色社会主义思想，使得我们对社会主义的认识，对社会主义建设规律的把握，达到了一个前所未有的高度。在制度层面，由根本政治制度、基本政治制度、基本经济制度等构成的中国特色社会主义制度体系总体定型并日臻完善，中国共产党全面领导的体制机制日趋成型，以党的领导为核心、各项制度相互联系和贯通而形成的党和国家制度体系已经浮现，这构成了中国共产党治国理政的基本架构。总体上看，中国特色社会主义在当代中国成功调适了生产力与生产关系、经济基础与上层建筑的有机匹配，其所取得的巨大成就在理论和实践中逐步积累沉淀，已经呈现为一种新型的发展样态，进而呈现为一种新的国家治理形态和制度文明形态，一种新的人类文明形态。

中国特色社会主义中蕴含着当代中国发展进步的一切主要密码。实践充分证明，中国特色社会主义所积淀的实践、理论、制度和文化成果，对于保持党和国家的活力，调动人民群众的积极性、主动性和创造性，解放和发展社会生产力，维护公平正义、实现共同富裕，集中力量办大事、有效应对各种风险挑战，维护民族团结、保持社会稳定和实现国家统一等等，都具有十分重要的作用。具体从现代化的角度说，中国特色社会主义总体性地解决了一个后发国家实现现代化不得不面对的若干重大难题，比如发展与稳定的两难，开放与自主的两难，助推与攫取的两难，公平与效率的两难，崛起与和平的两难，等等。在中国特色社会主义总体框架和运行逻辑下，一些易发高发的热点难点问题在中国发展中得到了比较有效的管控和解决：发展以及发展所带来的不稳定问题，开放以及开放带来的自主性丧失的危险，效率以及效率所带来的社会不公问题，崛起以及崛起过程中对和平的影响等等。由此，中国式现代化才能够顺利推进。相比之下，现代化的历史进程之所以在一些后发国家不能顺利展开，其原因显而易见。"中国的社会主义是变不了的。中国肯定要沿着自己选择的社会主义道路走到底。谁也压不垮我们。只要中国不垮，世界上就有五分之一的人口在坚持社会主义。我们对社会主义的前途充满信心。"①

3. 中国特色社会主义的良好成长性：中国特色社会主义随着现代化和民族复兴事业的发展而不断前进

"我们的社会主义是改革开放的社会主义，我们的改革开放是巩固和发展社会主义的改革开放。社会主义需要改革开放，只有通过改革开放才能使社会主义制度不断完善起来，使它的优越性充分发挥出来。"② 就此而言，明确中国特色社会主义的科学社会主义性质，但并不禁锢其发展而且不断对其进行优化升级，是中国共产党人的伟大创举，是中国特色社会主义的一个鲜明特征。

中国特色社会主义具有自我进化的特性。中国特色社会主义的生成以及生成之后的演化，都表现出了极强的动态性特征。中国共产党人赋予中国特色社会主义的一个战略性品格，就是"登高望远、居安思危、勇于创新、永不僵化、永不停滞"。因此，既然中国特色社会主义是不断发展、不断前进的，需要一代又一代中国共产党人带领人民接续奋斗，那么就要一以贯之地坚持和发展中国特色社会主义。相比之下，可以发现，思想僵化、利益固化、制度蜕化，是导致过去的许多社会主义国家覆亡的重要原因。

---

① 邓小平：《改革开放政策稳定，中国大有希望》，见《邓小平文选》（第三卷），人民出版社1993年版，第320—321页。

② 胡锦涛：《领导干部要带头增强党性》，见《胡锦涛文选》（第一卷），人民出版社2016年版，第170页。

要看到，新时代坚持和发展中国特色社会主义，我们还面临很多没有弄清楚的问题和待解答的难题，并且，事业越发展、改革越深入，这样的问题和难题就会越多。把新时代坚持和发展中国特色社会主义这场伟大革命进行好，就必须坚持以习近平新时代中国特色社会主义思想为指导，在实践中大胆探索、不断深化，不断丰富中国特色社会主义的实践特色、理论特色、民族特色、时代特色，从理论和实践上解决好中国特色社会主义在新时代面临的任务和使命。对此必须要有清醒而深刻的认识：中国特色社会主义寄托着中华民族的命运和幸福，寄托着世界上大多数爱好进步与和平的人的美好愿望，“只要中国社会主义不倒，社会主义在世界将始终站得住”①。

六、世界视阈中的中国道路

党的二十大报告指出，科学社会主义在21世纪的中国焕发出新的蓬勃生机，中国式现代化为人类实现现代化提供了新的选择，中国共产党和中国人民为解决人类面临的共同问题提供更多更好的中国智慧、中国方案、中国力量，为人类和平与发展崇高事业作出新的更大的贡献。中国式现代化为广大发展中国家独立自主迈向现代化树立了典范，为其提供了全新选择。

（一）中国为人类闯出了一条现代化新路

中国道路打破了对西方现代化的路径依赖。

走一条什么样的发展道路，是包括中国在内的所有发展中国家面临的一道难题。“二战”以后，在以苏联为代表的社会主义国家之外，多数发展中国家的现代化是仿照西方模式进行的。西方为发展中国家指出的现代化路径，以20世纪20—30年代形成的新自由主义为理论基础。该理论的

① 邓小平：《坚持社会主义，防止和平演变》，见《邓小平文选》（第三卷），人民出版社1993年版，第346页。

基本主张，就是“市场化”、“自由化”和“私有化”。1989年，在美国政府和西方金融界的推动下，形成了指导拉美经济改革的十项政策主张，后来被称为“华盛顿共识”，其核心内容与新自由主义一脉相承。然而，这一所谓“共识”自20世纪90年代在拉美推行以来，拉美国家连续发生经济和金融危机，面临严重的经济衰退、两极分化和尖锐的社会矛盾。可以说，新自由主义在全球的泛滥，令广大发展中国家饱尝苦果。

中国道路，是一条自立于资本主义体系之外、从根本上摆脱对西方路径依赖的现代化道路。当中国向世人展示了完全不同于西方设定的发展路径和辉煌成就时，世界开始注目东方。

中国道路，与新自由主义、“华盛顿共识”有根本区别。从制度前提看，中国特色社会主义制度以人民代表大会制度为根本政治制度，实行中国共产党领导的多党合作和政治协商制度等基本政治制度；实行以公有制为主体，多种经济成分并存和共同发展的经济制度。从指导思想看，中国的社会主义市场经济制度高度重视宏观调控，强调发挥计划与市场两个手段的长处。从政府在经济活动中的作用看，研究表明中国道路之所以成功，是因为它不仅拥有一个“大政府”，而且拥有一个“好政府”。所有这一切，与新自由主义以资本主义政治制度和推行私有制为基本的政治经济前提、主张政府不干预经济的“小政府”形成了巨大的反差。此外，中国道路还有一些鲜明特点，如高储蓄率和投资率、重视教育和人力资源开发等等。这些特征，共同构成了中国道路的主要内涵。

林毅夫认为，中国作为一个发展中国家和转型中国家，对于处于相同发展阶段的发展中、转型中国家来说，必然要比发达国家创造的理论更具参考价值和借鉴意义。事实证明，恰恰是与西方所推崇的发展模式相区别的中国道路，最有力地推动了本国的发展。中国道路向世界昭示，每个国家都应当根据本国的具体国情来选择自己的发展道路。中国道路向世界昭示，社会主义制度、强有力的政府、混合经济、宏观调控，同样可以成为现代化的成功元素。可以预见，中国模式将进一步打破新自由主义和“华盛顿共识”的迷思。

中国道路是克服“后发劣势”的可行选择。人们普遍认为，发展中国家在现代化道路上，可以利用发达国家已经研发出来的先进科学技术，可以借鉴现代化的成熟知识和经验，有开放的国际市场，有丰富的人口和资源红利。一些国家根据这些“后发优势”制定了“赶超战略”，在一定范围内取得了成功。但是，总体来看，“后发优势”更多体现在现代化的起步时期，当经济社会发展到一定程度，“优势”就会缩水，反倒是“后发劣势”越来越明显，严重阻碍其现代化进程。

一是不利于发展中国家建构世界政治经济新秩序。旧的国际政治经济秩序，是由以美国为首的西方国家主导确立的，带有明显的殖民主义和霸权主义残余。在现代化道路上，西方国家绝不会轻易给后来者提供平起平坐和公平竞争的机会。在政治领域，西方大国推行强权政治，干涉他国内政，插手地区冲突。在经济领域，西方发达国家力图维护国际生产体系中不合理的国际分工、国际贸易体系中的不等价交换和国际金融体系中的不平等地位。这是世界南北差距问题的根源所在，也是制约发展中国家实现现代化的重要因素。

二是资源、环境、科技、人才等发展要素约束加大。在发达国家现代化历史上，它们从发展中国家掠夺能源和原材料，从未考虑什么保护环境、人权与和平的义务。同时，其科技、人才力量在世界上的绝对优势地位，亦成为其现代化进程的有力推手。而当发展中国家启动现代化时，这些发展要素和西方国家相比则几乎全处于绝对劣势。虽然中东和拉美一些国家有比较丰富的石油，但其资源构成比较单一，不可能再像当年的“日不落帝国”那样集天下资源为己用。更多的包括中国在内的发展中国家，则不得不面对能源日益短缺的局面、保护环境和可持续发展的两难。在科技领域，西方国家严格限制向发展中国家转让先进和关键技术，设置不合理的商业惯例条款，索取高额的技术转让费用。发展中国家在科教方面的普遍落后，使得许多本国的尖端人才为寻求更好的科研环境而向发达国家单向流动，这就使其人才匮乏的情况更加严重。

三是资金缺乏导致发展动力不足。从世界范围来看，发展中国家普遍缺乏发展所必需的资金。一方面，在国际金融危机前，全球资本主要流向发达国家，而在流入发展中国家的投资中，分布又极不均衡。另一方面，一些发展中国家取得独立后，国家财力长期不足。受制于资金不足，发展中国家的基础设施与公共设施建设长期滞后，而这又反过来导致其投资环境较差，影响了国际资本的流入。

中国道路是能有效打破三大“后发劣势”的现实选择：首先，中国道路是一条和平发展之路，能够有力推动世界新秩序的构建。在和平共处五项原则的基础上建立国际政治经济新秩序、反对霸权主义，是中国外交政策的重要组成部分。中国一方面合理运用国际规则，另一方面又必须改变那些不合理的国际规则。可以说，中国越是发展，发展中国家打破旧的国际政治经济新秩序的机会就越大、筹码就越足。其次，中国道路能够有效集合全社会的力量，更有力地打破发展瓶颈。在中国，节约资源、保护环境和可持续发展一开始就是国家战略层面的认识，是实践中的“国家行动”，对破除发展要素约束的有效程度要远远大于其他发展中国家。中国在可持续发展方面，是发展中国家的先行者。在科技和人才方面，中国的体制能够集中力量在一些重点和尖端科技上实现攻关，更好地培养国家所需的应用型人才。神舟飞船的上天、改革开放以来教育事业的蓬勃发展，就是这种优势的直接体现。此外，中国经济的飞速发展、税收的激增，以及中国政府对土地等最重要资源的掌控，使中国拥有雄厚的国家财力。这就使中国有能力进行大规模的基础设施建设，办成其他国家很难办成的事关国计民生的大事。

中国道路一定程度上破解了发展的两难命题。比如：

发展与稳定的两难。稳定是发展的前提。但是，对许多发展中国家而言，经济的发展往往伴随政治动荡，政治动荡又反制经济增长。这种发展与稳定难以兼容的局面，源于现代化所引发的政治、经济和文化领域的系统性变化对传统社会结构和观念造成的强大冲击。阿拉伯国家在现代化进程中，频频遭遇宗教冲突、社会动荡，其现代化进程被严重干扰或打断，就是这种情况的反映。

对外开放与独立自主的两难。从发展中国家的实践来看，对外开放是一把双刃剑，开放的代价，往往是丧失独立自主的发展权利。西方国家以巨额投资、经济援助为诱饵，使众多发展中国家纷纷向西方资本敞开大门，按照西方游戏规则行事，成为资本主义链条上的被动一环。拉美国家经济长期依赖外资，这样，一旦外资撤走，本国经济就面临崩溃。

解决两难问题的内在机理是什么呢？

中国道路坚持共产党的领导，有统一的占主导地位的马克思主义意识形态，这是中国在快速发展的同时能够保持政治稳定的根本原因。与诸多发展中国家党派林立、攻讦不止，以及思想意识形态领域的纷繁芜杂相比，中国始终坚持共产党的领导，坚持马克思主义在意识形态领域的指导地位，为经济社会稳定发展提供了"定海神针"。一党执政、多党参政的中国特色新型政党制度，使中国共产党既能广纳各党派、各群体的智慧，又能保持政策的稳定性与连续性。走中国道路是在全党全民族思想认识高度统一的情况下作出的决定，在改革开放的问题上达成了最广泛的全民共识。

中国强大的国有经济和宏观调控能力，能够有效防止发达国家控制本国经济命脉，保持政治经济发展的独立性和自主性。发展中国家经济抗风险能力低，与其本国民族经济薄弱，特别是国家直接掌控的重要经济部门相对弱小有直接的关系。中国国有经济牢牢掌握着能源、交通、金融等重要工业和服务业，国民经济发展最重要的资源——土地资源一直坚持全民所有。这一方面有利于宏观调控，另一方面也能够有效防止发达国家利用自身的资本优势控制本国经济的要害部门。因此，中国的独立自主、自力更生有实实在在的制度支撑。

（二）中国道路具有世界历史意义

"我们党领导人民不仅创造了世所罕见的经济快速发展和社会长期稳定两大奇迹，而且成功走出了中国式现代化道路，创造了人类文明新形态。这些前无古人的创举，破解了人类社会发展的诸多难题，摒弃了西方以资本为中心的现代化、两极分化的现代化、物质主义膨胀的现代化、对外扩张掠夺的现代化老路，拓展了发展中国家走向现代化的途径，为人类对更好社会制度的探索提供了中国方案。”①

其一，中国道路的历史意义

从民族复兴的进程理解新时代，中国进入了加速圆梦期。

党的十八大以来，站在长期奋斗的伟大成就基础上，中国共产党领导中国人民在中国特色社会主义道路上开始了从富起来到强起来的历史性飞跃。

中华民族伟大复兴的中国梦，正在从“遥想”变成“遥望”。

从融入世界到引领世界，中国特色社会主义经历了40多年的艰苦努力。中国特色社会主义在起步阶段和发展时期的主要任务是抓住和用好世界给中国带来的战略机遇，重点是解决融入世界的问题。中国是全球化潮流的顺应者而非引领者，是国际发展经验的学习者而非传授者，是国际声音的聆听者而非发声者，是国际博弈中较弱一方而非较强一方。在此条件下，中国的对外关系，只能是通过对外开放，融入西方国家主导的国际体系中，在技术、资金和管理等方面吸收借鉴他国经验，并通过比较优势实现资本的积累和实力的积攒。中国的国际战略和国际作为，只能是韬光养晦、有所作为，抓住和用好和平与发展的时代主题所带来的战略机遇期。中国的国际影响只能在有限的范围内发挥作用，所掌握的国际话语权并不多。在相当长一段时期内，中国是国际社会的重要参与者，但并非主角。

经过长期的努力特别是十八大以来的重大努力，中国的国际地位、国际作为和国际话语权得到了巨大的提升。实施共建“一带一路”倡议，发起创办亚洲基础设施投资银行，设立丝路基金，举办首届“一带一路”国际合作高峰论坛、亚太经合组织领导人非正式会议等，一系列重大外交举措表明，中国已经成为全球化的引领者，全球治理体系变革的重要推动者，人类命运共同体的积极倡导者。

中国特色社会主义向世人展示了完全不同于西方设定的发展路径，为

① 习近平：《以史为鉴、开创未来，埋头苦干、勇毅前行》，《十九大以来重要文献选编》（下），中央文献出版社2023年版，第546页。

各种不同人类文明探索发展道路提供了中国经验，为人类社会发展增添了中国动力，为丰富人类社会发展道路贡献了中国方案。中国共产党紧紧依靠人民，总结和吸收了古代中国、其他社会主义国家、其他发展中国家和发达国家治国理政的经验教训，形成了一整套治国理政的经验体会，这些中国智慧包括：

一是独立自主。无论外部世界和舆论如何变化，中国共产党始终坚持独立自主地处理和解决国内国际事务，从来不会依附于、屈从于任何外部势力，用自己的头脑思考自己的问题。

二是实事求是。中国存在什么问题，就解决什么问题；什么问题突出，就优先解决什么问题；问题需要怎样解决，就采取什么方式解决，并且不断从发现和解决问题中探索规律性的认识。

三是开放包容。一直以来特别是改革开放以来，中国始终以开放的胸怀、包容的心态看待新生事物和外部世界，有益的就提炼、升华、推广，有用的就拿来为我所用，不疑神疑鬼，不故步自封。

四是反思审慎。对于未来发展愿景，采取坚定不移的态度，但对于自己走过的路，采取深刻的反思反省的态度；对于其他国家的经验教训，采取深思熟虑的态度，边走边看，边做边想。

其二，中国道路的理论意义

在全党全国人民的长期努力下，中国特色社会主义取得了巨大的建设成就，社会主义中国焕发出勃勃生机，走出了一条中国特色社会主义的成功之路。

中国特色社会主义，既坚持了科学社会主义基本原则，又根据时代条件赋予其鲜明的中国特色，以全新的视野深化了对共产党执政规律、社会主义建设规律、人类社会发展规律的认识。

中国特色社会主义改变了中国近现代历史发展的原有轨迹，展现了世界社会主义运动的光明前景，影响了当今世界发展演变的宏观图景，我们所要坚持、发展和完善的中国特色社会主义，正在不断获得新的历史意义、时代意义和世界意义。

改革开放后，人们发出这样的疑问：中国搞的还是社会主义吗？

苏联解体后，人们发出这样的疑问：中国的社会主义还能搞多久？

2008 年国际金融危机之后，人们又这样思考：社会主义体制具有怎样的优越性？

社会主义思想和实践从空想到科学，从理论到实践，从一国到多国，从挫折到复兴，经历了 500 年的历史，走过了六个历史阶段。中国特色社会主义是世界社会主义思想和运动发展过程中的最新阶段。中国特色社会主义进入新时代，中国社会繁荣发展，中国在当今世界上引起了强烈的关注，告诉世界社会主义没有失败。

从 20 世纪的 80 年代末期开始，随着苏东解体，世界社会主义运动进入了低谷，西方有一些思想家开始宣称社会主义失败了，历史终结了，从此以后再也没有资本主义和社会主义的较量了。但是，中国特色社会主义的强大告诉世界，社会主义没有失败，科学社会主义的原则具有强大的生命力，它代表了人类未来的方向，人类应该有信心有能力把我们的社会不断推向科学社会主义的境界。

中国共产党人坚定不移地高举中国特色社会主义伟大旗帜，一代又一代地推进中国特色社会主义伟大事业。中国特色社会主义呈现出强大的生机和活力。中国是世界上最大的社会主义国家，中国特色社会主义建设所取得的世界性、历史性成就，使中国特色社会主义这面伟大旗帜在世界上高高飘扬。

其三，中国道路的世界意义

为人类不断作出更大贡献，是中国始终如一的追求。

现代化是否只有西方化一条路？

中国特色社会主义的繁荣发展，中国社会主义现代化取得的重大成就，这些成果都告诉世界，人类走向现代化的路子并不是唯一的，并不是只有西方化的现代化才是唯一的道路。人类走向现代化的路子是多种多样的，可以根据自己的国情，根据自己国家的特点，经过自己的努力走向现代化。中国既坚持了现代化的普遍性，又坚持了中国发展的独特性，给其他国家提供了一个方案、一种参考，打破了西方现代化路径唯一性的神话，打破了过去很多发展中国家所陷入的西方路径依赖性的误区，为解决人类问题贡献了中国智慧和中国方案，为建构新型的全球治理体系作出了自己的贡献。

中国共产党的坚强领导，是新时代中国特色社会主义取得成功、走向胜利的政治保证、领导保证、组织保证。我们党深刻认识到，办好中国的事情，关键在党，因此始终强调要加强和改善党的领导，强调治国必先治党，治党务必从严。党的十八大以来，新形势新任务向党的建设提出了新的更高的要求。中国由大国而为强国，必须以中国共产党由大党而为强党为前提和保证。开展伟大斗争，发展伟大事业，实现伟大梦想，都离不开党的建设伟大工程为保障。正如党的十九大报告所指出的：“伟大斗争，伟大工程，伟大事业，伟大梦想，紧密联系、相互贯通、相互作用，其中起决定性作用的是党的建设新的伟大工程。”

特别是，国际国内形势进入新的复杂阶段，各种发展任务多样交织，各种斗争形式混合复杂，各种愿望诉求交错纵横，这就更加需要党发挥强有力的领导核心作用，更加需要党中央担负起对于全党的领导核心职责。坚持党对一切工作的领导，全面从严治党的深入推进和向着纵深发展，使得党的领导地位和主导作用进一步彰显。

中国特色社会主义向世人展示了完全不同于西方设定的发展路径和辉煌成就，从而与新自由主义和“华盛顿共识”有着根本区别。事实证明，恰恰是与西方所推崇的发展模式相区别的中国特色社会主义，最有力地推动了本国的发展，中华民族以昂扬的姿态自立于世界民族之林。中国的发展向世界昭示，每个国家都应当根据本国的具体国情来选择自己的发展道路。

对于世界各国特别是非西方国家来说，中国道路使人类实现现代化的路径从单选题变成了多选题，这是一件莫大的功德。

China's
Renaissance

使命型政党与中国式现代化

Mission-oriented Political Party and
Chinese Modernization

上　篇

使命型政党

导言 使命型政党的学术生长

随着一般性的政党理论越来越难以理解和解释中国共产党，随着“使命”一词在中国共产党权威文献中的广泛使用和深入阐发，随着中国学术界自主意识的增强，“使命型政党”作为一个富有学理潜能、能够打通政治与学术的术语得到越来越多的研究和关注。

一、使命型政党的提出

无疑，中国共产党自成立起，就是一个具有强烈使命意识与使命担当的政党，且在历史发展的各个阶段都较好地完成了自己的历史使命，现在正向着实现中华民族伟大复兴的历史使命迈进。但是，从“使命”的角度学理性地理解和解释中国共产党，并明确提出“使命型政党”概念，主要是中共十八大以来才有的事情。

根据现有文献，最早明确提出“使命型政党”概念的当为杨光斌教授。在《政治学导论》中，鉴于西方政党理论难以理解和解释中国共产党，因此有必要使用“使命政党”与“掮客政党”来区分中国共产党与西方政党。但是，由于《政治学导论》是一本入门教材，因此并没有进行展开论述。深入的研究，彼时尚有待于来者。

唐亚林认为，如果沿用多年不变的西方经典政党理论来分析中国共产党自诞生以来的所作所为，尤其是在当今中国社会主义现代化建设进程中所承担的角色、所发挥的功能以及所肩负的使命，无疑是过时的、老套的、失去解释力的。这是因为中国共产党的基本性质、发展目标与根本价值追求及其在中国社会发展中的领导地位与历史使命，决定了中国共产党不但肩负着普通政党所肩负的代表与表达两大常规功能，而且肩负着作为长期执政的政党所肩负的整合、分配和引领等三大新功能，这是不论是议会党还是选举党、不论是精英党还是大众党、不论是全方位党（Catch-all Party）还是卡特尔党（Cartel Party）等概念性政党都无法涵盖的功能。①

由此出发，他提出了自己的判断："中国共产党是一个融性质、作用、地位、使命、责任于一体的使命型政党，其所致力的追求是实现国家繁荣富强、民族复兴、世界和平共荣的使命—责任体制的新型政治形态。"② 以及："中国共产党一直在通过建构将政党的利益与国家的利益、人民的利益保持高度一致性的方式，来达到将政党的发展目标与国家的发展目标、社会的发展目标、中华民族的发展目标有机连接和一体化融合之根本目标。这一根本目标在新的历史时期演变为在全面建成小康社会、推进中国特色社会主义现代化建设的历史进程中'实现中华民族伟大复兴'的'中国梦'。由此可以看出，融性质、作用、角色、地位、使命、责任于一体的中国共产党已经成为一种'使命型政党'（Mission-oriented Party），其所致力建构的政治已经成为一种'使命型政治'（Mission-oriented Politics）。而且，这种使命型政党所建构的使命型政治，日益体现在中国共产党所致力推进的中国特色社会主义事业之中。"③

李海青认为，从不同角度，对于政党类型可以有不同划分。从是否以高远历史使命为己任的角度来划分，中国共产党是一个典型的马克思主义

① 唐亚林：《从党建国体制到党治国体制再到党兴国体制：中国共产党治国理政新型体制的建构》，《行政论坛》2017年第5期，第5—15页。

② 唐亚林：《使命—责任体制：中国共产党新型政治形态建构论纲》，《南京社会科学》2017年第7期，第1—7页。

③ 唐亚林：《从党建国体制到党治国体制再到党兴国体制：中国共产党治国理政新型体制的建构》，《行政论坛》2017年第5期，第5—15页。

使命型政党。“所谓马克思主义使命型政党是指以马克思主义为指导，以对人类社会发展规律的认知与把握为前提，以人民至上为价值宗旨，以实现自身民族、国家的解放或发展为自觉使命，以推进世界大同、实现共产主义、实现人的自由全面发展为最终使命，具有强烈的历史主体意识与舍我其谁的责任担当情怀的一种政党类型。”①

唐皇凤认为，在政党类型学的谱系中，中国共产党具有使命型政党的典型特质，使命激励和责任担当不仅是确立党的全面领导地位和优化党的长期执政体系的理论依据。“在当代中国，中国共产党以实现共产主义远大理想为终极目标，以有效代表全体人民的根本利益为宗旨，将实现自我设定的历史使命和履行自我设定的发展责任视为存在理由和长期执政的合法性基础，并以强烈的使命感和责任感作为政党组织的内驱力和每个党员的首要激励因素，具有使命型政党的典型特质。”②

应该说，无论是从政党类型学角度更好理解中国共产党来说，还是从马克思主义政党理论更好阐发中国共产党来说，紧扣“使命”这一中共十八大以来的高频词，由此切入而概括中国共产党自成立以来的核心特质，提出并使用“使命型政党”概念，体现了中国学术界构建中国特色哲学社会科学的自觉努力，体现了在进一步理解和解读中国共产党这一中国政治的核心要素上的探索成绩，是一个有积极意义、可深入拓展、广泛使用的学术概念。正如唐皇凤所言：“使命型政党不仅符合西方政党建设和发展的一般规律，而且具有中国经验事实的坚实支撑，是一个具有深刻理论内涵和较强解释力的学术概念。”③

二、使命型政党的证成

提出一个学术概念，必定是要有一系列的论证作为支撑才可以成立的，

---

① 李海青：《中国共产党：马克思主义的使命型政党》，《江西社会科学》2018 年第 2 期，第 5—11 页。

② 唐皇凤：《使命型政党：执政党建设的中国范式》，《浙江学刊》2020 年第 1 期，第 69—79 页。

③ 唐皇凤：《使命型政党：执政党建设的中国范式》，《浙江学刊》2020 年第 1 期，第 69—79 页。

那么，从现有的学术文献看，使命型政党主要是如何证成的呢？

（一）比较

唐亚林主要通过使中国共产党与西方国家政党的比较，来证成使命型政党的成立。他认为，要回答好“中国共产党是一个什么样的政党”这一根本问题，除了从文本变化与实践经验视角去总结，最佳的办法还是从比较的视角去进行系统提炼，即从性质、作用、角色、地位、使命、责任六个方面，将中国共产党与西方发达国家政党进行全面对比，分析其异同，并提炼出最能概括中国共产党的本质特征的理论模式。①

比如，从性质上说，中国共产党是马克思主义政党。无论是在革命年代，还是在建设年代，始终代表的是中国最广大人民的根本利益。按照已经定型的《中国共产党章程》的定位，中国共产党的性质为“中国工人阶级的先锋队，同时是中国人民和中华民族的先锋队”。而西方国家政党的产生是立基成熟的政治形态之上，政党所代表的只是国家中部分利益团体与部分民众的利益，是为参与、夺取、保持国家权力而设计的一种竞争性组织制度，因此很难成为整合社会全体人民利益的代表。

从角色上说，西方国家政党是社会多元体系中的一元，其基本角色是充当部分民众与政治团体的“代表机构”和“表达工具”，主要功能是代表功能和表达功能。而中国共产党则始终站在全体人民的立场上，坚持以人民为中心的发展思想，不仅具备西方国家政党所具有的代表和表达两大常规功能，还肩负了作为长期执政的政党所独具的整合、分配和引领三大新功能。这三大功能是由中国共产党的理想信念宗旨的先进性、纯洁性、坚定性以及路线方针政策的正确性、科学性、实践性而综合决定的。

（二）表征

李海青、唐皇凤等人通过描述中国共产党所表现出来的特征来证成中

① 唐亚林：《使命—责任体制：中国共产党新型政治形态建构论纲》，《南京社会科学》2017年第7期，第1—7页。

国共产党之为使命型政党。

李海青认为，中国共产党作为马克思主义使命型政党，具有六个特点：对伟大使命的明确认知与自觉担当、对历史规律的理论探求与实践遵循、对指导思想的极度重视与发展创新、对人民群众的价值承诺与伦理关切、对集中统一的制度要求与组织建构、对党性修养的高度强调与典型示范。比如，“对伟大使命的明确认知与自觉担当”的详解是：“以对历史使命的自觉认定、勇于担当、坚毅履行为内在基因，很大程度决定了马克思主义使命型政党思想建设、组织架构的主要特点以及对党员党性的具体要求。历史使命的认定、承担与实现是大道、是根本、是主线，体现在马克思主义使命型政党建设的方方面面，贯穿于马克思主义使命型政党建设过程的始终。”又比如，对“对历史规律的理论探求与实践遵循”的详解是：“马克思主义使命型政党担负的使命并不是一种单纯的主观认定，而是基于历史规律的揭示。正是基于历史规律，使命才是真实的，才是可以实现的，才是具有感召力的。历史规律使马克思主义使命型政党的建立具有了历史依据，提供了历史的、合法的出生证明，没有历史层面的规律认知，就不可能产生以之为指导的共产党组织。就此而言，在马克思主义的理论视阈中，历史规律之于使命型政党的建立具有内在的根本意义。”①

唐皇凤则从四个主要方面来揭示使命型政党的特征：使命型政党始终固守极具理想主义色彩的政治纲领；使命型政党是高度重视先进性建设的先锋队政党；使命型政党是高度重视理论创新和思想政治建设的政党；使命型政党是一个勇于自我革命和积极推进全面从严治党的现代政党。比如，对于“始终固守极具理想主义色彩的政治纲领”的详解是：“对于使命型政党而言，具有动员力和号召力的政党纲领尤其具有极端重要的意义。使命型政党因使命而生，因使命而在，政党的政治纲领就是其历史使命的明确表达。”“中国共产党是一个典型的纲领性政党或意识形态党，具有明确

---

① 李海青：《中国共产党：马克思主义的使命型政党》，《江西社会科学》2018 年第 2 期，第 5—11 页。

的组织目标和发展愿景，通过党纲彰显其理想社会图景和行动指南，超越选民偏好与短期利益，以实际行动建立与民众之间的相互信任关系。”①

（三）阐发

李海青还从理论渊源的角度来阐发使命型政党。他认为，使命型政党的理论渊源可以从《共产党宣言》中找到。“从政治哲学角度而言，《共产党宣言》对马克思主义政党类型的规定实质是一种马克思主义使命型政党。”“《共产党宣言》对于共产党人历史使命的这一规定，影响极为深远，尽管后来的共产党人根据时代条件与具体国情对于历史使命作了时代化与国别化的再诠释，但实现共产主义与人的自由全面发展始终是明确宣示的使命追求。马克思主义政党就是因这一使命而生、因这一使命而在，承担这一使命是马克思主义政党的存在依据，是其‘出生’的合法性证明。就此而言，把马克思主义政党称为使命型政党是恰切的。”②

陈井安、赵小波围绕价值取向来阐发使命型政党，主要是在价值目标上：谋求人、阶级、社会的解放并实现共产主义；在价值内核上：坚持全心全意为人民服务；在价值遵循上：整体利益至上，个体利益居次。比如，关于“价值内核”的解说是：政党一般都秉承自己的价值内核，这是对“为了谁”“怎么做”等基本问题的深刻把握，也是践履使命的动力所在。中国共产党坚持以全心全意为人民服务作为自己的宗旨，体现了其存在的根本目的和意图，彰显了其基本的价值内核。③

郑巧认为，中国共产党的使命型政党特质主要表现为三个方面：为人民谋幸福：使命型政党的人民性内涵；为民族谋复兴：使命型政党的民族性使命；为世界求大同：使命型政党的全球性担当。比如，关于“为民族

---

① 唐皇凤：《使命型政党：执政党建设的中国范式》，《浙江学刊》2020 年第 1 期，第 69—79 页。

② 李海青：《马克思主义使命型政党理论溯源——对〈共产党宣言〉的政治哲学解读》，《哲学动态》2018 年第 5 期，第 5—11 页。

③ 陈井安、赵小波：《使命型政党：价值取向、使命践履与历史经验》，《中国特色社会主义研究》2019 年第 1 期，第 92—98 页。

谋复兴”的详解是：“纵观中国近现代以来民族解放与民族复兴过程，中国共产党始终是民族复兴的伟大领导者、组织者、推进者和践行者。中国共产党身上展现出的使命型政党的民族性使命与担当，使其表现出比其他一切资产阶级政党强大得多的组织力与领导力，这正是使命型政党特质所外显出来的强烈的历史主体意识与责任担当情怀。中国革命的胜利和中华民族伟大复兴的开启，既受益于科学理论的指引，也是中国共产党作为使命型政党为民族谋复兴的民族性使命的彰显与积聚。”①

连文妹、沈成飞认为，中国共产党使命型政党特质源自于党性，它表现在党的性质、党的指导思想、党的理想信念、党的宗旨、党的组织纪律等各方面具有的先进性、人民性以及规约性。以马克思主义理论为指导思想的中国共产党成立伊始就承担起特殊之历史使命和现实之责任担当，这是她区别于西方政党的不同政治属性。关于“使命型政党特质决定于党的先进性”的解释是：“中国共产党成立伊始，即坚持以马克思主义为指导进行革命奋斗，其后逐步在中国历史发展进程中结合中国革命、建设和改革的实践不断进行理论创新，将马克思主义中国化、大众化和时代化，由此产生了毛泽东思想、邓小平理论和习近平新时代中国特色社会主义思想。这一与时俱进的理论创新品质，不仅保持了党自身思想的先进性，并由此取得了中国革命、建设和改革的辉煌业绩，以及人民的高度认同。”②

三、使命型政党的使用

因为在研究中发现或者感受到了中国共产党与其他政党（主要是西方政党）的不同，并且这种不同又具有明显的类型学意义，因此就提出“使命型政党”概念。那么，提出“使命型政党”这一概念，以及围绕这一概

① 郑巧：《论中国共产党的使命型政党特质及其生成逻辑》，《淮海工学院学报》（人文社会科学版）2019 年第 12 期，第 1—4 页。

② 连文妹、沈成飞：《论中国共产党的使命型政党特质》，《教学与研究》2019 年第 5 期，第 81—87 页。

念提出一些理论命题，主要能够起到什么样的作用呢？或者说，现有文献主要是在什么样的意义上使用这个概念的呢？

（一）解读阐释中国共产党的治党经验

唐皇凤认为，从党的全面执政历史来看，党的执政地位是历史形成的，但不是一劳永逸的，需要在具体的执政实践中不断巩固和强化。全面执政实践表明，中国共产党积累了长期执政能力建设的丰富经验，而打造使命型政党则是贯穿于其中的核心主线。主要有：以理论创新为突破口，不断优化使命型政党的意识形态体系，是党的长期执政能力建设的基础性工程；以组织建设为重点，不断提升使命型政党的开放性和包容性，切实增强其凝聚力和战斗力，是党的长期执政能力建设的优选之路；始终坚持思想建党与制度治党有机结合的基本方略，是使命型政党长期执政能力建设的关键议题；改革完善使命型政党的领导体制机制，为长期执政能力建设奠定坚实的政治保障；坚持政治家集团标准，选贤任能，不断提高党员领导干部这个“关键少数”的素质能力和执政本领，为长期执政能力建设培养和储备强大的主体力量。①

唐皇凤还认为，在中国的历史和时代情境中，塑造强大的领导力量最有效的手段就是给执政党建设注入源源不断的内在动力，长期延续党的历史使命感和时代责任感对广大党员的激励力量，优化使命政治的运作机制，不断提高使命型政党建设的质量和水平。70 年执政党建设的经验表明，不断优化从严管党治党体系，使命型政党的成熟和定型奠定了执政党建设的坚实根基，成为执政党建设中国范式的核心要素和关键内容。由此，他总结了自新中国成立以来使命型政党建设的基本经验，主要有：始终坚持把党的政治建设摆在首位，是有效提升使命型政党建设质量的根本保证；以自我革命的政治勇气深化全面从严治党，是使命型政党建设的战略路径；

① 唐皇凤：《使命型政党：新时代中国共产党长期执政能力建设的政治基础》，《武汉大学学报》（哲学社会科学版）2018 年第 5 期，第 37—47 页。

始终坚持党的组织路线，建设忠诚干净担当的高素质干部队伍，是使命型政党建设的关键环节；坚持不懈开展整党整风运动与党内集中教育活动，是使命型政党建设的有效方式。①

苟立伟、张荣臣试图寻找使命型政党与全面从严治党之间的逻辑关系。他们认为，由于使命型政党承担着多层面的历史使命，要完成这些历史使命，党必须把自己建设得坚强有力，因此，对使命型政党来说，进行政党治理是必然要求；中国共产党是一个成熟的使命型政党，其本身又具备自我革命的可能性。那么，对中国共产党来说，其作为使命型政党的治党逻辑就在于：将一般的政党治理上升到全面从严治党的高度，实现自我革命，进而以自我革命推动伟大的社会革命，最终实现党的历史使命。在实践中，党能否完整贯彻这一治党逻辑，其关键环节是能否将一般的政党治理升级到全面从严治党。②

（二）解读阐释中国共产党的机制机理

唐皇凤认为，新时代优化使命政治，加强党的长期执政能力建设需要解决两大根本性问题：一是执政党通过有效的战略规划、制度安排和政策设计，稳妥推进经济发展和社会进步；二是顺应时代潮流，主动回应民众的需求和期待，积极推动执政党自身的现代化和内部治理的理性化，通过自我革命把党建设得更加坚强有力，为坚持和发展新时代中国特色社会主义这场伟大社会革命奠定坚实的政治基础。为此就需要：坚定不移推进全面从严治党，加强使命型政党的自身建设，充分释放执政党的创造性活力；以提高学习能力为基础，切实提高党员领导干部的素质能力和执政本领，持续提升党的执政团队的战略规划能力；以党内法规制度体系建设为重点，不断增强使命型政党的制度化治理能力；密切党群和干群关系，稳步提升使命型政党的政治调控和社会整合能力，夯实使命型政党长期执政的合法

① 唐皇凤：《使命型政党：执政党建设的中国范式》，《浙江学刊》2020 年第 1 期，第 69—79 页。

② 苟立伟、张荣臣：《从政党治理到全面从严治党：使命型政党的治理逻辑》，《中共石家庄市委党校学报》2019 年第 6 期，第 14—17 页。

性基础。①

李海青认为，马克思主义使命型政党的视角，有利于更深入地理解党与群众之间的关系。“按照马克思主义的理论逻辑，共产党作为无产阶级政党具有先进性，能够深刻把握历史的发展规律，认知自身的历史使命，在理论上处于自觉状态，可称之为马克思主义使命型政党。与使命型政党的这种理论自觉相反，包括无产阶级在内的广大民众在认知上往往处于自发状态，限于表象、注重眼前，对社会发展趋势与自身历史作用难以有效理解。政党自觉与民众自发对立统一：政党自觉需要对民众自发予以引导、提升，但两者同时也具有张力，一旦理论自觉出现失误就会导致自觉背离自发，损害民众利益。要有效解决自发与自觉的张力，一方面需要坚持和发展群众路线，另一方面要不断健全民主的制度机制。”②

李海青还认为，马克思主义使命型政党的治党逻辑在于：就社会基础而言，作为使命型政党，中国共产党高度重视构建与人民群众道义性的“生死伦理”契约，强调人民至上，强化与人民群众亲密无间的一体性血肉联系；就指导思想而言，作为使命型政党，中国共产党始终注重思想建党，强调用把握历史发展规律的马克思主义及其发展成果教化全党，最大限度地统一思想、凝聚共识，寻求一致；就组织原则而言，作为一个使命型政党，中国共产党是遵循民主集中制的原则组织起来和开展活动的，这样可以最大限度地汇集力量、提高效率，提升战斗力；就党员个体而言，马克思主义使命型政党要求每个共产党员都要不断强化党性修养。③

（三）解读阐释中国共产党的治国理政

张紧跟认为，作为一个迥异于西方“选举型政党”的使命型政党，中

① 唐皇凤：《使命型政党：新时代中国共产党长期执政能力建设的政治基础》，《武汉大学学报》（哲学社会科学版）2018年第5期，第37—47页。

② 赵玉洁、李海青：《使命型政党与人民群众：在自觉与自发之间——对马克思主义一个重大问题的思考》，《南京师大学报》（社会科学版）2020年第1期，第78—85页。

③ 李海青：《使命型政党的治党逻辑——十九大全面从严治党的内在理路》，《经济社会体制比较》2018年第2期，第1—11页。

国共产党在自觉回应时代大潮、自觉担当时代责任中成功开辟了一条植根于中国大地、反映中国人民意愿、适应时代发展进步要求的中国特色革命和建设道路。“与时俱进的意识形态话语生产机制，使党善于在与历史同步伐、与时代共命运中成功推进实践基础上的理论创新；密切联系群众的民意吸纳机制，使党能‘不忘初心’地践行‘立党为公、执政为民’的政治承诺；以党领政的执政创新机制，使党始终能在不断推进国家治理体系和治理能力现代化进程中为可持续的经济社会协调发展提供科学合理有效的组织和制度保障；全面从严治党的权力监督机制，使党能自觉地及时警惕、及早防范、有效化解各种风险。”①

宋道雷认为，中国共产党领导的新时代中国特色社会主义建设事业，面临的是过去40年的实践催生出的相互叠加、相互渗透的立体式新结构。从政党与社会关系以及政党与国家治理体系和能力现代化的视角来看，中国共产党对这种新结构的领导，直接成为新时代中国特色社会主义建设的重要路径。这种领导主要包括：中国共产党领导新型产权结构、新型群体结构、新型交往结构和新型需求结构。②

四、使命型政党的讨论

从增强中国特色哲学社会科学学术自觉的角度看，使命型政党的提出，无疑具有十分重要的意义，这标志着中国学术界贡献了一个有解释力和说服力的优良概念。但是另一方面这个概念在使用中也显露了一些问题，需要有所矫正。更重要的是，循着这个概念，期待挖掘有更多深度的研究作品。

---

① 张紧跟：《论使命型政党的治理机制》，《四川大学学报》（哲学社会科学版）2019年第2期，第5—12页。

② 宋道雷：《使命型政党——中国共产党领导新时代中国特色社会主义的形态、内涵和路径》，《南京社会科学》2019年第2期，第101—108页。

（一）贡献

中国共产党是一种独特的政党类型，这已经为中外学术界所公认。问题的关键在于，到底如何把这种独特性揭示出来。帕斯奎诺指出："中国共产党内部的官员选择机制是非常有价值和非常重要的，这种机制与一种政治权力的隐含原则紧密关联：如果民众极度不满意于领导者的施政行为，基于'天命'的传统政治文化，就要将权力交给更有利于维护公共利益的领导者。这种机制完全可以和西方的竞争式民主的作用相媲美。""中国在为外界不理解自己的政治制度而苦恼的同时，是不是应该反思，是否已经向外界进行了清楚、准确、全面并且能够为外部世界所理解的自我表达呢？"①

实际上，为了揭示中国共产党类型学上的独特性，已有的研究已经作了一些努力。比如，唐皇凤曾提出了"变革型政党"这一概念来理解中国共产党，"中国共产党之所以能够一直是成功者和胜利者，主要是因为中国共产党的积极适应和主动创新"，"在变革型政党模式下，核心的领袖集团是一群追求公共利益、具有公共精神的高尚之士，具有极强的超越性和开创性，并凭借政治领袖的个人魅力，通过党纲明确国家的发展目标和未来愿景，有效动员选民超越自身狭隘的眼前和局部利益，是一种适合变革时代的政党行为模式。一般而言，变革型政党呈现出典型的超越性与创造性、开放性与包容性以及回应性与调适性等基本特征"②。

也有学者用"先锋党"概念来描述中国共产党，"马克思列宁主义先锋队政党是西方主流政党理论难以解释的政党类型，它不是围绕国家议会制度开展选举活动的政治组织，而是推翻旧制度、建立新国家的类政权性的革命党，其权威—服从关系是在马克思主义意识形态认同基础上，通过

① 王琎：《突破西方政体类型学的当今中国政治制度——国际知名学者帕斯夸里·帕斯奎诺谈中国政治制度》，《光明日报》2013 年 8 月 20 日。

② 唐皇凤：《变革型政党：对中国执政党建设历史经验与未来愿景的一种理论解读》，《武汉大学学报》（哲学社会科学版）2013 年第 3 期，第 19—28 页。

订立非个人主义的社会契约创建而成。为适应革命的客观环境和完成革命目标，先锋党在党内关系上克服了民主建党的联邦制趋向，在组织结构上确立了民主集中制的原则，在党群关系上主张党员身份的先锋化，坚持党员既要严格区分于无产阶级群众，又要保持与无产阶级群众的密切联系”①。

那么，与“变革型政党”“先锋党”等概念相比，显然使命型政党具有更大的优势：其一，最重要的是，对于自身所肩负的历史使命的强调，是中国共产党作为马克思主义政党的鲜明特征，这一点为中外学术界所公认；其二，经过长期以来特别是中共十八大以来的权威文献的传播与渗透，“使命”已经成为中国共产党政治话语和理论话语中的核心词，据此而提炼出“使命型政党”概念，具有很大的理论阐发空间，也具有很好的传播基础和社会基础，易于为大众所接受且不至于引起较多歧义；其三，作为一个肩负着抵制西方话语强加于中国共产党的种种误解重任的词，使命型政党在某种意义上还具有很好的学术效用，也易于为学术界所阐发，并易于为国外学术界思考。

（二）思考

关于使命型政党研究，仍有较大思考与延展余地，主要有：

其一，关于使命型政党的内涵解读。使命型政党是在某种比较性的类型学框架下对中国共产党特质的一种描述，因此它的内涵是相对比较具体的：那些体现了其使命追求的、有别于西方政党的特质，就是使命型政党指示所在。但即便如此，也出现了一些解读有误的情况。比如，宋道雷认为：“在新时代，中国共产党肩负着集人民性、国家性、民族性和人类性于一身的，融为人民谋幸福、实现社会主义现代化、中华民族伟大复兴和构建人类命运共同体为一体的新使命。新时代、新使命赋予中国共产党新的

① 陈明明、程文侠：《先锋队政党的构建：从意识形态到组织形态——关于列宁建党学说的一个讨论》，《江苏社会科学》2018年第4期，第114—124页。

使命型政党身份。”“使命型政党，是中国共产党领导新时代中国特色社会主义事业建设过程中表现出来的新政治形态。”这就是把使命型政党理解为中国共产党在新时代的一种“身份”、一种“政治形态”，显然是不正确的。

其二，关于使命型政党的使用方案。比如，在使用“马克思主义使命型政党”或“使命型政党”概念进行的一些研究中，一个比较大的问题就是，很难区分使用这一概念与不使用这一概念，对于该项研究的展开具有什么样的区别。一项研究声称：“中国共产党作为马克思主义使命型政党，是始终坚持以马克思主义为指导、坚持以人民为中心、不忘全心全意为人民服务的初心、牢记实现中华民族伟大复兴的历史使命、能够以自我革命的精神加强自身建设的伟大政党。”“新时代应通过坚持和加强党的政治领导，严肃和纯洁党内政治生活，紧扣民心这个最大的政治，强化党员领导干部的使命担当、责任意识和党性修养，加强党的自我革命，全面增强执政本领等路径，统领马克思主义使命型政党建设。”① 这里的问题在于，即便不使用“使命型政党”这一概念，也并不影响全文的研究推理。

又如，一项研究声称，中国共产党使命型政党特质生成的理论渊源主要包括：先进性理论渊源——“中国共产党是马克思主义政党，始终高举马克思主义伟大旗帜，并不断从中国革命、建设和改革实践中总结、汲取实践经验，进行新的理论概括与创新，不断推进马克思主义中国化、时代化和大众化”；党性规约性的理论渊源——“严明的组织纪律性是马克思主义政党的鲜明特征，是政党政治时代马克思主义政党与其他一切形式的政党泾渭分明的形态差异。党性规约性既保障了马克思主义政党的组织性、纪律性和集中统一领导，也是其革命性、斗争性的力量源泉与组织保证”②，等等。

---

① 刘锋：《以政治建设统领新时代马克思主义使命型政党建设的路径探讨》，《广西社会主义学院学报》2018 年第 6 期，第 5—10 页。

② 郑巧：《论中国共产党的使命型政党特质及其生成逻辑》，《淮海工学院学报》（人文社会科学版）2019 年第 12 期，第 1—4 页。

（三）展望

首先，作为一个待深挖的概念，关于使命型政党还应当作一些深入研究的工作，进一步从政党类型学的角度证成这一概念。比如，一个值得期待的研究努力是，既从政党学研究理论的角度，分析中国共产党作为使命型政党的地位，同时又从政党发展历史的角度，分析马克思主义政党从一开始就不同于西方原来意义上的政党，在推动历史发展的过程中更是如此。目前尚未有专门的这方面的成果。

其次，作为一个描述性的概念，围绕马克思主义理论以及政治学、政党学等基础社会科学理论，还需要进行深入的学术勘探与挖掘的工作，用更丰富、更有深度的学术概念与理论思考来指称使命型政党。比如，为了更好地理解和解读中国共产党之为使命型政党，李海青等人提出了“生死伦理”：“所谓生死伦理是指共产党人与人民群众之间这样一种交往规范与价值关系：共产党人秉持人民至上的价值准则，全身心为人民服务，为人民利益甘愿主动牺牲自身生命，并视这种牺牲为人生的最大意义与应然价值追求。这种生死伦理体现了共产党人对生与死的基本看法：为人民利益而在是共产党的唯一存在依据，共产党人作为一名党员就是为人民利益而生，在人民需要时亦可慨然赴死。”“为人民利益而生是谓生得伟大，为人民利益而死是谓死得光荣，这是共产党及其党员的神圣责任与庄严使命。这种对于人民深沉的价值承诺表明共产党是一个典型的马克思主义使命型政党，生死伦理则是一种典型的责任伦理与使命伦理。”① “生死伦理”的提出，就是代表了一种富有成效和深度的学术努力；后续的研究，尚有待于类似成果的出现。

最后，作为一个解释性的概念，还需要借助于使命型政党及其支撑性命题和判断，形成更多更有深度的研究成果。如果仅提出使命型政党而没

---

① 李海青：《使命型政党的“生死伦理”——基于“老三篇”的一种文本阐释》，《人文杂志》2019 年第 5 期，第 1—7 页。另见孔新峰：《先秦儒家生死观与中国共产党人的“生死伦理”》，《人文杂志》2019 年第 5 期，第 14—22 页。

有扩展性、衍生性的卓有成效的研究成果，那么这一概念充其量也就是“一朵不结果实的花”，充其量也仍然只不过是起到一种在西方学术面前的辩护性作用，而缺乏深层次的学术意义。比如，李海青研究了中国共产党作为使命型政党与中国的现代化之间的关系，认为“现代化是近现代迄今中国社会的根本任务，中国共产党作为马克思主义使命型政党自觉担负起了这一伟大的历史使命，就此而言，中国的现代化属于政党主导型”。“中国的现代化尽管是追赶型的，但是从一开始就被赋予了特殊的意义与伟大的使命，那就是寻找一条不同于资本主义的现代化道路，塑造一种不同于资本主义的现代化模式，超越资本主义并贡献于世界与人类。这是由马克思主义作为指导思想所决定的，是由社会主义的国家性质所决定的，中国共产党人对此有非常清醒的意识。毛泽东如此，邓小平如此，习近平亦是如此。”①

使命型政党提供了一个富有挖掘空间和理论深度的学术创新概念，现有研究已经展示了富有成效的努力，且产生了良好的学术影响与社会影响，在学术界、理论界的认可度也在不断提高。下一步研究的方向，重在聚焦深挖，以更扎实更厚重的研究使这一概念绽放。当然，也要防止一些不纯不正的非马克思主义、非社会主义观点窜入其中，破坏这一概念的严肃性。

---

① 李海青：《使命型政党与中国的现代化建构——基于历史之维的审视》，《浙江学刊》2020年第1期，第61—68页。

第一章　使命型政党的理论逻辑

党的十八大以后，不忘初心及其相关话语被置于党的政治理论框架的显著位置，在多个场合、多个层面被反复提及和强调，从而成为党的核心话语之一。习近平总书记在庆祝中国共产党成立九十五周年大会的重要讲话中，首次如此重大场合提出不忘初心这个重大命题；在党的十九大报告中鲜明指出："中国共产党人的初心和使命，就是为中国人民谋幸福，为中华民族谋复兴。"① 十九大后不久，他考察了上海和嘉兴，强调只有不忘初心、牢记使命、永远奋斗，才能让中国共产党永远年轻。2019 年 6 月至 2020 年 1 月，党中央在全党上下分两批开展了"不忘初心、牢记使命"主题教育，取得了明显成效。党的二十大提出"三个务必"，其中第一个务必就是"务必不忘初心、牢记使命"。由此可以看出，有着百年奋斗历程的中国共产党郑重提出并反复强调不忘初心，强调"千秋大业，百年恰是风华正茂"，以此回应国内外对中国共产党前途命运的担忧甚至质疑，是理解新时代中国共产党人使命担当的重要视角。不忘初心虽非中国共产党人的首创话语，但在新时代条件下，我们党对不忘初心的科学内涵进行了新阐发、新论述，使其成为新时代党的领导、党的建设的核心标志。事实上，自习近平总书记在党内明确提出和运用"初心"以来，"初心"就不

① 习近平：《决胜全面建成小康社会　夺取新时代中国特色社会主义伟大胜利——在中国共产党第十九次全国代表大会上的报告》，人民出版社 2017 年版，第 1 页。

再仅仅局限于一个词汇，而是有了性质和意义上的跃迁，逐渐上升为党的政治话语和政治概念。[①]

与“初心”使用频率相近的一个词汇乃是“使命”，且两者经常被放在一起使用。随着一般性的政党理论越来越难以理解和解释中国共产党的理论建树和实践成就，随着“使命”一词在中国共产党权威文献中的广泛使用和深入阐发，随着中国学术界自主意识的逐步增强，使命型政党作为一个富有学理潜能、饱含政治意蕴、能够打通政治与学术的术语得到越来越多的研究和关注，不少研究成果颇有见地。无疑，中国共产党自成立起，就是一个具有强烈使命意识与担当精神的马克思主义政党，且在领导中国革命、建设和改革的各个阶段都较为出色地履行了自己的使命担当，当下正在新时代新征程上坚定迈向现代化强国和民族复兴。但是，从使命的角度学理性地理解和解释中国共产党，并明确提出“使命型政党”概念，主要是十八大以来才有的事情，当然这也是政党理论对政党实践发展的客观反映。有研究认为，政党类型可以从不同角度进行划分，从是否以高远历史使命为己任的角度来划分，中国共产党是一个典型的马克思主义使命型政党。[②] 应当说，这为更好地理解和解释新时代中国共产党提供了一个全新的理论视角。

如果说牢记使命是中国共产党之为使命型政党的源出的话，那么不忘初心与牢记使命到底在学理上具有怎样的内在联系呢？可以这样认为，作为马克思主义者的中国共产党人的初心，从基因和血脉上决定了中国共产党之为使命型政党。而中国共产党人的初心又是从哪里来的？最基本也是最重要的，是从他们作为马克思主义者这一理论和政治禀赋而来。这就是说，中国共产党人坚定地以马克思主义作为自己的信仰，是在中国大地上忠实践行马克思主义的马克思主义者，是马克思主义这一科学理论的聪慧而诚挚的学生。追根溯源，中国共产党人的初心是马克思主义这一科学理

① 宋进、王朝庆：《论中国共产党“不忘初心”命题的出场语境》，《江海学刊》2019 年第 2 期，第 5—11 页。

② 李海青：《中国共产党：马克思主义的使命型政党》，《江西社会科学》2018 年第 2 期，第 5—11 页。

论，与中国国情这一具体实际有机结合的历史产物，是具有中国特色、中国化的初心。正是这一禀赋，使其从根本上超越了一般的形而上学意义上的“心灵鸡汤”或“宗教情怀”，从而使其具有了理论联系实际的伟大品格。由此，中国共产党之为使命型政党，就有了坚实的理论基础和政治归宿。

一、共产主义：中国共产党之为使命型政党的理想愿景

说中国共产党人的初心，当从马克思主义创始人说起。马克思在《青年在选择职业时的考虑》一文中最早表露了自己的初心，他写到“如果我们选择了最能为人类而工作的职业，那么……我们的幸福将属于千百万人”①。马克思是这么想的，也是这么做的，他一生的理论和实践活动都是致力于无产阶级和全人类的解放事业。而马克思的初心经由马克思、恩格斯长期的、持续的理论提炼和升华，经由他们之后的马克思主义者的研究、传播和践行，逐步成为所有马克思主义者的初心。马克思主义者的初心自传入中国后，经过广泛传播和反复比较，又与中国当时的实际国情结合起来，催生了中国共产党人的初心；中国共产党人秉持自己的初心，在中国大地上先后进行革命、建设和改革而“志不改、道不变”，传承并沉淀为当今中国共产党人的初心，其间的发展脉络是清晰的，在“道统”上是一脉相承的。

共产主义是人类历史发展不可避免的基本趋势，是马克思主义始终不渝地加以理论研究和实践探索的历史主题，是人类最为崇高的理想。马克思主义认为，人类历史发展是有规律的，历史进程是受内在一般规律支配的，是按照历史的逻辑由低级向高级发展的。人类历史发展有着不以人类意志为转移的一般轨迹，其必然结果就是经由若干阶段，最终共产主义取代资本主义。世界各国的共产党人遵循历史辩证法，正以自身的模范行动顺应历史大势，有力推动着这一历史进程。恩格斯指出：“共产主义者不是

① 《马克思恩格斯全集》（第1卷），人民出版社1995年版，第459页。

把某种哲学作为前提，而是把迄今为止的全部历史，特别是这一历史目前在文明各国所造成的实际结果作为前提。”① 中国共产党人之所以能够坚守初心而矢志不渝，就在于作为坚定的马克思主义者，他们从对人类社会实践和历史发展事实的详尽考察中，得出真理性的认识，获得持久性的动力，从而义无反顾地投身历史发展潮流之中，为推动中国社会乃至人类社会历史发展进步贡献自己的力量。

共产主义作为一种社会运动和社会理想，到底能够给中国共产党人带来什么？首先，共产主义给了中国共产党人强烈的理想鼓舞。马克思、恩格斯指出：“代替那存在着阶级和阶级对立的资产阶级旧社会的，将是这样一个联合体，在那里，每个人的自由发展是一切人的自由发展的条件。”② 可见，自由人联合体是未来共产主义社会的本质特征和组织形态。只有在这样一个社会中，广大劳动人民、无产阶级才能彻底摆脱加在自己身上的各种束缚，才会获得真正意义上的自由和解放，从而马克思主义者的初心才能最终得以实现。这一科学设想并不是幻想中的空中楼阁，而是具有实践性和现实性的美好愿景，并且已经具备了现实的推动力量和实现途径，问题在于如何把这种现实力量和途径运用到社会实践之中，这对于中国共产党人无疑是极大的思想指引和精神鼓舞。其次，共产主义给了中国共产党人恒久的精神动力。共产主义作为崇高的理想信念，赋予共产党人的是无坚不摧的信仰力量，这种力量深植于共产党人的奋斗历程之中，极其鲜明地体现在共产党人战胜各种艰难险阻的过程之中，为共产党人不断创造人间奇迹提供了强大的精神支撑。“我们党之所以能够经受一次次挫折而又一次次奋起，归根到底是因为我们党有远大理想和崇高追求。”③ 这使中国共产党人始终保持艰苦奋斗、一往无前的精神状态，从而创造了一

① 恩格斯：《共产主义者与卡尔·海因岑》，见《马克思恩格斯文集》（第一卷），人民出版社 2009 年版，第 672 页。

② 马克思、恩格斯：《共产党宣言》，见《马克思恩格斯文集》（第二卷），人民出版社 2009 年版，第 53 页。

③ 习近平：《在庆祝中国共产党成立 95 周年大会上的讲话》，《人民日报》2016 年 7 月 2 日。

个又一个令世人惊叹的中国奇迹。如果没有这种坚守，很难想象得到一个新型大党、新型大国是如何自立于世的。最后，共产主义给了中国共产党人崇高的德性品格。对中国共产党人来说，最能衡量其生命价值的，不是物质的，而是超物质的；不是世俗的，而是超世俗的。共产主义是一把衡量党性、心性和人性的尺子，切实发挥着修炼党性、陶冶心性、升华人性的重要作用。而“衡量一名共产党员、一名领导干部是否具有共产主义远大理想，是有客观标准的”，标准就是“要看他能否坚持全心全意为人民服务的根本宗旨，能否吃苦在前、享受在后，能否勤奋工作、廉洁奉公，能否为理想而奋不顾身去拼搏、去奋斗、去献出自己的全部精力乃至生命”①。这就要求广大党员干部，特别是党员领导干部，要不断涵养社会主义和共产主义道德，筑牢社会主义核心价值观，为实现崇高理想不断提供必要的道德支撑和精神前提。

由此可见，共产主义为中国共产党人提供的理想愿景、精神动力和德性品格，构成了实现自身历史使命和奋斗目标的动力机制，使得全面建设社会主义现代化强国、实现中华民族伟大复兴中国梦的历史使命具有了坚实可靠的动力保障。正如有学者指出的，共产主义学说是无产阶级获得彻底解放的理论体系，是人类社会发展至今最具进步性和革命性的科学理论。“共产主义是人类社会文明发展到一定高度的科学信仰，是无产阶级革命的强大精神支柱和行动指南。”② 有了这种崇高理想，可以防躺平于安逸时，防摇摆于挫折时，防沉迷于享乐时。

二、制度批判：中国共产党之为使命型政党的政治自觉

马克思主义本身就是对资本主义根本弊病进行深刻批判和反思的产物。

---

① 习近平：《关于坚持和发展中国特色社会主义的几个问题》，《求是》2019 年第 7 期。

② 王玲玲、何江、谭高顺：《准确理解马克思恩格斯关于“共产主义信仰”的论述》，《马克思主义研究》2019 年第 3 期，第 25—34 页。

马克思主义深刻揭示了资本主义制度所不可克服的内在矛盾，科学预见了资本主义制度不可避免地为更高级的社会制度为代替的历史趋势。在社会实践中，资本主导的逻辑必然导致严重的政治社会后果，这是资本主义发展史反复证明的道理，有所区别的只是在于不同国家资产阶级调和社会矛盾的效度而已。当代西方社会的种种乱象、乱局，从根本上都归因于资本逻辑，这是一种基因性的根本缺陷，是西方社会无法根除的制度性弊病。可以说，资本逻辑是西方社会运行的内在通则。世界近代以来，资本犹如脱缰野马、肆意横行，推动资本主义逐步发展推进。资本主义按照自己的方式、自己的面貌塑造着整个世界。因为资本增殖、逐利、扩张的天性，使资本主义形成了以牺牲资源、环境、生态以及发展中国家利益为代价的生产方式、生活方式、思维方式和行为方式，形成了以金融霸权和军事霸权控制世界的统治方式，它加剧了地区发展的不公平性、非均衡性和不可持续性，引发了资本主义制度体系下的结构性、累积性、依附性发展问题。[①] 这是资本主义发展方式深陷泥潭、难以为继的深层次表现。

2008 年国际金融危机的发生和蔓延，不仅暴露了西方国家最隐蔽、最嗜血、最贪婪的生存秘密，而且由于西方国家为缓和国内矛盾所采取的种种举措并不奏效，反过来又使得西方国家的面目更加狰狞更加可憎。由是，此种马克思主义者审视资本主义的姿态和判断，让中国共产党人对当代资本主义的新变化有了更加深刻的认知，促进了中国共产党人在为人民谋幸福、为民族谋复兴的道路上更加坚定清醒。西方社会所处的困境再次有力证明，资本主义制度本身的内在矛盾是难以通过自身加以克服的，势必长期内嵌于西方国家的发展进程，直至新的社会条件的出现为彻底解决这一矛盾提供可能。基于此，有些学者认为当代西方国家正在走向衰退，看衰西方发展前景。连不少西方研究者也持有类似观点，对当代资本主义提出了不少批判性观点。当前西方兴起的民粹主义在民众中产生了一定的吸引力，

① 韩庆祥：《为解决人类发展问题贡献“中国理论”——习近平“人类命运共同体”思想》，《东岳论丛》2017 年第 11 期，第 5—10 页。

民粹主义发现了西方国家的问题，在选举和公投中也有效地利用了这些问题，但其提出的反全球化、反欧洲一体化、反移民的极端主张救不了西方。① 西方社会要从根本上摆脱困境，唯有对资本主义制度进行彻底变革。

中国之所以选择社会主义道路，不仅源于自身的现实国情和历史传承，而且与马克思主义对资本主义的深刻批判有直接关系。社会主义是作为资本主义的对立物而出场的，而科学社会主义是在科学批判资本主义的前提下形成发展的。马克思指出："理论在一个国家实现的程度，总是取决于理论满足这个国家的需要的程度。"② 中国共产党人历尽千辛万苦，着眼于科学社会主义与中国国情的有机结合，成功开辟出一条适合自身特点的发展道路，实现了中国经济社会发展的历史性跨越。习近平总书记指出："一个国家实行什么样的主义，关键要看这个主义能否解决这个国家面临的历史性课题。"③ 中国特色社会主义从根本上破解了"什么是社会主义、怎么建设社会主义"这个首要的基本问题，引领社会主义中国走向繁荣富强和全面现代化。"确切地说，中国特色社会主义是经济社会发展形态落后于现代西方的东方古老国家，既占有和吸收现代西方社会积极文明成果又不丧失本民族自身社会和文化传统，将科学社会主义作为内在灵魂和行为方式贯穿于民族伟大复兴与经济社会生活现代化全过程，并以马克思主义的人类解放事业为最终前途方向的独特发展道路。"④ 这条道路是从本质上不同于资本主义道路的新型现代化道路，不仅以其鲜明的中国特色造福于中国，而且以其独特的中国智慧贡献于世界。

习近平总书记指出："历史和现实都告诉我们，一场社会革命要取得最终胜利，往往需要一个漫长的历史过程。"⑤ 作为忠实的马克思主义者，

---

① 冯仲平：《关于西方困境的思考》，《现代国际关系》2017 年第 10 期，第 1—6 页。

② 《马克思恩格斯文集》（第一卷），人民出版社 2009 年版，第 12 页。

③ 《习近平谈治国理政》（第一卷），外文出版社 2018 年第 2 版，第 22 页。

④ 姜佑福：《共产主义的根本旨趣与中国特色社会主义的历史使命》，《东南学术》2019 年第 1 期，第 1—8 页。

⑤ 中共中央宣传部编：《习近平新时代中国特色社会主义思想学习纲要》，学习出版社、人民出版社 2019 年版，第 59 页。

中国共产党人要做的是一以贯之地坚持和发展马克思主义，在汲取来路历史经验的基础上，摒弃老路、警惕邪路、勇开新路，不断将中国特色社会主义推向新境界。新时代中国特色社会主义推动中国发生新的历史性巨变，呈现出更加为人所乐见的勃勃生机和美好前景，让马克思主义和科学社会主义的理论光芒更加耀眼。实践充分表明，中国特色社会主义道路是中国共产党人践行初心使命、创造人间奇迹的根本途径，是造福中国、惠及世界的正确道路。

三、人民至上：中国共产党之为使命型政党的价值追求

为谁服务、为谁谋利是一个政党的根本性问题。毛泽东指出："共产党是为民族、为人民谋利益的政党，它本身决无私利可图。"① 邓小平指出："我们过去几十年艰苦奋斗，就是靠用坚定的信念把人民团结起来，为人民自己的利益而奋斗。"② 习近平总书记指出："人民对美好生活的向往，就是我们的奋斗目标。"③ 习近平总书记还特别指出，要着力践行以人民为中心的发展思想。党的十九大将"坚持以人民为中心"作为新时代党的治国理政基本方略之一郑重提出。党的二十大强调，人民性是马克思主义的本质属性。由此我们可以看出，站在人民立场之上，为民服务、为民谋利是中国共产党人最根本的政治立场和价值追求。马克思主义者之所以是无私无畏的，最为根本的一条就在于他们是站在广大人民群众的立场之上的，有了人民群众这个力量之源，有了人民群众这个价值重心，就能够不断披荆斩棘，开创事业新辉煌。这一鲜明的价值取向和坚定的政治立场给了中国共产党人守望初心、践行初心以强大的道义力量。因此可以

① 《毛泽东选集》（第三卷），人民出版社 1991 年版，第 809 页。
② 《邓小平文选》（第三卷），人民出版社 1993 年版，第 190 页。
③ 《习近平谈治国理政》（第一卷），外文出版社 2018 年第 2 版，第 3 页。

说，“捍卫人民群众的根本利益与长远利益的建构，为中国人民谋幸福是贯穿中国特色社会主义事业发展中的一条主线，是中国共产党人的崇高使命与政治主题”[①]。

由此，人民至上与使命型政党的内在关联在于：

——为绝大多数人谋利益决定了中国共产党人的血脉基因。马克思主义创始人指出：“过去的一切运动都是少数人的，或者为少数人谋利益的运动。无产阶级的运动是绝大多数人的，为绝大多数人谋利益的独立的运动。”[②] 这从理论根源上阐明了共产主义运动、无产阶级运动的根本立场和人民向度。鲜明的人民性是共产主义运动、无产阶级运动的本质特征，是马克思主义产生以来国际共产主义运动的一条红线。中国共产党人就是为维护和实现人民利益而生，近百年来无论风云变幻、世事变迁都不曾动摇、不曾懈怠，始终走在为人民谋利益的大路上。正是在此意义上，习近平总书记指出：“人民立场是中国共产党的根本政治立场，是马克思主义政党区别于其他政党的显著标志。”[③]

——为绝大多数人谋利益决定了中国共产党人的实际行动。为了维护、实现和发展人民利益，我们党在不同历史阶段殚精竭虑、艰苦奋斗，作出了为世人所称颂的模范行动。在革命年代，我们党着力推翻不合理的旧制度，致力于建立一个为绝大多数人服务的新社会制度；在建设年代，我们党着力探索适合国情的社会主义建设道路，致力于实现基于人民利益的“四个现代化”；在改革年代，我们党成功开辟、持续拓展中国特色社会主义道路，努力解放和发展社会生产力，致力于改善人民生活、增进人民福祉。作为坚定的马克思主义者和伟大社会革命的推动者，中国共产党人既强调经济基础的决定作用，也十分重视上层建筑的巨大反作用，甚至认为有时能起到决定性作用。正是基于对社会基本矛盾运动的深刻认知，新时

---

① 祝黄河：《中国特色社会主义道路自信的内在逻辑》，《马克思主义与现实》2019 年第 6 期，第 7—13 页。

② 《马克思恩格斯文集》（第二卷），人民出版社 2009 年版，第 42 页。

③ 《习近平谈治国理政》（第二卷），外文出版社 2017 年版，第 40 页。

代中国共产党人通过全面深化改革来不断调整生产关系、完善上层建筑，不断把中国特色社会主义伟大实践推向前进，从而持续推动经济高质量发展、社会全面进步、人的全面发展，为满足人民日益增长的美好生活需要创造更好的条件。

——为绝大多数人谋利益确立了中国共产党人的根本依靠。人民是我们党执政的最大底气。马克思主义认为，人民群众是历史的创造者，是社会变革的推动者。中国共产党人坚持唯物史观这一基本观点，始终坚持人民群众的主体地位，把人民群众当作真正的英雄，把人民群众放在心中最高位置，始终强调紧紧依靠人民共同创造幸福生活，把实现、维护和发展人民根本利益作为自己的天职。正是秉承这些根本理论判断和基本价值立场，中国共产党人在前进道路上，不断从人民群众之中寻找发展动力，并获得了广大人民群众源源不断的力量支持，尤其是在面对重大风险挑战的时候，广大人民群众之中所迸发出的磅礴力量，是任何艰难险阻都阻挡不住的。有了人民群众这一根本力量和可靠支持，中国共产党人在践行为人民谋幸福、为民族谋复兴的初心过程中，更加义无反顾、充满斗志、一往无前。

中国共产党人的主义、道义、正义，集中于人民身上，正所谓“天命即民命”。

四、科学理论：中国共产党之为使命型政党的智慧源泉

马克思主义是我们党立党立国、兴党兴国的根本指导思想。马克思主义者是无私无畏的，因为他们在理论和实践的结合中，掌握了作为科学世界观和方法论的马克思主义。这一科学理论及其中国化创新成果，给了中国共产党人守望初心、践行初心以卓越的实践智慧。辩证唯物主义和历史唯物主义的基本原理及其方法论，为中国共产党人守望初心、践行初心提供了科学的世界观基础和方法论来源。正如习近平总书记所强调的，要学

习掌握世界统一于物质、物质决定意识的原理，坚持从客观实际出发制定政策、推动工作；[①] 要学习掌握认识和实践辩证关系的原理，坚持实践第一的观点，不断推进实践基础上的理论创新；[②] 等等。事实上，马克思主义者十分注重从实际出发、实事求是，注重从实践中获得真知，注重从感性认识上升到理性认识，注重用新的认识指导新的实践，注重用实践检验认识的正确性，并在这种统一和互动中坚持和发展马克思主义。科学的理论指导，给了中国共产党人破解现实难题、完成历史使命、实现奋斗目标的实践智慧。

具体来说，马克思和恩格斯所创立的历史唯物主义，用规范性的科学概念如生产力、生产关系、经济基础、上层建筑等，表征了社会历史发展的基本因素，阐明了这些因素的内在联系，科学揭示了人类社会发展的一般规律，从而为我们科学认知一定社会发展阶段和经济状况下的历史现象提供了强大的思想武器。我们由此认识到，一定的社会生产方式决定一定的社会关系性质和人的生活方式，这构成了人的实践活动的历史性前提，同时也给历史性创造活动提供了基本内容和发展方向；人在历史性的实践中改造外部世界，同时也改造人自身，这就是人的社会实践活动的历史意义所在。中国共产党人正在从事并将继续从事的伟大社会实践，不仅改变了中国、中国人民，而且改变了世界、世界人民。因此，中国共产党人的初心和使命，只有从历史唯物主义的视野才能得到最清晰的认知和理解。按照列宁的话来说，历史唯物主义是科学思想中的最大成果，它把伟大的认识工具给了人类，特别是给了工人阶级。[③] 中国共产党人作为中国工人阶级的先进代表，科学地运用这一“伟大的认识工具”，在伟大的社会革命和自我革命之中实现了中华民族从站起来、富起来到强起来的历史性

① 中共中央宣传部编：《习近平总书记系列重要讲话读本》（2016 年版），学习出版社、人民出版社 2016 年版，第 279 页。

② 中共中央宣传部编：《习近平总书记系列重要讲话读本》（2016 年版），学习出版社、人民出版社 2016 年版，第 281 页。

③ 《列宁专题文集 · 论马克思主义》，人民出版社 2009 年版，第 68 页。

飞跃。

实践反复证明，中国共产党人要造福人民群众、创造历史伟业，一刻也离不开科学的理论指导，离不开马克思主义及其中国化创新成果的正确指引。马克思主义的实践性品质与现实性诉求，使之与中华民族命运和中国社会发展息息相关，成为开辟中国道路、回应时代课题的最根本理论资源。正如有学者所指出的，马克思主义在当代中国的实践意义在于，它能够引导人民在历史发展的内在逻辑中深刻理解中国特色社会主义出场的历史必然性；能够引导人民在中国道路的总体结构中理性对待与中国奇迹同时存在的社会问题，从而为中国特色社会主义事业提供高瞻远瞩的战略视野，注入坚持不懈的精神动力。① 因此可以说，科学理论是中国共产党人践行初心、履行使命的指路明灯，是中国共产党人创造奇迹、开创历史的思想引领，是中国人民见证中国奇迹、期盼更好生活的精神密码。在新时代条件下，这一指路明灯、思想引领和精神密码，就是21世纪马克思主义的习近平新时代中国特色社会主义思想。它以极其丰富的理论内涵，极其饱满的人民情怀，极其强烈的使命担当，成为指导新时代中国发展进步的马克思主义最新成果。在这一思想指引下，中国共产党人不仅已在中国大地上全面建成小康社会，而且将在此基础上全面建成社会主义现代化强国，实现中国人民念兹在兹的百年梦想。这既是中国共产党人向中国人民作出的庄严承诺，更是中国共产党人发自本心、矢志不移的历史使命。

五、知行合一：中国共产党之为使命型政党的实践生成

实践的观点是马克思主义首要的基本观点。马克思说过：“全部社会

① 刘宇：《论马克思共产主义的总体性辩证法及当代意义》，《南开学报》（哲学社会科学版）2020年第1期，第9—17页。

生活在本质上是实践的。凡是把理论导致神秘主义的神秘东西，都能在人的实践以及对这个实践的理解中得到解决。”[①] 对于实践的重要性，如何强调都不为过。中国共产党人履行历史使命，坚持和发展中国特色社会主义，就是在实践中不断生成和发展的。正如有学者指出的：“人类解放的价值理想就不能只是通过对现实此岸世界的理论批判就能够实现的，必须在人们不断生成的物质生活条件中通过现实的革命性实践，才能够不断历史地实现着。”[②] 这一论述不仅透彻地讲清楚了人类活动的实践向度，也清晰地讲清楚了使命型政党的实践逻辑。

进而言之，这一实践逻辑是事物发展辩证特性的必然表现。唯物辩证法认为：“一切产生出来的东西，都注定要灭亡。”[③] “除了永恒变化着的、永恒运动着的物质及其运动和变化的规律以外，再没有什么永恒的东西了。”[④] 这意味着，用永恒发展的眼光来认识世界、改造世界，变革现存的不合时宜的社会制度，实现人的全面发展和社会的全面进步，从而不断推动社会革命，是马克思主义者的崇高历史使命。诚如马克思、恩格斯所言：“对实践的唯物主义者即共产主义者来说，全部问题都在于使现存世界革命化，实际地反对并改变现存的事物。”[⑤] 基于社会实践的重要性和事物发展的辩证法，马克思指出：“哲学家们只是用不同的方式解释世界，而问题在于改变世界。”[⑥] 亦如恩格斯所言：“历史同认识一样，永远不会在人类的一种完美的理想状态中最终结束；完美的社会、完美的‘国家’是只有在幻想中才能存在的东西；相反，一切依次更替的历史状态都只是人类社

---

① 马克思：《关于费尔巴哈的提纲》，见《马克思恩格斯文集》（第一卷），人民出版社 2009 年版，第 501 页。

② 董振华：《〈德意志意识形态〉与共产主义的历史命运》，《中共中央党校（国家行政学院）学报》2019 年第 6 期，第 37—46 页。

③ 《马克思恩格斯文集》（第九卷），人民出版社 2009 年版，第 422 页。

④ 《马克思恩格斯文集》（第九卷），人民出版社 2009 年版，第 426 页。

⑤ 马克思、恩格斯：《德意志意识形态》，见《马克思恩格斯文集》（第一卷），人民出版社 2009 年版，第 527 页。

⑥ 《马克思恩格斯文集》（第一卷），人民出版社 2009 年版，第 506 页。

会由低级到高级的无穷发展进程中的暂时阶段。”① 以社会革命视野观之，中国共产党领导中国人民所进行的革命、建设和改革，都是中国共产党人为了初心和使命而进行的伟大社会革命的必不可少的组成部分，每一个部分都是前后相继、与时俱进的，完成前一个历史使命为完成后一个历史使命提供了基本前提，而又在完成后一个历史使命的基础上继续前进。

实践论给了中国共产党人守望初心以坚持真理、修正错误的世界观基础，为中国共产党人不断开创事业新局面提供了方法论遵循。马克思主义主张顺应时代潮流，把握时代大势，紧跟时代脉动，以此来形成正确的思想认识，并采取切实有效的行动。在革命、建设和改革实践中，中国共产党人始终勇立时代潮头，紧跟时代变迁，着力回答时代课题，在顺应时代潮流中推进事业，在把握时代大势中与时俱进，在为人民谋幸福、为民族谋复兴的道路上一往无前。党的十八大以来，以习近平同志为核心的党中央团结带领全党全国各族人民，以前瞻的战略思维、强烈的使命担当、顽强的奋斗精神，解难题，办大事，使中国特色社会主义取得历史性成就、发生历史性变革，进入了新时代。开创中国特色社会主义新时代，就是中国共产党人尊崇社会实践、勇立时代潮头的一个明证。当然，中国共产党人依然走在新的长征路上，未来的路依然充满荆棘艰险，但只要中国共产党人守望初心，脚踏实地，稳中求进，不懈奋斗，就一定能够继续书写新的时代辉煌。

“吾道一以贯之。”共产党，顾名思义，就是姓“马”、姓“共”。中国共产党人始终坚持共产主义理想信念，始终坚持走中国道路的政治自觉，始终坚持为民造福的价值追求，始终坚持科学理论的正确指导，始终坚持理论与实际结合的实践智慧，这里面深刻蕴含着中国共产党人践行初心使命的内在机理。一言以蔽之，马克思主义初心与中国具体情况的结合，就

---

① 恩格斯：《路德维希·费尔巴哈和德国古典哲学的终结》，见《马克思恩格斯文集》（第四卷），人民出版社 2009 年版，第 270 页。

是中国共产党人的初心——为中国人民谋幸福；而为了实现这个初心，又必须为使命而奋斗，这个使命就是为中华民族谋复兴。初心和使命之间的这种传导关系，就是使命型政党的理论逻辑。

第二章　使命型政党的党群关系

马克思、恩格斯在创立世界上第一个无产阶级政党的时候，指明了党与人民群众之间的基本关系，即党是无产阶级解放事业的推动力量和领导者，与此同时，也阐述了党必须以工人群众为依托——无产阶级是无产阶级政党实现领导功能的阶级基础。“在一切生产工具中，最强大的一种生产力是革命阶级本身。”[①] “领导力量—阶级基础”的框架，奠定了马克思主义政党党群关系的基础。但是，中国共产党对于党群关系作出了原创性的贡献。有学者指出：“阶级斗争是从马克思那里传承而来的，民主集中制是从苏俄那里传承而来的，而作为根本工作路线的群众路线则是中国共产党独特的政治发明。”[②] 仔细分析党群关系在中国的实践逻辑，就可以发现，中国共产党大大丰富和发展了党群关系内涵，构造了党群关系的深刻伦理形态，这种伦理形态可称为“生命共同体”。

中国共产党是一个使命型政党，而使命型政党的形成，并非出自先验的理论概括，而是来自于马克思主义指导下的中国共产党的具体的历史的实践，在实践中生长发育而成。支撑着使命型政党成长发育的最重要的一个面向，就是党群关系。中国共产党之于人民群众，在这样一个有机的、鲜活的、生动的相互影响与作用的过程中，完成了具有深刻政治意义的生

① 《马克思恩格斯文集》（第一卷），人民出版社2009年版，第655页。
② 应星：《“把革命带回来”：社会学新视野的拓展》，《社会》2016年第4期，第1—39页。

命共同体的塑造；正是这样一种生命共同体形态的生成，从伦理的层面支撑着使命型政党。恰如毛泽东说的："我们共产党人好比种子，人民好比土地。我们到了一个地方，就要同那里的人民结合起来，在人民中间生根、开花。"[①] 这就是党群关系生命共同体的形象化表达。

生命共同体之伦理塑造的意义在于，它实现了这样一种升华：中国共产党作为一个马克思主义使命型政党，不是一小部分人为着某种特定利益和目标而奋斗的一般意义上的使命型组织，而是一种为着大多数人、引领大多数人逐步到达理想彼岸的一种使命型组织。因为，"无产阶级由于自己的整个社会地位，只有完全消灭一切阶级统治、一切奴役和一切剥削，才能解放自己"[②]。当且仅当在这个意义上，中国共产党才与其他别的政党具有了本质的区别。正是在这样一种生命共同体关系中，孕育出了一种"生死伦理"。李海青指出，所谓生死伦理是指共产党人与人民群众之间这样一种交往规范与价值关系：共产党人秉持人民至上的价值准则，全身心为人民服务，为人民利益甘愿主动牺牲自身生命，并视这种牺牲为人生的最大意义与应然价值追求。这种生死伦理体现了共产党人对生与死的基本看法：为人民利益而在是共产党的唯一存在依据，共产党人作为一名党员就是为人民利益而生，在民需要时亦可慨然赴死。"这种对于人民深沉的价值承诺表明共产党是一个典型的马克思主义使命型政党，生死伦理则是一种典型的责任伦理与使命伦理。"[③] 从某种意义上，这是这种"生死伦理"所支撑着的生命共同体关系的形成，使得中国政治的逻辑发生了根本性的变化，从而为马克思主义意义上的"新政治"、"新政治观"或者"新政治学"奠定了深厚的理论基础，几乎所有主要的中国共产党的政治理论与政治理念都可以从中引出。

"从政治学意义上讲，无产阶级政党与人民群众的关系是得到权力和

---

① 《毛泽东选集》（第四卷），人民出版社 1991 年版，第 1162 页。

② 《马克思恩格斯文集》（第三卷），人民出版社 2009 年版，第 460 页。

③ 李海青：《使命型政党的"生死伦理"——基于"老三篇"的一种文本阐释》，《人文杂志》2019 年第 5 期，第 1—7 页。

授予权力的关系，或者是取得资格和资格被认可的关系，因此双方都有自己的权利和义务。对于无产阶级政党来说，当它获得执政权利的时候，也就同时具有了为人民服务的义务；对于广大人民群众来说，当他们取得能够监督党的地位的时候，也就同时要履行服从党的领导的义务。”① 必须要指出的是，这里所使用的“权利”“义务”概念，是在政治的意义而非通常的意义上使用的。并且在党群关系的互动中，中国共产党是主动的一方，也就是说，在党群关系框架中，党在自身理论的指导下，对“人民”“群众”“群众观点”“群众路线”“群众工作”等，都进行了有机意义的界定与塑造。这种界定与塑造，使得像“人民”“群众”等概念超越了日常生活意义，从而升华到了政治的和哲学的层面。由此，生命共同体不是一个“自然而然”的结果，而实际上是“有意造成”的结果。恰恰是因为这一点，才使得中国共产党的使命型政党之内涵，更丰富和生动，从而也就超越了一般意义上的政党与群众的关系。

一、生命共同体的逻辑起点：人民与群众

（一）人民语意的再生

在中国共产党的政治语境中，人民是一个具有丰富理论内涵的政治概念。从唯物史观出发，中国共产党人形成了对于人民内涵的丰富理解：人民范畴既体现为一种历史观，又体现为一种价值观，还体现为一种实践观。首先，作为历史观的体现，人民范畴揭示了人民是社会历史发展的真实动力和永恒主体，是推动社会进步的大多数人，特别是广大无产阶级和其他劳动者。② 这就破除了所谓英雄史观的谬论，还人民以本来的社会历史地位。其次，作为价值观的体现，人民范畴揭示了人类社会历史的最高价值

① 刘道福、檀雪菲：《马克思主义经典作家关于党群关系的主要思想》，《当代世界与社会主义》2005 年第 1 期，第 26—32 页。

② 刘真金：《马克思人民主体思想研究》，中南大学 2012 年博士学位论文，第 113 页。

主体是社会中的大多数普通人，他们的利益、愿望和要求，构成了评判社会历史活动的最高价值标准。再次，作为实践观的体现，人民范畴揭示了人类社会历史发展进步的过程，就是人民自觉行动起来实现崇高目标、争取幸福生活的过程。

人民这一范畴具有三个显著特点：第一，它是一个具体的历史的概念，在不同的历史时期具有不同的内涵，由当时的具体社会历史情境所决定。毛泽东在《关于正确处理人民内部矛盾的问题》一文中指出："人民这个概念在不同的国家和各个国家的不同的历史时期，有着不同的内容。拿中国的情况来说，在抗日战争时期，一切抗日的阶级、阶层和社会集团都属于人民的范围，日本帝国主义、汉奸、亲日派都是人民的敌人。在解放战争时期，美帝国主义和它的走狗即官僚资产阶级、地主阶级以及代表这些阶级的国民党反动派，都是人民的敌人；一切反对这些敌人的阶级、阶层和社会集团，都属于人民的范围。在现阶段，在建设社会主义的时期，一切赞成、拥护和参加社会主义建设事业的阶级、阶层和社会集团，都属于人民的范围；一切反抗社会主义革命和敌视、破坏社会主义建设的社会势力和社会集团，都是人民的敌人。"① 但无论社会历史如何变化，"人民"这一概念始终用来指称社会中的大多数人，与少数人相对称。第二，它是一个积极的正向的概念，是指无数推动社会发展和历史前进的人，而不是阻碍社会发展、阻挡历史前进的人，与敌人相对称。第三，它是一个抽象的复合的概念，不能被用来指称任何单个的人或人群：人民可以被代表，但任何个人或组织均不能自称是人民。

理解人民这一范畴的内涵及其特点，对于理解中国共产党的领导活动具有重要意义：

其一，由于人民是社会历史的实践主体，是物质财富和精神财富的创造者，共产党人所必须要做的，就是要扫除自命不凡的个人英雄主义，尊重和认可人民的主体地位，自觉地把维护和实现人民的主体地位作为追求

① 《毛泽东文集》（第七卷），人民出版社 1999 年版，第 205 页。

目标，摒弃任何瞧不上、看不起人民的观念和做法，解决好“依靠谁”这个问题。

其二，由于人民是社会历史的最高价值主体，是社会利益价值的共享者和评判者，共产党人必须坚持认为，除了人民的利益之外，他没有任何自身的私利可言；必须要做的，就是全心全意服务人民，以维护和实现最广大人民的根本利益为依归，解决好“为了谁”这个问题。比如，抗日战争时期，中共山东分局领导人朱瑞曾强调：“共产党员要成为群众工作中的干部，成为群众的领袖，必须暂时离开党的直接联系，到群众中工作，而不是面向党的机关；服从群众的命令，而不是服从机关的命令。以群众的作风为自己的作风，努力争取群众的信任与拥护。群众需要你牺牲时，你就得牺牲。”①

其三，由于社会历史的发展进步归根结底要靠人民自觉行动起来去争取和实现，因此，共产党人必须认识到，要相信人民群众自己解放自己的能力和潜能，他所能做的，就是把人民组织动员起来，让人民为了自身的根本利益而奋斗，解决好“我是谁”这个问题。

（二）群众语意的再界定

在 2005 年出版的第五版《现代汉语词典》中，“群众”一词有三个义项：一是泛指人民大众；二是指没有加入共产党、共青团组织的人；三是指不担任领导职务的人。这三种含义在日常用语中都有体现，比如群众公认、群众呼声；党员（团员）和群众；干部与群众；等等。一般意义上理解的群众：首先，从数量上说，群众通常用来指称社会中大多数的基本成员，如群众运动就是指大多数基本成员参与的运动；其次，从关系上说，群众通常用来指称某组织或活动中的被领导者和追随者，即所谓的平民或普通人；最后，从结构上说，群众通常用来指称在社会阶层结构中处于下

① 中共临沂市委党史资料征集委员会：《朱瑞在山东》，山东文艺出版社 1998 年版，第 366 页。转引自王克霞：《社会资本视阈下的山东抗日根据地党群关系建设》，《中国石油大学学报》（社会科学版）2016 年第 6 期，第 58—63 页。

位或底层的人，在此意义上与精英或优秀分子相对称。甚至有时候，群众常与某种特定的不良不利状况联系在一起。

然而，在当代中国特定的政治语境中，群众与人民一样，也有其特定的内涵和指向性：

第一，群众既是一个集合性概念，又是一个个体性概念，它既指称“从事实际活动的”“一切人”，又指称“从事实际活动的”“每个人”。[①]也就是说，与人民这个整体的不可分的专指的集合性概念不同的是，群众既有集合性的一面，又有个体性的一面，群众既可以抽象地指称社会中的人们，也可以具体地指称某特定群众。

第二，群众既有占主导地位的积极的一面，又具有居于非主导地位的消极的一面。所谓占主导地位的积极的一面，是指群众在某种意义上属于人民的内涵，从而获致了人民之积极向上的特性，这一面当然是占主导地位，若不然，群众就成了一个不堪为政治所用的贬义词。然而，与人民不同的是，群众毕竟在相对比较具体的语境意义上被使用，因而，它也带有一定的消极的特性，比如盲目的、情绪化的、比较注重眼前利益等等。所以，群众既是共产党尊重、信任和依靠的对象，又是教育、启发和引导的对象。正如有研究者对延安时期的党群关系所揭示的那样：“中共通过提高人民群众文化素质来提高他们的接受和认知能力，增强他们参与革命事业的主动性，发挥文化工作的渗透功能和感召、教育、引导、激励人的作用，在满足群众精神文化需要的同时，帮助人民群众形成了革命发展所需要的认识、情感和斗志，成为动员干部群众和赢得老百姓支持的又一重要举措。”[②]

第三，尽管群众通常被用来指称大多数普通人和被领导者，但在中国共产党对于她和群众的权力关系的理解中，群众并非处于下位的、受动的和边缘的状态。从理论上说，群众与党在关系上具有归属的一体性、利益的一

---

① 牟成文：《马克思的群众观及其哲学变革》，《中国社会科学》2012 年第 2 期。

② 王东维、高晓斌：《外国人看中共：延安时期的党群关系》，《党的文献》2014 年第 2 期，第 62—70 页。

致性和目的的共同性（当然这需要党启发群众去进行识别、发现和认同）。两者的行为模式是“主导者——追随者”模式，而不是纯粹的“统治——被统治”的关系。在具体的政治运作上，包含着两者复杂的互动关系。[①]

二、生命共同体的逻辑准则：群众观点、群众路线与群众工作

（一）群众观点的系统化

刘少奇在中共七大所作的《关于修改党章的报告》[后以《论党》为题收入《刘少奇选集》（上）][②] 中，系统地阐述了中国共产党人的群众观点，至今仍被奉为圭臬，其要旨包括四点：

第一，就是一切为了人民群众的观点，全心全意为人民群众服务的观点。“我们党从最初起，就是为了服务于人民而建立的，我们一切党员的一切牺牲、努力和斗争，都是为了人民群众的福利和解放，而不是为了别的。这就是我们共产党人最大的光荣和最值得骄傲的地方。”

第二，就是一切向人民群众负责的观点。“凡属是我们提出的任务、政策与工作作风，都应该是正确的，这样才于人民有利；如不正确，即要损害人民的利益，那就要诚恳地进行自我批评，迅速求得改正。”

第三，就是相信群众自己解放自己的观点。“人民群众自己的解放，只有人民群众自己起来斗争，自己起来争取，才能获得，才能保持与巩固；而不是任何群众之外的人所能恩赐、所能给予的，也不是任何群众之外的人能够代替群众去争取的。”

第四，就是要向人民群众学习的观点。“最重要的，就是向人民群众学

---

① 丛日云：《当代中国政治语境中的“群众”概念分析》，《政法论坛（中国政法大学学报）》2005 年第 2 期。

② 《刘少奇选集》（上卷），人民出版社 1981 年版。

习。因为群众的知识、群众的经验是最丰富最实际的，群众的创造能力是最伟大的”，“只有我们同志虚心地向人民群众学习，把群众的知识和经验集中起来，化为系统的更高的知识，才能够具体地去启发群众的自觉，指导群众的行动”。

从党群关系这一领导结构中理解，刘少奇的这四点具有丰富的领导意涵，突出体现了中国共产党人的领导理念：

第一点意味着，处于领导者地位的中国共产党人，其所进行的领导活动，目的并不是自身利益，而是人民群众的利益，用刘少奇的话说，中国共产党人不管舍居何职，都是人民群众的“勤务员”。

第二点意味着，领导人民，为人民服务，就要对人民采取认真负责的态度，“就要在客观上使人民因为我们的服务而获得益处，获得解放，就要力求不犯或少犯错误，免得害了人民，引起人民的损失”。这就进而意味着，中国共产党人必须随时准备“坚持真理，修正错误”，必须随时准备对于自己、对于党内同志采取批评与自我批评的态度。

第三点意味着，作为人民群众的先锋队的中国共产党人，对于人民群众不能采取恩赐和包办代替的态度，领导的重点在于启发人民群众的自觉与自动，“共产党人在人民群众的解放事业中，应该到处是、也只能是人民群众的引导者和向导，而不应该是、也不可能是代替人民群众包打天下的‘英雄好汉’”。

第四点意味着，在某种意义上，作为领导者的共产党人必须先知先觉，这是他成为领导者的一个先决条件，但另一方面，要想真正成为领导者，他还必须不断学习进步，而其中最重要的，就是向人民群众学习，只有向人民群众学习，才能更好地领导人民群众，这是极为重要的一条领导理念。

（二）群众路线的政治化

群众路线是马克思主义中国化的重要理论成果。1943 年 6 月 1 日，毛泽东在《关于领导方法的若干问题》中首次较为系统地阐述了群众路线：“在我党的一切实际工作中，凡属正确的领导，必须是从群众中来，到群众中去……从群众中集中起来又到群众中坚持下去，以形成正确的领导意见，这是基本的领导方法。”① 显然这是从领导方法的角度阐释群众路线的。1945 年刘少奇在中共七大所作的《关于修改党章的报告》中，对群众路线有了进一步阐发：“所谓密切联系人民群众的路线，就是党的群众路线，毛泽东同志的群众路线，就是要使我们党与人民群众建立正确关系的路线，就是要使我们党用正确的态度与正确的方法去领导人民群众的路线，就是要使我们党的领导机关和领导人与被领导的群众建立正确关系的路线。”这就为作为领导方法的群众路线加入了群众观点的内容，1956 年邓小平在中共八大所作的《关于修改党章的报告》中确认了这两个方面的内容。1981 年 6 月，中共中央作出的《关于建国以来党的若干历史问题的决议》简明地将群众路线概括为“一切为了群众，一切依靠群众，从群众中来，到群众中去”，从而形成了中国共产党关于群众路线的经典表述，一直沿用至今。

群众路线主要内容可以概括为“两个一切”“一来一去”。“两个一切”解决的是世界观问题，“一来一去”解决的是认识论和方法论。“两个一切”强调的是最根本的群众观点，体现的是马克思主义关于人民群众问题的世界观，它是群众路线的核心内容；“一来一去”是群众观点的具体化，是群众工作的主要领导途径和工作方式方法，体现的是马克思主义关于人民群众问题的方法论，即如何把群众观点落到实处。

在中国共产党的政治语境中，群众路线被赋予极为重要的政治地位：根本工作路线、生命线、传家宝等等。这是因为：群众路线不仅仅是领导和工作方法问题，还涉及政治哲学的基本问题——人民群众的地位、党的性质、党和群众的关系等。作为一个包含诸多因素的综合体，群众路线涉及世界观、认识论和工作方法论，它体现了政治原则与领导方法的统一；政策制定与政策执行的统一；认识功能与利益表达的统一。②

从中国共产党的领导学的角度看，作为世界观的群众路线，解决了一

① 《毛泽东选集》（第三卷），人民出版社 1966 年版，第 854—855 页。

② 景跃进：《“群众路线”与当代中国政治发展：内涵、结构与实践》，《湖南科技大学学报》（社会科学版）2004 年第 6 期。

个“为什么人”的领导价值观问题；作为认识论的群众路线，解决了一个“人的正确认识从哪里来”的领导决策问题；作为方法论的群众路线，解决了一个“如何贯彻落实”的领导途径问题。需要注意的是，党与群众从根本上是一种领导与被领导的关系，党对于群众的工作主要表现为党对于群众的领导，因此，这里的工作方法主要是一种领导方法，也就是说群众路线既是一种工作方法，也是一种领导方法。

此外，引申而言，党的任何工作从根本上说都是为了群众，都与群众的利益和解放之间有着深刻的关联，因此，群众路线作为工作方法也不仅仅体现在党与群众所发生的具体动员、组织和领导的关系中，党的任何工作中都必须体现和坚持这种工作方法的要求。①

（三）群众工作的制度化

什么是群众工作？《党的群众工作大辞典》将其表述为：“党为实现自己的政治路线，从维护群众的利益出发，所进行的宣传群众、教育群众、发动群众、组织群众等工作的总和。”②《新时期党的群众工作概论》阐述为：“党的群众工作，即党为完成自己的历史任务而开展的宣传、教育、组织群众的工作。”③《党的基层组织思想政治工作和群众工作》认为：“党的群众工作就是党在为实现工人阶级和最广大人民群众的利益而奋斗、在为实现共产主义的社会制度而奋斗过程中，对人民群众的发动、组织和宣传等工作。”④ 2004 年中国共产党十六届四中全会通过的《中共中央关于加强党的执政能力建设的决定》指出：“各级党委和政府要积极研究和把握新形势下党的群众工作的特点和规律，探索新途径、新方法，不断提高组织群众、宣传群众、教育群众、服务群众的本领。”⑤ 现行《中国共产党章

---

① 李华：《“群众路线”与中国现代国家建构》，复旦大学 2012 年博士学位论文，第 65 页。
② 夏明、贺兵：《党的群众工作大辞典》，中共中央党校出版社 1992 年版，第 68 页。
③ 李牲：《新时期党的群众工作概论》，北京出版社 1995 年版，第 2 页。
④ 李聚山：《党的基层组织思想政治工作和群众工作》，人民出版社 2003 年版，第 121—122 页。
⑤《中共中央关于加强党的执政能力建设的决定》，人民出版社 2004 年版，第 26 页。

程》规定："党支部是党的基层组织，担负直接教育党员、管理党员、监督党员和组织群众、宣传群众、凝聚群众、服务群众的职责。"

群众工作发端于群众观点，蕴含于群众路线，是两者的具体化和操作化的体现，具体来说，群众工作可以从以下三个方面来理解：

第一，从世界观的角度说，群众工作是基于中国共产党的群众观点而才有的一项工作，因而，它在世界观的层面有两个含义：其一，从内在性质说，群众工作是中国共产党践行全心全意为人民服务的根本宗旨，是实现、维护和发展最广大人民群众根本利益的工作；其二，从外在表现说，群众工作就是依靠、尊重和信任群众的工作。

第二，从认识论的角度说，群众工作是基于马克思主义实践论而才有的一项工作，因而，它在认识论层面也有两个含义：其一，从深入群众的角度说，群众工作是了解群众冷暖、疾苦、安危，学习群众的经验、智慧和见识的工作；其二，从代表群众的角度说，群众工作是梳理、集中、消化、吸收群众的利益、愿望、要求，并将之转化为决策和行动的工作。

第三，从方法论的角度说，群众工作是党群关系在执行层面的体现，这可以分两个层次来理解：其一，从思想层面说，群众工作是宣传、教育、启发、唤醒群众的工作；其二，从现实层面说，群众工作是引导、带领、组织、动员群众的工作。

就此而言，群众工作的内涵要比我们通常理解的要大得多。中国共产党是先锋队，是谁的先锋队？是广大人民群众的先锋队，何以成为先锋队？靠的就是卓有成效的群众工作。就其地位而言，群众工作在中国共产党治国理政的实践中扮演着重要的传动作用：一方面，中国共产党人认为，光有先进的理论，正确的决策，并不足以成就伟大的事业。理论再先进，决策再正确，如果人民群众不理解，不买账，不配合，那么难免落空，沦为笑谈。另一方面，更重要的是，中国共产党人认为，先进的理论、正确的决策，并不是凭空产生的，而只能形成于广大人民群众的实践以及对人民群众的实践的深刻把握之中，任何"从天上掉下来的"理论和政策，都蕴藏着极大的危险。

三、生命共同体的有机生成：群众工作是一门大学问

研究表明，党群关系是一系列相互对立统一的概念的集合，无产阶级党群关系的基本内容应该包括：无产阶级政党是人民群众事业的推动力量和领导者，人民群众是无产阶级政党的社会基础；无产阶级政党是人民群众利益的代表者，人民群众是无产阶级政党行为的监督者；无产阶级政党是科学思想的唤醒者，人民群众是无产阶级政党智慧和力量的源泉。“这些关系表明了无产阶级政党与人民群众之间相互依存、相互补充、相互制约的联系。并不是党把自己强加给人民群众，也不是人民群众要百依百顺地服从党。党与人民群众是有机相连的整体，二者都是政党政治中的必要因素，二者共同构成了执政的整体。”① 中国共产党围绕人民、群众、群众观点、群众路线和群众工作所形成的一整套理念、思路、制度、机制、经验、做法，已足以构成了一门“群众工作学”。在这样一门充满政治智慧的大学问的指导下，在对一些基本关系的把握中，中国共产党与人民群众之间的生命共同体关系得以有机生成。

（一）服务与领导

人民群众是历史的主体，是历史的创造者，因而当以“全心全意为人民服务”为中国共产党的根本宗旨，党的全部工作，都必须诚心诚意服务于人民，这固然是不错的。然而，这样一种本质性的规定，如何才能被转化为切实可行、可操作的实践？这才是问题的关键。深入地看，党与群众的关系，一方面是服务与被服务的关系，另一方面也是领导与被领导的关系。从性质上看，服务与领导，是同一种活动的两个方面，二者应当是辩证统一的。因此，做群众工作，绝对不是简单地服务群众，而应当是服务群众与领导群

① 刘道福、檀雪菲：《马克思主义经典作家关于党群关系的主要思想》，《当代世界与社会主义》2005 年第 1 期，第 26—32 页。

众的有机结合。具体地说，服务群众是目的，领导群众是手段，不以服务群众为目的，领导就变成了赤裸裸的统治行为；不以领导为手段，服务群众就是一句乏力的空话。在服务群众中忘记自己领导者的身份，是失职；在领导群众中忘记自己服务员的身份，是僭越，同样也是错误的。怎样实现二者的融合？用邓小平的话说，领导就是服务。高明的群众工作，应当在服务群众中实现对群众的领导，寓领导于服务之中，同时，在领导群众中达到服务群众的目的，寓服务于领导之中，从而实现二者的有机融合。

（二）满足与唤醒

满足群众，是指满足群众各方面的物质文化需要；唤醒群众，是指激发群众对党的奋斗目标的追求向往，二者同样也是辩证统一的关系。满足群众是为了调动群众参与革命、建设和改革的积极性，所以我们党提出了“打土豪、分田地”“让一部分人和地区先富起来”等口号以动员群众。不能够在实际利益上满足群众，群众就无法被成功地动员起来，党提出的奋斗目标再美妙，也不能够打动人。同样，不能够在满足实际利益的基础上引导群众理解和接受党的奋斗目标，这种满足实际利益的举动，就丧失了其根本性的价值意义。不注重满足群众，成就不了工作的优秀；不注重唤醒群众，则成就不了工作的卓越。关于党早期历史的研究已经表明：“政治上代表群众与经济上满足群众并不是对立的关系，后者是前者的基础。但政治上的代表比经济上的满足要求更高，它要求从革命的长远利益、根本利益、整体利益出发来考虑问题。因此，党组织需要在顺应群众的生计要求与引导群众的政治进步之间把握好平衡，既要有很强的原则性，同时又必须有着因应复杂形势变化的高度灵活性。”① 当前有的地方存在一个问题，就是过于强调对群众实际利益的满足，而没有意识到应当在满足群众的过程中适时适度唤醒群众。实际上，完整地理解以人为本，应当是一方

① 应星、刘水展：《在顺应群众与引领群众之间：党群关系的早期调适——以闽西永定暴动为例》，《西北师大学报》（社会科学版）2019 年第 6 期。

面尊重人、关心人、理解人，另一方面启发人、教育人、提升人。具体到工作中，既要给群众看得见的物质文化利益，又要让群众认识到，他不但有自己的短期利益、眼前利益，还有长远利益、未来利益。而长远利益、未来利益，必须通过共同努力实现党的奋斗目标才能得到满足。

（三）深入与集中

社会实践是最生动的课本，人民群众是最高明的老师。在深入与集中的关系上，毛泽东有个“学生与先生”的经典比喻，认为我们既要做群众的学生，同时又要做群众的先生。这个比喻形象而深刻地说明了党在群众中的准确身份定位。当好学生，就必须深入，即党必须拜人民为师，发挥群众自下而上的积极性、主动性和自觉性，依靠最广大群众的力量来发现和解决问题；当好先生，就必须集中，即党自上而下地给予群众号召和指导，提供好的解决方案。实际上，学生与先生的辩证关系在于，只有先当学生，才有资格做先生；只有不断地当学生，才有资格持续地做先生。做学生时，不要忘记自己是个先生；作为先生，不要忘记自己的学生身份。学生与先生的身份界定，主要强调的不是访贫问苦、走街串巷之类的具体施政行为，而强调的是建立在见识、才学和洞察之上的思考力和行动力。

（四）感情与道理

人民群众，特别是中国的老百姓，对于为官从政者有一种天然的情感需求，特别注重是否与他们形成了情感的连接纽带，所以党强调广大党员干部要对人民群众抱有深厚的感情，带着感情做事。党所树立的先进典型，其事迹之所以感人，往往不在于干出了惊天动地的事业，而在于作出了可歌可泣的事迹。一般常用“鱼水关系”“蛙水关系”“油水关系”“火水关系”来比喻党与群众由近及远的关系，借以提醒广大党员干部要在感情上贴近群众。自命不凡、妄自尊大，对人民群众没有感情，当然干不好工作。但是，社会心理学研究发现，作为个体的人与作为群体的人，在心理上可能会有截然不同的表现，群体冲动而急躁、易受暗示和轻信，其情绪夸张而单纯，易走向极端。这就提醒我们，构建合理的党群关系，除感情纽带之外，还应当有更多更重要的内容，比如制度、法律等。制度法律是大道理，感情是小道理；大道理恒常，小道理易变；大道理管着小道理。干好治国理政这件大事，不能仅靠“感情用事”，而必须时时想着，运用市场经济手段、民主法治手段、舆论引导手段做好群众工作，这才是根本性、基础性的工作。恰如有学者指出的：“在利益表达和实现形式上，执政党既要勇于承认人民群众利益分化的趋势，及时反映和维护群众的利益需求，而要科学地设计利益表达机制，也要从感情上关心弱势群体，实现社会公平，把理性的党群关系与感性的党群关系充分结合起来。”①

（五）观点与路线

主要源自唯物主义的群众观点，与主要源自唯物辩证法的群众路线，二者是对立统一的关系。群众观点主要解决世界观问题，群众路线主要解决方法论问题。没有群众观点，群众路线就会流于形式主义和表面化，失之于油滑；没有群众路线，群众观点就会陷入理想主义的泥淖，失之于迂腐。群众观点属于知的范畴，群众路线属于行的范畴，正确的做法应当是知行合一。

（六）外求与内求

广大党员干部是群众的引领者和指导者，做好群众工作，搞好群众路线教育实践活动，主要的工作都是由党员干部承担的，出了问题，关键也在党员干部特别是领导干部。列宁说过，政治既是一门科学，又是一门艺术。科学，关键在于遵章守纪、掌握规律；艺术，关键在于发挥想象力和创造力。从党做好群众工作的历史经验看，我们既要讲科学，又要讲艺术，二者缺一不可。周恩来说过，“我们应该做到，既要领导群众，又不脱离群众；既要身先士卒，又不要突出个人。把这两者结合起来，这是最高的领

---

① 祝灵君：《党群关系：当代中国政治研究的视角》，《政治学研究》2008 年第 2 期。

导艺术，也是最好的群众工作方式”。这就对党员干部的工作方法和工作艺术提出了很高的要求。从根本上看，群众工作既是党进行领导的基本方式，又是党进行自我提升的基本手段；群众工作是一种高度依赖于人的工作，要求党员干部必须具备高明的政治智慧和高超的政治技艺。因此，领导干部不能仅仅“向外求”，还必须依赖于自身的德行、素质和能力的提高，即“向内求”。时时处处、口口声声都是群众，把群众高高举起，而忘记了提高领导素质和领导能力恰恰也是做好群众工作的重要组成部分，如果不注重自我完善、自我净化、自我革新、自我提高，其结局很可能是在实践中把群众轻轻放下，效果可想而知。

中国共产党政治语境中的党群关系如此独特，以至于需要构建新的解读范式，生命共同体就代表了这样一种努力。中国共产党完成了自身与人民群众的一种“合体”，构成了一种具有深刻伦理意义的生命共同体。与此相对照的是，西方政党理论中政党与群众的关系，在最理想的意义上，无外乎“投票支持—政策回馈”，这实质上是一种交易型的关系；在交易型关系模式中，无论是政党还是群众都用生意人的眼光打量对方、用生意人的思维对待对方；交易型关系实际是资本主导的逻辑在政治领域中的体现，某种意义上拉低了政治生活的档次，使政治场域变成了一个生意大集。而中国共产党与人民群众之间，实质上完全超越了交易型关系，而体现为一种“同舟共济、命运与共”的伦理关系；正是在这种伦理关系中，生产出了诸多具有崇高性的价值观。由此，正是在命运共同体场域中，中国共产党的使命型政党角色得以炼成，中国特色社会主义政治发展与运行的逻辑自在其中。

第三章　使命型政党的组织构建

中国共产党作为使命型政党，不是规定出来的，而是在持续不断的建设中确立的。内在支撑着中国共产党之所以成为使命型政党的基础，最重要的是党组织与党员之间关系的构建；塑造组织与党员关系的内在机理，乃是组织人格化与党员人格组织化，二者作为一种双向关联，决定着使命型政党的内在基质。正是通过这一机制，中国共产党作为一个组织不断实现持续更生，持续不断执行着自身的历史使命。

一、使命型政党与党性人格

（一）使命型政党

使命型政党是学术界提出的关于中国共产党研究的一个比较具有说服力和解释力的概念。唐亚林认为，中国共产党一直在通过建构将政党的利益与国家的利益、人民的利益保持高度一致性的方式，来达到将政党的发展目标与国家的发展目标、社会的发展目标、中华民族的发展目标有机连接和一体化融合之根本目标。这一根本目标在新的历史时期演变为在全面建成小康社会、推进中国特色社会主义现代化建设的历史进程中实现中华民族伟大复兴的中国梦。由此可以看出，融性质、作用、角色、地位、使命、责任于一体的中国共产党已经成为一种使命型政党，其所致力建构的政治已经成为一种“使命型政治”（Mission-oriented Politics）。“这种使命型政党所建构的使命型政治，日益体现在中国共产党所致力推进的中国特色社会主义事业之中。”①

李海青认为，所谓马克思主义使命型政党，是指以马克思主义为指导，以对人类社会发展规律的认知与把握为前提，以人民至上为价值宗旨，以实现自身民族、国家的解放或发展为自觉使命，以推进世界大同、实现共产主义、实现每一个人的自由全面发展为最终使命，具有强烈的历史主体意识与舍我其谁的责任担当情怀的一种政党类型。并指出：“中国共产党作为一个马克思主义的使命型政党，具有六大主要特点：对伟大使命的明确认知与自觉担当，对历史规律的理论探求与实践遵循，对指导思想的极度重视与发展创新，对人民群众的价值承诺与伦理关切，对集中统一的制度要求与组织建构，对党性修养的高度强调与典型示范。”②

关于使命型政党的缘起，还可结合《中国共产党章程》开篇之表述：“中国共产党是中国工人阶级的先锋队，同时是中国人民和中华民族的先锋队，是中国特色社会主义事业的领导核心，代表中国先进生产力的发展要求，代表中国先进文化的前进方向，代表中国最广大人民的根本利益。党的最高理想和最终目标是实现共产主义。”③ 由上可知，中国共产党是一个为着实现某种使命而存在的政党，其指导思想、组织体系、政策措施等，都是基于实现使命而设置并展开的。而使命型政党对于党的机体细胞——党员有着独特的要求，若党员不能在政治上、思想上、组织上达到组织的要求，那么党组织的存在基础便难以牢固，就会严重影响使命的实现。这种基于政治原因而向党员提出的要求，首先并且最重要的是一种政治性人格要求。

---

① 唐亚林：《从党建国体制到党治国体制再到党兴国体制：中国共产党治国理政新型体制的建构》，《行政论坛》2017 年第 5 期，第 5—15 页。

② 李海青：《中国共产党：马克思主义的使命型政党》，《江西社会科学》2018 年第 2 期，第 5—11 页。

③ 本书编写组编：《中国共产党党内常用规章选编》，人民出版社 2012 年版。

（二）政治人格

作为学科术语，政治人格属于政治心理学范畴。龚蓉蓉认为："政治人格是政治主体在遗传和现实政治环境双重影响下，逐渐形成的一种政治生活中的持久性心理特征的总和，是政治主体内在动力系统（隐性）与外在政治形象（显性）的统一体。"① 周亚权认为："政治人格（political personality）也是从政治文化（political culture）的角度讲的，一般指行为主体的政治性格特征的总和及其惯常行为模式。""政治人格内含着相应的政治道德特质及其价值构成，形成了模式化的人格表征。也可以说，政治价值观念是个体政治人格的支柱和灵魂。在认识上，人格观念是认识主体对于模式化的人格类型的理解和把握，表现为某种文化现象，并带有明显的群体或集团的共性特征。"②

作为中国共产党党员所具备的最基本的资格与条件，无疑就是某种政治人格。实际上，成为中国共产党党员的前置条件就是必须满足若干政治性条件与要求。《中国共产党发展党员工作细则》关于发展党员一个重要的规定就是政治审查。政治审查的主要内容是："对党的理论和路线、方针、政策的态度；政治历史和在重大政治斗争中的表现；遵纪守法和遵守社会公德情况；直系亲属和与本人关系密切的主要社会关系的政治情况。"政治审查的基本方法是："同本人谈话、查阅有关档案材料、找有关单位和人员了解情况以及必要的函调或外调。在听取本人介绍和查阅有关材料后，情况清楚的可不函调或外调。对流动人员中的发展对象进行政治审查时，还应当征求其户籍所在地和居住地基层党组织的意见。"政治审查，无疑就是对政治人格的分析与研判，从而得出适宜或者不适宜加入中国共产党的结论。

为什么中国共产党如此看重政治人格？当然还是要归结到使命型政党

① 龚蓉蓉：《政治人格的涵义、结构及特征探析》，《唐山学院学报》2005 年第 1 期，第 16—18 页。

② 周亚权：《政治人格题解》，《探索》2007 年第 2 期，第 73—77 页。

特质。作为一个使命型政党，中国共产党要团结带领人民实现伟大使命这件事本身，就是具有至为重要的政治意义的事情；加入到这个组织中的任何一名成员，首先并且最重要的必然是服膺于这个政治使命。倘若不能做到这点，则作为党员非但不能起到应有的作用，反倒会影响政治使命的完成。同时，政治人格要求的提出，实际上也明确传递了一个信息：中国共产党的组织与党员之间的关系，并非简单的“认同支持—组织吸纳”关系；她对于党员长期稳定的认同支持倾向有着很高的要求。在这个意义上可以理解为何中国共产党对于入党有如此详尽的规定，对于入党积极分子如此“挑剔”。

（三）党性人格

从政治人格的角度审视中国共产党对于党员的要求，就会发现党员所肩负的政治人格具有十分特殊的要求。这集中体现于《入党誓词》之中：“我志愿加入中国共产党，拥护党的纲领，遵守党的章程，履行党员义务，执行党的决定，严守党的纪律，保守党的秘密，对党忠诚，积极工作，为共产主义奋斗终身，随时准备为党和人民牺牲一切，永不叛党。”① 《入党誓词》的独特性在于，党员以自觉自愿的誓约的方式，向党组织作出关于个人的最高的承诺。这种“把一切献给党”的誓言，超越了任何现代资产阶级意识形态中的法权认知。超越了个人任何具体的、私人性的利益要求而占有压倒性的地位。关于党员标准，《中国共产党章程》也作了规定：“中国共产党党员是中国工人阶级的有共产主义觉悟的先锋战士。中国共产党党员必须全心全意为人民服务，不惜牺牲个人的一切，为实现共产主义奋斗终身。中国共产党党员永远是劳动人民的普通一员。除了法律和政策规定范围内的个人利益和工作职权以外，所有共产党员都不得谋求任何私利和特权。”②

这种关于党员的政治要求如此特殊，以至于可以用一个专有名词进行

① 《中国共产党章程》，人民出版社 2017 年版。

② 本书编写组编：《十八大党章学习读本》，人民出版社 2012 年版。

描述——党性人格；党性人格简单地说就是按照党的要求党员应当具备的政治人格。党性人格脱胎于政治人格，但从理论层面看，它与政治人格仍有显著的不同：政治人格是一种描述性的概念，它只是对某人所具有的政治性特征的人格表现的描述，而党性人格则是一个规范性概念，它有着自己独特的规定性。在这个意义上，党性人格是对党员政治人格的一种规范化要求。

如果“共产党员的党性，就是无产者阶级性最高而集中的表现，就是无产者本质的最高表现，就是无产阶级利益最高而集中的体现”①，那么党性人格实质上就是“无产阶级政党的党性”在党员个体上的最高和最本质的表现。党性人格的具象化要求，可以从毛泽东“老三篇”中找到若干答案。其一，在《纪念白求恩》中，毛泽东倡导了一种“毫无自私自利之心的精神”的人格，即：“一个高尚的人，一个纯粹的人，一个有道德的人，一个脱离了低级趣味的人，一个有益于人民的人。”② 其二，在《愚公移山》中，毛泽东倡导了一种乐观和信心精神的人格，即：“下定决心，不怕牺牲，排除万难，去争取胜利。”③ 其三，在《为人民服务》中，毛泽东倡导了一种“死得其所”的牺牲精神人格，即：“要奋斗就会有牺牲，死人的事是经常发生的。但是我们想到人民的利益，想到大多数人民的痛苦，我们为人民而死，就是死得其所。”④ 尽管“老三篇”所呈现的并不是党性人格的全部内容，但经由类似价值要求的淬炼，一个人才能真正成为一个共产党员。党性人格本质上就是中国共产党党员的人格理想。

二、人格组织化

党性人格是中国共产党作为一个使命型政党组织向着自己的成员提出

---

① 刘少奇：《论党的建设》，中央文献出版社 1991 年版。
② 《毛泽东选集》（第二卷），人民出版社 1991 年版。
③ 《毛泽东选集》（第三卷），人民出版社 1991 年版。
④ 《毛泽东选集》（第三卷），人民出版社 1991 年版。

的要求，是一个社会成员因为加入和属于中国共产党组织而应满足的要求，因此，其实质是一种组织要求。再进一步思考，党性人格生成的过程，其实就是自然人格按照组织要求而转变为党性人格的过程，可称之为“人格组织化”过程。

（一）人格的政治化

自然人格向着党性人格的过渡和提升，首先并且最重要的是一种政治性的过渡和提升，是一个自然人向着政治人过渡和提升的过程。这主要表现为：其一，价值性内容：“全心全意为人民服务”，主要是坚持党和人民的利益高于一切，个人利益服从党和人民的利益，吃苦在前，享受在后，克己奉公，多作贡献。其二，理论性内容：“坚持马克思主义指导”，主要是认真学习马克思列宁主义、毛泽东思想、邓小平理论、“三个代表”重要思想、科学发展观、习近平新时代中国特色社会主义思想，学习党的路线、方针、政策和决议，学习党的基本知识，学习科学、文化、法律和业务知识，努力提高为人民服务的本领。其三，工作性内容：“贯彻党的路线方针政策”，主要是贯彻执行党的基本路线和各项方针、政策，带头参加改革开放和社会主义现代化建设，带动群众为经济发展和社会进步艰苦奋斗，在生产、工作、学习和社会生活中起先锋模范作用。其四，品格性内容：“对党忠诚老实”，主要是维护党的团结和统一，对党忠诚老实，言行一致，坚决反对一切派别组织和小集团活动，反对阳奉阴违的两面派行为和一切阴谋诡计。

没有哪一个政党像中国共产党一样，对自己的党员提出如此多的人格层面的政治性要求。“马克思主义政党相对于其他阶级性质的政党而言，对党员政治人格要求更为严肃。这种严肃性是由马克思主义政党的使命任务、根本要求和斗争环境所决定的。同时，马克思主义政党党员政治人格共性特征所汇聚起来的马克思主义政党的信仰力、战斗力和生命力又成为马克思主义政党相较于其他阶级政党先进性的核心和关键。”[①] 从一般意义的政党生存与发展的角度可能无法理解，但从执行和实现党的历史使命的角度看，提出如此众多严格的要求是完全可以理解的。

（二）人格的道德化

作为使命型政党若要顺利完成其历史使命，仅凭理论上的、政治上的先进性还不够，还必须获得强大的组织号召力和道德感召力，在道德上体现出先进性和纯洁性，于是在党性人格的要求中就包含了很高的伦理道德的要求。《中国共产党章程》提出：“发扬社会主义新风尚，带头实践社会主义核心价值观和社会主义荣辱观，提倡共产主义道德，弘扬中华民族传统美德，为了保护国家和人民的利益，在一切困难和危险的时刻挺身而出，英勇斗争，不怕牺牲。”[②] 在中国共产党的伦理规约中，党性以道德为支撑，党员要具备坚强党性，首先要具备良好的德性。一般来说，党员的道德水准越高，党性观念就越强。因此，党对党员的道德底线所提出的要求，既有一般公民做人做事必须遵循的边界，又有高于一般公民之处。对组织忠诚，严守政治纪律的政治底线；秉承社会公德，恪守职业道德，具有高尚品德的道德底线；遵守宪法法律，敬畏法纪纲常的法纪底线；具有高雅情操，保持健康爱好，远离低级趣味的生活底线等等，通过这样的党性人格要求就使得党员获得了道德水准的提升。

在党性人格中注入道德内涵，实际上是要以德性的力量强化党员和党组织的政治引领。在道德规范要求方面，对于全体社会成员都应当遵守的公共行为准则，党员必须发挥模范带头作用，自觉做好表率；对于在全社会倡导的道德规范，如见义勇为、舍己救人等，党员必须奋勇争先，体现舍我其谁的精神；对于日常生活和社会交往的事务，如消费标准、交往对象等，普通群众可以的党员未必可以，以此来增强党员和党组织的道德力

① 谭文红、吴薇：《政治学视阈下共产党员政治人格的培育和优化》，《中共成都市委党校学报》2017 年第 5 期，第 28—33 页。

② 《中国共产党章程》，人民出版社 2017 年版。

量。对于马克思主义政党来说，先进性就是站在时代的前列，走在群众的前面，党员的先进性也集中表现为道德上的先进性。先进性具有鲜明的实践品格，人民群众看中国共产党及其党员是否先进，不只是看理论、纲领和路线，更重要的是看共产党员的行动，从党员身上感受党的先进性。

“事实上，共产主义理想不仅是一种社会政治理想，也是一种个人道德理想。它不仅是人类社会发展所追求的理想社会，也是个人道德修养所追求的理想人格和道德境界。把握这一点，就更易于把共产主义理想的追求与自己的日常生活融在一起。”作为个人道德理想的共产主义理想是一种什么样的境界？简单地说，就是一种“全心全意为人民服务”的境界，这种境界的主要标志是“全心全意”“完全彻底”。毛泽东在《为人民服务》中讲“完全彻底”为人民服务，后来又讲“全心全意”，这都是从道德理想境界上讲的。与此相关的还有一些，像“大公无私”“毫不利己，专门利人”等。这些要求当然是很高的，但是它作为个人的理想是可以在人的一生中做到的。只要我们在道德上达到很高的境界，实践了共产主义理想，比如雷锋，我们可以说他在道德追求方面实现了自己的共产主义理想。[①]

（三）人格的纪律化

靠什么来规约人格组织化水平和方向？最重要的手段当然是纪律。用纪律的手段来规约党性人格，可以称之为“人格的纪律化”。人格的纪律化的重要作用在于，它所发挥的独特的训诫和警示作用，能够使得大多数政党成员的党性人格维持在一定的水平线之上，而不至于发生规模性的瓦解和崩塌。

《中国共产党章程》指出：“党的纪律是党的各级组织和全体党员必须遵守的行为规则，是维护党的团结统一、完成党的任务的保证。党组织必

① 刘建军：《共产主义理想追求的新阐释》，《教学与研究》2002 年第 4 期，第 18—22 页。

须严格执行和维护党的纪律，共产党员必须自觉接受党的纪律的约束。”①同时也指出：“坚持惩前毖后、治病救人，执纪必严、违纪必究，抓早抓小、防微杜渐，按照错误性质和情节轻重，给以批评教育直至纪律处分。运用监督执纪‘四种形态’，让‘红红脸、出出汗’成为常态，党纪处分、组织调整成为管党治党的重要手段，严重违纪、严重触犯刑律的党员必须开除党籍。”② 由此可见，中国共产党的组织纪律所追求的，不是组织加之于党员个体的惩处，而实际上追求的是全体党员向着共同的使命努力奋斗而不至于出现懈怠或者“搭便车”情况。

特别是，《中国共产党纪律处分条例》按照政治纪律、组织纪律、廉洁纪律、工作纪律、群众纪律和生活纪律“六大纪律”分别进行了规定，更体现了使命型政党对于本党成员的独特要求。最值得注意的是，在《中国共产党纪律处分条例》的有关规定中，涉及了大量的与党员干部人格或主观能动性相关的要求。比如，在政治纪律中，“对党不忠诚不老实，表里不一，阳奉阴违，欺上瞒下，搞两面派，做两面人”③；在廉洁纪律中，“对涉及群众生产、生活等切身利益的问题依照政策或者有关规定能解决而不及时解决，庸懒无为、效率低下，造成不良影响的；对符合政策的群众诉求消极应付、推诿扯皮，损害党群、干群关系的；对待群众态度恶劣、简单粗暴，造成不良影响的”④；在工作纪律中，“贯彻党中央决策部署只表态不落实的；热衷于搞舆论造势、浮在表面的；单纯以会议贯彻会议、以文件落实文件，在实际工作中不见诸行动的；工作中有其他形式主义、官僚主义行为的”；在生活纪律中，“生活奢靡、贪图享乐、追求低级趣味，造成不良影响的；违背社会公序良俗，在公共场所有不当行为，造成不良影响的”；等等。

人格的纪律化使得“纪严于法”成为一个必然的政治逻辑。正如习近

① 《中国共产党章程》，人民出版社 2017 年版。
② 《中国共产党章程》，人民出版社 2017 年版。
③ 《中国共产党纪律处分条例》，人民出版社 2018 年版。
④ 《中国共产党纪律处分条例》，人民出版社 2018 年版。

平总书记强调的："党章等党规对党员的要求比法律要求更高，党员不仅要严格遵守法律法规，而且要严格遵守党章等党规，对自己提出更高的要求。"这看似与依法治国不相契合，实际上恰恰代表了中国共产党对于党纪国法关系的独特理解：党是政治组织，党规党纪保证着党的理想信念宗旨，是执政的中国共产党党员的底线；法律体现国家意志，是全体公民的底线。因此，党的性质和宗旨决定了，党纪必须先于国法、严于国法，把党纪挺在国法前面，就是要对党员、干部提出更高要求，在先行表率中永葆党的先锋队性质。

三、党性人格的辩证法

党性人格是个动态概念，尽管就其本质而言党性是对无产阶级政党成员政治人格的至高要求，具有稳定性；但在不断的历史阶段、面对不同的具体的工作任务，党性也是个动态的概念，具有不同的要求。同时，任何一名党员获致党性人格的过程，也是一个动态的过程，不是一蹴而就的，而是要经过长期的、艰苦的实践磨砺与理论升华才能够达到要求，并且还要常思常悟、常修常炼。党性人格内涵的动态性与获致党性人格的动态性的双重作用，使得党性人格在党员个体生成与驻留充满了辩证法特征。

（一）党性与人性

经人格政治化和人格道德化而获致的党性人格，容易产生一种极端化的理解，就是把党员个体获致党性人格的过程，看作"泯灭"党员个性的过程。这实际上是一种误解，并且抹杀了党性人格的重要价值。严格而完全地按照党的要求所获致的党性人格，确实会出现"螺丝钉精神""螺丝钉现象"。正如《雷锋日记》所写的："一个人的作用对于革命事业来说，就如一架机器上的一颗螺丝钉。机器由于有许许多多螺丝钉的连接和固定，才成了一个坚实的整体，才能运转自如，发挥它巨大的工作能力，螺丝钉虽小，其作用是不可估量的，我愿永远做一个螺丝钉。”[①] 此外，“我是革命一块砖，哪里需要哪里搬。任它烈火熊熊燃，任它汗水湿衣衫，只要党的一声令，火海也敢往里钻”等句子，都表现了把自己作为一分子彻底融入革命的洪流之中的思想，这是党性人格最高境界的体现。

但在党性人格的视阈中，个体依然有其独特的意义与价值，并非卑微如尘、轻贱如草、无足轻重，正确的理解是：将小我自觉融入大我，在大我中成就、放大小我。本质而言，在特定的政治话语界定中，党性是升华了的、深化了的人性。毛泽东在七大的口头报告中讲了个性与党性的关系。他旗帜鲜明地指出，我们党有党性，每个党员也都有个性。“马克思在《共产党宣言》里讲得很清楚，他说：‘每个人的自由发展是一切人的自由发展的条件。’不能设想每个人不能发展，而社会有发展，同样不能设想我们党有党性，而每个党员没有个性，都是木头，一百二十万党员就是一百二十万块木头。”毛泽东还提出，党员的个性要为解放人民、解放个性服务；党性与个性之间是特殊性与普遍性的关系；党员的党性和个性必须统一，即在讲党性的前提下讲个性；在处理党性和个性关系上，首先必须坚持党性，即坚持党的组织性和统一性。[②]

认为获得了党性人格就丧失了个性、人性的看法非但是错误的，对党的事业也是有害的。这是因为失掉了个性，就失掉了作为一个党员所应有的积极性、主动性和创造性，也就难以独立自主开展工作，难以积极主动思考党的理论，更难以生动活泼地开展批评与自我批评、践行民主集中制、走好群众路线等。同时，失掉了人性，实际上也就失掉了与人民群众进行情感沟通的功能，也就难以做好工作。重视人情，但过好人情关，才是党性强的共产党员应该有的素养。《中国共产党章程》规定的党员权利中有这样的条款：“在党的会议上有根据地批评党的任何组织和任何党员，向党负责地揭发、检举党的任何组织和任何党员违法乱纪的事实，要求处分

① 中共中央宣传部宣传教育局：《雷锋精神学习读本》，人民出版社2013年版。
② 《毛泽东选集》（第三卷），人民出版社1991年版。

违法乱纪的党员，要求罢免或撤换不称职的干部。”① 一个人依据党性人格而行使这个权利的时候，非但不被认为是不坚持党性，而实际上恰是有党性的表现。党性人格仍需以个性、人性为其重要面向和内容，恰是党性人格这一概念的重要意义所在。党性是对人性的升华而非扭曲，人性是党性的基础而非阻碍。

（二）理论清醒与政治坚定

党性人格偏重于指示政治态度、政治倾向方面的特征，但这并非意味着仅靠这些就可以把党性人格牢固树立起来，还需要引入理论之维。在《论共产党员的修养》中，刘少奇指出了这样的现象，“在一些共产党员中，还有这样一种想法：就是认为只要自己革命坚决，斗争勇敢，就完全行了，学习不学习马克思列宁主义理论，进行不进行马克思列宁主义理论的修养，都没有什么关系。有的同志甚至认为，只靠家庭出身好，本人成分好，用不着学习马克思列宁主义，也能够成为无产阶级的先进战士。有的同志，虽然一般地承认理论的重要性，但是，他们在工作和斗争中，却从来不认真学习马克思列宁主义”。“所有这些想法，显然都是不对的。”原因在于：“马克思列宁主义的理论，是我们观察一切现象、处理一切问题的武器，特别是观察一切社会现象、处理一切社会问题的武器。如果我们不能掌握马克思列宁主义的理论武器，我们就不能正确地认识和处理在革命斗争中所遇到的各种问题，就有迷失方向、背离无产阶级革命立场的危险，甚至可能自觉地或者不自觉地成为各种机会主义者，成为资产阶级的俘虏和应声虫。”②

马克思指出：“批判的武器当然不能代替武器的批判，物质力量只能用物质力量来摧毁，但是理论一经掌握群众，也会变成物质力量。”③ 只有从理论上充分认清党为什么奋斗、向着什么方向奋斗，有了坚定的理想信

---

① 《中国共产党章程及相关党内规章》，人民出版社 2006 年版。
② 《刘少奇选集》（上卷），人民出版社 1981 年版。
③ 《马克思恩格斯全集》（第 1 卷），人民出版社 1956 年版。

念，站位就高了，眼界就宽了，心胸就开阔了，从而也就能够坚持正确的政治方向，在胜利和顺境时不骄傲不急躁，在困难和逆境时不消沉不动摇，自觉抵御各种思想干扰，永葆共产党人政治本色。2016 年 7 月 1 日，习近平总书记在庆祝中国共产党成立 95 周年大会上的讲话中指出，理论上清醒，政治上才能坚定。坚定的理想信念，必须建立在对马克思主义的深刻理解之上，建立在对历史规律的深刻把握之上。全党要深入学习马克思列宁主义、毛泽东思想、邓小平理论、“三个代表”重要思想、科学发展观，深入学习党的十八大以来党中央治国理政新理念新思想新战略，不断提高马克思主义思想觉悟和理论水平，保持对远大理想和奋斗目标的清醒认知和执着追求。① 理论清醒与政治坚定的辩证关系在于，既要反对讲空头理论的情况，也要反对只顾政治坚定而忽视理论的现象；二者之间是有机的增益关系，也是相互需要的关系。这就使得党性人格与一般意义上的“好勇斗狠”有了本质的区别，也使其与一般性的“夸夸其谈”有了本质的区别。

（三）原则性与灵活性

一般来说党性人格是一个不断强化党员的原则性的过程，当且仅当那些高度的原则性的要求内化于党员内心，党员党性人格也就真正生长。但是，党性人格是一种人格，是一种随时随地要以“应用”为原则的人格。如此，这就存在一个原则性与灵活性有机结合的问题。这就是说，既要遵守党的各项政治的和法规的要求，讲求原则性，同时又要体现机动性、创造性，讲求灵活性。

列宁曾经说：“政治是一门科学，是一种艺术，它不是从天上掉下来的，不费力是掌握不了的。”② 政治是一门科学，就意味着政治具有内在的必须遵守和掌握的规律、规定、规则，要求具备了党性人格的政治人必须

① 《习近平治国理政》（第二卷），外文出版社 2017 年版。
② 《列宁选集》（第四卷），人民出版社 2012 年版。

有高度的原则性。政治是一种艺术，就意味着政治具有内在的积极性、主动性、创造性的一面，要求具备了党性人格的政治人还必须具有高度灵活性。只有那些在心智上能够同时驾驭高度的原则性和高度的灵活性、在实践中能够善于把高度的原则性和高度的灵活性有机结合起来的人，才是高明的政治人，才具备了符合党性人格要求的基本条件。习近平总书记说："有的地方政治生态是非常庸俗的。如果形成一些派系势力，就拉你入伙，不入伙就打掉你，所以很难清流。在这样的地方工作，既要坚持原则、出淤泥而不染，有莲花精神，也要有足够的智慧，要能对付。"① 这实际上也就是关于原则性与灵活性的科学论述。

要指出的是，过去的研究通常把党性等理解为党组织对于党员的一种德性要求，或者认为这是一种政治性的私德，以至于把党员党性的缺失，解读为党员个人"私德有亏"。这种理解其实是不够的。这是因为，党性之于党员，既不是外在的，也不是天然内在的；一个自然人要想成为党员，必须获致一种具有特定内涵的政治人格，这种政治人格就是党性人格。从学理研究角度看，党性人格这样一个融合了政治的、德性的，乃至个人性情的概念，才是真正符合党组织要求的成员特性；党性修养无非就是一个不断获致并保持党性人格的过程。由此，党性人格便成为理解中国共产党组织化建构的独特逻辑。为了完成和实现自己的历史使命，中国共产党必须将广大党员塑造成足以共同承担这样的历史使命的个体，以此为基础组成为一个有机整体。按照这种要求对于党员的塑造，即从使得党员从一般的政治人格升华为党性人格的过程，就是使命型政党的内在化的组织建构的过程。理解中国共产党何以有能力有素质实现中华民族伟大复兴，人格组织化是内在支撑的核心机制。

① 习近平：《在河南省兰考县委常委扩大会议上的讲话》（2014 年 3 月 18 日），见《做焦裕禄式的县委书记》，中央文献出版社 2015 年版。

第四章　使命型政党的政治领导

党的首要属性是政治属性，党员首要的身份是政治身份，党的领导的首要内容是政治领导。旗帜鲜明讲政治是中国共产党作为马克思主义政党的根本要求。党要确保始终成为新时代中国特色社会主义的坚强领导核心，永葆旺盛生命力和强大战斗力，必须全面增强领导能力，其中政治领导能力居于首要位置。

一、政治领导力对使命型政党至关重要

政治领导力提出的基本依据就是广大领导干部都要讲政治。党员领导干部讲政治，不仅要有鲜明的政治立场、政治态度、政治方向、政治原则，还需要随着时代的进步、党的事业的发展，在实践中加强政治历练，切实增强政治领导能力。新时代党的建设，要以党的政治建设为统领，把党的政治建设摆在首位，党的政治建设是党的根本性建设，决定党的建设方向和效果。在新时代党的建设中，政治的作用和增强政治领导能力有着极为重要的地位。

（一）政治是统帅、是灵魂、是大局

高度重视政治在社会发展中的重要作用，是马克思主义的基本原则。

历史唯物主义指出，经济基础决定上层建筑，政治是经济的集中体现；同时，上层建筑对经济基础具有反作用，作为上层建筑的首要内容的政治上层建筑，对经济基础又具有巨大的能动的反作用。恩格斯曾经说过："总的来说，经济运动会替自己开辟道路，但是它也必定要经受它自己所造成的，并且有相对独立性的政治运动的反作用，即国家权力的以及和它同时产生的反对派的运动的反作用。"[①] 政治能够能动地、积极地对经济的发展产生影响。

要特别指出的是，在马克思主义政党成为执政党的条件下，这种巨大的能动的反作用又因为党的领导地位的巩固和领导力量的加强而大大强化了，在某些情况下还起决定作用。正如恩格斯指出："国家权力对于经济的发展的反作用可能有三种，它可以沿着同一方向起作用，在这种情况下就会发展得比较快；它可以沿着相反方向起作用，在这种情况下，像现在每个大民族的情况那样，它经过一定的时期就都要遭到崩溃；或者是它可以阻碍经济发展沿着某些方向走，而给它规定另外的方向——这第三种情况归根到底还是归结为前两种情况中的一种。但是很明显，在第二和第三种情况下，政治权力能给经济发展造成巨大的损害，并能引起大量的人力和物力的浪费。"[②]

列宁曾在《我们的纲领》《怎么办》等一系列著作中强调政治斗争较之经济斗争的重大意义，特别是在同托洛茨基和布哈林的论战中，明确提出了"政治同经济相比不能不占首位"的著名论断，并严肃指出："不肯定这一点，就是忘记了马克思主义的最起码的常识。"[③] 这里强调的就是，在特殊情形、特定情况下，政治领导对经济发展有着举足轻重的影响，政治总是有着不可估量的重要作用，任何忽视政治在社会变革中的作用的观

---

① 《恩格斯致康拉德·施米特》，见《马克思恩格斯选集》（第四卷），人民出版社2012年版，第609页。

② 《恩格斯致康拉德·施米特》，见《马克思恩格斯选集》（第四卷），人民出版社2012年版，第610页。

③ 《列宁选集》（第四卷），人民出版社2012年版，第407页。

点和做法，最终都会遭到惩罚。因此，马克思主义认为，政治是统帅，是灵魂，是大局。

（二）政治领导是领导的核心内容

政党政治是现代社会的普遍现象，任何国家的政党都是代表一定阶级阶层或利益集团的政治组织。无产阶级政党也不例外，列宁明确指出："一个阶级如果不从政治上正确地处理问题，就不能维持它的统治，因而也就不能解决它的生产任务。"① 在这里，列宁着重强调政治领导在党的全部领导方式中的重要地位。毛泽东在半封建半殖民地的中国历史环境中，根据马克思列宁主义的基本原理，结合中国的实际进一步论述了政治的重要性，如1929年在《关于纠正党内的错误思想》中阐明了政治与军事的关系；1937年在《矛盾论》中论述了政治与经济的关系；1940年在《论持久战》中分析了政治与战争的关系。在社会主义建设时期，更加强调政治对于其他各项工作的统率作用，他在1958年《工作方法六十条（草案）》中强调，政治与业务，政治与军事，政治与经济，政治与技术，政治总是头，政治总是率领军事、率领经济、率领技术、率领业务的。② 在这里毛泽东强调的政治统率作用集中表现为党的政治领导。

党的政治领导是马克思主义关于党的领导的思想中的最为核心的问题。中国共产党作为中国工人阶级的先进政治组织，历来都非常注重加强党的政治领导。1937年，毛泽东在《中国共产党在抗日时期的任务》一文中指出："离开了无产阶级及其政党的政治领导，抗日民族统一战线就不能建立，和平民主抗战的目的就不能实现，祖国就不能保卫，统一的民主共和国就不能成功。"③ 这里强调了在抗日战争时期，无产阶级及其政党的政治领导责任，阐明了党的领导的核心内容是政治领导，领导干部要成为无产

---

① 《列宁全集》（第32卷），人民出版社1958年版，第72页。

② 王沪宁主编，林尚立、孙关宏副主编：《政治的逻辑：马克思主义政治学原理》，上海人民出版社1994年版，第391页。

③ 《毛泽东选集》（第一卷），人民出版社1991年版，第262页。

阶级政治家。正如毛泽东所说:“使我们的干部不但能治党,而且能治国,要懂得向全中国与全世界人民讲话,并为他们做事,要有远大的政治眼光与政治家的风度。”①

党的领导首先是政治领导,坚持和改善党的领导,首先要加强和改进党的政治领导。在马克思主义政党执政活动中,凡属根本、重大、原则、方向的问题,都是政治问题,都要从政治的角度来进行政治思考;凡是关系到这些方面的事务,都可以被上升到政治高度,都要从政治上战略上考虑其政治意义。毛泽东在《〈中国农村的社会主义高潮〉的按语》一文中提出:“政治工作是一切经济工作的生命线。”② 邓小平高度重视政治领导在改革开放和社会主义现代化建设中的重要作用,时刻告诫大家,在全面推进社会主义经济发展的同时,要高度重视领导干部讲政治。1986 年 8 月,邓小平在视察天津时告诫全党:“改革,现代化科学技术,加上我们讲政治,威力就大多了,到什么时候都得讲政治。”③ 这正是要求我们领导干部想问题办事情都要时刻从政治层面来考虑。

领导我们事业的核心力量是中国共产党,指导我们思想的理论基础是马克思列宁主义。马克思主义理论视阈中的政治,从属性上说是方向、原则和大局;从内容上看是公共权力的运用;从本质上说是服务于最广大人民群众的活动。在新时期,领导干部一定要把加强政治领导放在非常重要的地位,切实认真抓好。因此,政治领导成为党的领导的核心内容,领导干部特别是高级领导干部一定要讲政治,标志就是要有鲜明的政治理想和政治立场,有严格的政治纪律和政治规矩,要有铁一般信仰、铁一般信念、铁一般纪律、铁一般担当。

(三)政治领导能力是核心执政能力

切实增强政治领导能力是中国共产党人根据马克思主义基本原理与中

① 《毛泽东文集》(第二卷),人民出版社 1993 年版,第 60 页。
② 《毛泽东文集》(第六卷),人民出版社 1999 年版,第 449 页。
③ 《邓小平文选》(第三卷),人民出版社 1993 年版,第 166 页。

国实践相结合得出来的基本经验。讲政治首先要讲增强政治领导力，增强政治领导力是最大的政治，只有抓住这个大局，才能纲举目张，离开这个最大的政治，去谈政治，就容易讲到空头政治的地步。列宁明确指出：“党的任务则是对所有国家机关的工作进行总的领导。”① 这里所说的“总的领导”实质上是列宁多次提出的要“从政治上领导无产阶级”。毛泽东也曾指出如何实现“无产阶级及其政党对全国各革命阶级实现政治领导”的四条具体原则。② 如果不讲政治，削弱党的政治领导力，在夺取新时代中国特色社会主义进程中就要遭受挫折和失败，因而政治领导力，只能增强，不能削弱。

政治领导是对国家全局工作的全面领导，是要在方向性、全局性、战略性、根本性的问题上增强政治领导力。政治在不同时空条件下其内容是不同的，但它所涉及的必然是最核心、最重大的事情。无论经济、文化、教育、科技，只要涉及政治层面，就必须服从“大局”，服从政治。刘少奇在党的八大政治报告中指出：“党应当而且可以在思想上、政治上、方针政策上对于一切工作起领导作用。”③ 1978 年，邓小平在全国科学大会开幕式上的讲话中，他强调：“党委的领导，主要是政治上的领导，保证正确的政治方向，保证党的路线、方针、政策的贯彻，调动各个方面的积极性。”④ 由此可见，政治领导能力在党的领导能力和执政能力中占有重要位置，所以在新时代政治建设中党要进一步增强政治领导能力，各级领导干部也能够不断增强政治领导本领。

习近平总书记明确指出，政治能力就是把握方向、把握大势、把握全局的能力，就是保持政治定力、驾驭政治局面、防范政治风险的能力。由此可见，政治领导力在党的领导能力中居于核心位置。党的十八大以来，习近平总书记作为我们党的核心，以马克思主义政治家的非凡政治勇气、

① 《列宁全集》（第 43 卷），人民出版社 1987 年版，第 64 页。
② 《毛泽东选集》（第一卷），人民出版社 1991 年版，第 262—263 页。
③ 《刘少奇选集》（下卷），人民出版社 1985 年版，第 264 页。
④ 《邓小平文选》（第二卷），人民出版社 1994 年第 2 版，第 98 页。

丰富政治智慧、高超政治能力，举旗定向、谋篇布局、攻坚克难、强基固本，进一步恢复并彰显了党和国家的政治优势。一个朝气蓬勃的党呈现在全国各族人民面前，为党领导全国各族人民向着中华民族伟大复兴中国梦进发提供了强大的政治力量和坚强的政治保证。很重要的一条，就是抓住了增强党的政治领导力这个“引擎”，达到了纲举目张、以简驭繁的效果。

二、增强政治领导力是建设强大政党的必然要求

（一）提高党的建设质量的关键环节

增强政治领导力是我们党长期探索党的领导问题的一个重大成果，也是对马克思列宁主义的继承和发展，对提高党的建设质量提供了保障。中国共产党作为马克思主义政党，首先是通过实现政治领导来发挥工人阶级先锋队的作用，实现对国家政权机关和社会生活的领导。中国共产党始终高度重视加强党的政治领导力和政治建设，并很早就在这些方面有初步的认识。1925 年，毛泽东在《中国社会各阶级的分析》一文中指出：“革命党是群众的向导，在革命中未有革命党领错了路而革命不失败的。”① 1928 年，毛泽东在《中国的红色政权为什么能够存在》一文中分析原因时指出：“红色政权的长期的存在并且发展，还须有一个要紧的条件，就是共产党组织的有力量和它的政策的不失误。”② 这阐明了马克思主义政党的政治领导的地位和基本责任，要求革命党在加强政治领导能力上积极作为、主动作为并保证党的政策得以落实。

加强和改进党的政治领导是一项艰巨而复杂的系统工程，也是党的建设的永恒主题。政治领导是党的建设中的核心问题。任何时候都要把党的

① 《毛泽东选集》（第一卷），人民出版社 1991 年版，第 3 页。
② 《毛泽东选集》（第一卷），人民出版社 1991 年版，第 50 页。

建设放在首位，充分发挥党的政治领导的核心作用。井冈山斗争时期，在军队党的建设中，毛泽东强调红军中的党代表制度不能废除，尤其重视党的政治建设，他说："党代表要督促士兵委员会进行政治训练，经过政治教育，红军士兵都有了阶级觉悟。"① 1929 年 12 月，毛泽东在《关于纠正党内的错误思想》一文中分析单纯军事观点来源时指出："政治水平低，不认识军队中政治领导的作用。"② 1938 年，周恩来在《抗战军队的政治工作》一文中说："以革命主义为基础的革命政治工作是一切革命军队的生命线和灵魂。"③ 这些都体现了当时党高度重视党的建设中的政治建设这一关乎党的兴败存亡的生命线。党的十八大以来，以习近平同志为核心的党中央，从党的前途命运高度，从事业全局高度，全面加强党的领导和党的建设，坚决改变管党治党宽松软状况，使得党内政治生活气象更新，党内政治生态明显好转，党的创造力、凝聚力、战斗力显著增强，党在革命性锻造中更加坚强，焕发出新的强大生机活力。这充分说明，党的政治建设是党的根本性建设，决定党的建设方向和效果。

政治建设是党的根本性建设，带有全局性、方向性的建设，对现代政党兴衰存亡有着关键性作用，决定了党的建设方向和效果。实践证明，新形势下，只有进一步加强政治领导力；才能持续有力地提高党的威信，改变党的面貌，才能持续有力地增强党的创造力、凝聚力、战斗力；才能把我们党建设好，把中国特色社会主义伟大事业继续推向前进。

（二）发挥党的政治优势的必然要求

党的政治领导是我们党的政治优势和重要法宝。回顾我们党所走过的道路可以看出，始终不渝地坚持党的政治领导是我们党成功的经验，是我们党进行社会主义事业建设的根本保证，是我们党执政地位得以巩固的必要前提。在革命战争年代，党之所以能够团结带领人民夺取全国政权，一

① 《毛泽东选集》（第一卷），人民出版社 1991 年版，第 64 页。
② 《毛泽东选集》（第一卷），人民出版社 1991 年版，第 87 页。
③ 《周恩来选集》（上卷），人民出版社 1980 年版，第 93 页。

个重要因素就是我们高度重视党的政治领导力的建设。抗日战争时期，国民党是政治上军事上有经验的执政党，共产党是没有执政的全国性政党，但是人民群众最终的选择是中国共产党，这正如毛泽东在《中国革命战争的战略问题》一文中指出："中国共产党在革命斗争中的伟大的历史成就，使得今天处在民族敌人侵入的紧急关头的中国有了救亡图存的条件，这个条件就是有了一个为大多数人民所信任的、被人民在长时间内考验过因此选中的政治领导者。"① 这充分说明政治领导力是我们党在抗战中获得核心地位的关键。因此，在新的历史时期，把增强政治领导力放在首位，用政治来统率一切是我们进行中国特色社会主义伟大事业的根本原则。

打铁必须自身硬。打铁的人必须是铁打的人。更好担当为中国人民谋幸福、为中华民族谋复兴的初心和使命，要求必须把党建设得更加坚强有力。使党更加坚强有力首要的是要增强政治领导力。中国的优势是多方面的，但首要的优势是中国共产党领导这个最大政治优势。1957 年 2 月，毛泽东在《关于正确处理人民内部矛盾的问题》一文中指出："没有正确的政治观点，就等于没有灵魂。"② 邓小平说过："我们说改善党的领导，其中最重要的，就是加强思想政治工作……必须把思想政治工作放在重要地位上，否则党的领导既不能改善，也不可能加强。"③ 习近平总书记在十八届四中全会第二次全体会议上指出，我们党作为马克思主义政党，讲政治是突出的特点和优势。没有强有力的政治保证，党的团结统一就是一句空话。共产党不讲政治还叫共产党吗？由此可看出，不断加强和改进党的政治领导是极为重要的，各级党组织和领导干部都要有强烈的政治领导意识，只有这样，政治领导力才能不断加强，才能确保我们党永葆旺盛生命力和强大战斗力。中国共产党的领导的内容是多方面的，但首要的是政治领导。进一步增强党的政治领导能力，有利于党更加充分地发挥和运用好

---

① 《毛泽东选集》（第一卷），人民出版社 1991 年版，第 185 页。

② 《毛泽东文集》（第七卷），人民出版社 1999 年版，第 226 页。

③ 《邓小平文选》（第二卷），人民出版社 1994 年第 2 版，第 365 页。

政治优势，更好地稳定中国、发展中国、引领中国。

（三）解决党内存在的突出问题的深切需要

中国正在进行人类历史上规模最宏大、气势非常磅礴的伟大事业，即夺取新时代中国特色社会主义伟大胜利，实现中华民族伟大复兴的中国梦。但是我们党在推进伟大事业和围绕实现民族复兴的伟大梦想的这一实践过程中，面临着许多重大风险考验和党内存在的突出问题。这种情况就要求我们要切实增强政治领导力，领导干部要不断提高政治领导能力以匹配自己担任的领导职责。只有这样，才能确保党在世界形势深刻变化的历史进程中始终走在时代前列，在应对国内外各种风险和考验的历史进程中始终成为全国人民的主心骨，在坚持和发展中国特色社会主义的历史进程中始终成为坚强领导核心。江泽民曾告诫各级领导干部，“要提高政治敏锐性和洞察力，善于从政治上认识问题、处理问题，在事关方向、事关原则的问题上保持清醒的头脑和坚定的立场”①。2017 年 2 月，在中央党校省部级主要领导干部学习贯彻党的十八届六中全会精神专题研讨班开班式上，习近平总书记列举了党内各种不讲政治的现象并指出，讲政治，是我们党补钙壮骨、强身健体的根本保证，是我们党培养自我革命勇气、增强自我净化能力、提高排毒杀菌政治免疫力的根本途径。

党的政治领导，是马克思主义关于党的领导思想中的重大理论问题，也是党的政治建设实践中的关键问题。新形势下，国际国内政治环境是复杂的，党面临的执政环境是复杂的，影响党的先进性、弱化党的纯洁性的因素也是复杂的，党内存在的思想不纯、组织不纯、作风不纯等突出问题尚未得到根本解决。如果我们的领导干部只埋头于经济工作和各种具体事务，不善于从政治上认识问题和处理问题，就会从根本上影响领导成效。1951 年，习仲勋在中共中央西北局的一次干部会议上曾指出：“领导机关的首要任务，就是进行政治领导。各地方、各部门的领导干部，必须把自

① 江泽民：《在优秀县（市）委书记表彰会上的讲话》，《人民日报》1995 年 7 月 1 日第 1 版。

己看作是一个政治工作者。”① 习近平总书记说，中国共产党是世界上最大的政党，大要有个大的样子。增强政治领导力，才能确保党是一个像样子的党。推动全面从严治党向纵深发展，要求全党必须进一步从政治的高度深刻认识党面临的执政考验、改革开放考验、市场经济考验、外部环境考验的长期性和复杂性，进一步增强政治领导力，有效化解和克服精神懈怠危险、能力不足危险、脱离群众危险、消极腐败危险。面对新时期下各种复杂的突出问题和挑战，各级党组织和党员干部必须审时度势，切实把增强党的政治领导力落到实处，在加强政治领导力上积极作为、踊跃行动，时时刻刻都要有着强烈的政治意识和增强政治领导力的本领。

三、把握增强政治领导力的基本途径

（一）增强政治领导的方向性

新的历史方位，要求增强方向感。党的二十大报告指出，要坚决维护党中央权威和集中统一领导，把党的领导落实到党和国家事业各领域各方面各环节，使党成为风雨来袭时全体人民最可靠的主心骨，确保我国社会主义现代化建设正确方向，确保拥有团结奋斗的强大政治凝聚力、发展自信心，集聚起万众一心、共克时艰的磅礴力量。1942 年 9 月，为了克服在这一时期党内出现的山头主义和分散主义倾向，中共中央政治局通过《关于统一抗日根据地党的领导及调整各组织间关系的决定》，其中明确规定：“党应该领导一切其他组织，如军队、政府与民众团体。”② 1962 年 1 月 30 日，毛泽东在扩大的中央工作会议上强调，工、农、商、学、兵、政、党这七个方面，党是领导一切的。周恩来在一届人大四次会议上做政府工作

① 习仲勋：《为加强马克思列宁主义和毛泽东思想的宣传而斗争》，《人民日报》1951 年 9 月 9 日第 3 版。

② 中央档案馆编：《中共中央文件选集　一九四一——一九四二》（第 13 册），中共中央党校出版社 1991 年版，第 427 页。

报告时也强调："共产党必须领导一切的原则主要是从政治上来说的。"[①] 这表明在历史上我们党高度重视党是最高领导，党领导一切。

增强政治领导力必须有着明确方向的新时代政治目标。一个时代的政治目标和政治口号是我们党的行动指南，能够起到增强政治领导力的作用。邓小平曾经深刻地指出，"我们这么大一个国家，怎样才能团结起来、组织起来呢？一靠理想，二靠纪律"[②]。毛泽东在分析怎样实现无产阶级的政治领导时说："要根据历史发展行程提出基本的政治口号，和为了实现这种口号而提出关于每一发展阶段和每一重大事变中的动员口号。"[③] 在新时代，共产党员最崇高的理想是实现共产主义，奋斗的政治目标是夺取新时代中国特色社会主义伟大胜利，实现中华民族伟大复兴中国梦。因此，各级领导干部都要有强烈的政治意识，使政治领导融入在新时代的政治理想、政治目标的实践当中。要深刻认识习近平新时代中国特色社会主义思想的巨大指导作用，从中获取理想的力量、价值的指引、理论的指导和动力的激励，登高望远、居安思危，勇于变革、勇于创新，永不僵化、永不停滞，奋力夺取新时代中国特色社会主义伟大胜利。

增强政治领导力必须要自觉维护党的核心，在向核心看齐问题上要主动自觉。全面从严治党，核心是加强党的领导，基础在全面，关键在严，要害在治。要实现两个"一百年"奋斗目标，实现中华民族伟大复兴，就要将全体党员团结起来、凝聚起来，并从党和人民的奋斗史中汲取从严治党的智慧和力量，发挥从严治党政治优势，扎紧从严治党制度之笼，提升全面从严治党的能力和水平。1942 年 11 月 21 日，毛泽东在西北局高干会上的报告指出："因为各个人都以为自己是核心，那么就是有了好多核心了。但领导核心只能有一个，一个桃子剖开来有几个核心吗？不，只有一个核心。"1943 年 10 月 14 日，毛泽东在西北局高级干部会议上作《切实执行十大政策》的报告中再次强调："统一领导。实行一元化的领导很重

---

① 中共中央党校党史教研室选编：《中共党史参考资料》（八），人民出版社 1980 年版，第 620 页。
② 《邓小平文选》（第三卷），人民出版社 1993 年版，第 111 页。
③ 《毛泽东选集》（第一卷），人民出版社 1991 年版，第 262 页。

要，要建立领导核心，反对‘一国三公’。”[①] 邓小平曾深刻指出：“任何一个领导集体都要有一个核心，没有核心的领导是靠不住的。”[②] 在新时代这个阶段，要深刻认识维护好习近平总书记这个核心、维护好党中央集中统一领导作为第一位的政治要求，增强政治意识、大局意识、核心意识、看齐意识，坚定自觉地在思想上、政治上、行动上同以习近平同志为核心的党中央保持高度一致，使之转化为思想自觉、党性观念、纪律要求和实际行动。

（二）增强政治领导的引领性

新的作为，要求增强战略引领。要增强政治领导本领。坚持战略思维、创新思维、辩证思维、法治思维、底线思维，科学制定和坚决执行党的路线方针政策，把党总揽全局、协调各方落到实处。要提高党把方向、谋大局、定政策、促改革的能力和定力。增强政治领导能力，政党要有正确的政策，一个无产阶级政党及其领导的政府，具有一套科学的政策和策略原理并在实际工作中加以正确的运用，这是非常重要的。毛泽东曾指出：“政策是革命政党一切实际行动的出发点，并且表现于行动的过程和归宿。一个革命政党的任何行动都是实行政策”；[③] “无产阶级要取得胜利，就要完全要靠他的政党——共产党的斗争策略的正确和坚决”；[④] “只有党的政策和策略全部走上正轨，中国革命才有胜利的可能。政策和策略是党的生命，各级领导同志务必充分注意”[⑤]。因此，在新时代，我们党要根据新形势下的新情况，制定行之有效的政治战略和政治策略，坚定不移地继续进行伟大斗争、建设伟大工程、推进伟大事业、实现伟大梦想，助力“两个一百年”奋斗目标和中华民族伟大复兴中国梦。

---

① 中共中央文献研究室、中央档案馆编：《建党以来重要文献选编 一九二一——一九四九》（第20册），中央文献出版社2011年版，第604页。

② 《邓小平文选》（第三卷），人民出版社1993年版，第310页。

③ 《毛泽东选集》（第四卷），人民出版社1991年版，第1286页。

④ 《毛泽东选集》（第一卷），人民出版社1991年版，第115页。

⑤ 《毛泽东选集》（第四卷），人民出版社1991年版，第1298页。

增强政治领导本领，要更加自觉地增强道路自信、理论自信、制度自信、文化自信。在坚持中国特色社会主义道路这个根本问题上，我们要树立自信，保持定力。恩格斯说过："一个新的纲领毕竟总是一面公开竖立起来的旗帜，而外界就根据它来判断这个党。"① 列宁曾指出："没有革命的理论，就不会有革命的运动。""只有以先进理论为指南的党，才能实现先进战士的作用。"② 习近平总书记明确指出："推进任何一项工作，只要我们党旗帜鲜明了，全党都行动起来了，全社会就会跟着走。道路问题不能含糊，必须向全社会释放正确而又明确的信号。"③ 理论上的成熟是政治上坚定的基础，我们要清醒认识新时代的科学理论，在新的历史起点上，增强政治领导力，要以习近平新时代中国特色社会主义思想这个当代中国化的马克思主义来增强我们的理论自信。坚持党的政治领导，党必须制定正确的政治纲领和坚持正确政治方向。党的纲领是一面公开竖立起来的旗帜。毛泽东在科学分析中国半殖民地半封建社会的性质的基础上，很好地阐释了党的纲领，把它分为最高纲领和最低纲领，并阐明两者之间的关系。正因为党坚持了正确的政治纲领，解决了这个首要问题，这才使得中国革命得到正确的领导并取得重大的胜利。1938 年 4 月 9 日，毛泽东在回答抗日军政大学学员提出的"抗大学习什么"的问题时指出，首先要学习的是一个正确的政治方向。④ 从这里可以看出毛泽东当时特别强调党员领导干部要坚持正确政治方向。

坚持党的政治领导，必须使马克思主义这面旗帜在思想文化领域占主导地位，巩固对整个社会的政治领导地位。要牢牢占领党的政治领导的舆论阵地，思想文化领域是我们党加强政治领导的重要舆论阵地。坚持什么样的文化方向，营造什么样的舆论氛围，是一个政党在思想上的一面旗帜，一个政党如果不重视且失去了自己的思想文化领域的指导地位，必然会削

① 恩格斯：《给奥·倍倍儿的信》，见《马克思恩格斯文集》(第三卷)，人民出版社 2009 年版，第 415 页。

② 《列宁选集》(第一卷)，人民出版社 2012 年版，第 311—312 页。

③ 《习近平谈治国理政》(第二卷)，外文出版社 2017 年版，第 113 页。

④ 《毛泽东文集》(第二卷)，人民出版社 1993 年版，第 116 页。

弱甚至丧失党的凝聚力，从而丧失对整个社会的领导地位。目前我们的思想文化舆论阵地正面临着严峻的挑战，西方腐朽反动的思想文化正对我国进行渗透和侵蚀。与此同时，封建迷信、愚昧无知的文化也在社会中可见。因此，这要求我们既不走封闭僵化的老路，也不走改旗易帜的邪路，保持政治定力，坚持实干兴邦，始终坚持和发展中国特色社会主义。更加自觉地坚持党的领导和我国社会主义制度，坚决反对一切削弱、歪曲、否定党的领导和我国社会主义制度的言行。

增强政治领导本领，要更加自觉地维护人民利益。我们党非常重视群众的利益，坚决反对一切损害人民利益、脱离群众的行为。任何一个政党，失去民众的拥护和支持，就会失去根基、一事无成。作为马克思主义先进政党的中国共产党原本就来自人民，更必须站在人民的立场上想问题、做决策、办事情。毛泽东曾指出，谁赢得农民，谁就赢得中国；不仅给农民群众利益，而且给农民群众权利。这就是我们常讲的坚持全心全意为人民服务的根本宗旨、保持党同人民群众的血肉联系的道理。在延安时，毛泽东曾经同党内一位高级干部说过："什么是政治，所谓政治就是把拥护我们的人搞得多多的。"那么政治领导力则是始终维护人民的利益，为人民办事，给人民群众权利，调动群众的积极性。1943 年，毛泽东在《关于领导方法的若干问题》一文中指出："在我党的一切实际工作中，凡属正确的领导，必须是从群众中来到群众中去。"[①] 习近平总书记明确指出："群众路线是我们党的生命线和根本工作路线。"[②] 因此，增强政治领导本领必须维护人民群众的利益，从群众的实践活动中学习。

（三）增强政治领导的原则性

新的政治时代有着新的政治主题，政治领导力要围绕新的政治主题来展开。因此，增强政治领导力要求增强政治领导力的原则性。马克思主义

---

① 《毛泽东选集》（第三卷），人民出版社 1991 年版，第 899 页。

② 中共中央文献研究室编：《十八大以来重要文献选编》（上），中央文献出版社 2014 年版，第 695 页。

认为，政治是一门科学，也是一门艺术。作为一门科学，马克思主义认为，政治是一种社会现象，它的产生和发展不是偶然的、任意的和盲目的，而是受社会物质生产的制约，也就是说政治是受一定规律支配的，这就要求我们讲原则、顾大局、守纪律，以服务人民为根本宗旨；更要求我们努力找出其规律性，为增强政治领导力服务。党的政治领导的最高责任，就是把握方向、谋划全局、作出正确科学的决策。邓小平曾经指出，“党的领导责任是放在政治原则上的”①，周恩来也曾强调，“共产党必须领导一切的原则主要是从政治上来说的”②。作为一门艺术，政治又具有很强的实践性，在千变万化的现实政治中，必须具体问题具体分析，机动灵活地解决政治问题，根据时代性特征，制定相关战略政策。列宁曾经指出，随着客观形势的急剧变化，在每一个时期“我们应当善于根据当时形势的特点提出自己的策略和最近的任务”③，“必须使自己的策略具有最大的灵活性”④。毛泽东在《论持久战》中针对灵活性曾经指出灵活，是聪明的指挥员，基于客观情况，“审时度势”（这个势包括敌势、我势、地势等项）而采取及时的和恰当的处置方法的一种才能。⑤ 他还曾指出：“我们的原则性必须是坚定的，我们也要有为了实现原则性的一切许可的和必需的灵活性。”⑥ 所以说政治不是抽象的而是具体的，是有灵活性的，要求讲方式、讲方法、讲策略，以取得工作成效为检验标准。在现阶段的中国，中国共产党必须根据新形势下的现实问题，坚持原则性和灵活性的统一这个马克思主义政策和策略原理的根本法则，坚持以习近平新时代中国特色社会主义思想为引领，为实现中华民族伟大复兴中国梦不懈奋斗。

党的政治领导是否坚强有力，首先要看党自身是否坚强有力。这就要求我们要从严治党，严格遵守党的政治纪律和政治规矩。同时我们的领导

① 《邓小平文选》（第一卷），人民出版社 1994 年版，第 12 页。
② 中共中央党校党史教研室选编：《中共党史参考资料》（八），人民出版社 1980 年版，第 620 页。
③ 《列宁全集》（第 29 卷），人民出版社 2017 年版，第 44 页。
④ 《列宁选集》（第四卷），人民出版社 2012 年版，第 209 页。
⑤ 《毛泽东选集》（第一卷），人民出版社 1991 年版，第 494 页。
⑥ 《毛泽东选集》（第四卷），人民出版社 1991 年版，第 1436 页。

干部自觉加强党性锻炼，不断提高政治觉悟和政治能力，永葆共产党人政治本色。中国共产党从1921年7月初创之时的50多个党员，发展到今天拥有8900多万党员的世界唯一执政大党，其成功经验主要在于全面从严治党的不懈努力，不断加强党的政治领导力和矢志不渝地强调严明党的纪律特别是政治纪律。

在长征途中，张国焘坚持自己的错误主张，无视党的纪律，不听从党中央的统一领导，强令中央红军南下，进行分裂党的活动，最终没有成功。为此，1937年3月中共中央在延安召开政治局扩大会议，批判了张国焘的错误行径，并通过《关于张国焘错误的决定》。这种组织涣散、没有集体意识的错误行径启示我们，必须增强政治领导力，坚持党中央权威和集中统一领导。十九大报告中明确指出："保证全党服从中央，坚持党中央权威和集中统一领导，是党的政治建设的首要任务。"坚持党的领导，根本是坚持党中央权威和集中统一领导。这是全党最大的政治、最重要的大局，是全党共同的政治责任。

因此，增强党的政治领导能力，要坚持党中央权威和集中统一领导，要坚定执行党的政治路线，严格遵守政治纪律和政治规矩，在政治立场、政治方向、政治原则、政治道路上同党中央保持高度一致。毛主席在党的七大预备会议上讲过一段名言："要知道，一个队伍经常是不大整齐的，所以就要常常喊看齐，向左看齐，向右看齐，向中看齐。我们要向中央基准看齐，向大会基准看齐。看齐是原则，有偏差是实际生活，有了偏差就喊看齐。"① 这里毛泽东特别强调了向党中央看齐的重要性。针对党内严重的腐败形势，习近平总书记在十八届中央纪委五次全会上对党员干部提出的要求是：必须维护党中央权威，决不允许背离党中央要求另搞一套，全党同志特别是各级领导干部在任何时候任何情况下都必须在思想上政治上行动上同党中央保持高度一致，听从党中央指挥。②

① 《毛泽东文集》（第三卷），人民出版社1996年版，第297—298页。
② 《习近平谈治国理政》（第二卷），外文出版社2017年版，第154—155页。

要尊崇党章，严格执行新形势下党内政治生活若干准则，增强党内政治生活的政治性、时代性、原则性、战斗性，自觉抵制商品交换原则对党内生活的侵蚀，营造风清气正的良好政治生态。党章是全党必须遵循的总章程、总规矩。从一定意义上说，增强政治领导力必须以党章为重点，全面贯彻和不折不扣地执行党章。与此同时，要增强驾驭风险本领，健全各方面风险防控机制，善于处理各种复杂矛盾，勇于战胜前进道路上的各种艰难险阻，牢牢把握工作主动权。总而言之，就是要提高政治辨别力、政治观察力、政治穿透力，增强政治勇气、政治定力、政治担当，认清方向，做政治上的明白人。坚持党的领导是当代中国最重大的政治原则。坚持打铁必须自身硬，自觉加强党性锻炼，不断提高政治觉悟和政治能力，永葆共产党人政治本色。牢牢把党放在心中最高位置，始终坚持党对一切工作的领导；作为党员干部，不论在什么地方、在哪个岗位上工作，都要增强党性立场和政治意识，经得起风浪考验，必须把“旗帜鲜明讲政治”落到实处。

党员干部任何时候都得讲政治，增强自己的政治领导能力，旗帜鲜明讲政治是中国共产党区别于其他政党的一个重要特征。在现阶段的中国，执政党的治国理政新理念新思想新战略，执政党推行的路线方针政策，执政党作出的一切重大决策部署，这都是讲政治的集中体现。历史和现实表明，实现中华民族的伟大复兴，离不开中国共产党的领导。因此，我们党更要在新时代增强政治领导力，努力使广大党员进一步增强政治意识、大局意识、核心意识、看齐意识，坚定理想信念、保持对党忠诚，同时我们各级领导干部要认真学习以习近平同志为核心的党中央治国理政新理念新思想新战略，以习近平新时代中国特色社会主义思想武装头脑、指导实践、推动工作，自觉维护以习近平同志为核心的党中央权威，自觉在思想上政治上行动上与党中央保持高度一致，担负起管党治党的政治责任。不忘初心，牢记使命，为实现“第二个百年”奋斗目标和中华民族伟大复兴的中国梦，持续传递正能量，不断作出新贡献。

第五章　使命型政党的伟大斗争（上）

党的十八大以来，以“准备进行具有许多新的历史特点的伟大斗争”[①]为核心表达，形成了一个关于“伟大斗争”的话语集群。在中国共产党的政治理论话语体系中，“伟大斗争”被赋予很高的地位，与“伟大事业、伟大梦想、伟大工程”相提并论。尽管党的领导人之前也多次使用过“伟大斗争”的提法，但并未进行详细阐发并广泛使用。自十八大报告提出“伟大斗争”这个提法后，这个词语反复在多个场合被不断提及和强调，含义不断延伸。“伟大斗争”已经同“中国梦”“全面从严治党”等政治话语一样成为新时代的一个高频核心用语。

马克思、恩格斯在《德意志意识形态》中指出，“对实践的唯物主义者即共产主义者来说，全部问题都在于使现存世界革命化，实际地反对并改变现存的事物”。作为一个马克思主义武装起来的、以改造世界为己任的政党，中国共产党是勇于并善于进行伟大斗争的政党，党和人民事业发展的伟大历程始终伴随着伟大斗争。“进行具有许多新的历史特点的伟大斗争”，是习近平总书记化用毛泽东的提法，在深刻总结党的历史和理论基础上，全面审视和判断发展大局大势，着眼坚持和发展中国特色社会主义根本主题，对新时代伟大斗争的公开表达和郑重宣告，展现了鲜明的政治态度，具有深刻的时代内涵和明确的实践要求。

① 中共中央文献研究室编：《十八大以来重要文献选编》（上），中央文献出版社2014年版，第11页。

一、伟大斗争：重要表征与现实指向

伟大斗争是理解以习近平同志为核心的党中央治国理政的一个独特的关键词，以伟大斗争推动党和人民事业发展是以习近平同志为核心的党中央治国理政的鲜明特征。党的十八大报告指出："发展中国特色社会主义是一项长期的艰巨的历史任务，必须准备进行具有许多新的历史特点的伟大斗争。"对此，习近平总书记2013年9月在参加河北省委常委班子专题民主生活会时解释说："党的十八大报告有一句话，我主持起草工作时就主张要写上去，就是'发展中国特色社会主义是一项长期的艰巨的历史任务，必须准备进行具有许多新的历史特点的伟大斗争'。这句话含义是很深的。"结合党的十八大以来以习近平同志为核心的党中央治国理政的伟大实践，特别是推进反腐败斗争、应对中美贸易摩擦、抗击新冠肺炎、进行脱贫攻坚战等，人们对这句话的含义有了切身的体会，对进行新的伟大斗争的深意也有了更感性的认识。

新时代之所以以伟大斗争为重要表征，主要体现为：

其一，广泛凝聚斗争共识。如果说在伟大斗争刚提出之后的一段时间，社会上甚至党内思想认识还不一定到位的话，那么经过十八大以来的实践锻炼，可以说全党全国在这个问题上已经有了高度共识。全党已经深刻认识到，中华民族伟大复兴，绝不是轻轻松松、敲锣打鼓就能实现的，必须准备付出更为艰巨、更为艰苦的努力。准备进行伟大斗争是准备迎接和克服各种困难挑战的总态度。进入新时代，改革开放、现代化建设和中国特色社会主义的发展迎来了更加广阔的前景，也面临着更为严峻的考验。"船到中流浪更急、人到半山路更陡"，尽管到了一个新的发展高位，但进入坚持和发展中国特色社会主义的下半程，进入全面建成小康社会的关键阶段，处于中华民族伟大复兴的关键时期，各种矛盾叠加，风险隐患集聚，前进道路上必然会遭遇各种各样的"拦路虎""绊脚石"。一系列关乎发展方向、政权安危、民生大计和民族复兴的重大挑战、重大风险、重大阻力和重大矛盾，自然灾害的隐患，战争的风险，以及意识形态领域斗争，抵制反分裂势力，开展反腐败斗争，冲破中等收入陷阱等，都需要党以更加主动担当的精神做好进行伟大斗争的准备，只有这样才能赢得优势、赢得主动、赢得未来。正如习近平总书记在党的十九大报告中所指出的："我们党团结带领人民有效应对重大挑战、抵御重大风险、克服重大阻力、解决重大矛盾，进行具有许多新的历史特点的伟大斗争，任何贪图享受、消极懈怠、回避矛盾的思想和行为都是错误的。"

其二，进行多方面斗争。"为有牺牲多壮志，敢教日月换新天"，秉承伟大的中国共产党人敢于斗争善于斗争的光荣革命传统，以习近平同志为核心的党中央团结带领全党全国各族人民"进行了具有许多新的历史特点的伟大斗争"并取得了历史性成就。党的十八大以来，中国共产党以巨大的政治勇气和强烈的责任担当，"解决了许多长期想解决而没有解决的难题，办成了许多过去想办而没有办成的大事"，推动党和国家事业发生历史性变革；党勇于面对重大风险考验和自身存在的突出问题，以顽强意志品质推进全面从严治党，在革命性锻造中更加坚强，焕发出新的强大生机活力。这些历史性变革和历史性成就的取得，既是壮丽辉煌的，又是艰苦卓绝的，也是惊心动魄的，与以习近平同志为核心的党中央带领进行的新的伟大斗争具有密不可分的关系。

其三，展现斗争勇气智慧。更加尖锐地摆在面前的"四大危险"和长期、复杂、严峻的"四大考验"，激发了党的英勇斗志，鼓荡了奋斗精神。习近平总书记指出："我们必须积极主动、未雨绸缪，见微知著、防微杜渐，下好先手棋，打好主动仗，做好应对任何形式的矛盾风险挑战的准备，做好经济上、政治上、文化上、社会上、外交上、军事上各种斗争的准备，层层负责、人人担当。"以习近平同志为核心的党中央坚韧勇毅地担当起了该担当的责任，把伟大斗争作为开山的利斧、破冰的钢钎，不回避矛盾，不推卸责任，在内政外交国防、治党治国治军方面，在推进"四个全面"战略布局和"五位一体"总体布局方面，勇闯一道又一道难关，攻克一个又一个堡垒，展现了和平年代难得的斗争勇气。更为重要的是，在治国理政伟大实践中，以习近平同志为核心的党中央如同指挥重大战役，分清主次轻重缓急，拿捏刚柔迟速张弛，“啃硬骨头”“过急流”“涉险滩”，举重若轻推动新时代中国特色社会主义伟大事业稳健前行。

中国特色社会主义新时代强调伟大斗争的指向何在？

在新时代，习近平总书记从坚持和发展中国特色社会主义的角度来阐述，内在相通。新时代深刻打上伟大斗争的印记，伟大斗争又从新时代获得更多新内涵：新的伟大斗争实质就是党领导人民团结一致，排除一切障碍与干扰，奋力前行，实现人民幸福、民族复兴，为人类作出新的更大贡献。

其一，指向重大挑战、重大风险、重大阻力、重大矛盾的斗争

进行伟大斗争是在新时代迎接和克服各种困难挑战的总概括。进入新时代，改革开放、现代化建设和中国特色社会主义的发展迎来了更加广阔的前景，也面临着更为严峻的考验。今天我们面临的斗争任务是全方位、多层次的，是复杂而深刻的。一切削弱、歪曲、否定党的领导和我国社会主义制度的言行，一切损害人民利益、脱离群众的行为，一切阻碍改革发展的顽瘴痼疾，一切分裂祖国、破坏民族团结和社会和谐稳定的行为，一切在政治、经济、文化、社会等领域和自然界出现的困难和挑战，乃至一切消极懈怠的言论行为，等等，一句话，一切妨碍社会主义现代化建设事业顺利推进的因素，都是伟大斗争的指向所在。

其二，实现新的历史创造、完成新的历史使命、作出新的历史贡献的斗争

进行伟大斗争又是在新时代有所创新有所突破的总概括。习近平总书记指出：“‘新的历史特点’这个概念，含义是很深刻的，是全面审视和判断国内国际两个大局发展大势得出的重要判断。”实现国家全面现代化、实现中华民族伟大复兴、为人类文明作出更大贡献，对中国共产党的道路选择、治理能力和创造精神等提出了整体性挑战。习近平总书记指出：“当代中国正经历着我国历史上最为广泛而深刻的社会变革，也正在进行着人类历史上最为宏大而独特的实践创新。”回答好、完成好这些重大历史课题，实现社会主义全面现代化和中华民族伟大复兴，是一项全新事业、是一场新的伟大革命，没有现成经验和模式可鉴可循。同时，世界局势风云变幻，我们还面临许多未知因素，还要准备经受由于一时认识和行动上的局限性、盲目性而导致的挫折。形势的复杂多变与我们对规律性认识的不足之间的矛盾就决定了，开创世界走向现代化的新模式，创造人类社会制度的新形态，为人类社会发展进步事业贡献中国智慧、提供中国方案，必须进行新的伟大斗争。正如习近平总书记所指出的，今天的长征，仍然有许多“雪山”“草地”需要跨越，还有许多“娄山关”“腊子口”需要征服，都是具有开创性、艰巨性、复杂性的事业。

其三，坚持党的领导、坚持人民立场、坚持科学理论指导的斗争

新的伟大斗争有着明确的内在规定性。中国共产党的领导是中国特色社会主义的最本质特征，是中国特色社会主义制度的最大优势，党是最高政治领导力量。党是伟大斗争的政治主体，必须坚持党对新的伟大斗争的绝对领导，以党的意志为意志，以党的方向为方向，在伟大斗争中坚持和加强党的领导。要认识到，社会主义现代化建设事业本质上是人民的事业，是为人民服务的事业，是由人民评判的事业。因此，新的伟大斗争必须坚持人民立场这个根本之点，以促进人民的团结、增进人民的利益、赢得人民的拥护为工作标尺。还要认识到，习近平新时代中国特色社会主义思想为我们提供了科学理论指导，特别是习近平总书记关于伟大斗争的重要论述，为我们正确进行新的伟大斗争提供根本遵循。因此，进行新的伟大斗争必须增强“四个意识”，坚定“四个自信”，做到“两个维护”。因此，在进行新的伟大斗争的过程中，要深刻认识这一辩证法：一方面，斗争也是治国理政必不可少的基本手段。建设时期不可淡忘斗争这一手。另一方面，建设时期进行新的伟大斗争自有其特点：应遵循社会发展规律、维护人民根本利益、坚持党的领导，在民主和法治轨道上展开，在保持正常社会秩序前提下展开。

二、伟大斗争：话语运用与时代场景

“进行具有许多新的历史特点的伟大斗争”①，是习近平总书记化用

① 中共中央文献研究室编：《十八大以来重要文献选编》（上），中央文献出版社2014年版，第11页。

毛泽东的提法，在深刻总结党的历史和理论基础上，着眼坚持和发展中国特色社会主义、实现中华民族伟大复兴而提出的重大政治判断和要求。党的十九大报告指出：“中国共产党是敢于斗争、敢于胜利的伟大政党。”应当看到，作为一个马克思主义武装起来的、以改造世界为己任的无产阶级政党，党始终是勇于并善于进行伟大斗争的政党，党和人民事业发展的伟大历程始终伴随着伟大斗争。但是，“斗争”或“伟大斗争”作为一个具有特定指向和意涵的词汇，其所出现的频率、使用的场景和指向的内容，在党和人民事业发展的历程中并不是均衡一致、整齐划一的。

党的十八大以来，以“进行具有许多新的历史特点的伟大斗争”为核心表达，形成了一个关于“伟大斗争”的话语集群。在党的话语体系中，“伟大斗争”被赋予了很高的地位，与“伟大事业、伟大梦想、伟大工程”相提并论。尽管毛泽东之前多次使用过“伟大的斗争”或近似提法，但并未详尽阐发。自党的十八大报告提出“伟大斗争”后，这个词语在多个场合被反复提及、不断强调，含义也逐步延伸。“伟大斗争”已经同“中国梦”“命运共同体”等一样成为新时代的一个高频核心用语。但同时围绕伟大斗争也引发了一些分歧性的认识和理解，特别是关于伟大斗争的意涵的一些分歧还比较明显。出现这样的情况，实不利于伟大斗争要领主旨的准确传播。

推进具有许多新的历史特点的伟大斗争，目的是坚持和发展中国特色社会主义、实现中华民族伟大复兴，是在我们党执政并且长期执政的条件下进行的，无论是斗争特点还是斗争形式，都具有鲜明时代性。也正是在这个意义上，当前理论界对于伟大斗争有多种概括，都是围绕着“实现社会主义现代化和中华民族伟大复兴”[①] 这一总任务而进行阐发的。比如：“从中国五千年文明发展的历史深度、世界各国追求现代化的现实广度和人类对社会主义的梦想高度上说，也正是这一‘总任务’赋予了这些‘斗争’以伟大的品格。”[②]“尽管这种伟大斗争已经不是革命战争年代那种疾

① 本书编写组编著：《党的十九大报告辅导读本》，人民出版社2017年版，第19页。

② 郭如才：《“必须准备进行具有许多新的历史特点的伟大斗争”——基于习近平有关重要论述的分析》，《党的文献》2015年第2期，第25—33页。

风暴雨式的阶级斗争，也不是社会主义建设初期那种大规模的群众运动，而是为坚持和发展中国特色社会主义而进行的一系列伟大变革和创新，是为了实现中华民族伟大复兴的中国梦而实施的突破遏制、回应挑战、补齐短板的斗争，但依然波澜壮阔。”[①] 在“斗争”前面加上“伟大”这个修饰词，说明当前所要进行的斗争绝非个人恩怨，更不是一般的权力较量、权威竞争，绝非一时一事的分歧、差异，而是置于历史长河和宏观视野之中，从关乎新时代中国社会发展的前途与命运、关乎新时代中国共产党治国理政的前景与未来的高度进行的辨析、判断和抉择。[②] 因此，需要特别指出的是，中国共产党所强调的新时代伟大斗争，绝非俗常意义上的为了利益和权力而进行的争夺，它指的是社会中的先进阶级或组织和其成员为了推动社会发展进步、实现人民利益而进行的积极勇敢的活动。伟大斗争就此得到了重新界说与框定。比如，2016 年习近平总书记曾指出，严肃党内政治生活、净化党内政治生态是伟大斗争、伟大工程的题中应有之义。2017 年习近平总书记又强调，改革是我们进行具有新的历史特点的伟大斗争的重要方面。

如何思考伟大斗争的新时代场景呢？

1957 年毛泽东在中国共产党全国宣传工作会议上的讲话中曾指出：“推翻旧的社会制度，建立新的社会制度，即社会主义制度，这是一场伟大的斗争，是社会制度和人的相互关系的一场大变动。”[③] 在 1962 年扩大的中央工作会议上的讲话中指出：“从现在起，五十年内外到一百年内外，是世界上社会制度彻底变化的伟大时代，是一个翻天覆地的时代，是过去任何一个历史时代都不能比拟的。处在这样一个时代，我们必须准备进行同过去时代的斗争形式有着许多不同特点的伟大的斗争。为了这个事业，我

① 田鹏颖：《进行具有许多新的历史特点的伟大斗争》，《中国特色社会主义研究》2017 年第 5 期，第 5—11 页。

② 尚庆飞：《关于中国特色社会主义新时代开展伟大斗争的认识与思考》，《国外理论动态》2017 年第 11 期，第 5—7 页。

③ 《毛泽东文集》（第七卷），人民出版社 1999 年版，第 267—268 页。

们必须把马克思列宁主义的普遍真理同中国社会主义建设的具体实际，并且同今后世界革命的具体实际，尽可能好一些地结合起来，从实践中一步一步地认识斗争的客观规律。”① 联系之前对于伟大的斗争的用法，联系当时历史背景——中国的社会主义建设事业刚刚起步，取得了巨大成绩同时也出现了若干大的失误，毛泽东讲这番话，主要是从如何更好地推进社会主义建设事业来思考的，所说的“伟大的斗争”，主要指的是有别于革命年代的斗争形式；使用“斗争”词语，主要突出的是就其艰巨性、复杂性而言的；所强调的主旨，就是号召大家像过去认识革命斗争规律那样认识新的伟大斗争的规律。

习近平总书记重提伟大斗争，实际上有着类似的思考出发点。从历史背景看，中国特色社会主义进入新时代，中国所面临的国内国际形势发生了自改革开放以来所未有过的重大变化，推进中国特色社会主义建设事业面临前所未有的矛盾和问题，从新时代更好推进党和人民事业考虑，提出“进行具有新的历史特点的伟大斗争”，可以体会：其一，所说的伟大斗争，其背景是新时代，这既有别于革命战争年代，有别于社会主义建设时期，也有别于全面深化改革之前的新时期，从而具有了“新的历史特点”；其二，之所以仍然提出并着意强调伟大斗争，主要是指明新时代坚持和发展中国特色社会主义仍然具有艰巨性、复杂性，“进行具有新的历史特点的伟大斗争”乃势之所至、理之必然；其三，在新时代的背景下使用伟大斗争及其相关话语，代表了一种含义的升华，也就是说，既汲取了过去进行伟大斗争的经验，同时也借鉴了过去某些失误的教训。

因此，进行“具有许多新的历史特点的伟大斗争”，从根本上说是由新时代的情势与任务所决定的。

首先，从国际形势看，面临百年未有之大变局，随着中国日益走近世界舞台的中心位置，我们的发展既面临许多有利因素，也面临许多前所未有的挑战。全球治理体系的调整与变化需要一个过程，在此过程中，中国

① 《毛泽东著作选读》（下册），人民出版社1986年版，第828—829页。

必然面临各种各样的外部风险与不稳定因素，一些风险表现得还比较明显而直接。对此，中国一方面需要继续坚持发展是硬道理，集中精力做好自己的事情，善于藏拙。但另一方面，当一些态度和行动以极端化的方式直指中国的时候，也就是中国需要“亮剑”的时候。在新冠肺炎疫情中，一些外国政客和媒体肆无忌惮地对中国进行“甩锅”“推责”，在很多情况下已经到了必须予以迎面直击的地步。

其次，从国内形势看，目前中国已进入了从主要解决“发展起来”的问题，到既要解决“发展起来”的问题又要解决“发展起来以后”的问题的阶段。解决“发展起来以后”的问题，任务更加艰巨复杂。当一些利益固化的藩篱阻碍国家整体发展的时候，当一些腐败分子不惜牺牲国家和人民利益而违法乱纪、谋取私利的时候，当一些错误言论试图混淆广大人民群众的视听、制造思想混乱的时候，等等，都需要拿起斗争的武器。

最后，从党所面临的执政形势看，重大挑战集中起来可以概括为“四大考验”和“四种危险”，即执政考验、改革开放考验、市场经济考验、外部环境考验是长期的、复杂的、严峻的；精神懈怠的危险，能力不足的危险，脱离群众的危险，消极腐败的危险，更加尖锐地摆在全党面前。任何一种考验和危险，一旦演化为系统性风险，无疑将对党长期安全执政与实现自身历史使命构成致命威胁。为了避免出现这样的情形，为了把党建设得更加坚强有力，必然的选择就是进行伟大斗争，哪怕刀刃向内也在所不惜。

由此，提出伟大斗争，不是我们共产党人喜斗、爱斗、好斗，而是不斗不足以掌握主动，不斗不足以解决问题，不斗不足以荡涤自我。

要指出的是，一些人看到“斗争”字眼，就联想揣测到国际共产主义运动史上的某些事件或者中国改革开放前的年代，出现这样的错误认识某种意义上这是由未能基于新时代背景完整准确地理解其科学内涵所致。提出伟大斗争体现了对改革开放某个时期的思想认识上的纠偏，但并不等于要重新回到之前的年代。共产党人的斗争是有方向、有立场、有原则的，大方向就是坚持中国共产党领导和我国社会主义制度不动摇新时代伟大斗争以增进人民福祉、实现民族复兴为指向，怎么可能重犯一些人记忆犹新的历史性错误呢？因此：

——开展伟大斗争，不是要回到极“左”思想泛滥的年代，不是要“以斗争为纲”，不是搞你死我活的“阶级斗争”，而是为应对复杂多变的客观情势与艰巨繁重的历史任务对某些敌对势力、犯罪分子或一些重大阻力所采取的斗争行动；

——开展伟大斗争，不是重演人整人的闹剧，不是搞“穷折腾”“瞎折腾”，不是搞无法治、破坏法治的群众运动，而是依靠人民群众的支持，在法治轨道上进行斗争；

——开展伟大斗争，不是淡化以经济建设为中心，也不是要动摇党的基本路线，而是服务于坚持与贯彻党的基本路线的；

——开展伟大斗争，不是一味地搞武装斗争与暴力革命，而是根据不同情况选择不同斗争方式；

——开展伟大斗争，不是要制造紧张气氛，而是要坚守底线思维，于自信中见忧患，做到居安思危，从坏处着眼来争取最好结果，防止出现革命精神和革命意志被消磨的“温水煮青蛙”现象。

三、伟大斗争：基本形式与运用方式

伟大斗争包含着怎样的基本形式呢？

其一，一种实际行动。马克思在《关于费尔巴哈的提纲》中指出：“全部社会生活在本质上是实践的。凡是把理论引向神秘主义的神秘东西，都能在人的实践中以及对这种实践的理解中得到合理的解决。”[①] 实践的观点是马克思主义认识论的基本观点，实践性是马克思主义理论区别于其他理论的显著特征。伟大斗争作为一种实践形式，绝不是一句简单的口号，而是一个具有现实指向性、体现为具体的行为举措的活动。列宁也曾说过：

---

① 《马克思恩格斯文集》（第一卷），人民出版社2009年版，第501页。

"实践高于（理论的）认识，因为它不仅具有普遍性的品格，而且还具有直接现实性的品格。"① 符合实际的方法才是好方法，有效果的手段才是好手段。党的十八大以来，以习近平同志为核心的党中央不但准备进行而且实际上已经进行了许多伟大斗争，为推进伟大事业、建设伟大工程、实现伟大梦想扫清了障碍、开辟了道路、创造了条件。比如，在声势浩大的反腐败斗争中，我们党进行了新中国成立以来所没有过的大规模的打"老虎"、拍"苍蝇"斗争。党的十八届三中全会的全面深化改革，推动了自改革开放以来所没有过的如此密集的各项改革举措，集中破除体制机制的障碍、利益固化的藩篱。面对若干国家搅局中国南海问题，以习近平同志为核心的党中央明确展示了中国不畏惧军事斗争的实际行动。面对着不断出现的"杂音""噪声"，我们党自上而下进行了"亮剑"，奏响了掌控意识形态话语权的"最强音"，等等。这些实际行动表明，伟大斗争绝不是一句口号，首先必须体现为具体实际的行为举措。

其二，一种基本手段。从哲学上来讲，同一性与斗争性是矛盾的基本属性，由于每一矛盾的性质与状况不尽相同，所以斗争的内容和形式也多种多样。但斗争是手段，不是目的，目的决定手段，手段服从于目的。正如毛泽东在巩固和发展抗日民族统一战线时强调，"现在的抗日民族统一战线政策，既不是一切联合否认斗争，又不是一切斗争否认联合，而是综合联合和斗争两方面的政策"②。"斗争是团结的手段，团结是斗争的目的。以斗争求团结则团结存，以退让求团结则团结亡。"③ 把团结和斗争辩证地统一起来，目的还是巩固和发展统一战线，争取抗战的最后胜利。长期以来，人们习惯了和平建设的思维方式，淡忘了斗争的重要性。"国虽大，好战必亡，忘战必危。"只有根据不同的情况，把斗争性的手段与同一性的手段配合起来使用，才能收到最大化的效果。矛盾的同一性与斗争性都不可或缺，且同一性是相对的，斗争性是绝对的，那么从政治上说，便不能只

① 《列宁全集》（第五十五卷），人民出版社 2017 年版，第 183 页。
② 《毛泽东选集》（第二卷），人民出版社 1991 年版，第 763 页。
③ 《毛泽东选集》（第二卷），人民出版社 1991 年版，第 745 页。

讲同一性而不讲斗争性，不能只讲和谐而不讲斗争，否则就会犯形而上学的错误。非斗争的手段也好，斗争的手段也好，都是发展中国、强大中国必须具备的基本手段。仅仅会使用非斗争手段，而忘记甚至害怕斗争手段，不仅无助于发展中国、强大中国，甚至还有可能成为别国欺凌、拿捏中国的“软肋”。从规律的高度看待斗争，就不会陷于盲目的斗争；从斗争的高度看待规律，就不会消极无为，期待规律自动实现。党的十八大以来，以习近平同志为核心的党中央不讳言斗争、敢于斗争、善于斗争，补足了长期以来的一个短板，反而为中国赢得了新的优势，有效维护和保障了中国国家利益。

其三，一种精神品质。从广义上说，斗争不仅包括解决问题的具体行为与实际行动，也包括不畏艰难、知难而进、迎难而上、锐意进取的坚定信念和坚强意志。这样一种精神品质，无论革命战争年代，还是和平建设年代，都是干事创业必不可少的因素。人总是要有点精神的，毛泽东曾说：“不要散布幻想，不要在精神上解除自己的武装。不作精神准备，就无法教育人民，无产阶级自己也就没有革命干劲。用和平手段也是要斗争的。”① 党的十九大报告更是强调把“永不懈怠的精神状态和一往无前的奋斗姿态”② 作为我们党团结带领全国人民开启新时代中国特色社会主义新征程的基本要求。良好的精神状态，是做好一切工作的重要前提。进行伟大斗争的过程，就是一个“为有牺牲多壮志，敢教日月换新天”的过程，就是一个“下定决心、排除万难、不怕牺牲、争取胜利”的过程。一段时间以来，随着生活水平的提高和各方面条件的改善，一些党员干部习惯于当太平官、打太平拳、过太平日子，革命意志消退，干劲斗志不足，成为影响事业发展的一个突出问题。与此相反，改革愈向前推进，愈要触及深层次矛盾和问题，愈发需要以永不懈怠的精神状态和一往无前的奋斗姿态进行伟大斗争。习近平总书记提出伟大斗争，从某种意义上看，也有激发和调

---

① 《毛泽东文集》（第八卷），人民出版社 1999 年版，第 94 页。
② 《中国共产党第十九次全国代表大会文件汇编》，人民出版社 2017 年版，第 2 页。

动广大党员干部的进取精神、战斗姿态和无畏气势，以战斗的姿态和气势夺取中国特色社会主义伟大事业新胜利的内在要求。他指出，面对新形势新挑战，要发扬斗争精神，既要敢于斗争，又要善于斗争，在事关中国特色社会主义前途命运的大是大非问题上坚定不移，在改革发展稳定工作中敢于碰硬，在全面从严治党上敢于动硬，在维护国家核心利益上敢于针锋相对，不在困难面前低头，不在挑战面前退缩，不拿原则做交易，不在任何压力下吞下损害中华民族根本利益的苦果。其实，就马克思主义的理论品格来说，它对马克思主义者在精神品质上提出的最重要的一个要求，就是要以斗志昂扬的精神状态去改造世界，谋取广大人民的幸福生活；斗争意识一旦衰退了，马克思主义者的本真状态也就消失了，改造客观世界和改造主观世界就会流于形式了。

尽管包含以上内容，但马克思主义强调的斗争不是盲目的斗争，而是在尊重客观规律的前提下人的能动性的充分发挥，它是有理有利有节的。正如对立统一规律在指明一切矛盾所包含的斗争性的同时，也指明了其同时包含着同一性的一面。进行伟大斗争要善于区分矛盾性质，针对不同性质的矛盾展开有针对性的有效斗争。要正确区分两类不同性质的矛盾，正确处理人民内部矛盾，制定正确的斗争策略，采取适当的斗争方式和方法，以期取得最大的斗争实效。

任何矛盾体都是普遍性与特殊性的统一，矛盾的普遍性存在于矛盾的特殊性之中。矛盾在一切事物及其运动中存在的特点是不相同的，这就是矛盾的特殊性。每一事物内部的矛盾特殊性构成它区别于其他事物的特殊本质。矛盾和斗争是普遍的、绝对的，但是解决矛盾的方法即斗争的形式，则因矛盾的性质不同而不相同。有些矛盾具有公开的对抗性，有些矛盾则不是这样。事物的具体发展状况是不同的，有些矛盾是由原来的非对抗性发展成为对抗性的，也有些矛盾则由原来是对抗性的而发展成为非对抗性的。不能将矛盾斗争等同于对抗，因为对抗仅仅是矛盾斗争的一种形式，而不是它的一切形式。认识事物，最主要的是认识事物的特殊性；研究问题，最主要的是研究问题的特殊性；结合实际，最主要的是结合实际的特殊性。事物矛盾的特殊性决定了矛盾解决方法的特殊性，毛泽东指出，“用不同的方法去解决不同的矛盾，这是马克思列宁主义者必须严格地遵守的一个原则”①。对于非对抗性的矛盾，一般应采取非对抗性的解决方式；但对于具有对抗性质的矛盾，就应采取刚性斗争的方式。从我们党治国理政的角度说，当矛盾不属于人民内部矛盾，已经转化为对抗性矛盾的时候，采取斗争的手段便成为一个必然要求。由此，矛盾的特殊性决定了斗争方式的选择。

“秉纲而目自张，执本而末自从。”不同质的矛盾，只有用不同质的方法才能解决。在社会纷繁复杂的众多矛盾中找出和捉住主要矛盾并区别其矛盾的主次方面，是我们党自觉运用唯物辩证法指导社会实践、推进历史发展的一种极为重要的方法。毛泽东深刻指出：“这些矛盾，不但各各有其特殊性，不能一律看待，而且每一矛盾的两方面，又各各有其特点，也是不能一律看待的”②，“对于矛盾的各种不平衡情况的研究，对于主要的矛盾和非主要的矛盾、主要的矛盾方面和非主要的矛盾方面的研究，成为革命政党正确地决定其政治上和军事上的战略战术方针的重要方法之一，是一切共产党人都应当注意的。”③

社会是在矛盾中发展的，事业是在斗争中前进的。任何事物的发展皆是源于内部的矛盾和斗争来向前推移向前发展的。当某一客观过程已经从某一发展阶段向另一发展阶段推移转变的时候，其内部主要矛盾自然会发生转化，矛盾的斗争方式也会发生变化。因此，毛泽东说，“旧过程和旧矛盾消灭，新过程和新矛盾发生，解决矛盾的方法也因之而不同”④。他引用列宁的话强调：“马克思主义的最本质的东西，马克思主义的活的灵魂，就在于具体地分析具体的情况。”⑤ 事物从来就不是静止的，而是始终处于

① 《毛泽东选集》（第一卷），人民出版社1991年版，第311页。
② 《毛泽东选集》（第一卷），人民出版社1991年版，第312页。
③ 《毛泽东选集》（第一卷），人民出版社1991年版，第326—327页。
④ 《毛泽东选集》（第一卷），人民出版社1991年版，第311页。
⑤ 《毛泽东选集》（第一卷），人民出版社1991年版，第312页。

动态变化之中。这就要求人们善于把握客观过程的推移转变，提出适应于新的情况变化的思想、理论、计划、方案，以从事于变革客观现实的实践。

“明者因时而变，知者随事而制。”每一个历史阶段的时代内涵和任务不同，斗争的内容及其形式也必然不同。当前，我国已经进入发展关键期、改革攻坚期、矛盾凸显期，我们面临的矛盾更加复杂，既有过去长期积累而成的矛盾，也有在解决旧矛盾过程中新产生的矛盾，大量的还是随着形势环境变化新出现的矛盾。其中许多矛盾是这个发展阶段必然出现的，是躲不开也绕不过去的。如果防范不及、应对不力，就会传导、叠加、演变、升级，使小的矛盾风险挑战发展成大的矛盾风险挑战，局部的矛盾风险挑战发展成系统的矛盾风险挑战，国际上的矛盾风险挑战演变为国内的矛盾风险挑战，经济、社会、文化、生态领域的矛盾风险挑战转化为政治矛盾风险挑战，最终危及党的执政地位、危及国家安全。进行伟大斗争就是要在坚持原则、坚定立场的基础上，胸怀大局、把握大势、着眼大事，找准切入点和着力点，做到因势而谋、应势而动、顺势而为；就是要做好对各种事物变化趋势作出前瞻性判断，当好对抗性矛盾向非对抗性矛盾转化的“催化剂”、非对抗性矛盾向对抗性矛盾转化的“灭火器”。

四、伟大斗争：科学原理与实践要求

中国共产党是以马克思主义及其中国化成果为指导的先进政党，而“进行具有许多新的历史特点的伟大斗争，是马克思主义本质特征的内在要求”①。列宁指出，马克思主义“这一学说在其生命的途程中每走一步都得经过战斗”②。马克思主义认为，万事万物之中，矛盾是普遍存在的，问题也是普遍存在的，事物的发展变化过程就是矛盾运动的结果，就是旧问

① 蔡永生：《“进行具有许多新的历史特点的伟大斗争”学习思考》，《毛泽东邓小平理论研究》2017年第6期，第10页。

② 列宁：《马克思主义和修正主义》，见《列宁选集》（第二卷），人民出版社2012年版，第1页。

题的解决与新问题的产生的过程。事物内部矛盾着的双方关系，既有同一性的一面，也有斗争性的一面，这两方面都是不可或缺的，共同构成对立统一关系，它们的相互作用决定着事物特性。因此，与同一性相关联，斗争也是解决矛盾和问题的基本手段。既然从哲学上说，矛盾的同一性与斗争性都不可或缺，且同一性是相对的，而斗争性是绝对的，那么，从政治上说，便不能只讲同一性而不讲斗争性，不能只讲和谐而不讲斗争，否则就会犯形而上学的错误。由此可以说，矛盾的普遍性决定了斗争的普遍性。[①] 当然也要看到，马克思主义讲斗争有两种情况，一种是从普遍意义或者哲学层面来讲的，即事物内部或事物之间的矛盾对立，矛盾的双方既对立又统一，推动着事物向前发展；一种是从社会关系领域来讲的，主要是推翻旧制度、建立新社会的阶级斗争。[②] 从这里出发，就要反对那种不加分辨地把斗争由普遍意义推广到社会关系意义的错误认识与做法。

（一）矛盾的客观存在决定了斗争的客观必要

斗争手段的必要性，在于斗争是一种客观需要；而斗争之所以是客观需要，来自于矛盾和问题的客观存在。“问题就是事物的矛盾。哪里有没有解决的矛盾，哪里就有问题。”[③] 因此，斗争必要与否，不是主观选择的结果，而是客观要求的结果。主观上可以回避斗争，但这种回避决然抹杀不了斗争的客观必要性，且回避往往带来难以承受的后果。

斗争在马克思主义理论语境中首先是一个哲学概念，具有最普遍的概括性，是唯物辩证法对立统一规律中的重要范畴，也是马克思主义政党实现自身历史使命的必由之路。“从规律的高度看待斗争，就不会陷于盲目的斗争；从斗争的高度看待规律，就不会消极无为，期待规律自动实

① 郝永平、黄相怀：《把准伟大斗争的哲学内涵》，《北京日报》2019 年 2 月 25 日。

② 牛先锋：《如何理解新时代条件下的“伟大斗争”》，《中国党政干部论坛》2019 年第 10 期，第 35—38 页。

③ 《毛泽东选集》（第三卷），人民出版社 1991 年版，第 839 页。

现。”[①] 但是把斗争从哲学概念推至政治概念，要经过一番理论上的提炼与思考。从国际共产主义运动的历史看，马克思、恩格斯创立科学社会主义学说的时候之所以特别强调阶级斗争的重要性，并不在于“喜欢进行阶级斗争”，而在于不合理的社会现实使得他们得出结论“必须进行阶级斗争”，非此不足以荡涤旧恶、除旧布新。科学社会主义与空想社会主义之最大不同，不在于对资本主义社会发展后果的揭露和批判，而在于对这种发展后果及根源作出科学揭示以及用什么方法解决问题。空想社会主义者幻想在不进行阶级斗争不改变社会制度的情况下实现社会主义，而科学社会主义者认为，实现理想目标最终只能依靠斗争的方式——尽管也不排除和平手段的作用及运用。因此，习近平总书记在评价马克思时引用了恩格斯的话：“马克思首先是一个革命家”，“斗争是他的生命要素。很少有人像他那样满腔热情、坚韧不拔和卓有成效地进行斗争。”[②]

“十月革命一声炮响，给我们送来了马克思列宁主义。”[③] 从中国革命的伟大历程看，从一开始中国的革命者对于在中国实行社会主义和共产主义革命的必要性已经认定得十分清楚，但是对于如何在半殖民地半封建社会的环境中实现革命目标，认识得并不清楚。在走了一些弯路、发生了许多惨痛的事件、牺牲了许多革命者之后，才从残酷的教训中渐渐领悟到“枪杆子里面出政权”[④] 这一革命真理，从而使得中国革命走上了一条正确的道路直至取得胜利。中国革命的历程充分表明，斗争的客观要求来自于矛盾的客观存在，贬斥斗争非但解决不了矛盾甚至还会带来更大的恶果。认识和把握社会矛盾运动规律，坚持斗争、敢于斗争、善于斗争，在斗争中发展自己、壮大自己、成就自己，这是中国共产党人的光荣传统，也是中国人民的光荣传统。

---

① 陈先达：《从社会规律认识伟大斗争》，《人民日报》2019 年 1 月 2 日。

② 习近平：《在纪念马克思诞辰 200 周年大会上的讲话》（2018 年 5 月 4 日），《党建》2018 年第 5 期。

③ 《毛泽东选集》（第四卷），人民出版社 1991 年版，第 1471 页。

④ 《毛泽东选集》（第二卷），人民出版社 1991 年版，第 547 页。

（二）新时代是一个对伟大斗争有新需要的时代

若从日常用语的角度理解和使用伟大斗争，则正确理解和解读这个词汇并非易事。这是因为，斗争通常意味着某种剧烈的、猛然的甚至带有某种敌对性的方法和措施。如何破解这种在理解伟大斗争上出现的问题？关键在于跳出日常的视角，从政治的角度理解伟大斗争。站在政治的高度和视野，新时代政治话语中的伟大斗争比较易于得到正确理解和解读。这是因为：其一，从政治的角度可以深刻理解，为什么在和平与发展的时代条件下依然有着对于斗争的需要。和平是对一种没有战争的状态的总体描述，但并不意味着和平条件就不需要斗争了。甚至可以说，为了维持和平的状态，恰恰需要做好斗争的准备以及进行实际的斗争。其二，从政治的角度可以理解，治国理政依然有着对于斗争的需要。治国理政当然是一种法治行为、政策行为、行政行为。但重要的是，治国理政是一种政治行为，法治、政策、行政等行为中无不贯穿着政治性。只要是一种政治行为，都可以从中找到“支持什么、反对什么”的倾向性，从而要使斗争作为一种常备手段。其三，从政治的角度可以理解，尽管历史上曾经使用过这个词，并且有着特殊的历史记忆，但是也并不能因此就对这个词汇“敬而远之”。更重要的政治逻辑在于，实现中华民族伟大复兴进程若需要，就完全可以使用这个词汇，所要做的无非是进行理论上的澄清而已。由此，“进行具有许多新的历史特点的伟大斗争”是党的一个重大政治论断，是一个只有从政治的角度才能正确理解的论断。

为什么从政治的角度就能对伟大斗争进行正确的理解和解读呢？这就要超越一般的执政党逻辑，从使命型政党的视角来理解背后的原因。如果从一般的执政党的角度出发，那么伟大斗争显然可以不必提出。这是因为，对于一般的执政党而言，最基本和最紧要的是执政安全与稳固，而斗争话语和行为容易影响安全稳定。但如果从使命型政党的视角，具体来说，就是从中国共产党作为一个对历史使命有着清晰认知，对为人民服务的宗旨有着坚定坚守，同时对风险挑战有着清醒认识，对自身责任有着坚定担当的角度看，那么伟大斗争恰恰是推动事业发展之必需。越接近中华民族伟大复兴，越需要强调和强化伟大斗争的观念与实际行动。这就是伟大斗争的政治逻辑，也是对伟大斗争进行政治阐释的逻辑基点。

在庆祝改革开放40周年大会上的讲话中，习近平总书记指出："我们现在所处的，是一个船到中流浪更急、人到半山路更陡的时候，是一个愈进愈难、愈进愈险而又不进则退、非进不可的时候。改革开放已走过千山万水，但仍需跋山涉水，摆在全党全国各族人民面前的使命更光荣、任务更艰巨、挑战更严峻、工作更伟大。"① 这十分明确而形象地点出了新时代的特点，也点出了新时代为什么对于斗争有新的需要。

新时代是一个更加需要发扬斗争精神的时代。"生于忧患，死于安乐"，这是人类历史发展上的一个常见现象。"忧劳可以兴国，逸豫可以亡身，自然之理也。"② 为什么安乐、逸豫可以使人毁亡，其作用机理就在于从精神上摧垮了当事人。承新中国70多年之和平，承改革开放40多年之发展，党和国家事业取得历史性成就、发生历史性变革，很容易使一些人陷溺于某种"软绵绵、热乎乎、醉醺醺、轻飘飘、美滋滋"的环境中难以自拔，进而丧失革命者应有的昂扬锐气、浩然正气、蓬勃朝气。在新时代，应对复杂多变的国内外形势，应对艰巨繁重的使命任务，更加需要居安思危，更加需要发扬斗争精神，更加需要进行伟大斗争。正如习近平总书记指出的："任何贪图享受、消极懈怠、回避矛盾的思想和行为都是错误的。"因而，提出伟大斗争也意味着激活奋发有为的精神状态，意味着"斗志"。"作为主观精神状态和实践行动的斗志是指，应对挑战、困难考验、危险，应对各种客观斗争形式，所具有的'斗志'。这种'斗志'既是一种精神状态，又是一种实践行动 。"③

---

① 习近平：《在庆祝改革开放40周年大会上的讲话》（2018年12月18日），人民出版社2018年版，第42页。

② 吴楚材、吴调侯：《古文观止译注评》（下），现代出版社2017年，第188页。

③ 韩庆祥、王海滨：《"伟大斗争"的基本内涵及新形式、新特点》，《马克思主义研究》2014年第11期，第5—11页。

新时代是一个更加需要提升斗争艺术的时代。一般来说，革命年代的斗争敌我分明、爱憎分明，对革命者最突出的要求就是要“一不怕苦，二不怕死”。但在新时代，敌我之间的界限以及矛盾表现形式和运动特点都发生了不小的变化，在需要斗争勇气的同时还需要斗争艺术。就拿中美经贸摩擦来说，中美经贸关系既有一致的一面，也有对立的一面，甚至在一致中有对立，在对立中又有另外的一致。由此，使得中美之间既要斗，又不能破；既要和，又从根本上走不到一起；今天谈好了，不排除将来有新的谈不拢；将来有新的谈不拢，就决定了今天的谈只能是暂时的甚至半信半疑的谈。对中国来说，既不能怕斗，也不能一味地斗；既需要谈，也不能一味靠谈。谈的时候要想着怎么斗，斗的时候要想着怎么谈，甚至需要边斗边谈，边谈边斗。这些斗争艺术都是需要广大党员干部熟练掌握的。

大而言之，关于正确处理资本主义与社会主义之间的关系，同样也需要新的斗争艺术。习近平总书记在2013年就曾指出：“我们要深刻认识资本主义社会的自我调节能力，充分估计到西方发达国家在经济科技军事方面长期占优势的客观现实，认真做好两种社会制度长期合作和斗争的各方面准备。在相当长时期内，初级阶段的社会主义还必须同生产力更发达的资本主义长期合作和斗争，还必须认真学习和借鉴资本主义创造的有益文明成果，甚至必须面对被人们用西方发达国家的长处来比较我国社会主义发展中的不足并加以指责的现实。”① “认真做好两种社会制度长期合作和斗争的各方面准备”，实际上就提出了一个很高的斗争艺术的要求：“一方面，我们必须深刻认识到社会主义代替资本主义是不可逆转的历史趋势，另一方面，我们也必须认识到，社会主义和资本主义之间的斗争将是一个长期的复杂的艰巨的过程。社会主义国家和资本主义国家已经不是简单的你死我活的关系。在和资本主义国家的交往中，我们要正确处理矛盾

① 中共中央文献研究室编：《十八大以来重要文献选编》（上），中央文献出版社2014年版，第117页。

的同一性和斗争性的复杂关系，在联合中要看到斗争，在斗争中还要注意斗争的艺术。”①

因此，强调“新的历史特点”这个概念，不是为了机械地归纳出它的各种具体表现、一劳永逸地提出应对之策；而是为了提醒全党要准确认识形势和任务的新变化，坚决纠正任何落后于实际、无视深刻变化着的客观事实的观念和做法，增强工作的科学性、预见性、主动性，使领导和决策体现时代性、把握规律性、富于创造性。② 简单说来就是：斗争，是必要的；何时和怎样斗争，是要看具体情况的。这就要求，新时代进行伟大斗争，要遵循斗争的特点和规律，一方面要不怕斗、敢于斗，另一方面要善于斗、巧于斗。③

（三）运用斗争方式解决矛盾和问题的历史经验与深刻教训

在肯定斗争之必要性的前提下，运用斗争方式解决矛盾和问题的最重要方法论原则就是“具体问题具体分析”，即注重把握运用斗争方式解决问题的场景。斗争是必要的，何时和怎样运用斗争则要看具体情况。无论是革命、建设还是改革，党推进各项事业都采取了一些斗争方式，但在不同时期采取的斗争方式方法却有很大差别。回顾新中国的历史，在开展伟大斗争上有许多值得记取的经验教训。从记取可贵经验的角度看，以毛泽东同志为主要代表的中央领导集体成立了新中国后，面对百废待兴的一个烂摊子，以大无畏的革命精神激发全党全国各族人民，不自卑不气馁，不信邪不怕鬼，战天斗地，在不长的时间内使得一个积贫积弱的中国焕发了全新的精神气象，找回了失落已久的民族自尊心自信心。这个经验充分说明，包括斗争精神在内的各种斗争要素，无论对于革命还是建设，都具有十分

---

① 陈志刚：《习近平新时代伟大斗争思想研究》，《贵州省委党校学报》2018 年第 2 期，第 12—18 页。

② 郭如才：《“必须准备进行具有许多新的历史特点的伟大斗争”——基于习近平有关重要论述的分析》，《党的文献》2015 年第 2 期，第 25—33 页。

③ 郝永平、黄相怀：《进行伟大斗争是复兴之路上的必修课》，《经济日报》2019 年 6 月 17 日。

重要的作用。正如毛泽东所指出的："推翻旧的社会制度，建立新的社会制度，即社会主义制度，这是一场伟大的斗争，是社会制度和人的相互关系的一场大变动。"①

当然，教训也是惨痛的。从记取教训的角度看，在和平和建设的条件下，把斗争作为解决矛盾和问题、推动社会发展进步的主要方式，就会犯下十分严重的错误。在党已经执掌政权的条件下，对于人的思想认识上的问题，用斗争的方式进行解决，表面上虽然取得了思想认识上一致的成效，实际上会带来严重的影响深远的后果。对于发展国民经济，采用运动的方式来调动群众，实际上违背了人类社会发展规律，短期内可以、长期不行，少数人可以、多数人不行。对于国际交往，以意识形态划线，过分强调斗争，也违背了现代国际交往规律，效果必然不会好。因此，习近平总书记所强调伟大斗争的基本内涵，绝不是"文化大革命"时期所盛行的那种批判、批斗、争斗、打击和打倒的"斗争思维"，更不是挑起群众斗群众。②

改革开放以来，以邓小平同志为主要代表的中央领导集体纠正过去"以阶级斗争为纲"的偏向，从总体上得出"和平与发展是当今世界的主题"，坚持发展是硬道理，聚精会神搞建设，一心一意谋发展，开创了改革开放新时期，使当代中国的发展进入了新天地，取得了举世瞩目的成就。如果要从新中国70多年历史的角度总结改革开放40多年最重要的一条经验，那就是不折腾，也就是说坚持"以经济建设为中心""发展是第一要义"。这是不是意味着斗争在40多年改革开放历程中没有发挥作用呢？当然不是。习近平总书记在庆祝改革开放40周年大会上的讲话中指出："正是因为始终坚持党的集中统一领导，我们才能实现伟大历史转折、开启改革开放新时期和中华民族伟大复兴新征程，才能成功应对一系列重大风险挑战、克服无数艰难险阻，才能有力应变局、平风波、战洪水、防非典、

① 《毛泽东文集》（第七卷），人民出版社1999年版，第268页。

② 韩庆祥、王海滨：《"伟大斗争"的基本内涵及新形式、新特点》，《马克思主义研究》2014年第11期，第5—11页。

抗地震、化危机，才能既不走封闭僵化的老路也不走改旗易帜的邪路，而是坚定不移走中国特色社会主义道路。”① 客观地说，这三个“才能”无一不是开展斗争的结果，而且主要是从斗争中取得胜利的。

比如，克服“走封闭僵化的老路”的危险，需要同各种“左”的思想行为作坚决的持久的斗争，高度警惕极“左”思想的冒头和反弹，不给一些人提供平台和渠道；克服“走改旗易帜的邪路”的危险，需要同各种右的思想行为作坚决的持久的斗争，分清是非，坚守立场。因此，无论在革命、建设还是改革年代，斗争都是必要的，关键在于在什么场合、何时和怎样运用斗争手段。

五、伟大斗争：防范风险与争取主动

主动与被动的关系，是工作中经常会遇到的一个基本矛盾；争取主动，防止被动，是工作的一条基本目标，而要做到这一点，就必须善于运用斗争手段。斗争之所以能够化解被动、争取主动，关键在于斗争能够造成一种和平手段所不能或者难以造成的“势”。《孙子兵法》言：“激水之疾，至于漂石者，势也；鸷鸟之疾，至于毁折者，节也。故善战者，其势险，其节短。势如扩弩，节如发机。”②

斗争能够造成的“势”，首先在于气势。新中国成立之初，朝鲜战争爆发，美国不相信久经战乱的中国敢于出兵，但中国却毅然决然出兵进行抗美援朝。事实上，中国决定出兵朝鲜，也是下了很大决心的。为什么毛泽东等领导人下定决心要出兵，其中一个因素就是考虑到，一旦美国人从军事上控制了整个朝鲜半岛，那么新中国从东北方向每时每刻都将受到来自美国等的军事的和其他方面的压力与威胁。无疑，这将极大地消耗和压制新中国的“势”。事实证明，这个考虑是极其富有远见的。尽管从结

---

① 习近平：《在庆祝改革开放40周年大会上的讲话》（2018年12月18日），《人民日报》2018年12月19日。

② 陈曦译注：《孙子兵法》，中华书局2011年版，第79页。

果上说，朝鲜战争交战双方打成了平手，但事实上新中国在“势”上获得了极大的胜利。新中国以这种方式让世界牢牢记住了：中国共产党领导的新中国，再也不是过去那个架着几门大炮就可以逼迫签订不平等条约的“东亚病夫”了，新中国从政治上、国际形象上和话语上所赢得的“势”远大于美国等国家。

斗争能够造成的“势”，其次在于形势。党的十八大以前的一段时间，“四风”泛滥，败坏了党在人民心目中的形象，人民群众反应十分强烈。党的十八大以来，以习近平同志为核心的党中央把严格贯彻执行“八项规定”作为治党管党的突破口，驰而不息纠正“四风”，采取露头就打、冒尖就掐的方式，以斗争的态势一桩桩一件件地整治。历经几年的严抓严管，终于压制了“四风”，管出了习惯，管出了自觉。试想，如果用常规的、和风细雨的手段，是不可能在短期内造成这种对于“四风”人人喊打的良好局面的，更不可能在短期内取得如此良好的政治效果。习近平总书记在总结评价党的群众路线教育实践活动时指出：“这次活动为我们进行具有许多新的历史特点的伟大斗争作了思想上组织上作风上的重要准备，其重大意义必将随着时间的推移不断显现出来。”①

当然，说斗争可以化解被动、争取主动，是有条件的，需要建立在对于斗争手段运用得当的基础之上。如果不摸准命脉、把握规律、顺应民心民意，一味胡干蛮干，乱用斗争手段，非但不能化解被动、争取主动，甚至还会进一步陷入被动的泥淖，造成严重后果。

有效运用斗争方式更好争取工作主动，其诀窍在于，对于那些在性质上已经具有对抗性、在规模上已经波及和影响国家统一、安全与广大人民群众切身利益的矛盾和问题，要坚持“该出手时就出手”“该亮剑时就亮剑”。相反，一味姑息和迁就非但无助于矛盾和问题的解决，甚至会滋生出更严重的后果、蔓延为更严峻的形势。

① 习近平：《在党的群众路线教育实践活动总结大会上的讲话》（2014 年 10 月 8 日），《人民日报》2014 年 10 月 9 日。

党的十八大以来，以习近平同志为核心的党中央领导开展了新中国成立以来最大规模和声势的反腐败斗争，就是基于腐败问题已经严重影响到了党的形象权威和人民群众的根本利益、具有了某种对抗性质的矛盾的判断之上的。对此，习近平总书记指出，必须以猛药去疴、重典治乱的决心，以刮骨疗毒、壮士断腕的勇气，以零容忍的态度反腐败。有了这样的态度、决心、勇气，就抓住了克腐败而制胜的关键，才使党风廉政建设和反腐败斗争取得压倒性胜利，党风政风为之一新，党心民心为之一振。这样的胜利，是常规的手段难以获得的。

当然，矛盾和问题是否具有对抗性，有客观的判别标准，那就是看是否影响和威胁到了中国的政权安全和政治安全，是否损害和破坏了广大人民群众的根本利益，是否影响到了全国各族人民的信心和士气，是否影响和阻碍了中华民族伟大复兴进程。脱离了这些判别标准，就可能导致斗争的误用和滥用，需要严加防范。

习近平总书记指出："我们党正在进行具有许多新的历史特点的伟大斗争，形势环境变化之快、改革发展稳定任务之重、矛盾风险挑战之多、对我们党治国理政考验之大都是前所未有的。"[①]

百年未有之大变局的历史方位，迫使我们不得不进行这样的思考：第二次世界大战结束后，一系列获得了民族独立与解放的国家都确立了实现现代化的目标，很多民族树立了发展富强的愿景，但由于国内外存在的各种风险与挑战，真正实现目标和理想的国家和民族并不多。有些国家离现代化仅仅一步之遥就解体了；有些国家始终跨越不了各种政治与经济陷阱；有些国家被西方的"和平演变战略"导上了错误的轨道，从而远离了现代化；有些国家尽管实现了 GDP 的现代化，但却从此成为了西方国家的附庸。[②] 由此，环境等各种变量的不确定性越大，风险发生的概率越大，就越需要发扬斗争精神、运用斗争手段。斗争是防范化解风险的基本要求和

① 习近平：《在全国党校工作会议上的讲话》（2015 年 12 月 11 日），《求是》2016 年第 9 期。

② 辛向阳：《把握"具有许多新的历史特点的伟大斗争"的深刻含义》，《红旗文稿》2015 年第 7 期，第 13—16 页。

基本手段之一。2019 年 1 月 21 日，习近平总书记在省部级主要领导干部坚持底线思维着力防范化解重大风险专题研讨班开班式上强调，各级领导班子和领导干部要加强斗争历练，增强斗争本领，永葆斗争精神，以“踏平坎坷成大道，斗罢艰险又出发”的顽强意志，应对好每一场重大风险挑战，切实把改革发展稳定各项工作做实做好。①

有效预防风险需要合理运用斗争方式。当前，面对着波诡云谲的国际形势、复杂敏感的周边环境、艰巨繁重的改革发展稳定任务。只有坚持底线思维，不断强化风险意识、忧患意识，才能在世界处于百年未有之大变局中赢得机遇、克服挑战，实现中华民族伟大复兴。站在新的历史起点上，我国发展既面临重大历史机遇，也面临不少风险挑战；有外部风险，也有内部风险，有一般风险，也有重大风险。作为领导干部，要常观大势、常思大局，清醒认识和高度警惕政治、意识形态、经济、科技、社会、外部环境、党的建设以及自然界等领域的重大风险。同时，习近平总书记指出：“对突出矛盾要有责任意识，主动去解决而不是回避推卸，努力做到发现在早、处置在小。”② 要把握重大风险演变过程中量变与质变的关系，对于重大风险要早处置、早解决，防止小风险向重大风险演化。对于风险和隐患，一个基本的辩证法就是，越是担心事情就越会发生，越是不害怕事情发生的可能性就越小，正所谓“能战方能止战，准备打才可能不必打，越不能打越可能挨打”。比如，越是害怕金融领域出问题，金融领域就越容易出问题；越是用斗争的精神审视金融领域的问题，金融领域就不那么容易出问题。再比如，在南海问题上，越是害怕外部势力介入，外部势力就越有可能介入；越是用斗争的精神直面外部势力，外部势力就越不容易介入南海。因此，越是用斗争的精神和方式预判和防范风险和隐患，风险和隐患就越不可能出现；而越是回避躲避风险和隐患，风险和隐患发生的概率就会越大。这个基本原理要求，必须以斗争的精神和方式直面风险和隐患，

---

① 习近平：《提高防控能力着力防范化解重大风险　保持经济持续健康发展社会大局稳定》，《人民日报》2019 年 1 月 22 日第 1 版。

② 《习近平谈治国理政》（第二卷），外文出版社 2017 年版，第 147 页。

抓早抓小，落细落实。

有力解决风险需要合理运用斗争方式。习近平总书记指出："越是伟大的事业，往往越是充满艰难险阻，越是需要开拓创新。"① 我国越走近世界舞台中央，各种风险内外联动、交织叠加的风险就越大，就需要增强忧患意识、透过现象认清本质，提高防范化解重大风险的能力，这其中就包括合理运用斗争方式解决风险的能力。

当前我国经济发展面临的国际环境和国内条件都在发生深刻而复杂的变化，推进供给侧结构性改革过程中不可避免会遇到一些困难和挑战，经济运行稳中有变、变中有忧。特别是新冠肺炎疫情的发生，给世界和中国的发展带来了许多新的不确定性。这就要求，既要保持战略定力，推动我国经济发展沿着正确方向前进；又要增强忧患意识、未雨绸缪，精准研判、妥善应对经济领域可能出现的重大风险。对于一些内外势力试图借助经济施压和资本市场操纵手段影响中国经济发展稳定和安全的现象，必须适当采取斗争方式。在民生领域，当前就业、教育、医疗、食品药品等方面还有不少风险隐患，涉黑涉恶案件时有发生，社会治理存在粗放、低效等问题。如果处置不当、应对失策，就有可能产生连锁反应，甚至酿成重大事件。对此，习近平总书记明确要求，维护社会大局稳定，要切实落实保安全、护稳定各项措施，下大气力解决好人民群众切身利益问题，全面做好就业、教育、社会保障、医药卫生、食品安全、安全生产、社会治安、住房市场调控等各方面工作，不断增加人民群众获得感、幸福感、安全感。对于那些严重侵害人民群众切身利益的现象和问题，必要时必须采用斗争的方式。因此，中央提出坚持保障合法权益和打击违法犯罪两手都要硬、都要快，要继续推进扫黑除恶专项斗争，要创新完善立体化、信息化社会治安防控体系，要推进社会治理现代化，从源头上提升维护社会稳定能力和水平。此外，党的十八大以来全面从严治党成效显著，但并不意味着可

① 习近平：《在纪念邓小平同志诞辰110周年座谈会上的讲话》（2014年8月20日），《人民日报》2014年8月21日。

以高枕无忧。新形势下，党面临的长期执政考验、改革开放考验、市场经济考验、外部环境考验具有长期性和复杂性，党面临的精神懈怠危险、能力不足危险、脱离群众危险、消极腐败危险具有尖锐性和严峻性。对于其中至为严重的现象和问题，依然要坚决进行斗争，绝不姑息。

在2021年1月的一篇重要讲话中，习近平总书记讲了一段话，并引用了毛泽东的一段话来强调主动的重要性：我国作为一个人口众多和超大市场规模的社会主义国家，在迈向现代化的历史进程中，必然要承受其他国家都不曾遇到的各种压力和严峻挑战。毛泽东同志1936年的一段话，至今都对我们有启示意义。他说："无论处于怎样复杂、严重、惨苦的环境，军事指导者首先需要的是独立自主地组织和使用自己的力量。被敌逼迫到被动地位的事是常有的，重要的是迅速地恢复主动地位。如果不能恢复到这种地位，下文就是失败。"①

马克思主义语境里，"斗争"一词侧重指向现存世界的革命化，既包括行为上的揭露、批判、打击、克服等，也包括精神上的奋斗意志。说斗争是防范化解风险的必要方式，并不是说斗争是主要方式，更不意味着是唯一方式。说斗争是防范化解风险的必要方式，还要看到斗争本身对于防范化解风险带来的风险。比如，为了维护金融市场稳定而采用斗争方式，只能是一种非常规的手段，一定要慎之又慎。如果因此而失掉资本对中国金融市场的预期，恐怕也会得不偿失。再比如，在打黑除恶中采取斗争方式，也只能是一种非常规的手段，如果因为误用和滥用斗争方式而使得人民群众对中国法治发展产生新的疑惑，那也是得不偿失。运用斗争手段防范化解风险不得当，就会孕育和形成新的风险，这是需要严加注意的。因此，使用斗争手段是一种智慧，把斗争的使用控制在合理范围内是更大的智慧。

六、伟大斗争：根本要求与原则方向

哪些原则和方向是推进新时代伟大斗争必须坚持的？主要包括：

---

① 《习近平谈治国理政》（第四卷），外文出版社2022年版，第175页。

其一，坚持党的领导。认识和把握社会矛盾运动规律，敢于斗争、善于斗争，在斗争中发展自己、壮大自己、成就自己，这是中国共产党人的光荣传统，也是中国人民的光荣传统。习近平总书记指出，建立中国共产党、成立中华人民共和国、实行改革开放、推进新时代中国特色社会主义事业，都是在斗争中诞生、在斗争中发展、在斗争中壮大的。中国共产党开展任何斗争的根本经验，就是必须要有组织有纪律有领导地进行，这是确保斗争取得胜利的必然要求。中国共产党的领导是中国特色社会主义的最本质特征，是中国特色社会主义制度的最大优势，党是最高政治领导力量。我们正在进行的伟大斗争，其领导核心必然是中国共产党，坚持党的领导是伟大斗争取得胜利的根本政治保证：党以其政治、思想和组织的领导确保伟大斗争的正确方向；党以其严密的组织性、严格的纪律性、广泛的群众性和高效的执行力，为伟大斗争提供强有力的领导保障。同时，开展任何斗争，必须要有坚强的领导机关与高超的领导力和指挥艺术，这是赢得斗争胜利最重要的主观条件。“重大历史关头，重大考验面前，领导力是最关键的条件，党中央的判断力、决策力、行动力具有决定性作用。”① 因此，坚持在党的领导下开展伟大斗争，最根本的要求就是要坚决维护习近平总书记党中央的核心、全党的核心地位，坚决维护党中央权威和集中统一领导，在习近平新时代中国特色社会主义思想的指导下，在以习近平同志为核心的党中央坚强领导下进行伟大斗争，以习近平总书记关于伟大斗争的重要论述为根本遵循开展伟大斗争。党的十八大以来，以习近平同志为核心的党中央领导开展了新中国成立以来最大规模和声势的反腐败斗争，取得显著成就。对此，习近平总书记指出，必须以猛药去疴、重典治乱的决心，以刮骨疗毒、壮士断腕的勇气，以零容忍的态度反腐败。有了这样的态度、决心、勇气，就抓住了克腐败而制胜的关键，才使党风廉政建设和反腐败斗争取得压倒性胜利，党风政风为之一新，党心民心为之一振。

① 中共中央党史和文献研究院编：《习近平关于中国式现代化论述摘编》，中央文献出版社 2023 年版，第 50 页。

这样的胜利，是常规的手段难以获得的。

其二，坚持基本路线。习近平总书记在庆祝改革开放40周年重要讲话中指出："正是因为始终坚持党的集中统一领导，我们才能实现伟大历史转折、开启改革开放新时期和中华民族伟大复兴新征程，才能成功应对一系列重大风险挑战、克服无数艰难险阻，才能有力应变局、平风波、战洪水、防非典、抗地震、化危机，才能既不走封闭僵化的老路也不走改旗易帜的邪路，而是坚定不移走中国特色社会主义道路。"客观地说，这三个"才能"无一不是开展斗争的结果。但是，在不否定斗争的必要性的前提下，运用斗争方式解决矛盾和问题的最重要原则经验就是具体问题具体分析，即"注重把握运用斗争方式解决问题的场景"。简单说来就是：斗争，是必要的；何时和怎样运用斗争，是要看情况的。这就是说，开展伟大斗争必须要保持清醒的头脑，斗争是发展的手段和工具，发展是斗争的目标和检验，这是理解斗争的一个根本点。要牢记历史上曾经出现过的过分强调斗争而偏离社会正确发展方向的惨痛教训，坚决避免对中国国情和实际的误判；要深刻认识到伟大斗争是治国理政的基本手段，其实质是服从和服务于"两个一百年"目标实现的，服从和服务于人民群众过上美好生活的目标的。因此，确保新时代进行的伟大斗争的正确方向和目标，最重要的就是坚持党在社会主义初级阶段的基本理论、基本路线、基本方略，用斗争的精神和态度坚持和贯彻基本理论、基本路线、基本方略，同那些试图扭转和偏离基本理论、基本路线、基本方略的势力和观点作坚决的斗争。脱离了社会主义初级阶段这个最大的国情，开展伟大斗争就会犯下乃至重犯历史性的错误，这种错误很可能是颠覆性错误。党的二十大报告中出现"以经济建设为中心"这样的表述，是有重要提示意味的。

其三，增强斗争精神。习近平总书记在评价马克思时引用了恩格斯的话，"马克思首先是一个革命家"，"斗争是他的生命要素。很少有人像他那样满腔热情、坚韧不拔和卓有成效地进行斗争"。斗争手段的必要性，在于斗争是一种客观需要；而斗争之所以是客观需要，来自于矛盾和问题的客观存在。因此，斗争必要与否，不是主观选择的结果，而是客观要求的结果。主观上可以回避斗争，但这种回避决然抹杀不了斗争的客观必要性，且回避往往带来难以承受的后果。斗争是哲学概念，具有最普遍的概括性，是唯物辩证法对立统一规律中的重要范畴，也是马克思主义政党实现自身历史使命的必由之路。习近平总书记指出今天的长征，仍然有许多“雪山”“草地”需要跨越，还有许多“娄山关”“腊子口”需要征服，都是具有开创性、艰巨性、复杂性的事业。建设时期、和平年代需不需要斗争？这不仅是一个重大的理论问题，而且是一个重大的政治问题。一个时期以来，由于斗争字眼讲少了，造成一些党员干部误以为不需要斗争了，甚至“闻斗色变”，这种观点显然是不正确的。我们既反对那种淡化弱化斗争的现象，又反对那种曲解误解斗争的现象。斗争不是想不想的问题，而是敢不敢的问题。社会是在矛盾中前进的，有矛盾就会有斗争，全党全社会必须强化斗争意识，提升斗争认知。“人是要有一点精神的”，斗争精神是人的主观能动性的典型体现，是中华民族发展繁荣的精神脊梁，也是共产党人发展壮大的精神力量。“夫战，勇气也”，中国共产党一路走来，靠的就是深刻把握历史发展规律，顺应人民群众愿望要求之后确立的勇往直前、百折不挠的革命英雄主义气概。伟大斗争具有强烈的政治性、战略性，面对前进道路上的重大阻力和困难，全党要深刻认识到，我们的背后是人民，应当且必须以敢打必胜的态度一往无前，最终赢得一个又一个斗争的胜利。正如习近平总书记要求的：“我们必须积极主动、未雨绸缪，见微知著、防微杜渐，下好先手棋，打好主动仗，做好应对任何形式的矛盾风险挑战的准备，做好经济上、政治上、文化上、社会上、外交上、军事上各种斗争的准备，层层负责、人人担当。”

其四，掌握斗争规律。习近平总书记指出，斗争是一门艺术，要善于斗争。在各种重大斗争中，我们要坚持增强忧患意识和保持战略定力相统一、坚持战略判断和战术决断相统一、坚持斗争过程和斗争实效相统一。党在历史上特别是在革命战争年代，积累了一整套关于斗争规律、斗争艺术、斗争性质和斗争本领的经验做法，至今仍有重要参考借鉴价值。但同时，新时代条件下进行的斗争，又有新表现、新特点、新要求。提高新时代全党的斗争本领，有效应对复杂斗争局面，在斗争规律上，要合理掌握开展斗争的适用范围问题，做到不扩大不回避；在斗争艺术上，要讲求斗争的阴与阳、刚与柔、远与近等的辩证关系，做到“运用之妙，在乎一心”；在斗争性质上，要注意区分斗争的对抗性与非对抗性，对于那些非对抗性的矛盾和问题，要采取相对柔和的斗争方式进行，对于那些具有对抗性的矛盾，要坚决采取铁的手腕予以打击。马克思主义者进行斗争，是有明确原则的，斗争是为了解决问题，求得同一性，不是为了斗争而斗争；是有崇高目的的，斗争是为了公义而非私利。我们说斗争可以化解被动、争取主动，也是有条件的，是建立在对于斗争手段运用得当的基础之上的。如果不摸准命脉、把握规律、顺应民心民意，一味胡干蛮干，乱用斗争手段，非但不能化解被动、争取主动，甚至还会进一步陷入被动的泥淖，造成更加严重的后果。

“在可以预见的时段内，中国越是由大向强迈进，遇到的战略冲撞、战略挤压、战略干扰可能性就越大。如果我们不进行具有许多新的历史特点的伟大斗争，中华民族复兴伟业就有被扰乱被阻断的危险。”① 只有从使命型政党的高度，从政治的角度，才能更加深刻地认识和理解伟大斗争，也才能够更加卓有成效地进行伟大斗争。习近平总书记在党的十八届四中全会第二次全体会议上指出：“各种敌对势力绝不会让我们顺顺利利实现中华民族伟大复兴，这就是为什么我们要郑重提醒全党必须准备进行具有许多新的历史特点的伟大斗争的一个原因。”推进中国式现代化，是一项前无古人的开创性事业，必然会遇到各种可以预料和难以预料的风险挑战、艰难险阻甚至惊涛骇浪，必须增强忧患意识，坚持底线思维，居安思危、未雨绸缪，敢于斗争、善于斗争，通过顽强斗争打开事业发展新天地。

---

① 章传家：《谈进行具有许多新的历史特点的伟大斗争》，《求是》2014 年第 17 期，第 37—40 页。

第六章 使命型政党的伟大斗争（下）

“进行具有许多新的历史特点的伟大斗争”，是习近平新时代中国特色社会主义思想中一个具有引领和支撑作用的重大命题，也是这一思想具有鲜明原创性的重要标志。分析新的历史特点新在何处，从历史和理论的高度，准确梳理、深入剖析蕴含于习近平总书记关于伟大斗争重要论述之中的原创性贡献，对于科学把握习近平新时代中国特色社会主义思想作为当代中国马克思主义、21 世纪马克思主义的理论地位，具有重要价值和意义。

一、新的历史特点新在哪里

党的百年征程各个历史时期都离不开斗争，然而新时代伟大斗争有何不同？解答的关键在于深刻把握新的历史特点。习近平总书记指出：“‘新的历史特点’这个概念，含义是很深刻的，是全面审视和判断国内国际两个大局发展大势得出的重要判断。”这就为我们深入理解新的历史特点提供了根本基点。

这是以“战略全局和百年变局叠加激荡”为新的历史特点的伟大斗争。建设社会主义现代化国家，实现中华民族伟大复兴，是中华民族最高和最根本的利益。中国特色社会主义进入新时代，中华民族迎来了从站起来、富起来到强起来的伟大飞跃。党和人民有能力有信心战胜前进道路上的任何艰难险阻。这就决定了，从中华民族伟大复兴的战略全局看，进行伟大斗争是新时代的必然要求。正如习近平总书记指出："中华民族伟大复兴，绝不是轻轻松松、敲锣打鼓就能实现的，实现伟大梦想必须进行伟大斗争。""放眼世界，我们面对的是百年未有之大变局。"这个大变局不是一时、一事、一地之变，而是带有根本性、长期性、趋向性的变革与调整。中华民族伟大复兴战略全局与世界百年未有之大变局叠加激荡，使得当今世界出现了前所未有的新趋势新特点，无论是从中国近代史还是从世界近代史的角度看，都是前所未有的；世界百年未有之变，中国百年未有之兴，使得当前我国发展既面临前所未有的机遇，也面临前所未有的挑战。越接近实现复兴目标，就越处于国际矛盾的风口浪尖。抓住机遇，迎接挑战，平稳顺利实现中华民族伟大复兴，就决定了我们所要开展的伟大斗争，必然是不畏任何强权，勇于为中国和世界开辟前行方向的斗争；必然是坚定维护国家核心利益，敢于在国际交往中动真碰硬的斗争；必然是善于抓住和利用矛盾，推动矛盾向着有利于我国方向发展，始终掌握应对变局主动权的斗争；必然是从更高层次、更广视野统筹国内与国际、发展与安全，为更好参与世界、影响世界、引领世界提供坚强保证的斗争。

这是以"发展历史方位发生重大转变"为新的历史特点的伟大斗争。中国特色社会主义进入新时代，是我国发展新的历史方位。这个历史方位具有怎样的历史特点呢？站在新的时代方位审视伟大斗争，不难发现，继续夺取中国特色社会主义伟大胜利、全面建设社会主义现代化强国、逐步实现全体人民共同富裕、不断为人类作出更大贡献等重大时代任务，都使得新时代伟大斗争与过去明显不同。习近平总书记明确指出，坚持和发展中国特色社会主义是一项长期而艰巨的历史任务，必须准备进行具有许多新的历史特点的伟大斗争。在中国特色社会主义新时代，党和人民事业愈发展，所面临的风险和调整内容愈多样，从而使得党和人民必须秉持这样的基本立场：凡是危害中国共产党领导和我国社会主义制度的各种风险挑战，凡是危害我国主权、安全、发展利益的各种风险挑战，凡是危害我国核心利益和重大原则的各种风险挑战，凡是危害我国人民根本利益的各种风险挑战，凡是危害我国实现“两个一百年”奋斗目标、实现中华民族伟大复兴的各种风险挑战，只要来了，就必须进行坚决斗争，而且必须取得斗争胜利。事实最有说服力。党的十八大以来，以习近平同志为核心的党中央掌握应对风险挑战的战略主动，对危及党的执政地位、国家政权稳定，危害国家核心利益、人民根本利益，企图迟滞甚至阻断中华民族伟大复兴进程的重大风险挑战，果断出手、坚决斗争，解决了许多长期想解决而没有解决的难题，办成了许多过去想办而没有办成的大事，所取得的成就是有目共睹的。

这是以“把握新发展阶段、贯彻新发展理念、构建新发展格局”为新的历史特点的伟大斗争。坚持和加强对经济工作的战略谋划和统一领导，有效破除发展中遇到的各方面体制机制弊端，是中国共产党治国理政的一大优势。历史实践证明，这一特色和优势对于党团结带领人民创造经济快速发展和社会长期稳定两大奇迹起到了至关重要的作用。在中国特色社会主义新时代，把握新发展阶段、贯彻新发展理念、构建新发展格局，既是经济问题，也是政治问题，归根结底是事关治国理政的大问题。新发展阶段是我们党带领人民迎来从站起来、富起来到强起来历史性跨越的新阶段，处在这样的阶段，要求我们必须全力办好自己的事，锲而不舍实现既定目标。创新、协调、绿色、开放、共享的新发展理念，集中体现了我们党对经济社会发展规律的深刻洞察和科学把握，是引领我国发展全局深刻变革的科学指引。我国经济由高速增长阶段转向高质量发展阶段，实现我国经济高质量发展，是遵循经济社会发展规律的必然要求。然而，当前和今后一个时期，对新发展阶段把握不透彻、阻碍新发展理念贯彻、高质量发展实现的思维惯性、既得利益和本位主义等仍将存在，一系列棘手难题、突出短板和攻坚任务等摆在全党面前。当一些造成阻力和困难的因素对贯彻新发展理念、端正发展观念、转变发展方式、提升发展质量和效益造成根本性影响的时候，对经济社会健康良性发展造成根本性伤害的时候，就是需要发挥伟大斗争的独特作用的时候。这种斗争，既不同于革命年代“舍生忘死的流血牺牲”，也不同于改革开放初期“奋不顾身的披荆斩棘”，而是以先进理念、科学决策的强力贯彻执行，以破除“体制机制的障碍”“利益固化的藩篱”“政策贯彻的阻梗”等为主要内容，以提高对经济社会发展规律的把握、对市场要素发挥作用规律的把握、对现代经济治理规律的把握等为主要目标的斗争。

这是以“伟大自我革命引领伟大社会革命”为新的历史特点的伟大斗争。推进党和人民的事业，简而言之就是两件事：社会革命和自我革命，其中关联的逻辑就是“以伟大自我革命引领伟大社会革命”。习近平总书记指出：“新时代中国特色社会主义是我们党领导人民进行伟大社会革命的成果，也是我们党领导人民进行伟大社会革命的继续，必须一以贯之进行下去。”新时代要在坚持和发展中国特色社会主义上解决重大矛盾、取得重大进展、化解重大风险，必然离不开伟大斗争。打铁必须自身硬，以伟大自我革命引领伟大社会革命，当然也离不开伟大斗争的进行。围绕推进自我革命，党的十八大以来，以习近平同志为核心的党中央坚持和加强党的全面领导，坚持党要管党、全面从严治党，全面推进党的政治建设、思想建设、组织建设、作风建设、纪律建设，把制度建设贯穿其中，深入推进反腐败斗争，落实管党治党政治责任，管党治党上升到一个新的更高的水平。秉持“勇于自我革命”这个最鲜明的品格，推进全面从严治党不断向纵深发展，成为新时代党的建设的显著特征。要看到的是，在这样的自我革命之中，我们党经受“四大考验”、化解“四种危险”，不断解决自身存在的突出问题，全党的理论素养、能力素质和精神状态等得到了极大的提升，实现了革命性锻造。而正是党的自我净化、自我完善、自我革新、自我提高能力的不断提升，为引领和推进伟大社会革命提供了强有力的政治保证。推进党的自我革命既包含着伟大斗争，又为在推进伟大社会革命中有效进行伟大斗争提供了重要前提和基础。建设长期执政的马克思主义政党，理在其中矣。

可以看出，在中国特色社会主义新时代，伟大斗争新的历史特点较过去时代相比有了十分显著的不同。明白了这一点，就可以明白新时代伟大斗争何以在形式与内容、方向与原则、手段与方法等方面与过去时代相比具有显著不同；也就可以明白，在勇于斗争、敢于斗争之外，新时代伟大斗争较过去时代相比显著增加了对善于斗争、巧于斗争的要求；从而也就可以进一步明白，新的历史特点何以“含义是很深刻的”。

二、科学阐明并坚定践行伟大斗争

从话语贡献看，习近平总书记关于伟大斗争的重要论述，站在推进中华民族伟大复兴历史进程的高度强调伟大斗争，重新激活了斗争话语在党和人民事业中的使用，使伟大斗争在新时代成为一个特指概念与独立用语，推动了全党全社会对伟大斗争的正确认识与坚定践行。

据考证，“伟大斗争”这一术语首次出现在马克思 1839 年《关于伊壁鸠鲁哲学的笔记》（笔记五）一文中；毛泽东在 1938 年 10 月 14 日撰写的《中国共产党在民族战争中的地位》一文中首次使用了这个词；邓小平、江泽民也都在不同场合和意义上使用过这个词。① 但严格说来，在十八大之前，“伟大斗争”并未成为一个独立政治理论用语。马克思和恩格斯多次提到“斗争”，尽管他们有着丰富的关于革命斗争的重要论述和深邃的革命斗争思想，但从用语的角度看，关于“伟大斗争”或者“伟大的斗争”使用频率却相当低。“伟大斗争”在他们那里只是一个普通词语而已。②

毛泽东在其革命生涯中使用“伟大斗争”或“伟大的斗争”时，一开始也并无特指含义，但在社会主义改造完成后，含义逐渐有了特指。1957 年毛泽东在中国共产党全国宣传工作会议上的讲话中指出：“推翻旧的社会制度，建立新的社会制度，即社会主义制度，这是一场伟大的斗争，是

① 参见郭咔咔：《“伟大斗争”的理论演进与时代意蕴》，《思想教育研究》2020 年第 2 期。

② 吴文：《作为话语的“伟大斗争”：源流、建构及其在新时代的实践意义》，《学术界》2020 年第 4 期。

社会制度和人的相互关系的一场大变动。"① 在1962年扩大的中央工作会议上的讲话中，毛泽东指出："从现在起，五十年内外到一百年内外，是世界上社会制度彻底变化的伟大时代，是一个翻天覆地的时代，是过去任何一个历史时代都不能比拟的。处在这样一个时代，我们必须准备进行同过去时代的斗争形式有着许多不同特点的伟大的斗争。"② 联系当时历史背景，毛泽东所说的"伟大的斗争"，主要指的是有别于革命年代的斗争形式；使用"伟大的斗争"指称社会主义建设任务，主要是突出其艰巨性、复杂性。正是在扩大的中央工作会议上的讲话中，"毛泽东进一步丰富了'伟大斗争'的内涵，扩展了它的外延，使其既有抽象意义，又有具体内容"③。"毛泽东关于'伟大斗争'的论述成为新时代话语建构的宝贵思想资源，特别是多次在中观意义上使用'伟大斗争'，这为习近平在中观层面建构'伟大斗争'话语预留了入口。"④

"一个词语要成为政治话语，不仅仅需要领袖与领导集体的着力构建，更重要的是在于时代召唤。"⑤ 在新时代，藉由"伟大的斗争"话语根芽，运用"伟大斗争"及其相关话语，习近平总书记对党的事业与党的奋斗进行了浓墨重彩的深厚描述。比如，面对艰巨复杂的形势和发展中国特色社会主义的任务，习近平总书记指出："中华民族伟大复兴，绝不是轻轻松松、敲锣打鼓就能实现的。全党必须准备付出更为艰巨、更为艰苦的努力。""我们党要团结带领人民有效应对重大挑战、抵御重大风险、克服重大阻力、解决重大矛盾，必须进行具有许多新的历史特点的伟大斗争。"⑥

① 《毛泽东文集》第7卷，人民出版社1999年版，第267—268页。

② 《毛泽东著作选读》（下册），人民出版社1986年版，第828—829页。

③ 吴文：《作为话语的"伟大斗争"：源流、建构及其在新时代的实践意义》，《学术界》2020年第4期，第112页。

④ 吴文：《作为话语的"伟大斗争"：源流、建构及其在新时代的实践意义》，《学术界》2020年第4期，第112页。

⑤ 吴文：《作为话语的"伟大斗争"：源流、建构及其在新时代的实践意义》，《学术界》2020年第4期，第113页。

⑥ 中共中央党史和文献研究院编：《十九大以来重要文献选编》（上），中央文献出版社2019年版，第11页。

他强调："我们现在所处的，是一个船到中流浪更急、人到半山路更陡的时候，是一个愈进愈难、愈进愈险而又不进则退、非进不可的时候。改革开放已走过千山万水，但仍需跋山涉水，摆在全党全国各族人民面前的使命更光荣、任务更艰巨、挑战更严峻、工作更伟大。"① 等等。由此，站在新时代回望党的百年历史，在斗争及相关话语的使用上，我们经历了一个"马鞍形"过程：从中国共产党成立到改革开放以前，"斗争"一词高频出现；自十一届三中全会以来，"斗争"出现频率大幅降低；十八大以来，"斗争"又重新成为高频词。习近平总书记再度激活了斗争话语在党和人民事业中的使用，开启了新时代全党全社会对伟大斗争的正视与运用。斗争及其相关话语已经成为表征新时代精神气象的关键词，对于振奋振作、鼓舞鼓荡全党全社会发挥着无可替代的独特作用。

新时代是理解习近平总书记关于伟大斗争重要论述的根本坐标。在习近平新时代中国特色社会主义思想中，伟大斗争摆脱了种种"左"的或右的纷扰，从而获得了属于自身的特定原则与要求。

一方面，从实现伟大复兴出发讲斗争，赋予伟大斗争新的正当性。习近平总书记从实现伟大复兴的角度出发强调进行伟大斗争的必要性，从而为新时代伟大斗争提供了充分正当性。"现在理论界对于'伟大斗争'有多种概括。不管如何概括，它们都是围绕着'推进社会主义现代化，实现中华民族伟大复兴'这一总任务进行的。"② 建设社会主义现代化强国，实现中华民族伟大复兴，是中华民族的最高利益和根本利益。恰如习近平总书记指出的："各种敌对势力绝不会让我们顺顺利利实现中华民族伟大复兴，这就是为什么我们要郑重提醒全党必须准备进行具有许多新的历史特点的伟大斗争的一个原因。"由此，在习近平新时代中国特色社会主义思想中，新时代伟大斗争具有完全的必要性、正当性和正

---

① 中共中央党史和文献研究院编：《十九大以来重要文献选编》（上），中央文献出版社 2019 年版，第 11 页。

② 郭如才：《"必须准备进行具有许多新的 历史特点的伟大斗争"——基于习近平有关重要论述的分析》，《党的文献》2015 年第 2 期。

义性。

另一方面，从坚持大道大理出发讲斗争，赋予伟大斗争明确原则性。改革开放后一个时期，一提到斗争，有些人就从右的角度予以批判，以至于将斗争与“左”、进而与“无原则”划等号。对此，以习近平同志为核心的党中央有着十分清醒的认识。习近平总书记强调：“共产党人的斗争是有方向、有立场、有原则的，大方向就是坚持中国共产党领导和我国社会主义制度不动摇。”① 习近平总书记指出：“我们要坚持走和平发展道路，但决不能放弃我们的正当权益，决不能牺牲国家核心利益。任何外国不要指望我们会拿自己的核心利益做交易，不要指望我们会吞下损害我国主权、安全、发展利益的苦果。”② “要丢掉幻想、勇于斗争，在原则问题上寸步不让、寸土不让，以前所未有的意志品质维护国家主权、安全、发展利益。”③ 这是对过去一度从右的角度讳言斗争的一种纠正。

“对事物的认识是需要一个过程的，而对社会主义这个我们只搞了几十年的东西，我们的认识和把握也还是非常有限的，还需要在实践中不断深化和发展。”④ “实际上，怎样治理社会主义社会这样全新的社会，在以往的世界社会主义中没有解决得很好。”⑤ 鲜明提出伟大斗争，体现了以习近平同志为核心的党中央在实践中对坚持和发展中国特色社会主义的深入探索，体现了对科学有效治理社会主义社会的深入把握。由此，在新时代，既明确伟大斗争的客观必要性，避免犯下右的错误，又主动迎接挑战，避免犯下“左”的错误，成为一个很大的治国理政问题。习近平总书记对于伟大斗争必要性和原则性的强调，为推进社会主义社会科学治理提供了

---

① 习近平：《在2019年秋季学期中央党校（国家行政学院）中青年干部培训班开班式上的讲话》（2019年9月3日），《人民日报》2019年9月4日。

② 《习近平谈治国理政》，外文出版社2014年版，第249页。

③ 习近平：《在2021年秋季学期中央党校（国家行政学院）中青年干部培训班开班式上的讲话》（2021年9月1日），《人民日报》2021年9月2日。

④ 中共中央文献研究室编：《十八大以来重要文献选编》（上），中央文献出版社2014年版，第114页。

⑤ 中共中央文献研究室编：《十八大以来重要文献选编》（上），中央文献出版社2014年版，第548页。

答案。“伟大斗争承载了中国共产党长期以来的革命斗争经验，但是在新的历史背景下，新的矛盾与问题不断涌现，新时代伟大斗争话语集中表达了中国共产党尝试以伟大斗争表达对社会规律的认识，并始终紧扣社会主要矛盾转变的话语前提，重新唤起敢于斗争的革命基因。”①

三、明确赋予伟大斗争的治国理政切实内容

从政治贡献看，习近平总书记关于伟大斗争的重要论述，祛除了因历史和政治等原因而加于斗争之上的种种压力，把伟大斗争日常化为治国理政的基本方式手段，使伟大斗争在新时代获得了新的立体而丰富的确实内容。

在马克思主义哲学中，斗争指的是矛盾双方的对立性关系及相互间作用。它是唯物辩证法对立统一规律中的重要范畴，也是“马克思主义政党实现自身历史使命的必由之路”②。从“斗争”一词在党的百年历程的实际使用情况看，主要是在相对比较激烈的意义上被使用，如“革命斗争”“阶级斗争”等，由此形成一个约定俗成的认识：斗争是革命年代的常规化手段和方式，建设年代它只是一种非常规的手段和方式，并不成为治国理政的常规手段，遑论占据治国理政的基本方面；即便使用斗争手段，也不会公开倡言，以免招惹非议。特别是“文化大革命”中对斗争的误用和滥用，以及改革开放时代对“以阶级斗争为纲”的系统纠正，更是强化了斗争作为治国理政非常规手段的认识。

以伟大斗争之名，将对斗争的认识由过去的非常规手段转化为常规手段，从而使斗争成为我们党治国理政的日常化手段与方式，并赋予其确实的内涵与指向，是新时代伟大斗争理论与实践的重要贡献。由是，在习近平新时代中国特色社会主义思想中，伟大斗争既是一种总概括、总称呼、总

---

① 李翔、赵宛颖：《中国共产党斗争话语的百年演进、建构逻辑与价值意蕴》，《重庆社会科学》2021 年第 8 期。

② 陈先达：《从社会规律认识伟大斗争》，《人民日报》2019 年 1 月 2 日 。

号召，又具有具象的实体性内容。

从宏观层面看，在习近平新时代中国特色社会主义思想中，将伟大斗争、伟大工程、伟大事业、伟大梦想并行使用（合称“四个伟大”），且使伟大斗争居于打头的位置，实际上就赋予了伟大斗争在党和人民事业总体中的基本面的地位。在“四个伟大”中，伟大斗争居于首位，这是因为伟大斗争不仅仅是一种斗争的方式和策略，更是当代中国共产党人的实践样态。应该从中国特色社会主义实践的高度来理解伟大斗争，它表明我们共产党人所从事的是伟大斗争的社会主义实践。[①] 甚至，“我们在马克思主义唯物史观视野中考察，共产党执政规律，无论是政党治理、国家治理、世界治理，本质上都在伟大斗争中展开的”[②]。

从中观层面看，习近平总书记在党的十九大报告中，以特定方式表述了新时代伟大斗争的主要内容：“全党要更加自觉地坚持党的领导和我国社会主义制度，坚决反对一切削弱、歪曲、否定党的领导和我国社会主义制度的言行；更加自觉地维护人民利益，坚决反对一切损害人民利益、脱离群众的行为；更加自觉地投身改革创新时代潮流，坚决破除一切顽瘴痼疾；更加自觉地维护我国主权、安全、发展利益，坚决反对一切分裂祖国、破坏民族团结和社会和谐稳定的行为；更加自觉地防范各种风险，坚决战胜一切在政治、经济、文化、社会等领域和自然界出现的困难和挑战。”[③] 在2019年秋季学期中央党校（国家行政学院）中青年干部培训班开班式上的重要讲话中，他指出：“凡是危害中国共产党领导和我国社会主义制度的各种风险挑战，凡是危害我国主权、安全、发展利益的各种风险挑战，凡是危害我国核心利益和重大原则的各种风险挑战，凡是危害我国人民根本利益的各种风险挑战，凡是危害我国实现‘两个一百年’奋斗目标、实

① 郭咔咔：《“伟大斗争”的理论演进与时代意蕴》，《思想教育研究》2020年第2期。

② 田鹏颖：《进行具有许多新的历史特点的伟大斗争》，《中国特色社会主义研究》2017年第5期。

③ 中共中央党史和文献研究院编：《十九大以来重要文献选编》（上），中央文献出版社2019年版，第11页。

现中华民族伟大复兴的各种风险挑战，只要来了，我们就必须进行坚决斗争，而且必须取得斗争胜利。”① 这实际上指明了伟大斗争的判别标准与适用场景。

从微观层面看，习近平总书记指出：“我们在工作中遇到的斗争是多方面的，改革发展稳定、内政外交国防、治党治国治军都需要发扬斗争精神、提高斗争本领。全面从严治党、坚持马克思主义在意识形态领域的指导地位、全面深化改革、推进供给侧结构性改革、推动高质量发展、消除金融领域隐患、保障和改善民生、打赢脱贫攻坚战、治理生态环境、应对重大自然灾害、全面依法治国、处理群体性事件、打击黑恶势力、维护国家安全，等等，都要敢于斗争、善于斗争。”② 这实际上强调了进行伟大斗争的重点领域和重要方面。

在马克思主义语境中，“斗争”一词指向的是“使现存世界革命化”，包括行为上的批判、打击、克服等，也包括精神上激励、纠正、激发等。正如马克思主义的许多术语一样，马克思主义者是在诠释了斗争新内涵、提升了它的新境界基础上将它的使用普遍化的。而我们党对于“伟大斗争”这个政治话语，又进一步赋予了深刻的理论内涵和明确的现实指向。因而，僵化、刻板、生硬、望文生义、断章取义地解释“进行新的伟大斗争”是错误和危险的。③ 作为学术概念和理论命题的伟大斗争，它是地地道道的“中国创造”，以此形成了与经典马克思主义理论体系一脉相承又与时俱进，与当代中国特色社会主义实践相得益彰又互为促进，与中国共产党治国理政相互照应又互为前提的理论体系，是马克思主义中国化的最新理论成果，是习近平新时代中国特色社会主义思想的重要组成

---

① 习近平：《在2019年秋季学期中央党校（国家行政学院）中青年干部培训班开班式上的讲话》（2019年9月3日），《人民日报》2019年9月4日。

② 习近平：《在2019年秋季学期中央党校（国家行政学院）中青年干部培训班开班式上的讲话》（2019年9月3日），《人民日报》2019年9月4日。

③ 黄相怀：《新时代伟大斗争的政治内涵和实践自觉》，《中南民族大学学报》（人文社会科学版），2020年第4期。

部分。[①]

习近平总书记关于伟大斗争的重要论述，系统而全面地弥补了改革开放以来特别是中国深度参与全球化之后一度出现的讳言斗争、惮言斗争，甚至将斗争简单等同于“左”的误区，对斗争进行“去污”，破除了“和平年代不需要斗争”“建设年代要淡化斗争”等模糊认识。这对社会上有些人以“左”揣测甚至污名伟大斗争，是个有力回击。这套话语和理论汲取了新民主主义革命和社会主义建设时期敢于斗争、倡言斗争的精气神，而又甩掉了许多曾经出现过的、在“文化大革命”中尤甚的违背党的优良传统、违背人民意愿、违背法律法规乃至违背社会发展规律的斗争做法及其负面效应带来的历史包袱，对斗争进行“脱敏”。这对那种因为斗争话语附带着特定的、痛苦的或负面的历史记忆而放弃对它的使用，也是一种有力纠偏。同时，这套话语和理论植根于马列主义正统，赓续中国共产党人优良传统，在中国为人类作出新的更大贡献、使社会主义焕发新的生机活力的重大历史时期提出，凸显了中国共产党人作为全世界共产党人之代表性形象的直言敢言、敢作敢当的鲜明品格。这对于一些西方媒体和政客长期以来将共产党人描绘为“好战分子”“好斗分子”的那种意识形态卑劣手法，是一种有力驳斥。

四、彰显中国共产党人坚持敢于斗争的历史与时代形象

从党建贡献看，习近平总书记关于伟大斗争的重要论述，强化了斗争在党的历史上的重要意义，提升了中国共产党人的精神气象和能力本领，为党在“两个大局”下治国理政赢得了新的优势和主动，构筑了新时代党的形象新叙事。

应当看到，作为一个马克思主义武装起来的、以改造世界为己任的无产阶级政党，我们党始终是勇于并善于进行伟大斗争的政党，党和人民事

① 刘佳：《中国共产党“伟大斗争”研究》，人民出版社2019年版，第72页。

业发展的伟大历程始终伴随着伟大斗争。但是，“斗争”或“伟大斗争”作为一个具有特定指向和意涵的词汇，其所出现的频率、使用的场景和指向的内容，在党和人民事业的发展历程中并不是均衡一致、整齐划一的；更为重要的是，使用或不使用，在什么场合使用，在什么意义上使用，是决定“斗争”或“伟大斗争”具有什么样的历史意义的关键所在。因而，“完整准确理解伟大斗争重要论述需要将其置于原初语境理解，真正领会其意图所在”[①]。

“这几年，我们掌握应对风险挑战的战略主动，对危及党的执政地位、国家政权稳定，危害国家核心利益，危害人民根本利益，有可能迟滞甚至打断中华民族复兴进程的重大风险挑战，果断出手、坚决斗争，解决了许多长期想解决而没有解决的难题，办成了许多过去想办而没有办成的大事。对这个历程，我们大家都有亲身经历，这次全会《决议》作了充分概括。”[②] 确实，党的十八大以来，以习近平同志为核心的党中央不讳言斗争、敢于斗争、善于斗争，一个敢于打拼、勇于斗争的大党强党形象日益清晰地呈现于世人面前。实际上，在习近平新时代中国特色社会主义思想中，伟大斗争及其相关话语呈现了这样一幅拼搏奋斗景象：一个敢于斗争、敢于胜利的百年大党强党，为了实现中华民族伟大复兴，正在进行着具有许多新的历史特点的伟大斗争。由此，伟大斗争的理论与实践，对于新时代党的建设起到了重要作用。

其一，强化了斗争在党的历史上的重要意义，凸显了党的历史形象的新面向。党的历史形象是多元的、复合的，而从斗争的角度对党的历史形象给予新的强调和描绘，是习近平新时代中国特色社会主义思想中的一个重要特点。比如，习近平总书记指出：“马克思主义产生和发展、社会主义国家诞生和发展的历程充满着斗争的艰辛。建立中国共产党、成立中华人民共和国、实行改革开放、推进新时代中国特色社会主义事业，都是在斗

① 何锡辉：《习近平关于伟大斗争重要论述的理论表达：一种诠释学的分析范式》，《理论导刊》2020 年第 9 期。

② 习近平：《以史为鉴、开创未来　埋头苦干、勇毅前行》，《求是》2022 年第 1 期。

争中诞生、在斗争中发展、在斗争中壮大的。”① 还指出：“一百年来，在应对各种困难挑战中，我们党锤炼了不畏强敌、不惧风险、敢于斗争、勇于胜利的风骨和品质。这是我们党最鲜明的特质和特点。”② 这就势必引出这样的结论和判断，即“我们党依靠斗争走到今天，也必然要依靠斗争走向未来”等等。

其二，强化了斗争是一种可贵政治品质的认知，唤醒了全党始终保持勇猛精进精神的自觉。新时代我们党提出伟大建党精神，其深意也就在于要求全党永远保持初创时期的蓬勃朝气、浩然正气和昂扬锐气，而将“不怕牺牲、英勇斗争”作为重要内容列入伟大建党精神之中，自然也包含着对于斗争的独特作用的认知。作为一种政治品质，“不怕牺牲、英勇斗争”是克服怠惰、安逸、懒散、自满等心态和状态的良药利器。因而习近平总书记强调：“必须安不忘危、存不忘亡、乐不忘忧，时刻保持警醒，不断振奋精神，勇于进行具有许多新的历史特点的伟大斗争。”③ 在党的十九届六中全会第二次全体会议上的重要讲话中，他还强调：“唯有主动迎战、坚决斗争才有生路出路，才能赢得尊严、求得发展，逃避退缩、妥协退让只会招致失败和屈辱，只能是死路一条。”④

其三，强化了斗争必须取得工作实绩的导向，明确了斗争是一种能力本领的要求。与以往讲斗争主要从态度、立场、倾向方面强调不同的是，在习近平新时代中国特色社会主义思想中，斗争被注入了诸多能力本领的要求。比如，关于斗争本领和斗争艺术，习近平总书记指出，“要抓主要矛盾、抓矛盾的主要方面，坚持有理有利有节，合理选择斗争方式、把握斗争火候，在原则问题上寸步不让，在策略问题上灵活机动”；“要团结一切可以团结的力量，调动一切积极因素，在斗争中争取团结，在斗争中谋求

---

① 《习近平谈治国理政》（第三卷），外文出版社2020年版，第225页。

② 习近平：《在党史学习教育动员大会上的讲话》（2021年2月20日），人民出版社2021年版，第19页。

③ 姜洁、鞠鹏：《以主题教育为新的起点 持续推动全党不忘初心牢记使命》，《人民日报》2020年1月9日。

④ 习近平：《以史为鉴、开创未来 埋头苦干、勇毅前行》，《求是》2022年第1期。

合作，在斗争中争取共赢”[①] 等等。这些重要要求，使得开展伟大斗争成为一种重要的赋能过程，而正是在赋予伟大斗争特定能力要求的过程中，我们党从上到下也就普遍性地获得了开展斗争的积极性、主动性以及灵活性、机动性，从而能够避免以往出现的斗争“扩大化”或“运动式”斗争等。

当然，习近平总书记所强调的伟大斗争的基本内涵，随着形势任务的变化，斗争的对象、内容和形式还会不断发生变化，斗争的含义和意义当然也会随之发生变化，但我们党的这种基本特性和基本品格绝不能褪色退化。“进行具有许多新的历史特点的伟大斗争”作为一个立意高远的政治命题，彰显了中国共产党人恒久的理想信念、革命情怀，责任意识、忧患意识和担当精神、奋发精神。

总的来说，在中国特色社会主义新时代，赓续共产党人尤其是中国共产党人敢于斗争、善于斗争的优良传统，将斗争从“左”的误区与右的诋毁中解脱出来，从斗争视阈审视新时代党和国家各方面工作，以一套创新的伟大斗争的话语和理论，将斗争嵌入到我们党治国理政的日常活动中，使之成为党的工作基本组成部分，成为共产党人开展工作的能力要求，成为正在带领中国走向世界舞台中央的中国共产党的鲜明品格，增强了我们党治国理政的历史主动与政治主动，是习近平总书记关于伟大斗争重要论述的原创性贡献的主要内容。

---

① 习近平：《在2019年秋季学期中央党校（国家行政学院）中青年干部培训班开班式上的讲话》（2019年9月3日），《人民日报》2019年9月4日。

第七章 使命型政党的文化使命

一个民族的文化，深刻影响着民族的心理、性格和精神世界。文化是民族的血脉，民族的灵魂，是人民的共有精神家园。文化深深熔铸于民族的生命力、创造力和凝聚力之中，是影响综合国力消长的长期性、基础性、战略性要素。习近平总书记认为，中华文化积淀着中华民族最深沉的精神追求，是中华民族生生不息、发展壮大的丰厚滋养。① 同时，他提出“让中华文明同世界各国人民创造的丰富多彩的文明一道，为人类提供正确的精神指引和强大的精神动力”②。习近平总书记在新时代文化建设方面的新思想新观点新论断，构成了习近平新时代中国特色社会主义思想的文化篇，形成了习近平文化思想。这一重要思想体现了中华文化的自觉与自信，表达了中华文明在推进人类发展中的定位和责任。实际上，一个民族的文化越是自觉自信，越是开放包容，越是奋发进取，其生命力、创造力和凝聚力就越是强大。以政治的角度观之，习近平总书记的文化与文明观，体现了中国共产党作为一个使命型政党对于中华文化新使命的认可与担当。

---

① 习近平：《在全国宣传思想工作会议上的讲话》（2013 年 8 月 19 日），《人民日报》2013 年 8 月 21 日。

② 习近平：《出席第三届核安全峰会并访问欧洲四国和联合国教科文组织总部、欧盟总部时的演讲》，人民出版社 2014 年版，第 17 页。

一、中华文化复兴的历史方位

任何文化都是有根脉的，其根脉越深厚，其复兴的动力就越雄厚。中华文化就是人类文化中根脉最为深厚的文化之一。习近平总书记指出："中国人民的理想和奋斗，中国人民的价值观和精神世界，是始终深深植根于中国优秀传统文化沃土之中的，同时又是随着历史和时代前进而不断与日俱新、与时俱进的。"① 这就深刻指明了中华文化从古到今发展变化的一个根本特征。

（一）中华优秀传统文化具有重要时代价值

中国传统文化是中华民族在中国古代社会形成和发展起来的比较稳定的文化形态，具有强大的内部凝聚力，是兼容并包、兼收并蓄的文化，是讲求实事求是、经世致用的文化。从先秦时代的诸子百家、汉魏六朝的丰碑巨制、唐宋大家的绚丽篇章，到明清之际的人生画卷，无不反映了中华民族的优秀传统文化与独有智慧。美国耶鲁大学教授、《大国兴衰》的作者保罗·肯尼迪说："在近代以前时期的所有文献中，没有一个国家的文明比中国更发达、更先进。"② 习近平总书记指出，"在几千年的历史流变中，中华民族从来不是一帆风顺的，遇到了无数艰难困苦，但我们都挺过来、走过来了，其中一个很重要的原因就是世世代代的中华儿女培育和发展了独具特色、博大精深的中华文化，为中华民族克服困难、生生不息提供了强大精神支撑。"③

中国传统文化的长处与特点集中体现为中国传统文化的基本精神。中

① 习近平：《在纪念孔子诞辰2565周年国际学术研讨会暨国际儒学联合会第五届会员大会开幕会上的讲话》（2014年9月24日），新华社北京2014年9月24日电。

② 〔美〕保罗·肯尼迪：《大国的兴衰：1500—2000年的经济变迁与军事冲突》，王保存、陈景彪、王章辉、马殿君等译，求实出版社1988年版，第1页。

③ 中共中央文献研究室编：《习近平关于社会主义文化建设论述摘编》，中央文献出版社2017年版，第9页。

国文化的基本精神包括：一是自强不息、刚健有为的进取精神。《周易》说："天行健，君子以自强不息。"二是以和为贵、和而不同的和谐精神。早在2000多年前，中国古代思想家就提出"和实生物""和而不同"等思想。三是民为邦本、民贵君轻的民本思想。成书于殷商时期的《尚书》中就有"民惟邦本，本固邦宁"的思想。四是天人合一、民胞物与的人与自然相统一的思想。中国宋代哲学家张载明确提出"天人合一，民胞物与"的思想。中国传统文化塑造了中华民族淳厚中和、刚健自强的人文品格和道德标准，不仅对中国的经济和社会发展产生了巨大影响，也为中国人的世界观和行为方式的形成奠定了基础。习近平总书记指出，中华文明源远流长，孕育了中华民族的宝贵精神品格，培育了中国人民的崇高价值追求。自强不息、厚德载物的思想，支撑着中华民族生生不息、薪火相传，今天依然是我们推进改革开放和社会主义现代化建设的强大精神力量。① 2023年6月2日，在文化传承发展座谈会上，习近平总书记概括了中华文明的突出特性，即连续性、创新性、统一性、包容性、和平性。

习近平总书记指出："每一种文明都延续着一个国家和民族的精神血脉，既需要薪火相传、代代守护，更需要与时俱进、勇于创新。"② 中国共产党在扬弃的基础上，以更高的境界传承、弘扬和发展了中华优秀传统文化。比如，中国共产党所坚持的共产主义理想，与中国传统文化的大同社会的理想，在意旨上是相通的；中国共产党坚持的为人民服务的宗旨，与中华传统文化的民本理念，具有千丝万缕的联系；中国共产党所倡导的社会主义核心价值观，与中华传统文化所倡导的仁义礼智信等，具有密不可分的关系；中国共产党所推进的小康社会目标，与中华传统文化的小康理想，更是形神皆似；等等。

中华民族的伟大复兴，重要的一个方面是我们民族的优秀文化传统的复兴；而之所以要复兴文化，是因为中华传统优秀文化要素依然可以为当

---

① 习近平：《在会见第四届全国道德模范及提名奖获得者时的讲话》（2013年9月26日），《人民日报》2013年9月27日。

② 习近平：《在联合国教科文组织总部的演讲》，新华社巴黎2014年3月27日电。

今中国提供最为深厚的支撑。习近平总书记指出："中国优秀传统文化的丰富哲学思想、人文精神、教化思想、道德理念等，可以为人们认识和改造世界提供有益启迪，可以为治国理政提供有益启示，也可以为道德建设提供有益启发。"①

（二）近代中华文化嬗变提出复兴要求

自明代万历年间开始，随着许多西方传教士和商人陆续来中国传教经商，出现了"西学东渐"的趋势，对中国传统文化造成了冲击。在内忧外患交替、社会民族危机日益加剧的时代冲击下，深具忧患意识的儒家知识分子掀起了检讨社会弊病、呼吁社会改革的实学新潮。龚自珍大声疾呼"更法""变古"，提出了改革"一祖之法"的要求；魏源则提出了"师夷之长技以制夷"的口号。继之而起的是同治、光绪时代的"洋务派儒家"，明确提出了"中学为体，西学为用"或"旧学为体，新学为用"的思想主张。这反映了中国传统的儒学在西学强烈冲击下企图通过吸收西方新知新学以弥补传统理论之缺陷、进而挽救社会危机的主观努力。西学东渐对近代中国的科学和思想领域产生了极大的影响，对中国的文化传统的冲击带来了一次思想解放运动。在"西学东渐"历史背景下，中国传统文化面临着前所未有的危机和抉择。

洋务运动的失败，维新变法的流产，以及辛亥革命仅仅革掉了一块"皇帝万岁万万岁的龙牌"（鲁迅语）的现状，使许多人由兴奋到失望、彷徨，进而为新的追求而呐喊，于是产生了新文化运动，"打倒孔家店"的呼声应运而生，"科学"与"民主"成为五四新文化运动最重要的口号，成为五四精神的最重要的内容。在继承弘扬五四新文化运动的基础上，先进的中国共产党人提出了新民主主义文化的命题。"中国共产党人不是历史虚无主义者，也不是文化虚无主义者。我们从来认为，马克思主义基本

---

① 习近平：《在纪念孔子诞辰2565周年国际学术研讨会暨国际儒学联合会第五届会员大会开幕会上的讲话》（2014年9月24日），新华社北京2014年9月24日电。

原理必须同中国具体实际紧密结合起来，应该科学对待民族传统文化，科学对待世界各国文化，用人类创造的一切优秀思想文化成果武装自己。"[①]中国社会发展由旧民主主义革命向新民主主义革命的转变，必然促成中国文化向新民主主义文化的过渡。新民主主义文化首先是民族的，"它是反对帝国主义压迫，主张中华民族的尊严和独立的。它是我们这个民族的，带有我们民族的特性"[②]。新民主主义文化是科学的，"它是反对一切封建思想和迷信思想，主张实事求是，主张客观真理，主张理论和实践一致的"[③]。新民主主义文化是大众的，"它应为全民族中百分之九十以上的工农劳苦民众服务，并逐渐成为他们的文化"[④]。新民主主义文化纲领的确立，标志着马克思主义中国化历史进程完成了一个重要的理论环节，它在近代以来中国文化革命的历史线索中找到了中国文化发展的基本方向，既反对了民族虚无主义，也与狭隘的民族主义区别开来，反对了"左"右倾错误思潮，为中国文化的发展指明了方向。

（三）文化复兴是社会主义文化推进的必然结果

早在1940年，毛泽东说："我们不但要把一个政治上受压迫、经济上受剥削的中国，变为一个政治上自由和经济上繁荣的中国，而且要把一个被旧文化统治因而愚昧落后的中国，变为一个被新文化统治因而文明先进的中国。"中华人民共和国的成立和社会主义基本制度的建立，使得中国共产党的主要历史使命从新民主主义政治革命转变到了社会主义经济建设上来。"伟大的胜利的中国人民解放战争和人民大革命，已经复兴了并正在复兴着伟大的中国人民的文化。这种中国人民的文化，就其精神方面来说，已经超过了整个资本主义的世界。"[⑤] 这个文化，就是与社会主义新中

① 习近平：《在纪念孔子诞辰2565周年国际学术研讨会暨国际儒学联合会第五届会员大会开幕会上的讲话》（2014年9月24日），新华社北京2014年9月24日电。

② 《毛泽东选集》（第二卷），人民出版社1991年版，第706页。

③ 《毛泽东选集》（第二卷），人民出版社1991年版，第707页。

④ 《毛泽东选集》（第二卷），人民出版社1991年版，第708页。

⑤ 《毛泽东选集》（第四卷），人民出版社1991年版，第1516页。

国政治经济发展状况相适应的，由新民主主义文化发展而来的社会主义新文化。在社会主义建设时期，既有双百方针等正确思想提出，又出现了“文化大革命”偏离航向那样的错误，留下了宝贵的经验和惨痛的教训。

如果简单地以新文化运动、“文化大革命”等为例证，得出结论认为中国共产党是中华优秀传统文化的抵触者、破坏者，未免过于偏颇。实际地看，当文化观念的束缚成为封建传统的最后藏身之地的时候，以最彻底革命的姿态登上中国历史舞台的中国共产党，不打破传统文化的“神圣权威”，就不能使人民获得思想的解放；当文化教育的落后成为经济社会发展最欠缺的短板的时候，以彻底改造中国社会为己任的中国共产党，不打破旧的文化残余便不能顺利地构建新社会。所以，客观地看，中国共产党是在击碎中国传统文化的整体性之后，在汲取中国传统文化的精华的基础上，以构建科学的、民主的、大众的先进文化为目标，而对中华优秀传统文化进行传承、弘扬和发展的。有学者指出，历史表明，中国共产党从来就与先进文化血脉相连，甚至可以说党就是先进文化的产物。先进文化是我们党保持先进性、实现党的组织能力和动员能力的重要精神资源和智力资源。①

邓小平始终坚持一种健全的整体文明观，1979 年 10 月，邓小平在中国文学艺术工作者第四次代表大会上发表祝词强调：“我们要在建设高度物质文明的同时，提高全民族的科学文化水平，发展高尚的丰富多彩的文化生活，建设高度的社会主义精神文明。”还说“我们要建设的社会主义国家，不但要有高度的物质文明，而且要有高度的精神文明”。② 改革开放以来，党和国家始终从建设中国特色社会主义事业的整体布局去思考社会主义文化建设，始终从培育一个国家综合国力和国际竞争力的深层支撑，来推进中国特色社会主义文化建设。整体的文明观演进到新时代，就是自觉担当起中华文化复兴的新使命。习近平总书记提出：“要讲清楚每个国

① 张筱强：《马克思主义文化观与中国共产党的文化使命》，《中共中央党校学报》2007 年第 2 期，第 90—96 页。

② 《邓小平文选》（第二卷），人民出版社 1994 年版，第 367 页。

家和民族的历史传统、文化积淀、基本国情不同，其发展道路必然有着自己的特色；讲清楚中华文化积淀着中华民族最深沉的精神追求，是中华民族生生不息、发展壮大的丰厚滋养；讲清楚中华优秀传统文化是中华民族的突出优势，是我们最深厚的文化软实力；讲清楚中国特色社会主义根植于中华文化沃土、反映中国人民意愿、适应中国和时代发展进步要求，有着深厚历史渊源和广泛现实基础。”① 这就体现了一种明确的文化自觉。

王南湜、侯振武指出，所谓文化使命意识，是指当代的中国人尤其是文化人，要自觉意识到时代所赋予我们的、进行文化创造以复兴中华文化的历史使命。“从根本上说，当今实现文化创新的最深刻意义，在于借此历史机遇而实现中华民族文化的历史性伟大复兴，以一种新的姿态再度屹立于世界的东方。”② 改革开放以来，我们党自觉承担起复兴中华文化的历史使命，始终把文化建设放在党和国家全局工作重要战略地位，坚持物质文明和精神文明两手抓，实行依法治国和以德治国相结合，促进文化事业和文化产业同发展，推动文化建设不断取得新成就，走出了中国特色社会主义文化发展道路。高度重视和推动中国特色社会主义文化建设，充分反映了我们党高度的文化自觉，充分体现了中国共产党人在推进中国特色社会主义事业的伟大进程中勇敢地承担起传承文化、发展文化、繁荣文化的历史责任。

二、中华文化复兴的新时代起点

当今世界正处于百年未有之大变局，新时代的中国正向着中华民族伟大复兴的目标迈进，文化在综合国力竞争中的地位日益凸显，对经济社会发展的作用不断扩大，其影响比以往任何时候都更加广泛而深刻。“文化是时代的产物，每个时期的文化都深深地打上时代的烙印，并为那个时代

---

① 《习近平谈治国理政》，外文出版社 2014 年版，第 155—156 页。

② 王南湜、侯振武：《文化自觉、文化自信、文化自强何以可能》，《毛泽东邓小平理论研究》2011 年第 8 期，第 13—17 页。

服务，在服务时代的过程中实现文化进步。这就是时代与文化的发展逻辑。”① 新时代肩负新的文化使命，要以科学、理性的态度进行文化的比较、反思、展望，充分肯定自身文化价值，坚信自身文化生命力的深厚基础。正确看待自己的文化，正确对待别人的文化，充分认识中国文化的独特优势和发展前景，进一步坚定中国文化信念和文化追求。

新时代的中华文化表现出怎样的时代内涵呢？

（一）作为一种物质力量的文化

文化和经济紧密结合，互相渗透，形成以经济为依托的新文化形态，或以文化为内涵的新经济形态，即文化的经济化和经济的文化化。文化产业是文化经济化的直接产物，使得文化的作用除了满足人类的精神生活需要之外，本身也能创造巨大的经济价值。文化经济的内容构成不仅有科学、技术等智力因素，还有理想信念、价值观念、文化艺术、娱乐休闲等精神因素，不仅包含科学精神，还体现人文精神，是科学精神与人文精神的有机统一，尤其突出了人文精神、观念文化作为生产力要素的价值。精神、智力因素与自然资源、经济资本一样成为生产力中的组成要素，文化附加值成为物质产品价值中的重要部分。在文化发展过程中，经济成分不断增加，市场手段不断引入，文化生产、文化管理中愈来愈渗透各种经济要素，文化活动愈来愈自然地融入经济活动之中，形成了新兴经济产业——文化产业，文化产品、文化服务日益具有经济功能和市场效益。包括教育产业、智力产业、高新技术产业、媒体产业、艺术产业、健康产业、体育产业、休闲产业等等在内的文化产业，成为未来产业结构发展中的主导力量。

（二）作为一种民生事业的文化

从一般社会发展规律来说，人民群众对于美好生活的需要，既有物质的需要，也有精神文化的需要，并且，社会越发展进步，对精神文化的需

① 徐光春：《担负起新的文化使命》，《北京日报》2017 年 10 月 30 日。

要越迫切、越强烈。文化民生事关人民群众的精神信仰、思想状况、文化权益和生活品质。没有文化的民生是不完整的民生，是有缺失的民生。促进文化民生的发展，是提升人们的幸福感的迫切需要。人类学家马林诺夫斯基指出："文化是包括一套工具、一套风俗，或者说人体的或心灵的习惯，它们都是直接地或间接地满足人类的需要。"文化发展必须以以人为本为核心理念，尊重人的文化权益，让文化发展成果最大程度地惠及人民群众，用人文的情怀关怀人、疏导人、引导人，丰富人们的精神文化生活。文化发展应当以服务人民为根本宗旨，以满足人民群众精神文化需求、促进人的全面发展为根本目的，以人民群众为根本依靠力量，以发展文化事业和文化产业、提高文化产品和服务的供给能力为根本途径，以人民群众满意不满意为衡量工作成效的根本尺度。

（三）作为国家软实力支撑的文化

文化软实力是一个国家的文化体现出来的凝聚力、吸引力、影响力。文化在国家内部形成的民族凝聚力和对世界其他国家和民族形成的吸引力，从内外两个方面构成了国家的文化软实力。习近平总书记指出，提高国家文化软实力，关系我国在世界文化格局中的定位，关系我国国际地位和国际影响力，关系"两个一百年"奋斗目标和中华民族伟大复兴的中国梦的实现。[①] 文化软实力是国家的影响力、竞争力和综合实力的重要内容和根本表现。文化软实力作为一个国家或地区文化的吸引力、凝聚力和影响力，在国与国之间的影响也在不断地扩大。世界大国纷纷重视软实力的建设，这是与全球化和信息化时代的到来相伴随的，也是与一个国家和地区发展的强盛和自信相统一的。同时，全球化浪潮使得国家安全问题越来越多地从传统的军事领域，渗透到政治、经济、文化等领域。面对文化强权等威胁因素的存在和增长，我国的文化安全问题就显得现实而迫切。当下我国

① 中共中央宣传部编：《习近平总书记系列重要讲话读本》（2016 年版），学习出版社、人民出版社 2016 年版，第 207 页。

维系国家、民族生存发展的价值观念或主流意识形态，受到了来自外部或内部的潜移默化的副作用的影响而发生着扭曲、变形。维护国家文化安全，维护其核心价值体系，捍卫国家文化主权的独立性和自主性，使其免遭破坏甚至颠覆，成为当今时代提升国家文化软实力、维护国家安全的重要内容之一。

"一个民族的社会存在结构成为文化结构的客观支撑和基础承托，而文化结构则成为这一民族的相对稳定的生活意义和价值的体系。任何民族都依赖着文化来传承自己的生活的意义和价值，自己的惯习和信仰，也通过文化变革或守成来决定自己生存于世的命运。"① 文化，对一个国家、一个民族而言，是一种支撑力、一种创造力、一种推动力、一种传承力、一种审美力，也是一种巨大的精神、信仰、思想、道德支撑。文化是决定一个民族之所以存在的合理性之所在，是安身立命之根本。一个国家的文化能力，既是其文化发展状况的标示，是其文化发展的依据，也是其文化自信构成的重要基础。一个文化能力贫困的国家，不可能在文化的制高点上欣赏万千气象；一个不注重文化能力涵养、厚植的国家，不可能长久保持文化上的荣光，不可能成为文化旅途上突起的新军。②

文化对于一个民族和一个国家来说，是一种能够凝聚和整合民族和国家一切资源的根本力量，这种力量的任何形式的丧失，都将危及一个民族和国家的生存安全。文化自信自强是实现中华民族伟大复兴的强大精神力量。站在新的历史起点上，我们要从历史长河中看待文化推动人类文明进步的重要功能，在时代大潮中把握文化引起社会变革的重要作用，在人的全面发展中发挥文化创造美好生活的重要价值。③

三、中华文化复兴的世界视阈

站在人类文明交流互鉴与共进共荣的角度，进一步扩大文化胸怀，进

① 任平：《全球文明秩序重建与中国文化自信的当代使命——兼论建构马克思主义中国化的文化形态》，《中共中央党校学报》2017 年第 1 期，第 71—82 页。

② 沈壮海：《担负起新的文化使命》，《思想理论教育导刊》2017 年第 11 期，第 13—15 页。

③ 李书磊：《增强实现中华民族伟大复兴的精神力量》，《人民日报》2022 年 11 月 10 日。

一步增进文化自强，进一步强化文明互鉴，是实现中华文化复兴的客观需要和必然要求。

（一）正确看待中华文化与其他文化之间的关系

站在人类文明的高度，正确认识中华文化与其他文化的价值，并处理好二者的关系，是中华文化复兴的前提。2014 年3 月31 日，国家主席习近平在布鲁塞尔同欧洲理事会主席范龙佩举行会谈时用“文明伙伴”① 阐明了中国与欧盟的关系。文明伙伴准确表述了中华文明与欧洲文明的关系，表达了不同文明之间相互依存、相互学习借鉴、相互促进和共同发展的关系。这一表述，反映了不同文明多姿多彩发展的客观实际，顺应了人类文明发展的客观规律，表达了当今中国认识和处理中华文明与其他文明关系的基本理念。各种文明都有各自的特色和特点，在很多方面具有不可替代性。所以对待文明，不可以机械照搬，只能互相学习、互相包容。历史证明，正是基于这种文明伙伴关系，在文明发展的进程中，中华文明与其他文明互为“镜子”，相互比对映照，从各自的对方中发现和确立了自身独有的内涵和特色，认识到自身的独特规定性，并由此确立了对自身文明的认知和自信。应把当代中国对文明认识的最新成果具体转化为正确对待中华文明与其他文明关系应恪守的基本价值标准、原则和立场，始终坚持不同文明应互为伙伴，文明之间应相互尊重、和谐共处、共同发展。

（二）反对和抵制错误的文明观

错误的文明观，是人类文明发展的大敌。必须澄清对文明的模糊和错误认识，坚决反对西方宣扬的“文明优劣论”“文明冲突论”“普世文明论”。应该看到，时至今日西方有的国家仍然抱持错误的文明观，把西方文明当作鞭打其他文明的棍子，认为西方是文明的化身，西方的才是文明的，

---

① 习近平：《弘扬和平共处五项原则 建设合作共赢美好世界——在和平共处五项原则发表60 周年纪念大会上的讲话》（2014 年6 月28 日），人民出版社2014 年版，第17 页。

非西方的即野蛮的、落后的；他们不仅自诩为“文明社会”“文明国家”“文明世界”，而且声称这些国家拥有“相同的价值观”，并以此为标尺裁量其他文明、打压其他文明、改造其他文明，以此为凭借干涉他国内政。这种文明观是西方在殖民时代形成的传统的自大的傲慢的文明观，已经严重背离当今时代人类文明发展的趋势和潮流，本身就是一种不文明的观念。

（三）推动文明交流互鉴

习近平总书记强调：“文明因交流而多彩，文明因互鉴而丰富。文明交流互鉴，是推动人类文明进步和世界和平发展的重要动力。”[①] 2014 年 5 月 21 日，他在亚信第四次峰会上的发言中倡议，通过召开亚洲文明对话大会等方式，推动不同文明、不同宗教交流互鉴、取长补短、共同进步。这充分表达了中国坚持和推动文明交流互鉴的意志和愿望。文明自信必须顺应世界各国交往越来越密切、依存度不断增强的趋势，秉持开放包容的心态，借鉴其他文明发展的经验，博采其他文明的优长，实现中华文明的新发展。对世界形势发展变化，对世界上出现的新事物新情况，对各国出现的新思想新观点新知识，我们要加强宣传报道，以利于积极借鉴人类文明创造的有益成果。[②] 必须秉持谦虚的态度，摒弃任何的自大、傲慢、偏见，积极主动地与其他文明分享中华文明的价值；特别是主动适应时代新的发展，实现中华文明创造性转化和创新性发展，以世界各国更容易识别、理解和接受的方式方法积极传播中华文明，为其他文明提供借鉴，为推动人类文明的发展作出新贡献。

四、担负起新的文化使命

一个国家、一个民族的强盛，总是以文化兴盛为支撑的，中华民族伟

① 习近平：《出席第三届核安全峰会并访问欧洲四国和联合国教科文组织总部、欧盟总部时的演讲》，人民出版社 2014 年版，第 10 页。

② 习近平：《在全国宣传思想工作会议上的讲话》（2013 年 8 月 19 日），《人民日报》2013 年 8 月 21 日。

大复兴需要以中华文化发展繁荣为条件。“能够具有回家了的亲切感的精神文化，必定是与该民族的历史生命息息相关的文化，而不可能是任何一种与民族精神文化传统无关的东西。就此而言，当今中国文化的创造，便不是一种无根的凭空生造，而必定是一种对于传统精神观念的再创造或重建。”① 中华民族始终在承继过往文化成果的基础上思考未来、展望未来和创造未来。从根本上说，中华民族的伟大复兴，是基于传统文化培育现代价值，实现传统文化的现代转型、现代表达和创新性发展，实现中华文化的现代复兴。基于传统文化培育现代价值，拓宽文化的视野，实现传统文化的创造性转化和创新性发展，是其根本所在。

在一篇序言中，金耀基说：“我们要问，中国上升之路会一帆风顺吗？有一点是肯定的，中国在21世纪步向强国之路上，将无可避免地面临种种外在与内在的挑战与考验。在今日全球多元格局下，一个国家的真正强大绝不止是军事力量，甚至不止是经济力量，毋宁更是知识力、文化力，特别是它拥抱一套现代的核心价值（包括自由、民主、人权、公义、多元、王道、环保等），说到底，它必须有一个现代的文明范式。”②

（一）复兴中华文化是推动人类文明发展的重要内容

在人类文明的大视野中认识和定位中华文明，可以发现，中华文明的复兴是推动当今人类文明发展的重要力量。随着中国梦的逐步实现，中华文明复兴对人类文明发展的积极作用将更加凸显。当前，中华文明的现代复兴对人类文明发展的影响才刚刚开始。古老文明的现代转型使人类文明的发展呈现出崭新的前景。置身古老文明现代转型和复兴这一人类文明不断发展的大潮流，我们应清醒地认识中华文明现代转型和复兴对推动人类文明发展具有的重大意义、积极作用和深远影响，充分认识这种转型和复兴进程的复杂性和艰巨性，正确把握和处理中华文明复兴与已经复兴的文

---

① 王南湜、侯振武：《文化自觉、文化自信、文化自强何以可能》，《毛泽东邓小平理论研究》2011年第8期，第13—17页。

② 金耀基：总序，见丁学良：《辩论中国模式》，社会科学文献出版社2011年版，第5页。

明以及后续复兴的文明之间的关系。这样，我们就能够找准中华文明在人类文明发展中的方位，更加自觉地推动文明转型和中华民族的伟大复兴，更好地推动中华文明与世界其他文明实现包容共生与和谐发展，更好地为人类文明的发展作出贡献。中华民族创造了源远流长的中华文化，中华民族也一定能够创造出中华文化新的辉煌。[①] 作为世界上唯一持续发展的伟大文明，我们应该有这样的自觉、自信和胸襟。

（二）自觉维护中国价值观的合理性和正当性

实现中华文化复兴，之于国家社会，最根本的是让世界了解和认识当代中国的价值观，让世界认识到中国价值观的独特性、合理性和正当性。改革开放以来，中国的综合国力和国际影响力之所以大幅提升，根本的原因是当代中华文化的发展基于当代中国价值追求与世界公认的价值追求的统一性，蕴含着加快自身发展与推动世界发展的双重价值目标，既造福中国人民，又造福世界人民。当今中华文化的发展既顺应了当代中国追求富强、民主、文明、和谐的大势，又顺应了世界追求和平、发展、合作、共赢的大势。正是自觉把握和积极顺应了国际国内发展的这种大势，才顺利实现对古老中华文化价值追求的继承和超越，同时在根本内涵上实现着对西方价值追求的超越，因而在为人类提供正确的精神指引和强大的精神动力方面发挥着不可替代的作用。习近平总书记指出："中国人民在实现中国梦的进程中，将按照时代的新进步，推动中华文明创造性转化和创新性发展，激活其生命力，让中华文明同世界各国人民创造的丰富多彩的文明一道，为人类提供正确的精神指引和强大的精神动力。"[②]

（三）清晰认知人类文明发展方向

两次世界大战所暴露的西方资本主义诸多问题，以及战后一系列国家

① 习近平：《在全国宣传思想工作会议上的讲话》（2013 年 8 月 19 日），《人民日报》2013 年 8 月 21 日。

② 习近平：《在联合国教科文组织总部的演讲》，《人民日报》2014 年 3 月 27 日。

独立与觉醒，深刻影响人类文明发展格局。特别是，“国际金融危机和欧债危机表明，西方文明中的工具理性、消费主义和制度缺陷致使其发展活力有所消退”[①]。人类文明的发展走到了十字路口。人类文明向何处去？历史表明，当下以西方文明为主导的世界体系已不像从前那样得到世界的坚信，到了不得不作出改变的时候。尽管当今世界各国对于人类文明发展的方向有着不同的认识，但世界上越来越多的人意识到，发达国家应与以中国为代表的新兴市场国家携手创造人类新的文明。这种认识，在一定程度上暗合了中国的主张。[②] 这已成为包括西方国家在内的世界各国的思想共识。西方越来越多的政治家和有识之士认识到，尽管经济全球化已经成为不可阻挡的趋势，但西方文明绝不是也绝不会成为“普世文明”。“让中华文明同世界各国人民创造的丰富多彩的文明一道，为人类提供正确的精神指引和强大的精神动力。”[③] 中华文明所蕴含的“天人合一”“和而不同”等具有普遍意义的文化价值理念，必将通过对话和交流为人类文明进步增添新的要素，世界各国对中华文明的发展充满着更多的期待，对人类文明的未来充满着无限的希望。

新的文化使命与中华民族伟大复兴的历史使命紧密相连。担负起新的文化使命的命题，突出了文化理论、精神和价值在变革社会历史实践中的主体性和主动性力量。“其包含的第一层使命就是要给实现中华民族伟大复兴的历史使命提供主体力量，其包含的第二层使命则是在实现中华民族伟大复兴历史使命的伟大实践中推动文化自身的创造、发展和进步。”[④] 文化是一个国家、一个民族的灵魂。文化兴国运兴，文化强民族强。没有高度的文化自信，没有文化的繁荣兴盛，就没有中华民族伟大复兴。担负着

---

① 齐勇锋：《中华民族伟大复兴的文化根基和历史使命》，《中国特色社会主义研究》2014 年第 2 期，第 5—10 页。

② 公茂虹、黄相怀：《保持对中华文明的自信、耐力和定力》，《光明日报》2014 年 7 月 9 日。

③ 习近平：《出席第三届核安全峰会并访问欧洲四国和联合国教科文组织总部、欧盟总部时的演讲》，人民出版社 2014 年版，第 17 页。

④ 丁晓强、赵静：《论新时代中国特色社会主义文化建设的新使命》，《中共中央党校学报》2018 年第 5 期，第 5—11 页。

中华民族伟大复兴使命的中国共产党，历史地必然地要担负起中华文化复兴的历史新使命。正如习近平总书记指出的：“当代中国共产党人和中国人民应该而且一定能够担负起新的文化使命，在实践创造中进行文化创造，在历史进步中实现文化进步！”

第八章　使命型政党的思想引领

当今中国，推进现代治理亟须凝聚思想文化共识。凝聚共识，不仅是文化发展的本质要求，而且是巩固共同思想基础的客观要求。凝聚共识还有其重要的现实功能，即激发社会发展活力，促进理论创新，激发创造积极性；提高文化软实力，提升文明素养，塑造良好国民心态，增强民族凝聚力，增强国际影响力。价值共识一方面决定了文化基质和底色，另一方面凸显了人民主体地位和国家治理的社会主义特性。

一般而言，党的思想引领力，是指不断推进理论创新，用党的创新理论武装头脑、统一思想、指导实践、抵御一切错误思潮干扰的能力。概括地说，就是指党推进理论创新和理论武装的能力。党的十八大以来，以习近平同志为核心的党中央，在继承党的理论创新优秀传统的基础上，在深入回答时代问题的基础上，展示了高超的思想引领力，为增强党的思想引领力提供了最宝贵的借鉴。如何以习近平新时代中国特色社会主义思想为指导，进一步全面增强党的思想引领力呢？

一、把握思想引领的时代性

理论创新是马克思主义之所以成为马克思主义的内在要求。马克思之所以能够创立马克思主义，关键不在于批判，而是在批判的基础上创造性地提出了新的理论，比如，通过提出“剩余价值论”，马克思主义就变成了工人阶级手中强大的思想武器。马克思主义是实践性的理论，只有内在于劳动人民的实践创造，成为现实的思维方式、实践方式、说话方式和生活方式才能发挥作用。马克思主义追求科学力量与道义力量的完美结合，从不把既成的理论当作僵死的教条，而是本着从实际出发，与时俱进的原则，探索符合现实需要、解决现实问题的相对的绝对真理。[①] 所以，马克思主义是具体的、不断创造的，不是用“死人抓住活人”。列宁指出：“我们决不把马克思的理论看做某种一成不变的和神圣不可侵犯的东西；恰恰相反，我们深信：它只是给一种科学奠定了基础，社会党人如果不愿落后于实际生活，就应当在各方面把这门科学向前推进。我们认为，对于俄国社会党人来说，尤其需要独立地探讨马克思的理论，因为它所提供的只是总的指导原理，而这些原理的应用具体地说，在英国不同于法国，在法国不同于德国，在德国又不同于俄国。”[②]

邓小平等提出“摸着石头过河”，就是一种富有智慧的理论创新。美国学者李侃如在《治理中国：从革命到改革》一书中指出：“中国的改革是一个首先采取大胆的行动、然后努力去适应其结果并尽力继续前进的过程。”摸着石头过河是第二代中央领导集体提出和采用的一种极富政治勇气智慧的改革策略，并随着改革开放的进程不断发展完善。在改革开放启动伊始的时空背景下，一方面党和国家还没有完全从教条主义的桎梏中解脱出来，另一方面，中国的改革开放事业没有也找不到可以参照的经验，因而，为了在这样的背景下推进改革开放这项“前无古人”的新事业，第二代中央领导集体就提出并坚持了摸着石头过河的改革策略。实践证明，由摸着石头过河衍生出的中国渐进式改革取得了巨大的成功，而与之形成鲜明对比的某些国家采取的“休克疗法”，却使得本国发展遭遇了巨大的挫折，更证明了摸着石头过河策略的正确性。

---

① 韩喜平：《构建具有中国特色的哲学社会科学学术话语体系》，《红旗文稿》2014 年第 22 期。

② 列宁：《为〈工人报〉写的文章：我们的纲领》（写于 1899 年下半年），见《列宁全集》（第四卷），人民出版社 2013 年版，第 161 页。

关于理论创新，邓小平有着深刻的认识。他说，“我们是一个马克思主义大党，我们自己不重视马克思主义的研究，不按照实践的发展来推动马克思主义的前进，我们的工作还能够做得好吗？”① “在中国的现实条件下，进行社会主义现代化发展，就是对马克思列宁主义、毛泽东思想的最好坚持，离开现代化发展去抽象地谈论马克思主义，那样只能是空谈。”② “任何时候我们都不能违背马克思、列宁主义以及毛泽东思想的基本原则，这是毫无疑问的，但是，一定要和实际相结合，要分析研究实际情况，解决实际问题。”③

党的十八大以来，我们党创造性地提出了不少新理论，从而丰富了当代中国马克思主义思想宝库，增强了新时代党的思想理论的引领力。比如“治理”理论本来是西方新公共管理惯常使用的一个词，但是党的十八届三中全会轻轻拈过来，用了“国家治理现代化”这一概念，这就赋予了“治理”以中国的“治国理政”内涵，这就是一种巧妙的理论创新。

以习近平同志为核心的党中央围绕实现中华民族伟大复兴的中国梦所展开的一系列重要论述，最能体现一种理论的创新。通过把中国梦及其话语族群引入主流政治话语，习近平总书记彰显了近代以来中国历史的主导线索，打开了中华民族悠久的历史和蓬勃发展的现实之间的内在连接，重置了中华民族伟大复兴与世界各国发展的逻辑关系。一部中国近代史，就是一部中华民族逡巡于命运低谷的血泪史、苦难史、屈辱史。对于这段历史，习近平总书记在参观《复兴之路》展览时，并不着意于从惨痛和悲伤的角度去评述，而是巧妙地指出：实现中华民族伟大复兴，就是中华民族近代以来最伟大的梦想。他进一步强调：“这个梦想，凝聚了几代中国人的夙愿，体现了中华民族和中国人民的整体利益，是每一个中华儿女的共同

① 《邓小平文选》（第二卷），人民出版社 1994 年版，第 181 页。
② 《邓小平文选》（第二卷），人民出版社 1994 年版，第 162—163 页。
③ 《邓小平文选》（第二卷），人民出版社 1994 年版，第 114 页。

期盼。”[①] 从这样的角度切入，一方面这就为中国近代史这段沉重的历史，注入了“追梦”之旅的新内涵和正能量，另一方面这也为当前我们党所领导的改革开放和社会主义现代化建设事业的奋斗目标，找寻到了更加深沉厚重的历史根基，并巧妙地使二者发生了逻辑的和历史的联系。同时也为海内外全体中华儿女参与和支持我们党所领导的事业提供了一个“最大公约数”，体现了极为高明的政治理论智慧。

二、把握思想引领的现实性

中国共产党人有责任有义务为发展马克思主义作出 21 世纪的贡献、当代中国的贡献，这是因为——

从时代看，进入 21 世纪的第二个 10 年且即将迎来第三个 10 年，中国和世界总体上从工业社会进入到信息社会的基本轮廓已经显现。中国共产党在长期执政上进入了一个“新长征”阶段。在这样的时空背景下，如何使马克思主义从信息社会、互联网、大数据等物质和精神文明中汲取到足够丰厚的营养，是当代中国马克思主义者义不容辞的责任。

从实践看，中国特色社会主义进入新时代，在现实中积累了大量需要认真进行理论分析和思考的问题，比如社会公正问题、市场经济问题、全球化问题，权力与资本的关系，两种社会制度之间的关系等等。对于这些问题的思考和回答，在相当程度上决定着人们对马克思主义、中国特色社会主义、共产主义等的信心和预期，从而这些都是当代中国马克思主义必须认真回答的问题。

从理论自身看，社会主义中国的中国道路、中国方案、中国思想，也迫切需要从马克思主义理论自身的立场、观点和方法出发进行思考分析、总结提炼。

---

① 习近平：《在参观〈复兴之路〉展览时的讲话》（2012 年 11 月 29 日），《人民日报》2012 年 11 月 30 日。

党的十八大以来，以习近平同志为核心的党中央关于坚持和发展中国特色社会主义的重要论述和战略举措，最能体现内容创新。如何对待中国特色社会主义，是改革开放以来历任党的最高领导团队都必须直面的首要问题。对于中国特色社会主义这项伟大事业，习近平总书记有着清醒的认识，他指出："发展中国特色社会主义是一项长期的艰巨的历史任务，必须准备进行具有许多新的历史特点的伟大斗争。"① 坚持和发展中国特色社会主义是一篇大文章，"现在，我们这一代共产党人的任务，就是继续把这篇大文章写下去。坚持马克思主义，坚持社会主义，一定要有发展的观点"②。以习近平同志为核心的党中央毫不动摇地坚持和发展中国特色社会主义，坚定不移地进行具有许多新的历史特点的伟大斗争，在新的历史起点上进一步深化对共产党执政规律、社会主义建设规律、人类社会发展规律的认识，着力探索中国特色社会主义发展规律，由此推进了治国理政新实践，形成了治国理政新思想。同时科学把握中国特色社会主义的历史方位，把中国特色社会主义放到5000多年中华文明史、500多年社会主义思想史、180多年中国近代史、100多年中国共产党成长史、70多年中华人民共和国发展史、40多年改革开放史这样一种"大坐标"上来加以审视与定位，尤其从对中华优秀传统文化创造性转化和创新性发展中汲取治国理政的文明滋养，是党的理论创新过程及其成果的鲜明特质。

此外，习近平总书记还在中外文明比较交融中赋予中国特色社会主义以深刻的时代内涵。习近平总书记提出的"多彩、平等、包容"的世界文明观和"一带一路"外交发展战略以及构建人类命运共同体的宏伟愿景，把中国梦与世界各国人民美好梦想紧密联系在一起，使当代中国以更加开放的姿态融入当今世界文明潮流，有力增强了中国特色社会主义的道路自信、理论自信、制度自信和文化自信。

---

① 习近平：《在中央政治局第一次集体学习时的讲话》（2012年11月17日），《人民日报》2012年11月19日。

② 习近平：《在新进中央委员会的委员、候补委员学习贯彻党的十八大精神研讨班开班式上的讲话》（2013年1月5日），《人民日报》2013年1月6日。

三、把握思想引领的针对性

当毛泽东提出马克思主义中国化这个命题的时候，他就进行了一次伟大的应用创新。把马克思主义这个普遍真理与中国革命的具体实际有机结合起来，就是一种应用创新。邓小平也是一个应用创新的大师，他把社会主义与中国特色有机结合起来，创造了中国特色社会主义这样的概念。

党的十八大以来，习近平总书记围绕“进行具有许多新的历史特点的伟大斗争”所进行的一系列论述，体现了一种卓越的应用创新。习近平总书记多次强调：“我们正在进行具有许多新的历史特点的伟大斗争。”① 这其实是一个相当有张力的词语。完整准确地理解这个重大判断的科学内涵，必须认识到，斗争是有背景的，是时代的要求、人民的呼唤；斗争是有原则的，是为了求团结、求发展、求和平；斗争是有策略的，既要敢于斗争，又要善于斗争。

其针对性在于，从思想上说，随着我国改革进入攻坚期和深水区，国内外各种政治势力和派别都在为中国“出主意”“下判断”“开药方”，试图引导和左右中国的发展方向；从舆论上说，随着以互联网和手机为代表的新媒体的发展，各种污蔑、嘲讽、谩骂党和国家各项工作的言论大行其道。如果听任这些思想舆论肆意蔓延，势必削弱全党的信心、瓦解社会的共识。因此习近平总书记号召党的各级党员干部和理论工作者要敢于“亮剑”，不要做“爱惜羽毛”的“开明绅士”。

同时，为了更好地推动经济社会发展，必须进行全面深化改革，而全面深化改革的过程，实质上就是破除体制机制的弊端和利益固化的藩篱的过程，其难度之大、阻力之强是显而易见的。这就要求改革者必须拿出足够的智慧和勇气，以大无畏的牺牲精神坚决地对各种抵制和阻挠力量展开

① 习近平：《在全国宣传思想工作会议上的讲话》（2013 年 8 月 19 日），《人民日报》2013 年 8 月 21 日。

思想的斗争、舆论的斗争和政治的斗争。这场斗争必然是一场硬仗。对此，以习近平同志为核心的党中央已经做好了打攻坚战和持久战的准备。

从国际背景看，当今世界，一方面西方国家主导的世界体系格局没有发生根本变化，另一方面世界力量体系出现新一轮的分化、整合和改组，中国的国际地位日渐提升。作为一头已经醒来的狮子，中国将长期面临以美国为首的西方国家在战略上进行挤压、分化和瓦解的压力。形势将迫使中国不得不针对霸权主义和强权政治进行长期而艰巨的斗争。对此，以习近平同志为核心的党中央纵横捭阖，进行了有理有利有节的斗争，开拓了中国国际关系的新境地。

在新的时空背景和历史条件下，通过对伟大斗争的再度强调，习近平总书记赋予创新以新的更丰富的内容，从而实现了巧妙地应用创新并取得了预期的效果。

四、把握思想引领的开放性

面对同一个问题或现象，不同的视角会得出不同的答案。思想引领中，视角创新也是非常重要的。

比如，习近平总书记在2016年“七一”重要讲话中强调，中国产生了共产党，这是开天辟地的大事变。这一开天辟地的大事变，深刻改变了近代以后中华民族发展的方向和进程，深刻改变了中国人民和中华民族的前途和命运，深刻改变了世界发展的趋势和格局。这个论断是非常精准、到位的。这就是一种视角的创新。无论是中国近代史还是世界各国近代史都有一个基本理论和框架，就是落后国家都是在被殖民的状态下开始现代化的，因此，落后国家的现代化是一个极大的、生死攸关的问题。发达国家的现代化一般是通过殖民占领、开疆扩土、掠夺其他国家的现代化成果以及创造出先进的技术和生产方式来实现的。但是，落后国家的世界空间和市场并不辽阔，再加上技术也不先进，使得落后国家的现代化成为了非常大的、生死攸关的问题。现代化一般包括器物、制度和文化三个层面。对中国来说，既要现代化又要非西方化，这是一个极大的挑战。从这个角度来看，中国共产党领导中国人民取得的伟大胜利，这至少有一个意义，就是中华民族是迄今为止第一个体量最大、历史最悠久、相对最成功的非西方化地实现了初步现代化的国家。

看待中国发展和崛起，现在确实已经到了需要进一步拓宽视野的时候了。中国人民大学张广生教授指出，中国的兴起并不是西方式的民族—国家的崛起，而是中国的文明—国家在新的高度与广度上的复兴。只有上升到比较文明的高度，只有把“历史终结论”的普世主义理论话语还原为现代西方有限的历史经验与理论经验，近代以来中西冲突的历史才会得到重新理解，当代中国“文明—国家”重建的理论自觉才能再次回到我们的视野。①

探讨中国道路的世界贡献，是一种重要的视角创新。比如，中共中央党校韩庆祥教授指出，中国道路表明，世界人类文明具有多样性，而中国道路所蕴含的“仁义”“和合”的本质、本位文明是不同于西方文明的一种新的文明类型。西方许多学者在极力维护美国霸权及其在世界上唯我独尊的地位，认为西方国家所推行的“普世价值”可以成为普遍性的文明规范，因而极力为西方主导的世界秩序之合理性提供理论基础，蔑视非西方世界的文明。他们往往用西方话语体系解读中国，不愿承认中国道路及其成功。他们竭力寻找中国发生危机的根源，认为中国政治体制不具备自我革新、自我调整的机制和能力。中国道路的成功，确证世界文明具有多样性，确证中国的“仁义”“和合”文化及其文明更具有道义性。中国道路所蕴含的世界观和价值观，既尊重个人平等发展，又注重社会和谐，也强调国家主权，还注重世界和谐，它强调“协和万邦”“世界大同”“休戚与共”，认为“独善其身”并不可取，“兼济天下”才是合理的自然秩序。显然，中国道路用“和谐世界”“和平发展”“合作共赢”标准来比较各种政

---

① 张广生：《“文明—国家”的自觉：中国道路与中国政治话语的建构》，《浙江社会科学》2017年第2期。

体的表现，更具正当性、道义性、合理性。这是不同于西方文明的一种新的文明类型，这种新型文明是多彩、平等和包容的。这是中国道路对世界文明的一种文化性贡献。

党的二十大报告指出，我们坚持以马克思主义为指导，是要运用其科学的世界观和方法论解决中国的问题，而不是要背诵和重复其具体结论和词句，更不能把马克思主义当成一成不变的教条。

中国共产党以马克思主义为指导，但并不死板、教条地时时处处唯马克思主义是从，而能够根据中国革命、建设和改革的具体情况，创造性地转化、运用马克思主义，使马克思主义与中国具体实际相结合，用中国具体实际“化”马克思主义，在马克思主义中融入中国因素，形成中国化马克思主义，再以此指导各项工作，从而取得了世界上其他政党难以望其项背的胜利和成就。当然，以中国“化”马克思主义，并不是一开始就形成的思维方式，也是经历了多次经验教训之后总结出来的，但是随着中国共产党的发展强大，这种理论创造模式已经趋于定型化，成为一种占主导的理论创新方式。① 今天的中国需要进入用思想进一步深刻影响实践的时代，而实际上，我们正在逐步进入这一时代。

① 黄相怀等：《不忘初心：中国共产党为什么能永葆朝气》，中国人民大学出版社2016年版，第11—12页。

第九章　使命型政党的自我革命

“革命”不是共产党人的专用术语，它是一个有着多重含义的复杂概念，使用频率很高，涉及领域很广。[①] 而在马克思主义语境中，“革命”是一个正向、积极的词语，通常指的是政治的、社会的剧烈而彻底的变革，以及为了实现这种变革而进行的思想传播与实际举动。借用“革命”的意涵，就形成了“自我革命”一词，并在社会生活领域广泛使用。党的十八大以来，“自我革命”一词被引入到政治理论和党的建设话语体系之中，且其内涵与意蕴不断充实，使用场景与指向日渐丰富。与此同时，以习近平同志为核心的党中央统揽伟大斗争、伟大工程、伟大事业、伟大梦想，以伟大自我革命引领伟大社会革命成为新时代中国特色社会主义伟大实践的显著特点。

一、自我革命的科学内涵

应当看到，“自我革命”并非马克思主义理论中的传统词汇，在进入党的建设话语体系之前，久已在社会上流传。作为对“革命”词语的一种借用，“自我革命”喻指的是主体对自身主动进行的某种积极的、彻底的改变（当然这种改变通常伴随着痛苦），从而达到焕发新的生机活力的目

① 齐卫平：《论新时代党的自我革命与全面从严治党》，《思想理论教育》2019 年第 8 期。

的和效果。简言之，一般意义上的“自我革命”内涵约略等于“主动彻底改变自身”。

习近平总书记早先使用“自我革命”这一提法的时候，主要是在全面深化改革领域，而这种意义上的“自我革命”尚未获得其特指的含义。比如，2015 年 5 月 5 日，在中央全面深化改革领导小组第十二次会议重要讲话中，习近平总书记强调：“只要对全局改革有利、对党和国家事业发展有利、对本系统本领域形成完善的体制机制有利，我们都要自觉服从改革大局、服务改革大局，勇于自我革命，敢于直面问题，共同把全面深化改革这篇大文章做好。”2016 年 4 月，习近平总书记在安徽调研时指出，“全面深化改革，首先要刀刃向内、敢于自我革命”。2016 年 10 月，习近平总书记在中央全面深化改革领导小组第二十八次会议上强调，要“以自我革命的精神推进改革”。

将自我革命引入党建话语体系，首要的也意在用其“勇于变革自身”之内涵。2016 年 7 月 1 日，习近平总书记在庆祝中国共产党成立 95 周年大会上的讲话中指出，“全党要以自我革命的政治勇气，着力解决党自身存在的突出问题”。此后，他在 2016 年底中央政治局民主生活会讲话、2017 年 2 月省部级主要领导干部学习贯彻十八届六中全会精神专题研讨班开班式讲话、2017 年 10 月党的十九大报告中，都提到了“自我革命”。十九大报告中的相关表述为“把党建设成为始终走在时代前列、人民衷心拥护、勇于自我革命、经得起各种风浪考验、朝气蓬勃的马克思主义执政党”。至此，将自我革命引入党建话语体系，习近平总书记所要传达的意涵是，党在解决自身问题、建设强大政党方面要有实现“主动彻底改变自身”的精神状态——这可以称为自我革命的“精神性内涵”。对此，有研究指出：“真正带根本引领性和内在驱动力的，是一种坚持自我审视、反躬自省的高度清醒，是一种永不自满、永不懈怠的政治勇气。”①

---

① 甄占民：《全面从严治党和自我革命精神》，《学习时报》2016 年 11 月 28 日。

十九大之后不久，2018 年 1 月 5 日，习近平总书记在新进中央委员会的委员、候补委员和省部级主要领导干部学习贯彻习近平新时代中国特色社会主义思想和党的十九大精神研讨班开班式讲话中，进一步阐发了党的自我革命。在这篇重要讲话中，一方面，习近平总书记进行了这样的表述："新时代党的建设新的伟大工程，既要培元固本，也要开拓创新，既要把住关键重点，也要形成整体态势，特别是要发挥彻底的自我革命精神。""要把新时代坚持和发展中国特色社会主义这场伟大社会革命进行好，我们党必须勇于进行自我革命，把党建设得更加坚强有力。""怎样才算过硬，就是要敢于进行自我革命，敢于刀刃向内，敢于刮骨疗伤，敢于壮士断腕，防止祸起萧墙。这就是为什么我们党要不断进行自我革命的根本意义所在。"这就明白无误地传达了自我革命的指向所在。要言之，只有以一种"自我革命的精神"对待自身，勇于敢于解决自身存在的问题，党才能够永葆革命精神劲头和生机活力。有研究指出，自我革命精神是中国共产党永葆活力、勇往直前的强大精神支柱和思想动力。"马克思主义政党的活力不会自然保质保鲜，稍不注意就可能蒙尘褪色，久不滋养就会干涸枯萎。我们党历史这么长、规模这么大、执政这么久，之所以能够历尽磨难而愈奋愈强、朝气蓬勃，历经考验而长盛不衰、风华正茂，其奥秘就在于始终不渝发扬彻底的自我革命精神。"①

既然自我革命指向的是"主动彻底改变自身"，那就不仅仅停留在精神内涵层面。2018 年 12 月 18 日，习近平总书记在庆祝改革开放 40 周年大会上的讲话中指出："我们党只有在领导改革开放和社会主义现代化建设伟大社会革命的同时，坚定不移推进党的伟大自我革命，敢于清除一切侵蚀党的健康肌体的病毒，使党不断自我净化、自我完善、自我革新、自我提高，不断增强党的政治领导力、思想引领力、群众组织力、社会号召力，才能确保党始终保持同人民群众的血肉联系。"这就使自我革命与自我净化、自我完善、自我革新、自我提高建立起强关联关系。2019 年 6 月 24

---

① 王伟光：《勇于自我革命：中国共产党区别于其他政党的显著标志》，《求是》2022 年第 1 期。

日，习近平总书记在十九届中央政治局第十五次集体学习时的讲话中，对“四自”的内涵进行了明确阐释：要在自我净化上下功夫，通过过滤杂质、清除毒素、割除毒瘤，不断纯洁党的队伍，保证党的肌体健康；要在自我完善上下功夫，坚持补短板、强弱项、固根本，防源头、治苗头、打露头，堵塞制度漏洞，健全监督机制，提升党的长期执政能力；要在自我革新上求突破，深刻把握时代发展大势，坚决破除一切不合时宜的思想观念和体制机制弊端，勇于推进理论创新、实践创新、制度创新、文化创新以及各方面创新，通过革故鼎新不断开辟未来；要在自我提高上下功夫，自觉向书本学习、向实践学习、向人民群众学习，加强党性锻炼和政治历练，不断提升政治境界、思想境界、道德境界，全面增强执政本领，建设一支忠诚干净担当的高素质专业化干部队伍。

从学术界主流看，对于自我革命基本从“四自”角度进行阐释。比如，沈传亮认为：“中国共产党的自我革命，就是通过不断的自我净化、自我完善、自我革新、自我提高，经常解决自身存在的问题，克服自身存在的缺点，始终保持生机活力的过程。”① 黄蓉生、方建认为：“从政党的语境来讲，所谓自我革命，就是党在领导人民进行伟大社会革命的同时，勇于把自己作为特殊的革命对象，以革命的气魄、革命的精神、革命的斗志、革命的智慧进行自我净化、自我完善、自我革新、自我提高的全部实践活动。”② 也有学者以多种形式的以“自我”为中心的句式表达来对自我革命进行解说。比如，赵绪生认为，自我革命是自我警醒、自我否定、自我反思、自我超越的一种积极的、主动的革命性行为。③ 唐皇凤、任婷婷认为：“党的自我革命就是马克思主义执政党为了追求党的先进性、维护党的纯洁性、提升党的全面领导水平和巩固党的长期执政地位，以解决党内突出问题为基本出发点，以革命精神和斗志而进行的自我警醒、自我反思和自

---

① 沈传亮：《把党的伟大自我革命进行到底》，《党建研究》2020 年第 5 期。

② 黄蓉生、方建：《勇于自我革命与新时代中国共产党的历史使命》，《西南大学学报》（社会科学版）2020 年第 1 期。

③ 赵绪生：《论新时代中国共产党的自我革命》，《中共中央党校学报》2018 年第 5 期。

我教育，并在此基础上不断实现自我净化、自我纠正和自我革新，最终达到自我提升、自我巩固和自我完善的政治行动。”①

要说自我革命的实践威力，新时代全面从严治党就是推进党的自我革命的最真实最具体也最有说服力的体现。党中央把全面从严治党纳入“四个全面”战略布局，以前所未有的勇气和定力推进党风廉政建设和反腐败斗争，刹住了一些多年未刹住的歪风邪气，解决了许多长期没有解决的顽瘴痼疾，清除了党、国家、军队内部存在的严重隐患，管党治党宽松软状况得到根本扭转，探索出依靠党的自我革命跳出历史周期率的成功路径。全面从严治党取得的成就是历史性、开创性的，产生的影响是全方位、深层次的。全面从严治党是新时代党的自我革命的伟大实践，开辟了百年大党自我革命的新境界。“新时代党的自我革命极其鲜明地体现在全面从严治党力挽狂澜，从根本上扭转了管党治党宽松软状况，校正了党和国家前进的航向，解决了党和国家事业发展带有全局性、根本性、方向性问题。”② 围绕自我革命所形成的话语和理论体系，在推动新时代党的建设上起到了至关重要的创新引领作用。

还可以看出，党的自我革命的内涵是多维的，甚至还可以在个体的维度上使用，比如在纪念周恩来同志诞辰120周年座谈会上的讲话中，习近平总书记称周恩来是“自我革命、永远奋斗的杰出楷模”；还指出，“中央政治局要在开展批评和自我批评方面为全党作表率，做勇于自我革命的战士”。有学者指出，自我革命作为中国共产党独特的话语表达，蕴含着不同维度的话语逻辑。③

---

① 唐皇凤、任婷婷：《新中国70年中国共产党的自我革命：实践历程、基本经验与战略路径》，《江苏社会科学》2019年第5期。

② 肖培：《坚持敢于斗争 勇于自我革命》，载《〈中共中央关于党的百年奋斗重大成就和历史经验的决议〉辅导读本》，人民出版社2021年版，第455页。

③ 张瑾、曾繁灼：《新中国成立70年来中国共产党自我革命的话语逻辑》，《岭南学刊》2019年第6期。

二、自我革命的战略思想

(一) 跳出历史周期率的第二个答案

跳出治乱兴衰的历史周期率，始终是中外历史上各个政权的一大难题，也是国际共产主义运动中的一个课题。自延安时期开始，中国共产党人就把解决这个问题作为一个重大命题进行思考和探索。历史地看，中国共产党人最先找到的答案就是人民监督。在通过接受人民监督保持自身生机活力上，无论是在革命时期、建设时期还是改革开放以来，中国共产党人都切实采取了许多重大措施，有效增强了党和国家政治局面的团结奋斗，有力推动了党和人民事业的蓬勃发展。进入中国特色社会主义新时代，围绕解决党长期执政面对的严峻考验和严峻挑战，以习近平同志为核心的党中央从党的自身性质、历史使命出发深刻洞察管党治党问题，从外部因素和内部因素的辩证关系上，创造性提出党的自我革命的重要思想，开辟了党跳出治乱兴衰历史周期率的新面向。在党的十九届六中全会上，习近平总书记指出，我们党历史这么长、规模这么大、执政这么久，如何跳出治乱兴衰的历史周期率？毛泽东同志在延安的窑洞里给出了第一个答案，这就是“只有让人民来监督政府，政府才不敢松懈”。经过百年奋斗特别是党的十八大以来新的实践，我们党又给出了第二个答案，这就是自我革命。党的二十大报告又以总结新时代党的建设取得的重大成就的形式，指出：“经过不懈努力，党找到了自我革命这一跳出历史周期率的第二个答案，自我净化、自我完善、自我革新、自我提高能力显著增强，管党治党宽松软状况得到根本扭转，风清气正的党内政治生态不断形成和发展，确保党永远不变质、不变色、不变味。”需要指出的是，“找到了”第二个答案，并不意味一定能够借此而“成功跳出”历史周期率；跳出历史周期率是作为一个警示性的命题而存在的，只要历史仍在发展，历史周期率也就依然存在，因而也就不能说跳出了它。这是历史唯物主义者应当铭记在心的。

与第一个答案相比，第二个答案发挥其效力的深层机理在何处呢？自我革命是淬炼马克思主义政党先进性和纯洁性的要义所在。2018 年 6 月 29 日，习近平总书记在主持中共中央政治局就加强党的政治建设举行第六次集体学习时指出："马克思主义政党具有崇高政治理想、高尚政治追求、纯洁政治品质、严明政治纪律。"我们党是用马克思主义武装起来的政党，先进性和纯洁性是马克思主义政党的本质属性。但我们也深知，先进的马克思主义政党的先进性不是天然生成的，而是在不断自我革命中淬炼而成的。我们党只有本着彻底的唯物主义精神检视自身，坚持真理、修正错误，不断清除一切损害党的先进性和纯洁性的因素，才能确保永远立于不败之地。这就是为什么我们党作为马克思主义政党要进行自我革命的规律性要求所在。正是从这一规律性要求出发，可以深刻认识到，党的伟大不在于不犯错误，而在于从不讳疾忌医，积极开展批评和自我批评，敢于直面问题，勇于自我超越。只要不断清除一切损害党的先进性和纯洁性的因素，不断清除一切侵蚀党的健康肌体的病毒，就一定能够确保党不变质、不变色、不变味，确保党在坚持和发展中国特色社会主义的历史进程中始终成为坚强领导核心。因而，习近平总书记强调，党和人民事业发展到什么阶段，全面从严治党就要跟进到什么阶段，坚持严字当头，把严的要求贯穿管党治党全过程，以自我革命的政治勇气着力解决党内存在的突出问题，做到管党有方、治党有力、建党有效。党的二十大报告郑重强调："全党必须牢记，全面从严治党永远在路上，党的自我革命永远在路上，决不能有松劲歇脚、疲劳厌战的情绪，必须持之以恒推进全面从严治党，深入推进新时代党的建设新的伟大工程，以党的自我革命引领社会革命。"

（二）引领社会革命的内在逻辑

习近平总书记在十九届中央纪委三次全会上发表的重要讲话中指出："在进行社会革命的同时不断进行自我革命，是我们党区别于其他政党最显著的标志，也是我们党不断从胜利走向新的胜利的关键所在。"在改造客观世界的同时自觉改造主观世界，通过改造主观世界以更好改造客观世界，这就是我们党作为马克思主义政党以自我革命引领社会革命的内在逻辑。我们党领导人民所推进的伟大社会革命是一项极为崇高而艰巨的事业，为了顺利推动伟大社会革命，党必须不断变革自身，以适应履行领导责任的需要。在中国特色社会主义新时代，推进社会革命向党提出的要求更高、挑战更多，有许多理论和实践问题都是前人没有碰到过的。比如，在全面深化改革上，“冲破思想观念束缚，突破利益固化藩篱，坚决破除各方面体制机制弊端”，不但需要我们党有高超的政治智慧与谋略推进改革，也需要我们党以自身组织的和机制的调整，从而有效引领这样的变革。再比如，在全面依法治国上，推进司法体制改革，建设法治国家、法治政府、法治社会等，所要求的不仅是法治体系方面的变革，更要以党领导法治的变革与调整为其现行。这些就充分说明，有效解决前进中遇到的各种重大理论与实践问题，都需要我们党牢牢把握以自我革命引领社会革命的历史逻辑，把握历史脉动，增强历史主动。

党的二十大报告所揭示的新时代伟大成就和变革，深刻展现了“以自我革命引领社会革命”的内在逻辑。我们党通过全面从严治党增强自身的生机活力，通过坚持和加强党的领导增强全党的领导能力，而党的生机活力与领导能力的增强，是解释新时代取得的历史性成就、发生的历史性变革的重要原因。从“以自我革命引领社会革命”视角出发，我们可以更深刻理解党的二十大报告所指出的“走过百年奋斗历程的中国共产党在革命性锻造中更加坚强有力，党的政治领导力、思想引领力、群众组织力、社会号召力显著增强”与“改革开放和社会主义现代化建设深入推进，书写了经济快速发展和社会长期稳定两大奇迹新篇章”之间内在的不可分割的联系。这也就充分印证了习近平总书记曾指出的一个深刻道理：在新时代，我们党必须以党的自我革命来推动党领导人民进行的伟大社会革命，把党建设成为始终走在时代前列、人民衷心拥护、勇于自我革命、经得起各种风浪考验、朝气蓬勃的马克思主义执政党，这既是我们党领导人民进行伟大社会革命的客观要求，也是我们党作为马克思主义政党建设和发展的内在需要。

（三）坚持人民至上的必然要求

自我革命极其伟大，也极具挑战性；它所要求的是壮士断腕的勇气、刀刃向内的决心，破除的是僵化的思维和固化的利益，对“自我”的要求极高。无论在中国历史还是世界历史上，为什么都出现过那么多政权政党的“行而不能至”“知而不能止”情况，反复出现“后人哀后人”的历史悲剧？根本在于难以跳出利益的窠臼、摆脱不了利益上的和思想上的局限。那么，中国共产党何以能够拥有自我革命的勇气和底气？最根本的来自于党对“为了谁，依靠谁，我是谁”的深刻思考。“无我方能成大我”，习近平总书记指出：“中国共产党根基在人民、血脉在人民、力量在人民。中国共产党始终代表最广大人民根本利益，与人民休戚与共、生死相依，没有任何自己特殊的利益，从来不代表任何利益集团、任何权势团体、任何特权阶层的利益。”① 这道出了马克思主义政治学最公开的秘密。

在二十大报告中，坚持人民至上等相关论述得到了反复陈述，比如，在讲到“开辟马克思主义中国化时代化新境界”时，相关的表述是：“人民性是马克思主义的本质属性，党的理论是来自人民、为了人民、造福人民的理论，人民的创造性实践是理论创新的不竭源泉。一切脱离人民的理论都是苍白无力的，一切不为人民造福的理论都是没有生命力的。”“要增强问题意识，聚焦实践遇到的新问题、改革发展稳定存在的深层次问题、人民群众急难愁盼问题、国际变局中的重大问题、党的建设面临的突出问题，不断提出真正解决问题的新理念新思路新办法。”这支撑的是推进马克思主义中国化时代化也不能僵化、凝固的考虑。在讲到“坚决打赢反腐败攻坚战持久战”时，相关的表述是：“以零容忍态度反腐惩恶，更加有力遏制增量，更加有效清除存量，坚决查处政治问题和经济问题交织的腐败，坚决防止领导干部成为利益集团和权势团体的代言人、代理人，坚决

---

① 习近平：《在庆祝中国共产党成立100周年大会上的讲话》（2021年7月1日），《求是》2021年第14期。

治理政商勾连破坏政治生态和经济发展环境问题，决不姑息。”特别是提出“反腐败是最彻底的自我革命”，进一步明确宣示了党的自我革命的最大敌害所在。这支撑的是推进党和国家事业发展坚决不能出现利益固化藩篱的考虑。一旦我们从内在机理上思考清楚了坚持人民至上何以对于推进自我革命如此重要，我们也就思考清楚了自我革命对于我们党何以如此重要。这的确是事关党的性质、颜色的根本性问题。“中国共产党在世界形势深刻变化的历史进程中始终走在时代前列，在应对国内外各种风险和考验的历史进程中始终成为全国人民的主心骨，在坚持和发展中国特色社会主义的历史进程中始终成为坚强领导核心”，支撑着这个判断和要求的，是中国共产党永不停息的自我革命。

（四）自我革命的重大意义

习近平总书记在新时代党的建设新的伟大工程语境中创造性提出自我革命重大命题，展开多方面的重要论述，形成了关于党的自我革命的战略思想，在新时代管党治党伟大实践中展现巨大威力。习近平总书记关于党的自我革命战略思想以其独创性的话语表达和时代性的深刻考量，为马克思主义建党学说增强了原创性的理论内容，具有极其重大而丰富的政治意义与理论意义。

其一，拓展了管党治党的理论纵深

在习近平总书记关于党的自我革命重要论述中，通过强调推进党的自我革命，特别是强调以党的自我革命引领社会革命等重要论述，我们党的“管党治党”与“治国理政”这两种最重要的领导举措之间深层次关系就被深刻地揭示出来了。深刻体会习近平总书记的相关重要论述，如“要把新时代坚持和发展中国特色社会主义这场伟大社会革命进行好，我们党必须勇于进行自我革命，把党建设得更加坚强有力”，“坚持以伟大自我革命引领伟大社会革命，健全党的领导制度体系，深化党的建设制度改革，完善全面从严治党制度，坚决扭转一些领域党的领导弱化、党的建设缺失、管党治党不力状况，使党始终成为中国特色社会主义事业的坚强领导核心”等等，就可以认识到，作为自我革命举措的“管党治党”对于作为社会革命举措的“治国理政”，不仅具有重要政治保障作用，而且还具有重要政治引领作用。这就把管党治党的理论纵深，从党自身建设上升到了无产阶级政党实现自身历史使命的战略谋划与政治自觉的高度。

其二，揭示了党长期执政的深刻道理

习近平总书记深知“生于忧患，死于安乐”的道理，思考“我们党作为百年大党，如何永葆先进性和纯洁性、永葆青春活力，如何永远得到人民拥护和支持，如何实现长期执政”，是习近平总书记作为马克思主义政治家始终念兹在兹的一个根本性问题。对于如何跳出治乱兴衰的历史周期率，习近平总书记在毛泽东同志于延安时期提出的“让人民来监督政府”的第一个答案的基础上，提出了“自我革命”是第二个答案。党的自我革命战略思想中激荡着一种事关党的生死存亡的“生命意识”。作为自我革命的第二个答案，对于政治安全与政权安全的沉思更加具有历史的厚重感，站在了新的历史高度。比如，对于中国古代王朝政权屡屡出现的“功成名就时做到居安思危、保持创业初期那种励精图治的精神状态不容易，执掌政权后做到节俭内敛、敬终如始不容易，承平时期严以治吏、防腐戒奢不容易，重大变革关头顺乎潮流、顺应民心不容易”现象，对于中国历史上屡屡出现的“后人复哀后人”的现象，以党的自我革命战略思想为指引，新时代中国共产党人就能够更加保持历史的清醒、增强全面从严治党的坚定，从而更进一步增强历史自信、把握历史主动。通过提出第二个答案，习近平总书记深刻阐明了，只要我们党能够始终保持马克思主义政党本色，以铁的决心、铁的举措清除来自内部的侵害侵蚀，我们党就一定能够防止出现“祸起萧墙”现象，防止出现“霸王别姬”结局。同时，这也就在某种程度上破除了过去一度形成的那种认为“一党执政无法解决自身问题”的错误认识，增强了我们的“四个自信”，增强了坚持走中国特色社会主义政治发展道路的坚定决心，为构建政党政治的自主知识体系提供了核心话语。

其三，增强了正视党内问题的政治勇气

中国共产党人作为革命者的革命之本义，是中国共产党人作为革命的主体勇于推动社会变革、推进发展进步的行动举措，而在党的建设语境中提出自我革命，意在强调以追求“凤凰涅槃”态度对待自身存在的问题，并勇于变革自身的行动举措。在党的自我革命中，党自身既是革命的主体又是革命的客体，因而自我革命也就包含了以革命的精神对待自身存在的问题从而将问题解决得彻底的要求。正是在这样的意义上，习近平总书记提出自我革命的重大命题，进一步强化了正视党内存在的问题的政治勇气。正如习近平总书记指出的“坚持自我革命精神，关键要有正视问题的自觉和刀刃向内的勇气”，也正如党的十九届六中全会通过的《中共中央关于党的百年奋斗重大成就和历史经验的决议》中指出的：“党的伟大不在于不犯错误，而在于从不讳疾忌医，积极开展批评和自我批评，敢于直面问题，勇于自我革命。”与此同时，也正是借助于自我革命及相关话语的传播，中国共产党人作为革命者所应有的革命精神在新时代得以重新激活和广泛使用，从而就与自革命年代开始就不断累积发展的革命话语、革命精神形成了深刻的共鸣，为中国共产党人保持“革命人永远是年轻”的精气神，提供了强有力的保障。这种革命精神，对于中国共产党人永葆蓬勃朝气、浩然正气、昂扬锐气是须臾不可离的。正所谓：“自我革命精神是党永葆青春活力的强大支撑。先进的马克思主义政党不是天生的，而是在不断自我革命中淬炼而成的。”

其四，赋予了从严管党治党更加充分的政治正当性

自我革命的真谛在于，以革命之精神求自我之焕新，这是一种站在全党全局的大公大义。对于新时代全面从严治党这样一个推进如此着力、改变如此急剧、影响如此深远的管党治党举措而言，如果没有自我革命的大公大义为其基础与支撑，势必要遭受巨大的障碍与阻力。“新时代全面从严治党开辟百年大党自我革命新境界”“全面从严治党永远在路上、党的自我革命永远在路上”“反腐败是最彻底的自我革命”等重大论断，无不反映和体现了党的自我革命战略思想提供给新时代全面从严治党的充分的、无可置疑的政治正当性。也正是因为党的自我革命蕴含着一种事关全局和根本的大公大义，从而它也就为更好地塑造新时代中国共产党人的形象提供了巨大助力。比如，“我们党之所以有自我革命的勇气，是因为我们党除了国家、民族、人民的利益，没有任何自己的特殊利益”，“坚决防止领导干部成为利益集团和权势团体的代言人、代理人”，这既深刻揭示了自我革命的内在道理，又有助于深刻强化中国共产党人一以贯之的无私无畏、大智大勇的政治形象，对于我们党推进人民事业、进行治国理政，具有极大助益。

其五，彰显了中国共产党人进行自我锻造的至高要求

习近平总书记关于党的自我革命的战略思想，是坚持“两个结合”、进行理论创造的一个范例。在个体层面而言，坚持自我革命的最高境界就是以彻底的唯物主义精神检视自身、常思己过，而这与中华优秀传统文化中所强调的理想人格养成中的“君子检身，常若有过”的价值取向是高度一致的。在习近平总书记关于党的自我革命的重要论述中，蕴含着中华优秀传统文化关于理想人格养成的诸多价值理念如“革故鼎新”“尊道贵德”“知行合一”，以及其中所包含的“苟日新，又日新，日日新”“修己以安人”“反求诸己”要求等。比如，习近平总书记指出：“一旦有了‘心中贼’，自我革命意志就会衰退，就会违背初心、忘记使命，就会突破纪律底线甚至违法犯罪。”对此就要勇于破除“心中贼”，真正做到“以内无妄思保证外无妄动”。

还需要指出的是，如何应对执政考验、实现长期执政，是任何国家的政党特别是执政党都必须认真面对的重大课题。习近平总书记关于党的自我革命的重要战略思想，在指引中国共产党永葆生机活力的同时，也为其他国家的政党解决自身存在的问题提供了重要参考和启发，为世界政党政治与人类政治文明发展进步作出了创造性贡献。

大国之兴

China's Renaissance

使命型政党与中国式现代化

Mission-oriented Political Party and
Chinese Modernization

下　篇

中国式现代化

导言　从中国式的现代化道路到中国式现代化新道路

习近平总书记在庆祝中国共产党成立 100 周年大会上发表的重要讲话中指出："我们坚持和发展中国特色社会主义，推动物质文明、政治文明、精神文明、社会文明、生态文明协调发展，创造了中国式现代化新道路，创造了人类文明新形态。"作出这样的论断并非空穴来风，而是有着深厚的话语渊源。这个渊源最明显而直接地可以追溯到 1979 年 3 月 30 日邓小平在党的理论工作务虚会上的讲话。在这次重要讲话中，邓小平明确指出："过去搞民主革命，要适合中国情况，走毛泽东同志开辟的农村包围城市的道路。现在搞建设，也要适合中国情况，走出一条中国式的现代化道路。"如此，研究思考新时代"中国式现代化新道路"就有了一个重要的视角，即从改革开放之初的"中国式的现代化道路"看新时代"中国式现代化道路"坚持了什么而又丰富了什么，这对于更具历史感地审视"中国式现代化道路"并深化相关思考，无疑是十分必要而又大有裨益的。

一、从世界历史角度对中国式现代化认识的发展

中国是在世界历史的行列中走向现代化的，必须从世界历史、世界交

往的高度来观察、把握中国的现代化。① 早在改革开放之初，中国领导人和思想理论界就深刻认识到，中国的现代化绝非仅属于中国自身的现代化，而是有着世界历史的意义。这是因为，实现现代化本身就意味着赶上世界先进的生产力水平，因而绝不能够关起门来搞建设，绝不能够自说自话，而必须将中国放置于世界现代化发展水平的整体框架中来衡量并实施合理的发展战略加以追赶。因而，当邓小平等提出“中国式的现代化道路”的时候，实际上已经暗中包含了一个从世界现代化发展水平中审视中国的思维模式；而提出“中国式”的现代化，也就包含了当时对于中国实现现代化（达到世界先进水平）的难度之大、过程之长的充分认识，因而，“中国式的现代化道路”这一提法中，包含着某种谦虚的、内敛的、稳慎的政治考量。有研究指出，“中国式的现代化”目标的提出，使我们对发展方向的认识建立在了一个更加现实、更具可行性的现实基础上，使党对现代化建设的领导更具针对性和主动性。② 这既是对于以往提出的那种“超英赶美”的不切实际的目标的纠偏，也是对“文革”后一度出现的“洋跃进”的纠偏。

实际上，从深圳特区的设立中，也可折射出中国式现代化道路在世界范围的优势与特点。有研究指出，特区实践充分证明了社会主义市场经济的现代化战略模式和改革的有序化、渐进化、非均衡化和代价最小化的现代化战术模式是成功的，是符合中国“人口多、底子薄、生产力落后”的国情的，这是特区人民坚持邓小平“走自己的路，建设有中国特色社会主义”的伟大胜利。③ 再进一步深入思考，特区实际上肩负着走出中国式现代化道路或中国式现代化新道路的重任。有研究指出：“中国经济特区的命运与中国的现代化进程紧紧相连，特区的历史进程也就是中国人民的一

---

① 陈铁民：《邓小平“中国式现代化”理论的世界历史意义》，《厦门大学学报》（哲学社会科学版）1998 年第 4 期。

② 王均伟：《中国式的现代化，要从中国的特点出发——国情认识与发展目标》，中共中央文献研究室科研管理部编：《新中国 60 年研究文集》（3），中央文献出版社 2009 年版，第 270 页。

③ 杨立勋：《从特区看中国式现代化道路》，《南方经济》1994 年第 11 期。

次思想与观念的大解放、理论的大革命、制度的大革新与经济的大发展的进程，其实质也就是中国人民走向现代化的过程。”①

在中国特色社会主义新时代，考量习近平总书记提出的中国式现代化新道路，我们应认识到，一方面，这个提法本身仍然坚持从世界维度审视中国的现代化建设事业，这是因为中国特色社会主义道路本身就是从改革开放中走出来的一条道路，并且是在新时代越走越强调开放性的一条道路。因而，世界维度仍然是支撑中国式现代化新道路成立的首要维度。另一方面，更重要的是，中国式现代化新道路较之于中国式现代化道路又有了更加丰富的世界历史发展历程与内涵界定。这是因为中国式现代化新道路是在21世纪的第二个10年提出的，而在此前的80多年间（自“二战”以来），特别是此前的30多年间（自冷战结束以来），人类历史已经见证了多种现代化道路与模式的起起落落。西方现代化道路（主要是美国道路）自“二战”之后一时间风光无比，但移植到拉美等国家却导致了十分严重的经济社会后果，在2008年国际金融危机之后，这一道路更是广泛受到质疑；苏联模式自“二战”之后一度广受关注与好评，但是后来却因停滞僵化而遭到质疑，以至于最后轰然解体，退出世界历史舞台。相比之下，尽管起点很低、起步较晚，但中国在现代化建设之路上却走得稳健得多、成功得多。在世界历史上，没有哪个国家能够像中国这样，在如此短的时间内从如此低的起点而发展到今天的程度，并且至今仍然大体上保持了某种发展势能。在这样的历史情势下，提出中国式现代化新道路，标志着中国共产党对于其领导中国现代化建设走过的道路的极大肯定，这背后代表的是一种深思熟虑之后的自信、淡定与从容。就世界性而言，这条道路不仅为中国所坚持，也为世界上那些既希望加快发展又希望保持自身独立性的国家和民族提供了全新选择，同时也足以让世界上那些先发国家对于自身的发展形成某些反思。

---

① 封小云：《中国式现代化新质的诠释——评〈走向现代化〉一书》，《经济学前沿》2001年第5期。

二、从更广文明视野对中国式现代化认识的发展

尽管改革开放的初衷，就是要从物质上、生产力水平上赶上发达国家（当然主要指的是发达的资本主义国家），但当时的中国领导人并没有因此而丧失思想文化和意识形态上的清醒与自觉。正如邓小平在1979年3月30日党的理论工作务虚会上所讲的："资本主义无论如何不能摆脱百万富翁的超级利润，不能摆脱剥削和掠夺，不能摆脱经济危机，不能形成共同的理想和道德，不能避免各种极端严重的犯罪、堕落、绝望。"正是在这样的反思中，"中国式的现代化道路"已经开始包含了"两手抓、两手都要硬"的发展思路，并且不断丰富深化。比如，叶剑英在庆祝中华人民共和国成立30周年大会上的讲话指出："我们要在改革和完善社会主义经济制度的同时，改革和完善社会主义政治制度，发展高度的社会主义民主和完备的社会主义法制，我们要在建设高度物质文明的同时，提高全民族的教育科学文化水平和健康水平，树立崇高的革命理想和革命道德风尚，发展高尚的丰富多彩的文化生活，建设高度的精神文明。这些都是我们社会主义现代化的重要目标，也是实现四个现代化的必要条件。"[①] 又比如，1979年10月30日邓小平在中国文学艺术工作者第四次代表大会上发表祝词时提出："我们要在建设高度的物质文明的同时，提高全民族的科学文化水平，发展高尚的丰富多彩的文化生活，建设高度的社会主义精神文明。"1985年9月23日他再次强调："不加强精神文明的建设，物质文明的建设也要受破坏，走弯路。光靠物质条件，我们的革命和建设都不可能胜利。"

"两个文明"的协调当然是中国式现代化新道路的重要特征，正如习近平总书记指出的，中国式现代化的重要特征之一就是"物质文明和精神文明相协调"。[②] 然而，在中国式现代化道路所包含的文明内涵基础之

① 中共中央文献研究室编：《三中全会以来重要文献选编》（上），人民出版社1982年版，第233—234页。

② 习近平：《把握新发展阶段，贯彻新发展理念，构建新发展格局》，《求是》2021年第9期。

上，中国式现代化新道路又大为发展了。这主要表现在：其一，经过改革开放 40 多年的积累，特别是新时代的集中强化与大力弘扬，在 5000 多年文明发展中孕育的中华优秀传统文化，在党和人民伟大斗争中孕育的革命文化和社会主义先进文化，成为中国推进现代化建设的巨大精神财富和强大精神动力，这三种文化在中国式现代化建设中的叠加累积，已经从精神层面构成了中国式现代化的根本文明支撑。特别是在中华文明与中国式现代化的关系上，我们形成了新的更深刻的理解："中国式现代化赋予中华文明以现代力量，中华文明赋予中国式现代化以深厚底蕴，中国式现代化是中华民族的旧邦新命，必将推动中华文明重焕荣光。"① 其二，中国式现代化新道路中所包含的新型国家制度、新型政党制度、全过程人民民主、协商民主、基层民主等文明要素，以及推进国家治理体系和治理能力现代化中所包含的增进团结统一、集中力量办大事等文明要素，共同构成了重要的制度文明要素，从而超越了那种以对立、分离、竞争为主旨的制度设计。其三，中国式现代化新道路又是在坚持和平、发展、公平、正义、民主、自由的全人类共同价值中成功走出来的现代化新道路。在发展方略上，它坚持和平发展道路，积极构建人类命运共同体，超越了那种"霸以强国""国强必霸"的旧逻辑；在发展观念上，它坚持文明交流互鉴，强调尊重多样性，超越了那种"西方中心论""单边主义""文明冲突论"。所有这些，在一定程度上支撑起了中国式现代化所创造的新型文明形态。有研究指出："中国式现代化是一种超越了资本主义文明的新现代性类型，它在让古老中华文明再度焕发青春的同时，也在积极回答'世界怎么了，我们怎么办'的时代之问的过程中创造着人类文明新形态。"②

三、从美好生活维度对中国式现代化认识的发展

在改革开放之初的中国式现代化道路语境中，"尽快让人民过上好日

① 中共中央党史和文献研究院编：《习近平关于中国式现代化论述摘编》，中央文献出版社 2023 年版，第 71 页。

② 唐爱军：《中国式现代化与人类文明新形态》，《中国社会科学报》2021 年 8 月 26 日。

子、真正体现出社会主义优越性”成为推动改革开放和现代化建设最直接、最有说服力的原因，也是中国式现代化道路给自己设定的“小目标”所在。而正是这种让人民生活得更好的初心，缓和了过去的那些种种不切实际的“壮志雄心”，广泛赢得了党心民心，从而为党和国家事业的发展提供了充分的动力支持。邓小平指出：“外国人议论中国人究竟能够忍耐多久，我们要注意这个话。我们要想一想，我们给人民究竟做了多少事情呢？”① 还说：“社会主义不是比资本主义优越吗？不优越叫什么社会主义。”又说：“我们太穷了，太落后了，老实说对不起人民。我们现在必须发展生产力，改善人民生活条件。”② 当时提出的中国式现代化中所包含的小康目标，其实就是希望通过现代化建设尽快让人民过上“虽不富裕但日子好过”的生活。

秉承这一意旨，在中国式现代化新道路这里，初步而普遍地让人民过上好日子成为一个必须实现的基本目标，打赢脱贫攻坚战、全面建成小康社会体现的就是这样的努力。与此同时，在习近平新时代中国特色社会主义思想中，关于“什么是好日子”的认识还得到了新的认识升华。这种认识升华，习近平总书记称之为“美好生活”。他指出：“我们的人民热爱生活，期盼有更好的教育、更稳定的工作、更满意的收入、更可靠的社会保障、更高水平的医疗卫生服务、更舒适的居住条件、更优美的环境，期盼着孩子们能成长得更好、工作得更好、生活得更好。人民对美好生活的向往，就是我们的奋斗目标。”③ 为了从理论上为美好生活论提供支撑，在十九大报告中，习近平总书记作出“中国特色社会主义进入新时代，我国社会主要矛盾已经转化为人民日益增长的美好生活需要和不平衡不充分的发展之间的矛盾”的重大政治论断。这个论断，对于更好满足人民群众在民主、法治、公平、正义、安全、环境等方面日益增长的要求，更有力破解发展不平衡不充分的问题，更好推动人的全面发展、社会全面进步，具有

---

① 中共中央文献研究室编：《邓小平思想年谱》（1975—1997），中央文献出版社 1998 年版，第 80 页。
② 中共中央文献研究室编：《邓小平思想年谱》（1975—1997），中央文献出版社 1998 年版，第 81 页。
③ 《习近平谈治国理政》（第一卷），外文出版社 2018 年第 2 版，第 4 页。

重大理论和现实意义。美好生活论是好日子论在中国特色社会主义新时代的升级版，它切实体现了中国式现代化新道路所代表的“发展良心”。实际上，从人类现代化进程看，推进现代化是一回事，能否体现“发展良心”是另外一回事。在许多国家，资本主导的发展损害人民的利益，城市为主的发展损害乡村的利益，短期畸形的发展损害长远发展利益的现象屡见不鲜。这反过来从“能否为人民创造美好生活”这一标准出发衡量各国现代化水准，从而为发现中国式现代化新道路的独特魅力提供了新的思路。现代化应当有一个金标准，这就是：“检验我们一切工作的成效，最终都要看人民是否真正得到了实惠，人民生活是否真正得到了改善，人民权益是否真正得到了保障。”①

四、从社会性质维度对中国式现代化认识的发展

有研究指出：“中国式的现代化，既以世界现代化的一般规律为指导，又要体现社会主义的特殊本质。”② 中国的改革开放和现代化建设并非改弦更张、改旗易帜，而是社会主义制度的自我完善和优化，这是邓小平等一开始就考虑得十分清楚的。他指出：“我们干四个现代化，人们都说好，但有些人脑子里的四化同我们脑子里的四化不同。我们脑子里的四化是社会主义的四化。他们只讲四化，不讲社会主义。这就忘记了事物的本质，也就离开了中国的发展道路。这样，关系就大了。在这个问题上我们不能让步。”③ “坚持社会主义，是一个很重要的问题。如果十亿人的中国走资本主义道路，对世界是个灾难，是把历史拉向后退，要倒退好多年。”④ 邓小平之所以强调这些，是因为：“从生产力发展的角度来看，不同制度的国家

① 中共中央党史和文献研究院编：《习近平关于中国式现代化论述摘编》，中央文献出版社 2023 年版，第 82 页。

② 童建挺：《中国式的现代化——邓小平现代化理论初探》，《当代世界社会主义问题》1998 年第 4 期。

③ 《邓小平文选》（第三卷），人民出版社 1993 年版，第 204 页。

④ 《邓小平文选》（第三卷），人民出版社 1993 年版，第 158 页。

进行的现代化有共同之处。但是，实现现代化不是单纯发展生产力，它同生产关系和社会制度是密切相关的。”① 坚持现代化的社会主义性质和方向，这是包含在中国式现代化道路中的极为重要的内容。中国40多年改革开放的持续成功推进，与此有莫大关系。

在中国式现代化新道路这里，坚持社会主义的性质和方向，同样也是一个至关重要的定性要素。对此，习近平总书记有着十分坚定而清醒的认识。他指出：“中国特色社会主义是社会主义而不是其他什么主义，科学社会主义基本原则不能丢，丢了就不是社会主义。”“我们要建设的是中国特色社会主义，而不是其他什么主义。历史没有终结，也不可能被终结。中国特色社会主义是不是好，要看事实，要看中国人民的判断，而不是看那些戴着有色眼镜的人的主观臆断。”② 更值得关注和思考的是，对于社会主义性质和方向，中国式现代化新道路不仅坚持，而且从如何更好体现社会主义性质和方向上进行了发展。比如，在党的领导与社会主义现代化的关系上，邓小平说得很明确：“中国由共产党领导，中国的社会主义现代化建设事业由共产党领导，这个原则是不能动摇的；动摇了中国就要倒退到分裂和混乱，就不可能实现现代化。”③ 而习近平总书记则进一步深刻指出：“中国特色社会主义最本质的特征是中国共产党领导，中国特色社会主义制度的最大优势是中国共产党领导，党是最高政治领导力量。”还指出：“中国的最大国情就是中国共产党的领导。什么是中国特色？这就是中国特色。”④ 这就深刻阐明了先进政党领导对于社会主义现代化的保证作用。再比如，习近平总书记阐述了推进共同富裕在保证和体现社会主义本质要求方面的重要作用。他指出：“共同富裕是社会主义的本质要求，是中国式现代化的重要特征。”他还指出：“在全面建设社会主义现代化国家新征程

① 张志铮：《中国式的现代化道路》，《中山大学学报》1980年第2期。

② 中共中央党史和文献研究院编：《十八大以来重要文献选编》（下），中央文献出版社2018年版，第349页。

③ 《邓小平文选》（第二卷），人民出版社1994年版，第267页。

④ 习近平：《中国共产党领导是中国特色社会主义最本质的特征》，《求是》2020年第14期。

中，我们必须把促进全体人民共同富裕摆在更加重要的位置。”强调：“践行以人民为中心的发展思想，发展全过程人民民主，维护社会公平正义，着力解决发展不平衡不充分问题和人民群众急难愁盼问题，推动人的全面发展、全体人民共同富裕取得更为明显的实质性进展！”① 党的二十大报告中的一句总结性的表述就是：“中国式现代化，是中国共产党领导的社会主义现代化。”

总之，从政治理论与学术研究的文献资料看，中国式现代化道路提出之后不久，其思想理念被自邓小平理论开启的中国特色社会主义理论体系所吸收，而这一提法使用频率和被研究频率也并不高。如今，时隔 40 多年，习近平总书记提出中国式现代化新道路，这既是对改革开放和现代化建设事业开启者们的一种崇高致敬，也是对中国自身发展道路的一种更高的总结提炼。邓小平用“中国式的现代化道路”这一概念强调中国的现代化是不同于西方国家的、符合中国实际的社会主义现代化。如今中国式现代化新道路以此为内核又丰富和发展了许多新的内容，从而为坚定走自己的路、破除西方话语霸权、树立“四个自信”提供了更加坚实的思想理论基础。

习近平总书记在党的二十大报告中指明：“在新中国成立特别是改革开放以来长期探索和实践基础上，经过十八大以来在理论和实践上的创新突破，我们党成功推进和拓展了中国式现代化。”进而他指明：“我们进一步深化对中国现代化的内涵和本质的认识，概括形成中国式现代化的中国特色、本质要求和重大原则，初步构建中国式现代化的理论体系，使中国式现代化更加清晰、更加科学、更加可感可行。”从理论星火到理论体系，对于中国式现代化，中国共产党人在新的历史方位上，展现了更强烈的历史自觉，实现了更鲜明的历史创造。这标志着中国式现代化的新拓展，标志着对中国式现代化道路认识的新高度。

---

① 习近平：《扎实推动共同富裕》，《求是》2021 年第 20 期。

第十章　政党领导与中国式现代化

从人类现代化的一般规律和特点看，比推动现代化更复杂、要求更高且更关键的，是有效统筹管理现代化进程并化解其后果。钱乘旦指出："在现代化进程中，由谁来领导现代化，这个问题似乎没有引起足够的重视。但现代化的领导权问题是个相当重要的问题，在很大程度上决定一个国家现代化的道路。"① 吴忠民也指出，强弱不同的调适能力对于一个国家现代化建设的推进有着迥然不同的重要影响。较强的调适能力有助于一个国家在其现代化进程中排除许多不确定性因素的不利影响，避免现代化建设出现大起大伏的情状，减小现代化建设的成本，助推有利于现代化建设的因素的形成，扩大现代化建设的积极成果，从而保证现代化建设健康、顺利、可持续地推进。而较弱的调适能力则无法保证甚至会妨碍现代化建设的顺利推进。②

中国共产党的领导在当代中国既强力推进了现代化进程，又有效统筹管理了现代化进程，从而中国式现代化取得了令世人瞩目的成功。"中国政治的基本逻辑是政党领导国家推动现代化建设，政党领导人民建设现代

---

① 钱乘旦：《谈现代化过程中领导者力量的错位——以德国为例》，《南京大学学报》（哲学·人文·社科版）1998 年第 3 期。

② 吴忠民：《论现代化内生动力》，《教学与研究》2020 年第 11 期。

国家。政党是中国政治生活的枢纽，是国家建设的主体。”[①] 由此，中国共产党的领导是中国经济奇迹背后的政治奇迹，是中国特色社会主义现代化建设成功推进的关键所在。

从学理视角可深入思考的是：如何说中国共产党的领导是中国式现代化有效推进的关键变量，那么，中国共产党为什么能够成为这样一个关键变量，这一关键变量是如何发挥作用的呢？

一、道路和方向问题始终具有根本性全局性

道路和方向问题是关系国家现代化的根本性、全局性问题，中国共产党领导确保了现代化的正确方向，使得中国不至于犯下颠覆性错误——

“二战”以来特别是冷战结束以来，许多国家的发展教训都充分证明：道路和方向问题，是关系国家现代化的根本性、全局性问题。苏联、东欧传统社会主义国家分裂解体，一些西亚、北非国家发生“颜色革命”等，所造成的政治动荡、经济衰退、社会失序、民生凋敝等后果，实质都是道路和方向选择错误的恶果。

为什么中国既没有出现“和平演变”的剧变，也没有出现“颜色革命”的局面，且出现了“经济长期发展、社会长期稳定”的奇迹？共识性的理解是：其一，中国共产党坚持走社会主义道路。正如邓小平所说的：“在中国现代落后的状态下，走什么道路才能发展生产力，才能改善人民生活？这就又回到是坚持社会主义还是走资本主义道路的问题上来了。如果走资本主义道路，可以使中国百分之几的人富裕起来，但是绝对解决不

① 肖存良、林尚立：《中国共产党与国家建设——以统一战线为视角》，复旦大学出版社 2013 年版，第 37 页。

了百分之九十几的人生活富裕的问题。”① 这就是一个根本性的方向问题；其二，中国共产党科学回答了中国特色社会主义要实现什么样的现代化、如何实现现代化这个重大问题，证明了“现代化不等于西方化”，各国完全有可能而且十分有必要走出符合本国实际的现代化道路。我国的实践向世界说明了一个道理：治理一个国家，推动一个国家实现现代化，并不只有西方制度模式这一条道，各国完全可以走出自己的道路来。可以说，我们用事实宣告了“历史终结论”的破产，宣告了各国最终都要以西方制度模式为归宿的单线式历史观的破产。②

实际上，中国共产党对于要实现什么样的现代化有着独特而清晰的认识，中国式现代化目标具有复合性：一方面，中国式现代化是实现民族复兴的现代化；另一方面，中国式现代化又是向着理想社会目标迈进的现代化。以民族复兴为目标的现代化，“就决定了中国的现代化道路必然具有强烈的自主性，我们不可能成为西方的附庸、也不可能只是成为其他国家的加工制造基地，而是要不懈地将建立独立完整的工业体系和国民经济体系，形成强大的自主创新能力作为现代化的核心追求”。以迈向理想社会为目标的现代化，“就决定了我国的现代化必须是社会主义现代化，建立公平公正的制度体系，实现共同富裕，让人民共享现代化成果就必然成为现代化的目标要求”③。

中国共产党以其坚强有力而又灵活务实的领导，既坚定推进改革开放，又坚持了科学社会主义的基本原则，走出了一条中国特色社会主义的正确道路；保证了“中国特色社会主义是社会主义而不是其他什么主义”，推动中国特色社会主义进入新时代，使科学社会主义在21世纪焕发新的生机活力。

---

① 邓小平：《建设有中国特色的社会主义》，见《邓小平文选》（第三卷），人民出版社1993年第2版，第64页。

② 中共中央党史和文献研究院编：《习近平关于中国式现代化论述摘编》，中央文献出版社2023年版，第66页。

③ 王宗礼：《新中国成立70年来现代化中国道路及其理论超越》，《中国特色社会主义研究》2019年第4期。

要进一步思考的是：为什么中国共产党能够做到“既坚定推进改革开放，又坚定坚持科学社会主义的基本原则”？实际上，从社会发展变化的一般特征来说，改革开放所造成的政治经济社会影响与科学社会主义的基本原则的内在要求之间，在特定的社会阶段、特定的时空背景中，是存在某种张力的。如果不能有效化解这种张力，现代化发展既有可能要么退回“封闭僵化”的老路，要么误入“改旗易帜”的邪路，两者必然都会使得中国发展犯下颠覆性错误，走向“不归路”。苏联解体所提供的就是这样一个沉痛的教训。

中国共产党“既坚定推进改革开放，又坚定坚持科学社会主义的基本原则”，其中的机理在于：改革开放与科学社会主义的基本原则被放置于一个更为宏大的历史唯物主义的分析视野之中，二者在社会发展规律的层面实现了增益与互补：一方面，改革开放所带来的某些不良不利的影响，被中国共产党渐次予以统筹解决，同时其所带来的积极的、富有生机的因素，则被导入中国特色社会主义的总体布局中，成为中国特色社会主义生机蓬勃的活力和动力因子。由此，改革开放嵌入中国特色社会主义，而成为中国特色社会主义现代成长与发展必不可少的内在组成部分。另一方面，科学社会主义的基本原则被长期附加的教条主义内容，被中国共产党逐步予以消解，同时其所具有的向着人的全面发展和社会的全面进步而进发的理想主义，以及由此理想主义而催生的种种政治的、社会的、文化的和伦理道德的种种要求，又恰是当代中国解决“发展起来以后的问题”最恰切的药方，从而得以不断彰显。秦刚指出，中国共产党开创的中国特色社会主义道路，包含着科学社会主义的基本理念和原则，蕴含着现代化的基本要求，同时具有鲜明的爱国主义特征。它体现着社会主义和现代化的普适性，也体现着中国社会发展进程的特殊性。这条道路创新性的一个重要体现，就是始终根据中国现代化的进程和目标要求来推进社会主义建设，同时也始终从现代化建设的推进来考虑社会主义制度在中国的巩固和发展。[①]

① 秦刚：《中国道路：社会主义与现代化的结合》，《思想理论教育导刊》2017 年第 10 期。

中国共产党可以成功实现改革开放与科学社会主义的基本原则之间的有机结合，在于拥有一套独特的基于马克思主义原理的认知理解系统，这套认知理解系统核心就是历史唯物主义和唯物辩证法。其作用在于，使中国共产党摆脱“形而上学”的思维方式，从而形成了这样的体认：凡是有助于推动中国发展的积极因素，都可以拿来为我所用；凡是有助于推动中国发展的积极因素，它们之间就不存在根本性的矛盾；凡是有助于推动中国发展的积极因素，都是应当而且能够被结合到中国共产党领导的现代化建设事业之中的。

由此，在认知体系和行动逻辑中就形成了一个以实事求是为根本思维特质以及由这种思维特质所推演出来的一整套复杂而精妙的对中国现代化正确方向的理解和驾驭。在这样的思维特质之下，中国现代化正确方向不是预先给定的，而是动态生成的，既具有很强的方向感，同时又具有很强的调适性。“中国在自身的发展道路上坚持了‘与时俱进’的追求，始终围绕发展这一主题和大方向，不断总结经验，也不断调整已有的政策，包括修正发展中出现的偏移，保证中国道路的自我完善。”①

二、强劲持续的发展动力至为难得

发展中国家现代化建设之难，难在获得强劲的发展动力，更难在持续获得发展的强劲动力，而中国共产党的领导为中国式现代化提供了强劲且具有持续性的动力——

过去通常认为与现代化不是一回事的，甚至阻碍或耽误现代化进程的革命，至少在中国其实恰恰是现代化之必须要有的历程。也就是说，革命也是中国现代化的必不可少的重要历史阶段，同时也深刻影响了其后的现代化理念、制度与路径。黄宗智指出，由于客观历史情况，现当代中国别

① 徐康宁：《现代化国家、经济增长与中国道路》，《江海学刊》2018 年第 1 期。

无选择地只能“发明”迥异于现代西方的途径来建设足以与高渗透能力的现代西方国家（以及日本）抗衡的国家体系：通过社会动员来克服物资和财政资源的贫缺；通过高度组织化的民主集中制的庞大革命党组织来动员众多民众；通过特殊的战略，尤其是基于民众支持和情报优势的游击战和运动战来克服相对落后的军火方面的不足，与高度工业化、机械化的现代装备国民党和日本军队抗衡；通过偏僻地区的根据地，而不是城市中心地带的运输能力来与国民党和日本军队基于城市和运输枢纽的现代化驻点抗衡。最后凭此传统而来的国力和军力（虽然没有在国内战争那样的民众支持的维度和游击战维度），在朝鲜与当时世界上最强盛和现代化的美国机械化军队抗衡，并且争得了僵持拉锯的平衡局面。①

实际上，革命在现代化的特定阶段发挥了“历史的火车头”作用。发展中国家的现代化建设不会凭空到来，不会自然而然实现，总是要依赖于某种推动力量。这种推动力量，通常是在革命战争或者争取独立的战争中涌现出来的政治领导力量。基于对国家落后的惨痛感受，以及对发达国家的向往与追求，此类政治领导力量（通常也是长期执政的政党）利用自己的领导权威进行现代化动员，以推动现代化获得足够的推动力量。“二战”后许多国家一度获得较好的发展，与这种原因直接相关。中国在社会主义建设时期所推动的“赶超型”发展，也是这种发展逻辑的体现。

但是，历史的吊诡在于，发展中国家的现代化发展到一定阶段之后，就会出现解决“发展的问题”与解决“发展起来以后的问题”之间的纠缠，这种不可避免的问题纠葛，加上初步发展起来后所带来的利益和声音的多样化，通常使得主流政治力量的政治支持和社会支持遭到削弱，乃至于失去执政地位，整个国家在政治上出现“你方唱罢我登台”的西方式政党政治局面。而西方式政党政治的最大着力点，不在于国家整体性、长期性的现代化建设，而是带有强烈机会主义特征的、短期的执政绩效以及由此而来的执政机会（多数选票）。这种面向上层以维护特殊集团利益、面

① 黄宗智：《国家—市场—社会：中西国力现代化路径的不同》，《探索与争鸣》2019 年第 11 期。

向下层以“切分蛋糕、捞取选票”为特性的政治体制机制，将根本性地使得现代化发展的动力趋于减损乃至消失殆尽，甚至出现衰退。由此政党与发展的历史逻辑就变成了：政党的领导既可以是现代化的推动力量，也可能成为现代化的阻碍力量，这取决于政党自身的政治考量和利益权衡；而多样化的政党纷争，从长期看带来的多是现代化的阻碍性影响。因此，习近平总书记2018年4月13日在庆祝海南建省办经济特区30周年大会上的讲话中指出：“坚持党的领导，全面从严治党，是改革开放取得成功的关键和根本。”

显然，从新中国成立以来现代化的历程与经验看，这就产生了一个深刻的理论问题：为什么中国共产党能够始终保持对于现代化建设的强大推动力？历史逻辑与人民逻辑可以解释这个“中国现代化建设的动力学”问题：

其一，历史逻辑。中国共产党自诞生之日起，就以救国救民、强国富民为根本追求；现代化建设则是实现这一根本追求的唯一途径。因此，现代化在中国是一项国家使命，必须通过党的领导全方位推动。即便是反差如此巨大的社会主义建设时期与改革开放新时期，以推进现代化的视角观之，二者实则都是围着现代化的目标而展开的，发展心态之急迫是不相上下的。并且，改革开放时期中国现代化道路探索的历史性飞跃，得益于在坚持社会主义基础上的改革，得益于改革前奠定的制度基础为中国现代化提供稳固、持续向前的根基；在保持自身独立性的基础上的对外开放，得益于改革前奠定的物质技术基础使中国现代化具备了自主性能力。[①] 中国共产党把自己的执政地位构筑在推进现代化和民族复兴的绩效上，这在世界政党政治史上是绝无仅有的。把自己的执政合理性与合法性立基于对某种历史任务的追求与实现，而不是立基于某种政治性程序，实际上是中国共产党对人类政治文明的一个贡献，是对旧的政党政治逻辑的超越。由此，从现代化的维度看，世界上没有哪个政党能够像中国共产党这样如此长期执着而热烈追求和推动本国的现代化，并且巧妙地把实现阶段性任务目标

① 张乾元、苏俐晖：《新中国现代化建设道路的探索与道路自信》，《新疆师范大学学报》（哲学社会科学版）2019年第4期。

与实现总体性任务目标有机结合。

其二，人民逻辑。以人民幸福为初心，以民族复兴为使命，以自我革命推动社会革命，以全面从严治党保持蓬勃朝气、浩然正气和昂扬锐气，以强烈革命精神推进社会主义现代化建设，是改革开放以来特别是新时代中国共产党的领导的最鲜明特征。从政治哲学上说，人民构成了中国共产党治国理政价值主体性。但是，中国共产党之于人民，并非全然被动的、消极的服务者，而是有着积极性、主动性的行动者。中国共产党与人民之间，不是简单的“支持—回报”这样的政治利益算计，而是建立在长期血肉相连、鱼水情深的关系之上的命运共同体。中国共产党在满足人民当下和短期利益的同时，也将不断满足人民长远的、根本的利益，并且为了满足后者而对人民还将做必要的宣传教育引领工作，使得他们对于未来愿景拥有更深刻的认识和更自觉的认同。也正是在这个意义上，从命运共同体中生长出来的利益共享机制，以及由此而产生的中国发展的动力学，才是中国现代化建设源源不断获得强劲动力的奥妙所在。“政党领导下的全民总动员”成为中国特色社会主义现代化建设的显著特点，也是一大优点。陈周望指出，党对国家的领导，正是国家治理现代化的动力逻辑所在。中国共产党兼具了政治性与社会性两重性质。党作为领导党、执政党，具有领导国家的政治性质；党又是无产阶级的先锋队，代表最广大人民群众的利益，从群众中来，到群众中去，这又反映了党的社会性。在中国共产党的领导下，一方面，“发展战略和宏观政策，都可以通过党强大的组织化力量来推动实施”；另一方面，党领导一切，也是中国特定历史条件下一种具有中国特色的国家与社会互动模式。“国家力量和社会力量借助党组织的运作交融在一起，党的领导，就表现为一种充分发动广大人民群众参与的国家治理。中国共产党既具有创新能力，又具有强大的执行能力，有决心和动力引领和推动中国经济社会的发展。”①

---

① 陈周望：《国家治理现代化之路：改革开放的政治学逻辑》，《学海》2019 年第 1 期。

三、准备不足导致现代化推进不顺

一些发展中国家之所以现代化之路并不顺利，一个重要原因就是没有做好现代化必然要求的各种准备，而中国共产党的领导则为此作了相对完备的准备——

在许多发展中国家，现代化要素的进入与准备上的不充分之间的矛盾，造成了许多极为严重的社会问题，现代化之路困难重重，甚至误入歧途。那么，中国共产党的领导在中国是如何克服这些困难的呢？可从历史的视角理解这个问题。

首先，革命总体性地解决了现代化的制度准备。邓小平曾深刻指出："人们提出这样一个问题，如果中国不搞社会主义，而走资本主义道路，中国人民是不是也能站起来，中国是不是也能翻身？让我们看看历史吧。国民党搞了二十几年，中国还是半殖民地半封建社会，证明资本主义道路在中国是不能成功的。"① 资本主义道路及其之前的尝试之所以不能成功，根本在于它不能够触动旧中国社会制度层面问题。而能够真正完成这样的历史任务的，只能是中国共产党领导的、以马克思主义为指导的革命。原因在于，中国革命的最大的特征，是以对传统社会的彻底改造为前提和基础的；或者说，自太平天国运动开始的先前的一切抗争运动的失败经验充分说明，不变革传统的政治与社会形态，不建立一整套全新的政治与社会制度，就无法取得革命的成功。中国共产党领导的中国革命，就是遵循彻底改造传统政治与社会的逻辑而取得成功的。毛泽东在1925年12月1日写的《中国社会各阶级的分析》中指出："一切勾结帝国主义的军阀、官僚、

① 邓小平：《建设有中国特色的社会主义》，见《邓小平文选》（第三卷），人民出版社1993年第2版，第62页。

买办阶级、大地主阶级以及附属于他们的一部分反动知识界，是我们的敌人。”① 这里已经提出了中国革命的任务是打倒帝国主义、封建主义和官僚资本主义。打倒帝国主义，就要求打碎旧的政权体系，重新建立一整套强大而自主的国家政权体系；打倒封建主义，要求打碎旧的人与土地关系，重新建立一整套合乎中国国情实际的土地制度；打倒官僚资本主义，就要求打碎旧的资本主义性质的生产体系，重新建立一整套公有制为主体的社会化大生产体系。一句话，只有一整套社会主义的体制机制安排，才能够真正实现对旧中国的彻底改造，才能够真正实现政治经济社会形态上的全面革新。而这实际上为中国的现代化提供了一整套完全不同于资本主义的“操作系统”。

黄宗智指出，正因为其特殊的、深深扎根于社会和革命历史的国力建设路径，中国后来也不会像苏联和东欧大部分国家在转型过程中那样简单接纳“休克治疗”的方案而全盘采纳西方的模式，试图浓缩西方历时多个世纪的（从重商到“放任”，到帝国主义—殖民主义，再到全球化中的霸权）的发展路径。对中国来说，这是一个完全不可思议的选择。中国的选择是要沿着已经开辟的历史路径来建立与西方截然不同的现代化，包括其治理体系和治理能力现代化。因此：“我们无论是在关于中国古代还是现当代的政治经济体系的思考中，都需要从中国本身的历史路径、古代和革命经历出发来思考，而不是试图模仿实际上在中国不可能的西方现代化历史路径，更不用说片面化的不符实际的新自由主义理论所建构的路径。这是中国近现代历史所指向的、也是其必然的方向。它是在革命（以及受到古代影响）的原有路径上，后来添加借鉴模仿西方的进路，而不是简单地全盘模仿西方的进路。这正是中国发展道路与西方的不同，以及其之所以相当成功的关键。”②

其次，建设总体性地解决了现代化的位势进阶。中国革命的胜利，总

① 毛泽东：《中国社会各阶级的分析》，见《毛泽东选集》（第一卷），人民出版社 1991 年第 2 版，第 9 页。

② 黄宗智：《国家—市场—社会：中西国力现代化路径的不同》，《探索与争鸣》2019 年第 11 期。

体性地从政治与社会的层面扫清了中国通向现代化的巨大障碍，但是，摆在新中国面前的同样还有一个巨大障碍：物质条件的薄弱与生产力的落后。中国是一个落后国家，又经历了长期的战乱，这样的局面是无可避免的。问题的关键在于：如何克服这种生产落后的局面？中国革命所肇基的社会主义体制机制开始发挥出前所未有的潜能。由于中国革命的成功是在马克思主义指导下的、以社会主义和共产主义为理想社会目标的成功，由此，马克思主义关于政治经济社会的各种安排，就成为革命后中国政治与社会的基本模板。总体来说，就是以中国共产党的领导、社会主义制度、公有制主体、社会主义先进文化等为主导的各种政治经济社会制度安排。与生产力水平落后的局面相对照的，恰恰是中国革命后确立的政权所形成的这样一套严密复杂的国家治理体系；扭转生产落后的局面，这套严密复杂的国家治理体系，成为最可利用的手段和工具。对此，亚历山大·艾克斯坦有一个不那么准确但可供参考的观察："中国的经济模式基本上反映了稀缺、思想意识和组织机构之间的相互作用。贫困以及缺乏耕地、资本和技术上训练有素的人力的严酷现实，是由中国的资源因素造成的。对一个强大、自力更生、平等的国家和社会的强烈追求，则产生于中国的现代历史和当代的意识形态之中。系统地大量利用劳动力并以此代替土地和资本的做法可以证明这些资源的缺乏。而劳动力的动员和推动方法则反映了意识形态和组织机构的功能。"①

由此，中国现代化真正启动的历史逻辑在于：以上层建筑推动经济基础。即利用上层建筑上所形成的巨大组织优势和动员能力，将全社会的主体资源和精锐力量聚集投入到发展国民经济最需要的安全、发展以及国计民生等方面，形成了"赶超战略"。"在革命与建设的实践中，中国共产党在不断壮大的同时，也不断地走向成熟，不仅具备了领导和整合社会的组织体系、领导体系和工作体系，而且具备了相当成熟的立国、治国、兴国

① 王景伦：《毛泽东的理想主义和邓小平的现实主义——美国学者论中国》，时事出版社 1996 年版，第 1 页。

的理论、原则、方略、规划和目标。”[①] “赶超战略”对于中国现代化的最大意义，在于它在相对比较短的时间内构建了一个以现代工业体系为主干的国民经济体系，这样一套国民经济体系，确保中国跻身于世界大国的行列而不再在关键部门和领域受制于包括美国、苏联在内的发达国家。这对于中国现代化来说，无论怎样估量都不过分，以至于互联网上出现了“工业党”群体及相应话语和叙事。有学者这样分析中国的“赶超战略”：追赶，意味着中国的现代化的启动和发展很大程度上是一种政治行为，而不是依赖经济的自然演变；追赶，还意味着中国的现代化相对于西方国家是一种短期巨变。这种现代化是一个“被压缩了的过程”，它意味着在短得多的时间里，要完成早发型现代化国家经历 300 余年才得以完成的现代化任务。在现代化的过程中，中央集权、民族融合、社会动员、经济发展、政治参与、社会福利等等，不是依次而至，而是同时发生。就是说中国要想尽快地实现现代化，必须通过自上而下依靠“看得见的手”提供制度保障，强化政府的权威，发挥领导、组织、干预、扶植、推动等由市场不可替代的作用，以促进经济快速发展。[②]

最后，改革总体性地解决了现代化的经济形态问题。毋庸置疑，不融入世界体系，就难以真正解决中国现代化的可持续经济形态问题；而实践证明的最可持续的，当然就是市场经济形态。改革开放的伟大意义，在于它成功解决了中国现代化融入世界体系后的市场经济形态的问题。但问题的关键在于：为什么中国作为一个后发的经济体系既能成功融入世界体系而又能在这个世界体系中处于一个相对有利的位置？根本的还在于有一个强有力的中国共产党领导的国家政权体系的存在。“不同于小国和中等规模的发展中国家，中国在经济政策的选择上始终服务于国内经济建设和稳定发展的目标，始终没有依附于外部经济和外部力量。”[③] 实际上，如果说没有中国革命所带来的独立自主的政权体系的建立，就不可能带来独立自

---

① 林尚立：《中国共产党与国家建设》，天津人民出版社 2009 年版，第 8 页。
② 夏振坤、唐龙：《论权威主义与中国的现代化》，《湖北社会科学》2005 年第 1 期。
③ 徐康宁：《现代化国家、经济增长与中国道路》，《江海学刊》2018 年第 1 期。

主的国民经济体系的建立，那么如果没有国民经济体系的建立，即便中国实行改革开放，所带来的结果，也只能是重新作为一个依附者角色被纳入到以美国为首的全球经济体系之中。如果出现了这样的结果，那么甚至可以说，中国革命的遗产在某种意义上就被消耗殆尽了，中国的现代化也就失去了其应有的意义。

为什么中国能够保持这样一套独立自主的国民经济体系呢？就在于中国共产党领导的强有力的国家政权体系为独立自主的国民经济体系的存在提供了强有力的政治的、制度的和意识形态的支撑。通过以社会主义市场经济体系为核心的一整套话语体系和制度体系，中国共产党成功解决了国民经济体系与现代市场体系的有机融合问题。或者说，在充分发挥和用好市场经济体系的情况下，适当适度地将国民经济体系嵌入其中，形成一种复杂的互构与嵌合。尽管表面上看，这套复合体系一定程度上似乎“牺牲”了某些市场经济的特性，但实际上，这套复合体系相对成功地解决了中国的经济体系与世界经济体系在当今时代的对接嵌合问题。由此，在中国共产党的领导下，传统社会主义对于经济社会发展的阻碍得以解除，资本主义现代化的弊端得以有效避免，发展中国家推进现代化的常见失误难以出现，社会主义对于推进现代化的集中力量办大事、长期持续谋发展、坚持以人民为中心等体制优势得到充分发挥。正如有研究指出的，国家政权对迟发展国家民族资本主义的快速形成，扭转欠发达的恶性循环，抗拒和分解国际资本压力，以及实现民族整合和政治发展有着极端重要的作用。这种作用在东亚地区表现得最为突出。“东亚模式”是制度模式，即“东亚模式”的本质内涵在于，在共同或相近的历史或文化背景下，形成了致力于经济发展的“发展导向型”的强政府。强政府必须是一个有权威的且得到一个集中统一的主要社会利益集团支持的政府，是一个能有效遏制“寻租活动”的廉洁清正的政府。①

① 李继东：《关于黑非洲现代化延误的一些理论思索——对独立后“非洲病”的初步分析》，《世界经济与政治》2000 年第 7 期。

四、有效化解现代化后果极富挑战

从世界现代化的一般经验看，推进现代化的最大难点不在于推动现代化本身，而在于有效化解现代化后果，中国共产党的领导则有效化解了中国的许多现代化后果——

现代化不仅带来好处，也带来许多难处，因为难以解决这些难处，许多国家的现代化陷于停滞状态或误入歧途，国家治理绩效和人民生活水平受到极大影响。“当代中国要在一个相对短的时间内完成从传统农业社会向现代工业社会转型、由计划经济体制向市场经济体制转变的双重艰巨任务，必然会面临社会结构、阶层和价值理念的重构，必然会带来种种纷繁复杂和激烈尖锐的社会矛盾与问题。”[①] 化解现代化后果也是实现现代化的重要因素，而强大的国家能力和强有力的政党领导则是化解现代化后果的关键所在。依靠社会主义制度及其价值原则，中国共产党有效化解了许多难题，从而保证了社会主义现代化的持续深入推进。

有效掌握国家发展和治理的自主性，是一个挑战。“我国的现代化经验表明，国家主体性指向了一种发展立场，即牢牢把握本国实际而非某些抽象的世界主义教条，在我国的发展问题上强调国家主体性有其必然性和现实性。”[②] 那么，为什么中国能够牢牢掌控国家发展的自主性？根本的还在于中国共产党领导的国家政权体系具有强大的自主行动能力，使得其政治与政策决策不会受制于外部势力的影响，进而这种强大的自主行动能力，还由于中国的国有企业体系的存在而得到了保障与强化，使得中国的决策具有了强大的投资与发展支持。因此，实际上中国的改革开放存在着一个深层次的辩证法：中国强大的自主行动能力，是中国强力持续推动对外开

① 欧阳康、赵琦：《以人民为中心的国家治理现代化》，《江苏社会科学》2020 年第 1 期。

② 周文、包炜杰：《国家主体性、国家建构与建设现代化经济体系——基于西欧、美国与中国的现代化发展经验》，《经济社会体制比较》2018 年第 5 期。

放的重要条件；对外开放在强大中国的同时并没有削弱中国的自主行动能力，原因也在这里。

一些国家之所以难以保持自主性，主要的原因在于它们存在着经济上和政治上的“硬伤”。经济上的“硬伤”，是指它们实行对外开放的过程，普遍伴随着受新自由主义影响的“市场化”“私有化”的过程。种种新自由主义的举措，有可能带来了一定时期内的经济上的发展和繁荣，但是也带来了明显的漏洞，那就是：那些在经济上、金融上比较强势的某些国家，可以有效地利用新自由主义的漏洞而影响和掌控该国的经济政策、货币政策等；同时，作为西方开出来的所谓“现代化套餐”的重要组成部分，伴随着新自由主义而来的往往还有政治上的所谓“民主化”。从现实的角度看，西方式民主的实质在于向那些经济上的强势力量打开了政治的大门，这就形成了政治上的漏洞，可谓是政治上的“硬伤”。外部势力可以经由经济漏洞进来，当然也就可以经由经济而渗透到政治中来。一旦实现了对经济漏洞和政治漏洞的双重渗透，任何国家在这样的渗透面前就难以保持独立自主性。

为什么中国能够有效解决快速发展中所带来的不稳定问题？主要的原因还在于中国共产党的领导。习近平总书记 2018 年 8 月 24 日在中央全面依法治国委员会第一次会议上的讲话中指出：为什么我国能保持长期稳定，没有乱？根本的一条就是我们始终坚持共产党领导。党的领导是党和国家事业不断发展的“定海神针”。

中国共产党的领导体系，对于发展既是一个强有力的动员体系，对于稳定来说也是一个强有力的纾解体系。但是现代社会的稳定，不是那种依赖于强制力量所人为制造出来的强制性稳定，而是一种绝大多数人各得其宜、各安其所的有机的动态稳定。有机的动态稳定的实现，靠的是发展成果的合理化分配与分享。因此，解决稳定问题的关键，不在于对具体的社会矛盾与冲突的化解，而在于有效有序地、相对公平地使全社会分享发展成果。为什么中国共产党能够做到这一点？因为中国共产党是一个以马克思主义为指导的、全心全意为人民服务的政党。这就使得中国共产党在政治的和意识形态的层面，对于人的全面发展和社会的全面进步有着科学合理的界定与追求，共同富裕被定位为发展的正当目标之一；也使得在社会主义的体制之下，推行区域之间、群体之间相对均等化的利益分配与调节，成为合理的可能性；也使得发展利益上较为占优势的群体，相对比较认可有利于弱势群体的政策措施而不会有较大的反对情绪。始终对人民保持亲和的党，不可能是一个任由人民分化而无动于衷的党。

反过来思考，为什么一些国家难以解决发展所带来的稳定问题？这些国家并不是认识不到“合理分享发展利益是保证社会稳定的关键”这样的道理，根本的还是因为，尽管认识到这样的治国理政之真理，它们也缺乏相应的政治机制和政治手段：首先，缺乏关于合理分享发展利益的一整套类如马克思主义的意识形态，从而使得“弱肉强食”“丛林法则”成为占主导地位的发展意识形态；其次，缺乏一整套类似社会主义制度的体制机制，区域、群体之间的利益调节非但不会得到制度上的支持，反而会被认为是对“自由制度”的破坏；最根本的，当然还是缺乏一整套类似中国共产党领导的领导体系，从而造成政治行动能力的弱化乃至缺失。即便问题已经十分严重，大家都已认识到解决问题的必要，但是由于缺乏有能力的政治行动者团队，问题并不能得到很好解决。

为什么中国共产党的领导能够成功适应市场经济的环境和条件？或者说，为什么中国共产党能够驾驭市场经济而未被市场经济所吞噬？简单地说，这是因为中国共产党自革命以来特别是自改革以来，在复杂的利益环境特别是市场经济环境中锤炼出了一整套自我净化、自我完善、自我革新、自我提高的自我革命制度体系与能力体系。这样一整套制度体系与能力体系的精髓要义，在于它使得中国共产党相对有效地阻隔了私人资本与公共权力之间的非正当关联。或者更明确地说，它使得公共权力在推动经济社会发展的过程中，不能利用权力所带来的威势和影响谋求私人性的利益，同时，也使得经济社会发展中的私人资本无论力量再大，也不能“俘获”公共权力，不能扭曲公共权力的公共化行使。纵观全世界，也只有中国共产党在治国理政中发展出了这样一套私人资本与公共权力之间的“隔离”

体系，或者说将公共权力进行了适度的社会“隔离”。某种意义上，这就是强大的无产阶级政党基因表达。比较之下，一些国家非但不禁止私人资本与公共权力之间的关联，甚至还通过一些制度机制鼓励二者之间的结合。如此一来，公共权力持续推动经济社会发展的导向必然会在某个时点上发生方向性扭曲，从而使得现代化产生方向性偏差。这在许多发展中国家并不鲜见。也正是基于这样的考量，党的二十大报告旗帜鲜明强调：“以零容忍态度反腐惩恶，更加有力遏制增量，更加有效清除存量，坚决查处政治问题和经济问题交织的腐败，坚决防止领导干部成为利益集团和权势集团的代言人、代理人，坚决治理政商勾连破坏政治生态和经济发展环境问题，决不姑息。”

习近平总书记2014年2月17日在省部级主要领导干部学习贯彻十八届三中全会精神全面深化改革专题研讨班上的讲话中指出：“我们治国理政的本根，就是中国共产党领导和社会主义制度。我们思想上必须十分明确，推进国家治理体系和治理能力现代化，绝不是西方化、资本主义化！”

王宗礼指出：“与其他国家的现代化道路不同，我国的现代化进程是由中国共产党所主导的。中国共产党是我国现代化的领导者、组织者和直接推动者，是现代化的坚强领导核心，这是现代化中国道路的最本质的规定性，也是中国现代化能够取得历史性成就的根本原因。”①

从马克思主义的指导思想、中国革命的历史逻辑、社会主义建设和改革的实践经验中所获致的领导核心地位与角色，使得中国共产党对于中国的现代化有着清晰而独特的认知，也就是说，中国的现代化走的是中国式的现代化道路，所要实现的是社会主义现代化。这使得中国共产党获得了对于现代化的强大认知与反思能力，从而破除其他国家关于现代化的迷思，形成关于现代化的定见。使得中国共产党既领导现代化，又不被现代化所带来的各种因素所扰动，从而保持了一种稳定的领导特质。中国共产党总

① 王宗礼：《新中国成立70年来现代化中国道路及其理论超越》，《中国特色社会主义研究》2019年第4期。

体上没有被现代化所带来的财富、利益以及冲突、压力等所扰动，从而也就没有陷于政治上的被动，而始终在治国理政中占据主动主导地位。

同时，中国共产党借助于对现代化的领导，也从中有效地修炼了自身，从而获得了快速的自我进化。比如，借助于市场经济，有效修炼了领导超大型复杂经济体系的经验；借助于对外开放，有效修炼了适应世界复杂经济状况的经验；借助于互联网和信息化，有效修炼了运用大数据和人工智能进行治国理政的经验；等等。不被现代化因素所扰动而又从现代化中汲取自我进化养料，是中国共产党勇立时代之潮头的奥秘所在。

“中国共产党的领导是中国现代化进程的最本质特征和最大政治优势。稳定的政治领导力量，有效的治理体系，可行的发展战略，是顺利推进现代化的重要保障。”① 要言之，中国共产党的领导之于中国特色社会主义现代化建设是一种难以估量的政治优势，其所具有的地位和角色，既是强大驱动力量，也是强大制动力量，更是强大能动力量。理解中国的现代化有效推进，中国共产党的领导是最重要的也最核心的政治变量。由此可以说：中国共产党是团结带领全国各族人民推进现代化建设的领导核心，中国共产党的领导是中国特色社会主义现代化建设事业顺利推进的根本政治保证。

进而言之，正如王韶兴指出的，百年以来，在中华民族伟大复兴的历史主题牵引下，中国社会主义政党政治在中国革命进程、中国特色社会主义建设和现代国家建构的宏阔实践中，以鲜明的“根本性的价值定位”、“前提性的理论引导”、“主导性的制度支撑”、“目的性的价值牵引”以及“关键性的政治保障”，将自身价值与中国现代化融为一体并发挥统领性的主导作用，以最深层次的价值追求、最独特的实践特征和最显著的文明贡献，深刻改变了中国历史的发展进程，赢得了中国社会奋力走向现代化的历史性巨变，进而深度影响了世界格局的时代性变迁。②

---

① 陈晋：《中国共产党与中国现代化》，《中国井冈山干部学院学报》2018 年第 3 期。

② 王韶兴：《现代化进程中的中国社会主义政党政治》，《中国社会科学》2019 年第 6 期。

第十一章 改革开放与中国式现代化

人们常说："改革开放只有进行时没有完成时。"从这样的角度理解改革开放，就是要理解：社会主义社会之所以需要不断改革，是因为生产力与生产关系、经济基础与上层建筑仍然是其基本矛盾。社会基本矛盾总是不断发展，相应地，调整生产关系、完善上层建筑也需要不断进行下去。作为社会主义的自我完善与自我发展的改革开放，就是这种观念支配下的战略举措。

那么，把改革开放作为一种推进现代化和治国理政的方法，从理论上可以提炼出哪些有价值的观察与思考呢？

一、改革开放解决"长生久视"的基本机制

改革开放是一场触及中华民族根本命运的历史转折，是对社会主义中国发展道路的重新调校，作为治国理政方法的改革开放，解决了社会主义社会"长生久视"的基本机制问题，具有深刻理论与政治意义——

为什么要开启改革开放？这里面有着深刻的历史和理论背景。

王伟光指出，我国改革开放有着深厚的国际国内背景，面临世界社会

主义运动和我国社会主义建设的严重困难，面对发达资本主义国家快速发展的严峻挑战，中国共产党人必须着力回答社会主义与马克思主义的历史命运这一时代课题。“在这样的国际国内历史背景下，肩负着复兴中华民族和发展社会主义双重使命的中国共产党人，开始深刻思考为什么社会主义在发展的进程中面临如此巨大的挑战和困难，而资本主义为什么在发展进程中又起死回生，表现出新的发展势头，中国社会主义事业怎样才能克服困难和挫折，发展起来，并最终战胜资本主义。这一重大现实问题引出了如何认识当代资本主义、如何认识当代社会主义的时代课题，引出了中国共产党人毅然决然走改革开放之路，发展中国特色社会主义的必然抉择。”①

中国改革开放的重大意义，就是破除掉了某种意义上趋于僵化和封闭的体制机制，为人们的创造财富与成长发展提供了前所未有的社会空间（主要指的是新的机会、机遇与条件）。同时，创造社会空间是一个动态的持续的过程，是一个不断消耗而又不断生成的过程，实质上也就是一个不断开拓增量社会空间的过程。改革开放之所以能够升级为一种治国理政的方法，一个重要原因就在于它发挥了不断创新增量空间的重要功能。这种增量空间的创造，具有重要的马克思主义理论意义。这种意义在于：一般而言，资本主义社会的发展动力来自于资本增殖的冲动，这种冲动推动着资本主义的创新发展。那么，社会主义社会的发展动力来自何处呢？改革开放就承担了这样的作用。进一步思考，改革开放之所以能够承担起发展动力的作用，重要还在于它所提供的增量空间，对于大多数人来说都意味着机会与可能，而不至于出现零和博弈的局面，即内卷式的发展空间闭合。由此，针对所存在的矛盾和问题而进行改变与调整成为推动社会主义不断发展跃迁的根本举措。如此，作为治国理政方法的改革开放，解决了社会主义社会“长生久视”的基本机制问题。这在科学社会主义运动史上是具有深刻理论与政治意义的。

---

① 王伟光：《改革开放是发展中国特色社会主义的强大动力》，《中国社会科学》2008 年第 5 期。

纵观20世纪以来世界社会主义的发展历程，不难发现社会主义在世界范围内的发展有过耀眼辉煌，但更多充满了艰难曲折。从苏东到亚非拉，大多数原社会主义国家的事业曾经兴旺发达而终归于凋零败落。社会主义在与资本主义的较量中逐渐黯然失色，社会主义优越性在现实面前逐渐显得苍白。由此，东欧剧变、苏联解体，世界社会主义发展遭遇前所未有的危机，社会主义的命运似乎就此终结，西方政客以傲慢的姿态宣称世界历史终结了，其终点自然是资本主义价值观和政治制度。

难道人类就此窒息于资本主义价值观和政治制度了吗？事实证明，那种过分自我乐观实质乃是“致命的自负”。虽然资本主义国家根据国内外形势的变化不断进行自我调适以延续生存，然而这并非一场全面的触及根本的改革，资产阶级政客们仍试图用各种方式掩盖资本主义社会中存在的尖锐矛盾。马克思关于资本主义的发展趋势依然具有极强的解释力。历史并未终结，也不可能终结。

放眼当今世界，社会主义中国在改革开放的引领下经历了从发展落后到势头强劲、从封闭保守到开放包容的转变，社会主义得益于中国的改革开放而在21世纪重新焕发出巨大青春活力，20世纪90年代初留下的阴影正在一点点被驱散。不断自我革新、不断自我超越是当代中国赋予社会主义的新的重要特征，自此，从理论到实践，社会主义不再故步自封，不再盲目自大，也不再害怕全球竞争。从诞生之日起，社会主义经历了从空想到科学、从理论到实践、从一国到多国的多次飞跃，中国特色社会主义继往开来、革故鼎新，实现了社会主义发展历史上的又一次飞跃，社会主义在利用资本主义有益成果的基础上产生了更高层次、更加先进的社会形态——这一点，理论根脉在马克思、恩格斯那里，而在当代中国得以成功实践。改革开放所释放的强大动能推动中国越来越自信从容淡定，一个崭新的社会主义中国正在向全世界展示其勃勃生机，为世界上那些亟须摆脱落后状态、找到适合于自身发展道路的国家和地区提供着中国智慧和中国方案。

反观资本主义，经过几百年发展，无论是经济基础还是上层建筑已发展到形式上相对完善的地步，纯粹的阶级矛盾看起来似乎有所缓和。然而，政治矛盾激化，民粹主义高涨，右翼极端主义思潮沉渣泛起，经济发展和民生改善滞缓，贫富差距扩大，社会分化严重，社会危机恶化成为当代资本主义面临的新危机。这些新的危机其实都是“劳动与资本”这对根本矛盾在资产阶级国家机器挤压粉碎溶蚀之下而以碎片化、畸形化等的方式表现出来的变异了的矛盾形式。不能通过制度化手段调整和解决“劳动与资本”的矛盾，注定了资产阶级国家不可能有由内而外的更新——真正的革命逻辑，包括自我革命和社会革命的逻辑，只有在社会主义国家才能够得以历史性展开——这就是改革开放的重大意义的另外方面的证明。

当然中国的改革历程亦不是一帆风顺的，作为一种治国理政方法的获得也不是一蹴而就的。邓小平曾将中国的改革开放定义为“第二次革命”，他指出改革的性质同过去的革命一样，也是为了扫除发展社会生产力的障碍，使中国摆脱贫困落后的状态。从这个意义上说，改革就是革命性的变革，并且是持续性的革命变革。虽然改革的过程中也出现过争议与徘徊，然而进步的力量始终占据主流。在长达40多年的改革进程中，中国共产党逐渐摸索出了一套符合国情、行之有效的改革规律，先外后内、先易后难，既摸着石头过河，又加强顶层设计，将改革、发展、稳定作为检验改革成功的重要标准。实践证明，中国的渐进式改革是睿智的策略，是一种奏效的改革方式。改革开放作为社会主义中国的基本原则被长期坚持是对社会主义理想与现实、国家发展内外环境进行认识、思考和探索的结果，成为全体中国人民的基本共识。

将当代中国社会主义改革置于中国历史坐标中，可以发现，这是中国历史上最成功、最全面、最彻底的变革。它直接催生了中国的强劲崛起，创造出了生机勃勃的中国特色社会主义。40多年的历史经验告诉人们：只有改革开放才能发展中国、发展社会主义、发展马克思主义。中国40多年高速发展，最根本原因是改革开放，改革开放已经成为中国发展的“必选项”。人们深刻认识到：“没有改革开放，就没有中国的今天，也就没有中国的明天。”王怀超指出：“实践中的社会主义不改革没有出路，若不顾客观条件变化和人类历史的发展潮流，固守特殊条件下形成的僵化体制，只能把社会主义引向死胡同，葬送活生生的社会主义事业。相反，如果借改革之机，企图从根本上否定社会主义制度，全面走向资本主义，也难以找到出路。这是中国改革的首要经验。”①

二、社会主义市场经济是一条根本出路

社会主义市场经济形成的重大意义，在于为中国特色社会主义实现较高的社会生产效能找到了一条根本出路，从根本上破解了关于社会主义的种种魔咒，也破解了关于发展中国家经济发展的许多迷思——

在以往的认识中，市场经济与计划经济意味着对立性的理论与实践。这一认知误区，曾经主导了冷战时期两大阵营的总体发展策略。然而，为了坚持和发展社会主义，中国率先突破了这种对立性的认知，引入了市场经济。同时，中国所构建的市场经济，并非一般意义上的以西方为标准答案的市场经济，而是与社会主义体制相契合的市场经济，是社会主义市场经济。从而，社会主义就借由市场经济体制持续走向更加光明的未来。

1978 年 12 月党的十一届三中全会抛弃了“以阶级斗争为纲”的错误方针，作出把工作重点转移到社会主义现代化建设上来的战略决策，实现了新中国成立以来具有深远意义的历史转折，开创了社会主义现代建设和经济体制改革的崭新时期——我国经济体制市场化改革正式起步。在 1978 年至 1983 年的经济改革实践中初步提出了“计划经济为主，市场调节为辅”的原则。在以市场为导向的改革中，中国经济得以恢复并得到了迅猛发展。1982 年 9 月党的十二大第一次明确提出，正确贯彻计划经济为主、市场调节为辅的原则，是经济体制改革中的一个根本性问题。这是十一届

① 王怀超：《中国改革开放的历史进程与基本经验》，《科学社会主义》2009 年第 6 期。

三中全会以来党在计划与市场关系问题上认识的第一次历史性突破。从1984年到1988年的经济改革实践中经历了从“有计划的商品经济”到“国家调节市场，市场引导企业”转变，并在党的十三大明确指出社会主义有计划的商品经济体制应该是计划与市场内在统一的体制；计划与市场都是经济运行的形式和手段，而不是区别社会主义和资本主义的标志。从1989年至1992年市场化取向的改革目标得以最终确立。自此以后，社会主义市场经济理论与实践不断加以完善，其每一次完善都伴随着经济的快速发展和社会生产效能的巨大提高。韩庆祥指出：“历史和实践表明，规范的市场经济能解决资源配置的有效性和经济效率问题，因为它是根据从事经济活动的人的能力和贡献进行分配，能激发从事经济活动的人的积极性主动性创造性。”①

应当承认，确立于资本主义时代的市场经济其最大魅力在于资源配置的高效率、社会生产的高效能，与其相伴随的则是广泛的社会分工、科学技术的飞速发展和对人创造社会财富积极性和创造性的极大激发，其最大程度地解放和发展了社会生产力。正如马克思、恩格斯指出的：“资产阶级在它的不到一百年的阶级统治中所创造的生产力，比过去一切世代创造的全部生产力还要多，还要大。”然而，资本主义市场经济所创造的巨大生产力却难以掩盖其内在的固有矛盾和对社会生产力的巨大破坏。生产社会化和生产资料资本主义私人占有之间的矛盾所引发的周期性经济危机；收入分配不公所带来的严重贫富分化；对利润的偏执追求给生态环境造成的严重破坏等等无不彰显了资本主义市场经济的内在局限。对于市场经济，其有益有用的成果要吸收，其被西方资本主义附加的有毒有害的后果要摒弃，于是就有了显示出巨大发展优势和强大生命力的社会主义市场经济。

中国社会主义市场经济突破了对市场经济固有的社会制度属性认识，实现了从社会制度属性到手段方式属性认识的回归，明确了作为资源配置

---

① 韩庆祥：《改革开放根本经验的哲学梳理》，《北京大学学报》（哲学社会科学版）2019年第1期。

方式的市场经济对社会基本制度，社会基本制度规定了市场经济配置资源的范围、方式和目的。作为治国理政方法的市场经济是与一定的社会历史环境相结合而存在的。中国社会主义市场经济相比西方资本主义市场经济的巨大优势缘于将社会主义基本制度的制度优势和市场经济的机制优势有机结合，把社会主义的内在价值追求融入到了市场经济的运行之中，最大程度地规避了市场经济自身所存在的自发性、盲目性和滞后性等种种弊端。社会主义与市场经济的结合创造出了一种崭新的市场经济形态，创造出了一种新的经济形态和经济发展机制。习近平总书记指出，在社会主义条件下发展市场经济，是我们党的一个伟大创举。我国经济发展获得巨大成功的一个关键因素，就是我们既发挥了市场经济的长处，又发挥了社会主义制度的优越性。我们是在中国共产党领导和社会主义制度的大前提下发展市场经济，什么时候都不能忘了“社会主义”这个定语。之所以说是社会主义市场经济，就是要坚持我们的制度优越性，有效防范资本主义市场经济的弊端。①

三、打造一个“经得起比较的国家”

开放是改革的必然要求，改革开放的一个重要动因来自于世界比较，通过世界方位审视定位中国发展，“赶上时代”，打造一个“经得起比较的国家”，是改革开放的初心也是改革开放成功的重要标志——

邓小平心目中的改革开放所要实现的国家发展的目标，就是“赶上时代”，实际上，就是要打造一个“经得起比较的国家”。比较只能是在世界中的比较，也就是通过世界方位审视定位中国发展。正如张旭指出的：中国的发展本身是世界发展的一部分，如何看待中国改革发展所处的世界，

① 中共中央文献研究室编：《习近平关于社会主义经济建设论述摘编》，中央文献出版社2017年版，第64页。

以及中国如何和世界互动，是决定改革开放深度和广度的重要方面。①

开放是中国发展的一个秘诀，也是一种重要方法。时至今日，中国的对外开放发挥着特殊重要的作用，在实现建设社会主义现代化强国的道路上，对外开放将扮演更重要角色，为当代中国参与全球治理以及构建人类命运共同体发挥重要的纽带作用。

1848 年，马克思、恩格斯在《共产党宣言》中指出："美洲的发现、绕过非洲的航行，给新兴的资产阶级开辟了新天地。""大工业建立了由美洲的发现所准备好的世界市场。世界市场使商业、航海业和陆路交通得到了巨大的发展。这种发展又反过来促进了工业的扩展，同时，随着工业、商业、航海业和铁路的扩展，资产阶级也在同一程度上发展起来，增加自己的资本……"这段论述基本勾勒出现代世界资本主义全球化发展的图景。攫取利润是资产阶级的核心目标，资本主义受资本内在逻辑的驱动，向全世界的每个角落扩张。这种扩张是以资本主义社会生产力的巨大进步为前提的，而这种扩张反过来又对资本主义社会生产力的提升起到巨大的推动作用。这说明，马克思主义创始人早就已经洞察到全球化这一不可阻挡的世界潮流，并深刻阐释了全球化与社会生产力发展之间的互动关系。

作为马克思主义的继承者和社会主义国家领导人，列宁和毛泽东等都深刻认识到了"世界交往"对于发展社会主义国家的重要性。列宁依据马克思关于未来社会更加开放的构想，根据俄国实际和当时的国际形势，第一次系统提出了社会主义国家对外开放的理论，并成功领导了苏维埃俄国对外开放的初步实践。毛泽东也根据中国社会主义建设的实际在对外开放问题上提出了许多正确的方针原则，包括"坚持'一分为二'的观点，既反对盲目排外，又反对盲目崇外""坚持独立自主、自力更生"等。然而，由于各种原因，这些早期社会主义对外开放的理论与实践都未能坚持下来。社会主义国家建设长期处于封闭半封闭状态，未能充分运用世界市场来壮大自身，并且对于世界发展状态和趋势也没有一个清醒的认识，虽然说出

① 张旭：《改革开放40年的"中国经验"》，《理论学刊》2019年第1期。

现这样的情况有历史的原因，但也不能不说这是历史的遗憾。

1978 年 12 月，以党的十一届三中全会为标志，社会主义中国又一次站到了新的历史起点上，改革成为当时中国的首要任务。邓小平将改革界定为“第二次革命”，既然是革命就不能再坚持原有体制，而是要在全面破除旧体制的前提下根据实际重新建立新体制，就是要完全打破那种封闭半封闭的发展状态，睁眼看世界，就是要积极融入世界发展的洪流当中。“引进来”和“走出去”是对外开放的两个方面，二者相辅相成、辩证统一。“引进来”是“走出去”的前提和基础，“走出去”是“引进来”的目标和诉求。两者共同构成对外开放的两个重要方面。当中国依靠“引进来”实现了国富民强，必然要进一步扩大完善对外开放格局，坚持“引进来”和“走出去”并重，从而真正实现全面深度开放。

出于种种目的，资本主义政客们将西方的现代化进程看作人类社会通向现代化的唯一路径，将西方民主视为人类社会完美无缺的政治形态在世界各地加以“推广”。然而，这些所谓“先进”理念不但没有变为现实，反而造成了严重的全球治理困局和国家治理难题，西方中心论正在被逐步消解。随着社会主义中国的不断崛起，世界的注意力越来越多地转向了中国的发展经验。在资本主义发展模式的弊端逐步暴露的时候，社会主义国家的治理经验成为许多国家和地区解决发展问题的可选项。

贾康指出，事实胜于雄辩，实践检验真理。“世界潮流浩浩荡荡，顺之则昌逆之则亡。”在浩浩荡荡的世界发展潮流中，中国人是以改革开放的壮举，极其明显地缩小了与现代化前沿状态的距离，在追赶文明发展潮头的过程之中，意欲“后来居上”，并且顺应“大道之行”的客观规律，于创新中实现“天下大同”取向的包容性增长。①

有学者还指出，中国改革开放的目标当然是要使得中国变得强大，但这显然不是中国改革开放的唯一诉求。因为中国的改革开放从一开始就是

① 贾康：《将中国改革开放的现代化伟业进行到底——纪念改革开放 40 周年》，《全球化》2017 年第 10 期。

在深刻把握人类社会发展规律和走势的基础上，在深刻认识中国与世界关系的基础上作出的关键抉择。中国改革开放应对人类文明发展作出更大的贡献，这可谓中国改革开放的初心所在。中国的发展离不开世界，世界的发展也离不开中国。这是当时中国为何要进行改革开放的一个基本判断，改革开放的历史实践不断强化和证实了这一基本判断。[①]

四、改革开放是稳健前行之道

中国改革开放所提供的是一种稳健前行的方法，既不改变原有制度属性而又对制度不断进行发展完善，通过制度自我完善夯实稳健前行基础——

改革开放如何与中国特色社会主义同向共进，涉及中国特色社会主义的独特发展路径，即制度性成长。1890 年 8 月 21 日，恩格斯在致奥托·伯尼克的信中写道："所谓'社会主义社会'不是一种一成不变的东西，而应当和其他社会制度一样，把它看成是经常变化和改革的社会。"[②]

改革开放的初衷在于在改革开放中实现自我革命、实现自我完善，改革开放成为了推动中国发展进步的重要动力。以全面深化改革为导向的改革始终坚持社会主义基本制度，实现自我变革与社会主义方向的有机统一，在改革创新中不断自我完善和发展。随着全面深化改革的深入推进，中国制度必将更加成熟更加定型，更加适应生产力发展要求，从而激发出无比强大的潜能。有学者指出："全面深化改革重要思想，既包括对生产关系体系中与生产力不相适应的制度体制机制的改革，也包括对上层建筑体系中各领域各方面与生产力不相适应的制度体制机制的改革，还包括对生产力

---

① 夏文斌、夏欣：《中国改革开放的世界意义》，《岭南学刊》2019 年第 6 期。

② 《马克思恩格斯选集》（第四卷），人民出版社 2012 年版，第 601 页。

系统中制约生产力发展的一切环节和因素的改革。”[①]

还有学者指出中国特色社会主义制度，是坚持社会主义基本制度的“不变性”与革除体制性障碍的“可变性”有机统一的过程；改革开放是实现“不变性”与“可变性”相统一的重要法宝。……提升制度现代化水平，说到底就是提升各项制度适应社会生产力要求和广大社会成员权益需要的水平。[②]

中国特色社会主义政治经济制度蕴含着国家富强、民族振兴和人民幸福的价值内涵、巨大能量和潜在活力，全面深化改革，本质上就是坚决破除各方面体制机制弊端，创新、创设和优化各方面体制机制，极大地激发、释放和实现这些价值内涵、巨大能量和活力。王浦劬指出：“中国特色社会主义根本和基本制度是全面深化和落实改革创新之本，全面深化改革是释放根本和基本制度内含价值、能量和活力，解放和发展生产力，解放和增强社会活力，进而实现制度本质要求和价值要求之路，两者的相互促进和相互确证，恰恰是中国特色社会主义制度发展的辩证规律。”[③]

制度是国家发展进步的根本保障，是国家综合国力竞争中的核心竞争力，实践创新、理论创新永无止境，制度创新与建构的进程也永无止境，中国特色社会主义制度建设的道路仍然漫长。在新的历史条件下继续推进制度创新，不断完善和发展中国特色社会主义制度，推进国家治理体系和治理能力现代化，这不仅是全面深化改革的总目标，也是中国共产党人在建设和发展中国特色社会主义实践中面临的一项十分艰巨的战略任务。陈周旺指出中国共产党要发挥好关键行动者的角色，取决于其自身执政体系的建设，也就是不断完善自身的执政理念、执政体制和执政手段，从而越来越善于治国理政。这正是新时代中国国家治理成功的关键。[④]

① 李建德、王海山：《全面深化改革重要思想的多维度解析》，《中国井冈山干部学院学报》2018年第6期。

② 包心鉴：《全面深化改革：决定当代中国前途和命运的关键抉择》，《中国延安干部学院学报》2014年第1期。

③ 王浦劬：《全面准确深入把握全面深化改革的总目标》，《中国高校社会科学》2014年第1期。

④ 陈周旺：《国家治理现代化之路：改革开放的政治学逻辑》，《学海》2019年第1期。

中国的改革开放是在“摸着石头过河”的过程中不断推进的渐进性式的改革，在摸索中达成共识，在摸索中形成经验，以制度形式对改革成果加以巩固。具有制度优越性合理性的社会主义社会坚持制度自信不断完善制度是推动国家发展进步的根本所在。坚定制度自信、推进制度创新、提高制度执行力，是深入推进中国特色社会主义制度完善和发展历史进程的主要着力点。可以想见，以制度自我完善为着力点的改革不断深化，将充分调动全国各族人民的积极性、主动性和创造性，将最大限度解放和促进生产力发展，促进中国制度体系的自我完善与发展，共同助力推动中国发展进步。夏文斌等指出，中国的对外开放进一步探索了社会主义国家在既保留其国家的根本制度属性又不断吸取发达国家先进管理经验的发展模式，作为现代化的后发国家，作为发展中国家的社会道路选择与创新，中国改革开放的成功经验值得在世界层面上总结。①

五、改革开放深度激活社会主义

改革开放深度激活社会主义，使人们对社会主义有了全新的深刻认识和理解，让世人看到了一个更加强大、更有活力、更富有美好前景的社会主义未来——

改革开放与中国特色社会主义同向共进，中国的改革开放，是坚持社会主义基本原则的改革开放；中国特色社会主义，是坚持改革开放的社会主义。改革开放使我国取得巨大物质成就的同时，也取得了巨大的思想成就，其中最重要的思想成就，就是打破了对社会主义的思维定式，冲破了对社会主义的观念束缚。归根结底，改革开放深度激活了社会主义。

① 夏文斌、夏欣：《中国改革开放的世界意义》，《岭南学刊》2019年第6期。

（一）改革开放为重新认识更高维度的社会主义提供了实践依据

“什么叫社会主义？它比资本主义好在哪里？每个人平均六百几十斤粮食，好多人饭都不够吃，28 年只搞了 2300 万吨钢，能叫社会主义优越性吗？”“什么叫优越性？不劳动、不读书叫优越性吗？人民生活不是改善而是后退叫优越性吗？”“文革”后，邓小平的这些发问振聋发聩。改革开放伊始，一个世界级的中国难题考验着中国共产党人：如何在一个人口多、底子薄、发展落后的国家实现现代化，体现社会主义优越性？这就引出了“什么是社会主义，怎样建设社会主义”这一本质之问，引出了如何推进社会主义现代化、中国式的现代化的历史命题，也就引出了如何有效解决现代化过程中必然面对的种种两难问题。直面并解决这个中国难题，只能进行深度的解放思想，进行前所未有的改革开放。

以邓小平同志为主要代表的中国共产党人深刻总结我国社会主义建设正反两方面经验，借鉴世界社会主义历史经验，作出把党和国家工作中心转移到经济建设上来、实行改革开放的历史性决策，深刻揭示社会主义本质，确立社会主义初级阶段基本路线，明确提出走自己的路、建设中国特色社会主义，科学回答了建设中国特色社会主义的一系列基本问题，成功开创了中国特色社会主义。中国的改革开放，从始至今，从来都没有想到放弃社会主义，而转向资本主义。相反，改革的目标是“社会主义现代化”，改革被看作一次新的长征。党的十八大以来，从理论和实践结合上系统回答新时代坚持和发展什么样的中国特色社会主义、怎样坚持和发展中国特色社会主义，成为新的时代课题。正是在对这个问题的探索和回答中，以习近平同志为核心的党中央团结带领人民进入了中国特色社会主义新时代。

在全党全国人民的长期持续努力下，中国特色社会主义取得了巨大的建设成就，社会主义中国焕发出勃勃生机，走出了一条中国特色社会主义的成功之路。中国特色社会主义，既坚持了科学社会主义基本原则，又根据时代条件赋予其鲜明的中国特色，以全新的视野深化了对共产党执政规律、社会主义建设规律、人类社会发展规律的认识。中国特色社会主义改变了中国近现代历史发展的原有轨迹，展现了世界社会主义运动的光明前景，影响了当今世界发展演变的宏观图景，正在不断获得新的历史意义、理论意义和世界意义。

从20世纪80年代末期开始，世界社会主义运动进入低谷，西方一些学者公然宣称社会主义失败了，历史终结了，从此以后再也没有资本主义和社会主义的较量了，人类只剩资本主义政治制度和价值观一条归途了。“因此，问题是，我们视为自由民主之基础的自由和平等原则是否具有同样普遍的意义。我相信，事实就是如此。而且，我认为，历史发展存在着一种整体的逻辑，这种逻辑能够很好地解释，随着社会的发展，全球范围内的民主应该越来越广泛和普遍。”① 但是，历史没有终结，也不可能被终结。中国特色社会主义的强大告诉世界，社会主义没有失败，科学社会主义的原则具有强大的生命力，它代表了人类未来的方向，人类应该有信心有能力把我们的社会不断推向科学社会主义的境界。中国特色社会主义是不是好，要看事实，要看中国人民的判断，而不是看那些戴着有色眼镜的人的主观臆断。中国是世界上最大的社会主义国家，中国特色社会主义呈现出强大的生机和活力，中国特色社会主义建设所取得的世界性、历史性成就，使社会主义这面伟大旗帜在蓝色星球上高高飘扬。习近平总书记指出：“我们始终坚持解放思想、实事求是、与时俱进、求真务实，坚持马克思主义指导地位不动摇，坚持科学社会主义基本原则不动摇，勇敢推进理论创新、实践创新、制度创新、文化创新以及各方面创新，不断赋予中国特色社会主义以鲜明的实践特色、理论特色、民族特色、时代特色，形成了中国特色社会主义道路、理论、制度、文化，以不可辩驳的事实彰显了科学社会主义的鲜活生命力，社会主义的伟大旗帜始终在中国大地上高高飘扬！”②

---

① 陈家刚编：《危机与未来：福山中国讲演录》，中央编译出版社2012年版，第140页。
② 习近平：《论中国共产党历史》，中央文献出版社2021年版，第218—219页。

（二）社会主义逻辑在改革开放中充分舒展并展现出巨大力量

破解发展中国家若要躲开或者超越资本主义政治制度和价值观限定的现代化逻辑，需要一整套的观念形态、制度形态和组织形态，而社会主义恰恰提供了最好的思想资源和制度资源。社会主义对外具有使发展中国家挣脱西方现代化牢笼的作用，对内具有使发展中国家纾解现代化难题的作用。中国改革开放的壮阔历史验证了，社会主义逻辑在现代化过程中的释放和舒展将带来何种巨大的成就。

改革开放的伟大成就和成功经验充分表明：社会主义不仅可以救中国还可以发展中国；不但能够发展中国，还能够富强中国。因而我们说，只有社会主义才能救中国，只有社会主义才能发展中国。当代中国在改革中不断前进，在开放中日益自强，通过不断自我革新、自我进化、自我超越，已发展成为在世界上举足轻重的重要大国。举足轻重的国际地位的背后是强大的国家实力，而中国的国家实力是在改革开放的伟大进程中不断铸就的。没有改革开放，难以想象中国会取得目前的发展状况和发展水平，难以想象世界最大的发展中国家会拥有今天如此重要的国际影响力。站在长期奋斗的伟大成就基础上，中国共产党领导中国人民可以自豪宣布，迎来了从站起来、富起来到强起来的历史性飞跃。

习近平总书记指出，我们党靠什么来振奋民心、统一思想、凝聚力量？靠什么激发全体人民的创造精神和创造活力？靠什么来实现我国经济社会快速发展、在与资本主义竞争中赢得比较优势？靠的就是改革开放。

改革开放使中国大踏步赶上时代、引领时代，且在这一追赶过程中牢牢坚持了正确的方向、原则和立场。在改革开放伟大进程中，依托社会主义思想资源和制度体系，中国共产党紧紧依靠人民，总结和吸收了古代中国、其他社会主义国家、其他发展中国家以及某些发达国家治国理政的经验教训，形成了治国理政的一整套独具特色和优势的做法：

——在经济建设上，既注重发挥市场的决定性作用又注重更好发挥政府作用；

——在政治建设上，既汲取人类政治文明的发展成果，又注重保持底线思维和战略定力，避免出现颠覆性错误；

——在文化建设上，既对世界各国文化保持开放的交流交融态度，又注重传承和弘扬中华民族优秀传统文化，同时也注重传承和弘扬革命文化，建设社会主义先进文化；

——在社会建设上，既注重保障和改善民生，发展社会事业，又注重激发社会创造活力，同时也注重提升社会治理水平，保持较高的缓和纾解社会矛盾的能力等等。

从治国理政角度看，中国方案实际上就是中国共产党在坚持和发展中国特色社会主义进程中所形成的一整套符合中国国情的、行之有效的治国理政方案。

过去，发展中国家一般都是从西方发达国家那里寻找实现现代化的方案，这具有一定的合理性，因为现代化首先是由西方国家开启并推进的。但是，西方国家引领的现代化有其天生的缺陷，那就是，这种现代化本质上是资本主导的现代化，或者说遵从资本主义逻辑的现代化。这种现代化，从国际看，使不发达国家从属于发达国家，使落后的农业国从属于先进的工业国，使“东方从属于西方”。因而，发展中国家循着西方现代化的方案实现现代化，天然地具有一种悖论：那些向它们展示了美好前景的方案中，蕴藏着一套将它们牢牢束缚在“食物链”底端的隐形方案；它们越是敞开实施这种方案，所受到的束缚就越大；表面上取得的成绩越大，其所遭受的后果就越严重。

中国方案向许多欠发达国家展示了经济发展对于维持社会中长期稳定的极端重要性，向陷入中等收入陷阱的国家展示了强大政治领导力对于国家自主性的极端重要性，向一些发达国家展示了使广大人民相对均等地从经济社会发展获益对于国家发展方向的极端重要性。

因此，当代中国强调“必须坚持走中国特色社会主义道路，不断坚持和发展中国特色社会主义”“中国特色社会主义道路是当代中国大踏步赶上时代、引领时代发展的康庄大道，必须毫不动摇走下去”。社会主义不仅可以推动社会全面进步，还可以推动人的全面发展，社会全面进步的整体逻辑与个人全面发展的个体逻辑得到了有机统一。社会主义之于当代中国的理论逻辑、历史逻辑和政治逻辑在改革开放中得到了充分舒展。现代化要素充分注入中国特色社会主义，使得当代中国的制度形态、理论形态和文化形态共同托举中华民族伟大复兴中国梦，从而向人类贡献一种新的文明形态。

（三）改革开放证明社会主义既捍卫国家安全又促进世界和平

和平是全人类的共同期盼，但20世纪上半叶，资本主义国家就发动了两次世界大战，给人类带来了空前浩劫——制度本性使然。可以看到，每次大战之后，世界上拥护社会主义的力量便得到一次巨大的增长。由此可以看出，真正的社会主义与世界和平具有内在的一致性。今天世人说，中国特色社会主义愈发展愈强大，世界上和平的力量愈发展愈强大。这是因为，世界和平最根本的保障，不能寄希望于某些国家的善心，而必须建立在世界和平力量的广泛增长上。从这个角度看，中国特色社会主义的发展壮大，向世界作出了重要的和平性贡献。中国的发展为广大发展中国家走向现代化提供了成功经验、展现了光明前景，是促进世界和平与发展的强大力量，是中华民族对人类文明进步作出的重大贡献。

从国家治理的角度看，中国特色社会主义也向世界作出和平性贡献——长期以来，世界上一些国家和地区之所以面临混乱和动荡而难以摆脱，主要原因就是缺乏思想整合、利益整合与力量整合，归根结底在于缺乏强有力的政党领导，以及强大政党领导下的自主稳健辩证、丰富生动有机的历史进程的推开。而改革开放使得中国向世人展示了完全不同于西方预判的发展路径，为人类文明探索发展道路提供了中国经验，为人类社会发展增添了中国动力，为丰富人类社会发展道路贡献了中国方案。

六、中国改革开放是世界级实践

在人类现代化视阈中审视中国改革开放，中国改革开放不但属于中国也属于世界，其价值是深刻的、根本性的，也是全球性的、世界性的——

发端于40多年前的中国改革开放是一场改变中华民族根本命运的历史转折，是对社会主义中国发展的重新厘定；也是一场改变当代世界发展格局的历史转折，是对世界现代化发展的重新厘定。因此，"改革开放是一场深刻革命"①。改革开放所释放的强大动能，推动中国逐渐由传统步入现代，由封闭走向开放，由赶上时代到引领时代；世界现代化进程中中国元素的注入，也推动世界由对立到融合，由单一到多样，由刻薄到包容。一个生机勃勃的社会主义中国正展示于全世界，为那些亟须跳出西方窠臼，渴望摆脱落后状态，勇于探索自身发展道路的国家和地区贡献了中国智慧和中国方案。中国改革开放的价值是深刻的、根本性的，也是全球性的、世界性的，对于当代中国和当代世界都具有重要价值和深刻启示。

（一）中国改革开放彰显社会主义对于现代化的独特价值

过去，有一些人对社会主义贴上封闭僵化、贫穷落后标签，认为社会主义不可能有出息有出路，而中国的改革开放改变了这一切。

社会主义是在充分继承资本主义有益成果的基础上产生的更高层次、更加先进的社会形态。决定社会主义本质的仍然是人类社会的根本矛盾，依据矛盾而进行的改革与调适是推动社会主义不断发展跃迁的根本举措。"文革"结束后，面对百废待兴的局面，革故鼎新的社会主义基因作用于

① 中共中央文献研究室编：《习近平关于全面深化改革论述摘编》，中央文献出版社2014年版，第14页。

以邓小平同志为主要代表的中国共产党人，于是就有了改革开放的启动。邓小平以巨大的政治勇气提出“解放思想，开动脑筋，实事求是”①，为改革的启动打开了思想上的阀门。以党的十一届三中全会为起点，中华大地从农村到城市、从沿海到内陆、从经济体制改革到政治体制改革，大范围、深层次地对内改革、对外开放成为新时期中国的最显著特征。邓小平认为“改革是中国的第二次革命”②，他指出改革的性质同过去的革命一样，都是为了扫除发展社会生产力的障碍，使中国摆脱贫困落后的状态。从这个意义上说，改革是革命性的变革。在长达40多年的改革进程中，我们党逐渐摸索出了一套符合国情、行之有效的改革规律，先外后内、先易后难，既摸着石头过河，又加强顶层设计，将改革、发展、稳定作为检验改革成功的重要标准。实践证明，中国的渐进式改革是最睿智的策略，是一种最奏效的改革方式。改革开放作为社会主义中国的基本原则被长期坚持是对社会主义理想与现实、国家发展内外环境进行认识、思考和探索的结果，成为全体中国人民的基本共识。

伴随着中国改革开放之前和之中的一个世界性场景是，社会主义在世界范围内的发展充满了艰难曲折，特别是从南斯拉夫到东欧，多数社会主义国家的改革归于失败，社会主义在与资本主义的较量中黯然失色，社会主义优越性面临严重质疑。东欧剧变、苏联解体，使得世界社会主义发展遭遇前所未有的挫折，社会主义的命运似乎就此终结，西方政客以傲慢的姿态宣称世界历史终结于资本主义。事实证明，盲目乐观导致了“致命的自负”。实际上，资本主义自从产生的那一天起就面临着不可调和的矛盾，以自由主义为核心价值的资本主义走到了自由的反面。虽然资本主义国家根据国内外形势的变化不断进行自我调适以延续生存，然而这并非一场全面的触及根本的改革，资产阶级政客们仍试图用各种方式掩盖资本主义社会中存在的尖锐矛盾，马克思关于资本主义的发展趋势的观点依然具有极

① 《邓小平论党的建设》，人民出版社1990年版，第31页。
② 《邓小平文选》（第三卷），人民出版社1993年版，第113页。

强的解释力。

得益于中国的改革开放，社会主义在21世纪重新焕发出巨大活力。社会主义中国在改革开放的引领下经历了从传统社会向现代社会、从封闭社会向开放社会的转变。不断自我革新、不断自我超越是当代中国赋予社会主义的新的重要特征。从理论到实践，社会主义从不僵化封闭，从不故步自封，从不盲目自大。从诞生之日起，社会主义经历了从空想到科学、从理论到实践、从一国到多国的多次跨越。新时代中国特色社会主义继往开来、革故鼎新，实现了社会主义发展历史上的又一次飞跃。

反观资本主义，经过四百多年的发展，无论是经济基础还是上层建筑已发展到“形式上完美”而实质上故步自封的地步。政治矛盾激化，民粹主义高涨，右翼极端主义思潮沉渣泛起，经济发展和民生改善滞缓，贫富差距扩大，社会分化严重，社会危机恶化成为当代资本主义面临的新危机。已经走上“路径依赖”轨道的资本主义的内部张力日趋紧张，社会主义与资本主义较量的天平或许说不定在什么时候就会发生倾斜。

改革开放直接催生了中国的强劲崛起，创造出了一个具有中国特色的社会主义。但是，有人说改革不是社会主义中国的“特产”，资本主义也有改革，而且资本主义的改革也是成功的。这是不可否认的事实，从罗斯福新政到里根、撒切尔的“新自由主义”再到布莱尔的“第三条道路”，资本主义的改革不可谓不成功。然而，时过境迁，再观当代资本主义，为何仍然矛盾重重且积重难返，曾经风光无限的资本主义政客们为何江郎才尽，面对棘手问题却无法拿出改革方案。资本主义的根本矛盾如幽灵一般萦绕在西方社会的上空。资产阶级政客们正像不能放弃自己的生命一样不能放弃资本主义的发展方式，形形色色的改革方式如昙花一现。反观中国改革，无论是改革方式、改革力度、改革可持续性以及改革所取得的巨大成就都是西方资本主义改革所不能比拟的。中国特色社会主义是科学社会主义在当代中国的实现，是辩证发展的社会主义。这个观点有两层含义：首先，社会主义是在继承资本主义文明成果的基础上产生的，社会主义与资本主义的关系不是简单的否定，而是扬弃。清醒的自我革新意识、强大的自我革新能力是中国特色社会主义的重要属性。当代中国的改革也在汲取资本主义改革的有益经验，而社会主义所具有的比资本主义更强的自我革新能力使得中国的改革更加成功。其次，当代社会主义改革不是完全抛弃传统社会主义，而是在坚持社会主义基本原则的前提下，在反思传统社会主义僵化教条发展模式的基础上，对社会主义加以重构，使改革发展真正回归社会主义本质。

党的十八大以来所提出的中国特色社会主义道路自信、理论自信、制度自信、文化自信与改革开放所取得的巨大成就密不可分。回顾中国40多年的改革进程，回首社会主义百年的发展道路，回望世界现代化数个世纪的发展历程。我们有充分的理由赋予中国改革以世界历史的意义。党的十九大报告指出：经过长期努力，中国特色社会主义进入了新时代。历史经验告诉我们：只有改革开放才能发展中国、发展社会主义、发展马克思主义。改革开放已经成为中国发展的“必选项”。习近平总书记指出：“改革开放只有进行时没有完成时。没有改革开放，就没有中国的今天，也就没有中国的明天。”①

（二）中国改革开放重新界定市场经济的情境化内涵

过去，有一些人将市场经济的生产活力、财富创造仅仅与资本主义相联系，认为市场经济是资本主义的专利品，中国改革开放改变了这一切。

在中国引入市场经济以前，市场经济是由资本主义国家推动并界定的。市场经济在世界上的发展大体上经历了四个发展阶段：从15世纪末发现美洲新大陆、绕过非洲好望角到18世纪70年代初步把世界五大洲联成一体的市场经济起步阶段；从18世纪末蒸汽化产业革命到19世纪末资本主义列强把世界瓜分完毕，建立了统一的无所不包的世界殖民体系的市场经济轫兴阶段；从19世纪末电气化产业革命到本世纪70年代的市场经济武力争夺和重建阶段；从80年代信息化产生革命迅猛发展到如今多国独立自

① 《习近平谈治国理政》，外文出版社2014年版，第69页。

主汇入世界市场的市场经济鼎盛阶段。市场经济在以上四个发展阶段中不断扩大和深入，市场经济经历了一个从沿海到内地，从城市到农村，从平原到山区，从周边到腹地，从大陆到岛屿的长期渐进发展过程。这四大发展阶段，中国经历了从闭关自守到被迫纳入再到主动参与的发展过程。

中国发端于20世纪70年代末的改革以破除计划经济体制弊端为开端，并伴随着以市场为导向改革的深化而不断加以深化，中国通过引入市场经济提升了财富创造效率，同时也重新定义了市场经济。

市场元素在中国的引入仅仅有40多年时间，相比已有300多年历史的西方资本主义市场经济，却显示出了强大的生命力和巨大发展优势。确立于资本主义时代的市场经济其最大优势在于对资源的高效率配置，与其相伴随的则是广泛的社会分工、科学技术的飞速发展和对人创造社会财富的积极性和创造性的极大激发，最大程度地解放和发展了社会生产力。正如马克思所讲："资产阶级在它的不到一百年的阶级统治中所创造的生产力，比过去世代创造的全部生产力还要多，还要大。"① 然而，资本主义市场经济所创造的巨大生产力却难以掩盖其内在的固有矛盾和对社会生产力的巨大破坏。生产社会化和生产资料资本主义私人占有之间的矛盾所引发的周期性经济危机；收入分配不公所带来的严重贫富分化；对利润的偏执追求给生态环境造成的严重破坏等等，无不彰显了资本主义市场经济的内在局限。

中国社会主义市场经济突破了对市场经济固有的社会制度属性认识，实现了对其从社会制度属性到手段方式属性认识的回归，明确了作为资源配置方式的市场经济从属于社会基本制度，社会基本制度规定了市场经济配置资源的范围、方式和目的。市场经济在社会主义条件下具有更加广阔的发展前景，其强劲的财富创造效能重新定义了市场经济的内在含义，社会主义市场经济摆脱了新自由主义条件下的市场经济发展弊端，其在一定

---

① 《马克思恩格斯选集》（第一卷），人民出版社2012年版，第256页。

程度上更加接近市场经济促进社会生产力发展和增加社会财富的内在精髓。新自由主义市场经济理论所主张的彻底私有化，否定任何形式的计划的存在，并主张将一切与经济发展相关的领域都全部加以市场化，把政府完全定位于“守夜人”的角色的主张虽然在一定阶段一定程度上促进了经济的发展，但其带来的经济发展不可持续、经济结构畸形化、两极分化加剧等弊端却也不可忽视。政府不能代替市场，指令不能代替规律，但是完全忽视政府在市场经济发展中的重要作用只能是因噎废食走向了另一个极端。社会主义市场经济始终以人民利益为着眼点，始终坚持发展依靠人民，发展为了人民的发展目标，其是以人民福祉为皈依的普惠性共享改革，在很大程度上避免了新自由主义市场经济的发展困境。

作为手段的市场经济是与一定的社会历史环境相结合而存在的。中国社会主义市场经济相比西方资本主义市场经济的巨大优势缘于将社会主义基本制度的制度优势和市场经济的机制优势实现了有机结合，把社会主义的内在价值追求融入到了市场经济的运行之中，最大程度地规避了市场经济自身所存在的自发性、盲目性和滞后性等种种弊端。社会主义与市场经济的结合创造出了一种新的经济形态和经济发展机制，创造了一种崭新的市场经济形态，明确了政府与市场的关系，建立起了政府与市场相辅相成、高效良性互动的体制机制。社会主义市场经济既是对政府可以完全取代市场作用的传统认识的破除，也是对“管得最少的政府是最好的政府”的新自由主义思维的超越，实现了对政府与市场关系认识的辩证统一。

习近平总书记在中央政治局第二十八次集体学习时指出：“在社会主义条件下发展市场经济，是我们党的一个伟大创举。我国经济发展获得巨大成功的一个关键因素，就是我们既发挥了市场经济的长处，又发挥了社会主义制度的优越性。我们是在中国共产党领导和社会主义制度的大前提下发展市场经济，什么时候都不能忘了‘社会主义’这个定语。之所以说是社会主义市场经济，就是要坚持我们的制度优越性，有效防范资本主义市场经济的弊端。”实践已经并将继续证明，社会主义市场经济是对资本主义市场经济的扬弃和发展，将彰显巨大的优势和发展潜力。

（三）中国改革开放确证社会制度对于国家发展的重要价值

过去，有一些人认为社会制度与国家发展相比居于次要地位，为了国家发展可以较大程度变更社会制度，中国改革开放改变了这一切。

制度是国家发展进步的根本保障，是国家综合国力竞争中的核心竞争力。中国改革开放的初衷在于在改革开放中实现自我革命进而实现自我完善。改革始终坚持正确方向，实现自我变革与社会主义方向的有机统一，在实践创新中不断自我完善和发展。中国的改革“固然要靠一定的理论研究、经济统计和经济预测，更重要的还是要从试点着手，随时总结经验，也就是要‘摸着石头过河’”[①]。这种不断推进的渐进性式的改革是在摸索中达成共识、形成经验，最终建立制度对改革的成果加以巩固。现如今中国的改革进入深水期和攻坚期，在“摸着石头过河”的基础上更应该加强顶层设计，统筹各方利益诉求，凝聚社会最大共识，以制度的自我完善为着力点推进改革的深化和国家的发展进步。随着全面深化改革的深入推进，中国制度更加成熟更加定型，更加适应生产力发展要求，从而激发出无比强大的潜能。

在新的历史条件下继续推进制度创新，不断完善和发展中国特色社会主义制度，推进国家治理体系和治理能力现代化，这不仅是全面深化改革的总目标，也是中国共产党人在建设和发展中国特色社会主义实践中面临的一项十分艰巨的战略任务。具有制度优越性和合理性的社会主义社会，坚持制度自信并不断完善制度，这是推动国家发展进步的根本所在。坚定制度自信、推进制度创新、提高制度执行力，是深入推进中国特色社会主义制度发展和完善历史进程的主要着力点。

100 年前，孙中山先生讲：“世界潮流，浩浩荡荡；顺之则昌，逆之则亡。”[②] 100 年前的世界潮流是资本主义所主导的，而 100 年后的今天，社会

① 中共中央文献研究室编：《三中全会以来重要文献选编》（上），人民出版社 1982 年版，第 604 页。

② 中共中央文献研究室编：《三中全会以来重要文献选编》（上），人民出版社 1982 年版，第 476 页。

主义的中国却彰显出了巨大的制度优势，开辟了人类实现制度现代化的新前景。可以自信地说，中国特色社会主义正引领世界新一轮制度现代化建构的潮流，由此引发了国际社会对世界格局以及人类社会制度模式的深刻反思。

习近平总书记强调："在任何时候任何情况下，与人民同呼吸共命运的立场不能变，全心全意为人民服务的宗旨不能忘。"① 在中国特色社会主义制度的保障下，人民的利益得到了最大程度的实现与维护，人民利益既是中国特色社会主义制度得以确立的出发点也是其不断加以发展完善的落脚点。"治国有常，利民为本"，中国特色社会主义制度的根基在人民、血脉在人民、力量在人民，中国特色社会主义制度集中彰显了人民至上的价值取向，反映了坚持人民主体地位的内在要求，其是坚持以人民为中心，始终维护和发展人民利益，增进人民福祉的根本制度保障。

幸福生活是靠辛勤劳动干出来的，中国特色社会主义制度也是在亿万人民的实践中建立起来的，人民利益的维护与实现归根到底还是得在亿万人民的伟大实践中加以实现，人民利益的维护与实现必须善于从广大人民群众的伟大实践中汲取智慧和力量。只有在深入实际、深入基层、深入群众、深入调查的基础上，才能从人民群众的实践中总结提炼经验，从人民群众的伟大实践中汲取智慧和力量，确保人民利益得到切实维护。也只有在此基础上才能避免西方发达国家福利民粹主义的发展困境。正如有学者指出，福利主义加上民粹主义，是21世纪发达国家困境的根源。实际上，西方泛滥的福利民粹主义已经以另一种形式造成了社会的不公平。福利主义加上民粹主义造成了国家整体竞争力的削弱，成为了国家发展的沉重负担。中国特色社会主义制度在激励人民干事创业和保障维护人民切身利益方面达到了动态平衡，彰显了巨大的制度优越性。

在可以预见的将来，中国在世界舞台上的角色将会愈发重要，这就是从弱国到强国、从边缘到中心、从失语到有话语权、从被动学习到主动引

---

① 中共中央文献研究室、中央党的群众路线教育实践活动领导小组办公室编：《习近平关于党的群众路线教育活动论述摘编》，中央文献出版社2014年版，第3页。

领世界。中国模式是一种混合模式，既不是苏联模式，也不是西方模式的延伸。它整合了各个方面的动力机制，成为中国高速发展的基础。综观世界各国，经过40多年的努力，中国特色社会主义制度的优势已经愈发彰显，既扬弃了传统社会主义，又超越了资本主义。在理论先行、循序渐进、上下联动的改革发展中形成了高效、稳定的中国特色社会主义制度。中国特色社会主义制度集中力量办大事的高效相比西方现行的多党政治、多元权力制度所带来的相互扯皮、效率低下的弊端显示出了巨大的制度优势。政贵有恒，中国特色社会主义制度具有平稳有序的特点，中国特色的政党制度在保持了共产党执政的连续性、稳定性的基础上充分发挥了各民主党派参政议政的积极性，既避免了西方多党制为反对而反对的弊端，又避免了苏联模式下一党制的过分集权。中国特色社会主义市场经济平衡了市场这只“无形之手”和政府这只“有形之手”之间的作用，既克服了西方经济自由主义弊病，也克服了传统苏联模式中政府控制经济过死的缺陷。

当然世界各国的制度建构的过程是并进的，经验是交融的，我们既要站得高、看得远，把握世界大势，坚定制度自信，又要脚踏实地认真总结我国实践中的优势和经验，并将其上升到理论高度，主动适应世界潮流，推进我国治理体系和治理能力的现代化。改革开放是决定当代中国命运、实现中华民族复兴的关键一招，全面深化改革完善制度体制是推动中国发展进步的强大动力，只有通过全面深化改革完善制度体制才能不断推进中国特色社会主义制度自我完善和发展。只有在完善制度的基础上才能实现各方面改革联动，形成总体效应、取得总体最佳效果。随着以制度自我完善为着力点的改革不断深化，将充分调动全国各族人民的积极性、主动性和创造性，将最大限度解放和促进生产力发展，促进中国制度体系的自我完善与发展，共同助力推动中国发展进步。

（四）中国改革开放为全球治理注入中国智慧

过去，有一些人认为全球治理中不可能有发展中国家唱主角的机会，发展中国家也不可能有这个分量，中国改革开放改变了这一切。

世界的现代化最初是由资本主义国家推动的。马克思和恩格斯指出："美洲的发现、绕过非洲的航行，给新兴的资产阶级开辟了新天地。"① "大工业建立了由美洲的发现所准备好的世界市场。世界市场使商业、航海业和陆路交通得到了巨大的发展。这种发展又反过来促进了工业的扩展，同时，随着工业、商业、航海业和铁路的扩展，资产阶级也在同一程度上发展起来，增加自己的资本……"② 马克思的这段论述基本勾勒出现代世界资本主义全球化发展的图景。但是，攫取利润是资产阶级的核心目标，资本主义受资本内在逻辑的驱动，向全世界的每个角落扩张。这种扩张是以资本主义社会生产力的巨大进步为前提的，而这种扩张反过来又对资本主义社会生产力的提升起到巨大的推动作用。马克思、恩格斯早在170年前就已经洞察到全球化这一不可阻挡的世界潮流，并深刻阐释了全球化与社会生产力发展之间的互动关系。

在马克思、恩格斯发表此言论的前几年，处于清王朝统治之下的古老中国第一次尝到了闭关锁国带来的苦果，天朝上国的迷梦在西方坚船利炮的轰击下灰飞烟灭。古老中国竟然以这样一种惨烈方式被迫打开了与世界的联系。强烈的外来冲击使中国逐渐清醒，逐渐意识到世界对于中国的意义，逐渐意识到对外开放是近代以来民族国家发展进步的"必选项"。20世纪，在世界东方，波澜壮阔的社会主义革命终于将社会主义思想变为实践，俄国与中国先后成为无产阶级领导的社会主义国家。作为马克思主义的继承者和社会主义国家领导人，列宁和毛泽东都深刻认识到了"世界交往"对于发展社会主义国家的重要性并先后提出了社会主义国家对外开放的思想原则。然而，"铁幕"的阻隔使当时社会主义国家只能进行有限开放与交往。如何进行一场真正的对外开放成为中国的世纪难题。

1978年12月，以党的十一届三中全会为标志，社会主义中国又一次站到了新的历史起点上，改革成为当时中国的首要任务。邓小平提出改革

① 《马克思恩格斯选集》（第一卷），人民出版社2012年版，第273页。
② 《马克思恩格斯文集》（第二卷），人民出版社2009年版，第32页。

要在全面破除旧体制的前提下根据实际重新建立新体制，就是要完全打破那种封闭半封闭的发展状态并积极融入世界发展的潮流当中。全方位多层次的开放格局的形成，使中国真正建立起了与世界联通的桥梁纽带，使社会主义的发展可以真正吸收人类社会的文明成果，使中国的现代化道路真正具备了世界属性。

然而，面对中国不断崛起的现实，西方世界的各种“中国论”不绝于耳。从“中国崩溃论”到“中国威胁论”，各种论调在现实面前都纷纷破产。中国的和平发展给这些戴着有色眼镜观察中国，一厢情愿炮制各种论调的西方政客一记响亮的耳光。很多西方政客认为，改革开放是中国赢得世界霸权的手段。这个结论是资本主义现代化逻辑套用中国发展现实而得出的。资本主义自诞生之日起就用非和平的方式来实现自身崛起、用非和平的方式传递霸权接力棒，它在向世界传播文明的同时也给“边缘”国家带去了深重苦难。相比于数百年的资本主义发展历史，中国的改革开放进程还相当短暂。然而，在不到半个世纪的时间里，我们输出的是物美价廉的商品、成熟可靠的技术以及开放包容、和平发展的理念。短短四十多年，中国用自己的行动转变着“国强必霸”的逻辑，用自己的行动告诉世界：国家的复兴崛起并不必然建立在剥削和压迫之上，强国对外输出文明的同时不会带有压迫剥削。现代化道路并不必然等于资本主义，资本主义创造的1.0版本的现代化模式需要反思和修正。新的2.0版本的现代化模式或许更具吸引力。

新时代以来，我国的对外开放又有了质的提升。我们“积极参与经济全球化进程，为推动人类共同发展作出了应有贡献。我们积极推动建设开放型世界经济、构建人类命运共同体，促进全球治理体系变革，旗帜鲜明反对霸权主义和强权政治，为世界和平与发展不断贡献中国智慧、中国方案、中国力量。我国日益走近世界舞台中央，成为国际社会公认的世界和平的建设者、全球发展的贡献者、国际秩序的维护者”①。

① 习近平：《在纪念改革开放40周年大会上的讲话》（2018年12月18日），人民出版社2018年版，第17页。

中国40多年改革开放向世界传达了这样一个信号：中国的改革开放搞得越成功，对世界就越有利。随着软硬实力的不断增强，中国领导全球治理的责任也不断加大。当今世界形势赋予了中国的对外开放以新的内涵与任务。习近平总书记指出："没有哪个国家能够独自应对人类面临的各种挑战，也没有哪个国家能够退回到自我封闭的孤岛。"① 中国的对外开放已不仅是器物与资本的输入与输出，而是要围绕世界需要什么样的全球治理、全球治理为了谁、如何推动全球治理改革和建设等重大问题提出一系列中国主张和中国方案。这就要求积极参与全球经济治理，推动国际经济治理体系改革完善，积极引导全球经济议程，促进国际经济秩序朝着平等公正、合作共赢的方向发展。

随着社会主义中国的不断崛起，世界的注意力越来越多地转向了中国的发展经验。在资本主义发展模式的弊端逐步暴露的时候，社会主义国家的治理经验成为许多国家和地区解决发展问题的可选项。西方政客们自恋地欣赏着他们的制度模式，认为这是人类社会通向现代化的唯一路径，他们强行对外推广某种制度体系的治理方案，非但没有带来国家治理的改善，反而制造出不少乱局，进而给全球治理带来负面影响。综合考察全球治理的中国方案，其高举的和平、发展、合作、共赢等价值观，同和平共处五项原则精神是契合的，更与当今世界对新国际政治文明的追求是一致的。中国提出国际关系和全球治理新的价值理念，超越了传统西方国际关系理论，为世界文明进步带来机遇。

在全球治理的背景下，中国智慧、中国方案的魅力与日俱增，得到世界上越来越多国家的认可，这源自中国对自身历史和国情的深刻了解，源自对西方现代化道路的深刻总结，源自对其他发展中国家现代化历程的深刻分析，源自对人类追求现代化道路的深刻洞察。坚持走符合本国国情的发展道路，这是中国特色社会主义改革开放的重要启示，也是新时代中国为全球治理提供的重要经验。中国的发展离不开世界，世界的发展也离不

---

① 教育部课题组：《深入学习习近平关于教育的重要论述》，人民出版社2019年版，第252页。

开中国。在新的历史时期，中国的对外开放是要让世界更加了解中国，是要拓宽世界走向现代化的道路，是要向世界提供中国智慧和中国方案，为当代中国引领全球治理以及构建人类命运共同体发挥着重要的纽带作用。

第十二章　政治发展与中国式现代化

与其他发展中国家相比，政治稳定、领导有力、定力强大是中国式现代化进程中特别是40多年来的一个突出特征。达到这样的效果，当然离不开中国式现代化的政治智慧。这种政治智慧集中的体现就是，形成了中国特色社会主义政治发展道路。习近平总书记指出："事实充分证明，中国社会主义民主政治具有强大生命力，中国特色社会主义政治发展道路是符合中国国情、保证人民当家作主的正确道路。"①

一、中国政治发展的实践逻辑

现代政治的精义在于团结凝聚大多数人为共同目标而持续奋斗，中国政治发展的实践逻辑就是基于这个精义而展开的，这从政治上保障着中国式现代化稳健前行——

如何正确看待中国政治发展？这是一个重大政治和理论问题，许多人存在相当多的期待和迷惘。但是，恰恰在这样一个重大的政治和理论问题上，人们看到了一个两极分化的现象：一方面，对于中国共产党领导与中国政治发展，大多数人持赞成与肯定的态度；另一方面，特别是在互联网

① 《习近平谈治国理政》（第二卷），外文出版社2017年版，第288页。

舆论场中，对中国共产党领导与中国政治发展，不乏一些批评、指责甚至嘲讽、谩骂的言论。当然，极化的言论毕竟都是少数，更多的人，包括绝大多数党员干部和一部分理论工作者，对于到底该偏重于哪种判断，缺乏足够的政治理论、政治判断和政治知识进行严肃深入的思考。这甚至造成一些理论和现实上的困惑。

理解中国共产党领导与中国政治发展，需要精致、内在、具有说服力的分析与解释方式、策略和切入视角。那么，理解中国共产党领导和中国政治发展，马克思主义可以带来怎样的启示？可以从马克思主义关于经济基础与上层建筑的关系，关于国家的理论，关于执政党作用的角度，来思考中国共产党领导和中国政治发展。

启示之一：从经济基础与上层建筑的关系进行分析，必须充分考虑上层建筑对于经济基础的反作用。尽管恩格斯认为："一切社会变迁和政治变革的终极原因，不应当到人们的头脑中，到人们对永恒的真理和正义的日益增进的认识中去寻找，而应当到生产方式和交换方式的变更中去寻找；不应当到有关时代的哲学中去寻找，而应当到有关时代的经济中去寻找。"① 从而，经济基础决定上层建筑这一典型分析范式成为理解中国政治发展的基本范式。但是，不应忽视的是，经济基础与上层建筑之间的关系，作为马克思主义的一个基本分析框架，是个多元的复合结论，这个分析框架的主旨要义至少包括：经济基础决定上层建筑，上层建筑对于经济基础具有反作用，有时甚至可以起到决定性作用。这个分析框架对于理解中国共产党与中国政治发展的启示作用在于：不能简单地把中国共产党理解为一个被动的、顺从的角色，而应当看成一个能动的、积极的、主动的角色，在理论视野中更多从主动而非被动的角度看待中国共产党在现代化进程中的作用。唯有如此，才能更加深刻地理解中国政治发展的内在逻辑。

启示之二：从马克思主义国家理论进行分析，必须充分考虑社会主义国家对于经济社会发展的领导和驾驭作用。马克思主义国家理论认为，国

---

① 《马克思恩格斯选集》（第三卷），人民出版社 2012 年版，第 797—798 页。

家是统治阶级进行阶级统治的工具，但国家并不是无条件地在任何情况下被动地发挥作用，国家为了有效履行政治统治职能和社会管理职能，必须使自身独立于社会各阶层而发挥作用。这就是“国家中立论”。由此，从统治阶级整体利益出发的国家，面对经济社会现代化过程及其后果，会发挥其强大的统筹管理功能，使得这种现代化过程不至于造成巨大的破坏性的影响。因而，社会主义国家不会任由“政治输入”直接地变为一种强大的政治压力，并在高压下被迫进行所谓特定意义上的政治变革。

启示之三：从马克思主义政党理论进行分析，必须充分考虑中国共产党对于当代中国的领导核心作用。马克思主义政党学说认为，无产阶级政党并不是一般意义上的以参加选举、执掌政权、谋取利益为生的政党，而是一个有着独特使命责任、独特价值追求、独特担当精神的政党。由此，马克思主义政党是使命型政党。中国共产党作为一个在中国长期执政的马克思主义使命型政党，是一个有着自己独特政治判断和见识的能动主体，在经济社会现代化的冲击面前，它有必要而且一定会以自己的方式作出回应和适应，也会以自己的方式来掌控这种变化所带来的冲击。

由此可以理解，中国政治发展就不再是一种面对经济社会现代化的被动反应，而表现为一个更为复杂有机的局面：中国政治发展是经济社会现代化带来的冲击与影响，以及对于这种冲击与影响的适应并掌控的综合作用的结果，这是一个动态、复杂、互动的过程，深入把握这个过程才能够深刻理解中国政治发展最真实的逻辑。由此，中国政治发展绝非“非政治因素的变化导致政治因素的变化”这么简单。从而，这就获得了一个观察中国政治发展的内部视角，即从内部行动者的行为逻辑出发，从中国既定的内部条件与发展实际出发来理解中国政治发展。

林尚立指出，从政治必须满足社会发展的需求出发，任何政治体系的稳定与有效运行，需要两大基本要件：一是政治体系是否能够为经济与社会发展创造条件；二是政治体系的特性与作为是否能够得到绝大多数民众的认同，从而被人们视为应该接受并自觉服从的权力与制度。人们通常把前者称为政治的有效性；将后者称为政治的合法性。如此：“在有效性与合法性成为政治体系稳定与有效运行的前提的条件下，政治发展就必须把民主化的终极目标与全面提升政治体系的有效性和合法性有机结合起来。由于出发点不同，这种结合就形成了两种不同的政治发展路径：一是从政治有效性出发，在创造能够有效推进经济与社会发展的有效政治的过程中，促进民主化；二是从政治合法性出发，在创造民主价值所期待的政治体系并直接满足民众的民主需求中，促进民主化。”①

在这样的分析框架下，关于中国政治发展的实践逻辑，可以得出这样的分析结论：在有效性中累积合法性，即在政治体系结构与功能的自我完善中累积合法性，在政治体系有效地推进经济与社会发展中累积合法性，在政治体系预防危机和驾驭风险中累积合法性。

之所以采取这样的发展策略，其原因在于：对于中国这样的超大规模国家、超级复杂社会来说，尽管有效性与合法性在根本上是一致的，但由于生产力发展水平和社会发展阶段的限制，二者之间存在着一定程度的张力，也是不争的事实。这样造成的结果就是，两者往往不可能同时兼得。而在不可兼得的情况下，就存在着一个发展的战略抉择，即发展目标的优先序的排列问题。

有些发展中国家无视发展次序的重要性，从而遭遇了难以克服的发展障碍。殊不知，公共服务提升与公民权利保障之间内在张力，传到政治参与领域，会带来“期望值膨胀”和“参与爆炸”；而这种后果一旦出现，又将会严重削弱公共服务能力，从而导致公民权利保障体系随之而崩溃。

中国采用了更加稳妥审慎的方式推进政治发展，没有采用那种“一起来”的方式，而是采用了“在两个变量一起提升的同时，使一个变量适度先于另一个变量提升”这样一种政治发展方式，造成了一种可控的政治发展的态势。这样的政治发展策略，是理解中国政治发展的重要实践逻辑。

许多西方学者对于中国政治发展的指责，也主要指责的是这种政治发

---

① 林尚立：《在有效性中累积合法性：中国政治发展的路径选择》，《复旦学报》（社会科学版）2009 年第 2 期。

展方式。问题的关键在于，按照一般的政治发展特性，追求合法性优先于有效性的政治发展策略，其实更容易实施，也更容易赢得社会公众的即时性欢呼与支持。这是因为，以合法性为核心的政治话语与政治模式，要求相对并不高，只需要有一些法律和制度的改变即可，但是它的“后遗症”却很大，那就是，会在短时间内造成以政治参与为核心的各种各样的政治表达的泛滥；而以有效性为核心的政治话语与政治模式，却对政治体制与国家制度及其运行效能有着很高的要求，符合这样的要求并不容易，它的效果短期不明显，却具有长效性和根本性，能够给民众提供持续的幸福生活保障。有学者指出，发达国家的政治发展与其现代化进程基本同步，走出的是从经验到规范的道路，并经过漫长的历史发展而形成了更细的多种分支。……而发展中国家和地区的政治发展走的则是从规范到经验再到规范的道路，简言之，就是先照搬西方制度，遭遇挫折后回到本土经验，进而在本土经验基础上完成制度化过程。①

中国为什么能够成功采取这一政治发展策略？解答这个问题，需要联系中国的政治实际：

第一，中国政治发展的基础条件。对于中国来说，新中国成立以来多年的政治建设所积淀下来的，主要是公共服务体系方面的制度与治理资源，而权利保障体系方面的制度建设相对薄弱。于是，这就造成了特定的中国政治发展路径：采取公共服务体系建设优先于权利保障体系建设的策略，更有利于发挥和释放中国制度与治理资源的潜能，更有利于塑造中国政治发展的独特优势，也更加有利于顺利解决问题。

第二，中国共产党的政治见识。对于中国共产党来说，任何有可能产生不稳定因素的发展策略，尤其是政治发展策略，都在慎思之列。采用一种充满冒险主义色彩的政治发展策略，而置一种成熟的、稳妥的发展路线于不顾，这在政治上是非常不可取的，容易犯下颠覆性错误。更实际一点说：“有效性的提高可以提升当下制度的合法性，很多发展中国家的实践

① 褚松燕：《全球视野中的中国政治发展》，《上海行政学院学报》2015 年第 5 期。

证明了这一点。但是，反过来却不一定，即提升合法性的制度建设未必就能提供有效性，至少在制度供给者看来是如此。”①

所以中国的政治发展就采用了一种低度的政治参与、适度较高的期望值满足、可控的政治发展策略。总体思路就是希望走出一条成本较低、风险较小、收益较大的政治发展道路。

与许多发展中国家相比，这条中国政治发展道路的特质何在？

其一，自主性。中国的政治发展并非外力所强加，而是内生的、自己主导的政治发展过程；是一个自我生长发育的过程，而不是一个自外而内移植的过程。这一点非常重要，与许多政治制度移植的国家形成了鲜明对比。世界上有相当多国家的政治发展并非自主发展，而是由别的国家强加而形成的。陈映芳指出，假若我们把中国置于80年代以来东欧各国甚至拉美、南非等国家的民主转型的背景（或者如亨廷顿所说的世界第三波民主浪潮）中来看，我们不能不考虑，在我们的“转型社会研究”中，我们首先必须认真面对这样一个事实：中国放弃了原有的计划经济制度而创造了不同于各国的特殊的市场制度，但它同时保持了，甚至发展了包括原有政治制度在内的一系列根本性制度。……在当今的中国（以及历史上的中国），并不存在西方制度的简单移植。作为20世纪最主要的社会主义国家之一，且今天依然由共产党一党执政、党和政府依然掌握着国家主要经济命脉和全部政治系统、国家机器的国家，无论如何，对国家权力系统和政治制度的关注，都是研究者无法回避的任务。②

其二，主导性。所谓主导性，是指中国的政治发展是由核心领导力量——中国共产党来主导的，而不是多种政治力量相互博弈的结果。中国共产党自身的政治智慧、经验和判断以及可以调动的思想资源和制度资源，是决定和影响中国政治发展的最重要、最核心的变量。这个特点与许多发展中国家党派政治混乱的景象也形成了鲜明的对比。

① 黄相怀：《中国政治发展的制度逻辑》，《教学与研究》2005年第5期。

② 陈映芳：《“转型”、“发展”与“现代化”：现实判断与理论反思》，《南京社会科学》2012年第7期。

其三，稳定性。“政治发展目标依现实政治发展问题而定，依政治建设和改革治理的内容而定，而政治发展问题的解决，旨在化解难题、保持政治秩序和政治稳定。”[①] “如果没有一个稳定的环境，中国什么事情也干不成。”[②] 中国的政治发展以不影响稳定、不能造成不稳定为底线。宁可缓一些，也要稳一些，成为中国政治发展的底层逻辑。这与许多发展中国家“政治发展就等于政治动荡”形成了鲜明对比。俞新天指出，发展中国家大多数于本世纪“二战”后独立（拉美、土耳其等国除外），政权建设的任务仍很繁重。因此，发达国家为大多数发展中国家设计的“民主”方案，不合时宜地要求立即限制国家权力，结果往往引起混乱。首先应当建立国家权威，然后才能谈到限制其权力；先要积累政治资源，然后才能谈到分配权力。为了积累政治资源，民主建设仅是追求的目标之一，还有国家统一、民族独立、国家安全、国内稳定、自由、秩序、平等，都极其宝贵，对于发展中国家更加重要紧迫。[③]

其四，渐进性。一个国家的社会发展和政治发展有渐变和突变两种方式。苏联（俄罗斯）的政治经济社会发展由于采用了“休克疗法”，更多地呈现出一种突变的特征，教训极为深刻。而中国的政治发展更多地呈现出一种渐变的特点。这降低了中国政治发展过程中风险和不确定性的概率。

一条政治发展道路正不正确，有没有巨大优势和强大生命力，实践最有说服力。邓小平指出：“我们评价一个国家的政治体制、政治结构和政策是否正确，关键看三条：第一是看国家的政局是否稳定；第二是看能否增进人民的团结，改善人民的生活；第三是看生产力能否得到持续发展。”综观全世界，在政治发展道路的探索上，许多国家都出现严重挫折，有的停滞不前、进退两难，有的踌躇纠结、左右摇摆，有的失误连连、社会动荡。

① 王浦劬：《习近平新时代中国特色社会主义政治发展思想论析》，《政治学研究》2018 年第 3 期。

② 《邓小平文选》（第三卷），人民出版社 1993 年版，第 348 页。

③ 俞新天：《发展中国家现代化问题——二十世纪的回顾与思考》，《上海社会科学院学术季刊》1998 年第 2 期。

苏联东欧剧变殷鉴不远，西亚北非动荡就在眼前，一些发展中国家由于政治发展道路选择错误而积贫积弱令人触目惊心。一些国家防控疫情软弱无力、漏洞百出，与政治制度设置不科学有直接关系。与此形成鲜明对照的是，新中国成立以来特别是改革开放40多年来，综合国力大幅跃升，经济总量跃居世界第二，社会事业蓬勃发展，人民生活水平不断提高，中国的面貌发生了历史性变化，中国抗疫取得举世瞩目成就。所有这些，都充分彰显中国特色社会主义政治发展道路为经济社会发展提供的强大政治保障，充分体现出我国政治发展道路的独特创造和独特优势。

需要进一步探讨的是，是什么支撑着这种政治发展策略的采取与实施？这当然要从中国共产党自身去寻找，把研究视野进一步聚焦于中国共产党领导之特性。

二、中国共产党的领导力与适应性

> 中国政治能够稳步发展的重要原因在于，面对经济社会变化所带来的冲击和挑战，中国共产党既保持了强大的领导力，同时又以自己的方式展示了灵活的适应性——

俞可平认为，政治发展有着自身的内在逻辑，这种内在逻辑也在相当程度上决定着政治变革的方向和效果。中国是一个经济文化比较落后的发展中大国，发展经济是改革开放最重要的任务，而社会的政治稳定是经济发展的前提条件。因此，“稳定压倒一切”是中国政治经济改革的基本原则，这就决定了中国的政治改革也必定遵循“渐进改革”或“增量改革”的途径，在政治发展进程中不时会有一些突破性的举措，但整个政治框架不可能发生整体性的突变。[①]

① 俞可平：《中华人民共和国六十年政治发展的逻辑》，《马克思主义与现实》2010年第1期。

（一）领导力

“党政军民学，东西南北中，党是领导一切的。”[1] 因此，必须坚持党对一切工作的领导。中国共产党不仅是中国特色社会主义事业的领导核心，还是推进国家治理体系和治理能力现代化的领导核心。邓小平早就讲过：“在中国这样的大国，要把几亿人口的思想和力量统一起来建设社会主义，没有一个由高度自觉性、纪律性和自我牺牲精神的党员组成的能够真正代表和团结人民群众的党，没有这样一个党的统一领导，是不可能设想的，那就只会四分五裂，一事无成。这是全国各族人民在长期的奋斗实践中深刻认识到的真理。”[2]

那么，中国共产党的强大领导力是怎样保证和实现的？从分布说，中国共产党是领导各个方面与各个系统的，包括领导立法、行政、司法、政协、军事、外交、工青妇以及各人民团体、国有企业等；从内容说，党的领导体现在纪检方面、组织方面、宣传方面乃至其他各个方面，包括政治领导、思想领导、组织领导等。正是这样一个纵横交织的领导网络和广泛的领导内容，保证了中国共产党强大领导力的实现。

由此可见，中国共产党在治国理政方面，特别是在治国理政的能力和调控能力方面所展示出的惊人力量。一方面，中国共产党的领导就像一张大网，牢牢地把国家的各种要素联结在一起。中国的改革开放、现代化建设、社会变迁等，如果没有一个强大的聚合力量，中国的改革开放不会取得成功，中国的政治发展不会取得成功。另一方面，中国共产党并非简单、直接地把各种社会要素和因素聚拢在一起，而是在聚拢和调节这些要素的过程中，留出了很大自主裁量空间，形成了丰富的反馈体系。中国共产党正是因为在现代化进程中展示出了既坚持强大领导力又适度强调调节反馈，才既凝聚了中国，又推动了中国的变革。这就是中国共产党能够永葆朝气

---

① 《习近平谈治国理政》（第二卷），外文出版社 2017 年版，第 21 页。
② 《邓小平文选》（第二卷），人民出版社 1994 年版，第 341—342 页。

的重要原因，也是中国政治能够持续发展的重要原因。

（二）适应性

中国共产党的适应性是通过三种核心能力来实现的：

其一，理论创造能力。中国共产党设置了一整套的思想文化系统来确保理论的创新创造与普及传播，这套系统以宣传部、党校、社科院、党史与文献部门以及政策研究部门、媒体乃至高校等为主体，构成了一个庞大的理论生成与传播体系。这套体系构造、诠释、传播与反馈中国共产党的政治话语体系为核心任务，由此确保全党与全国思想理论的与时俱进及开拓创新，由此使得中国的发展不至于陷于停滞僵化状态。正如习近平总书记所指出的："我们党是高度重视理论建设和理论指导的党，强调理论必须同实践相统一。我们坚持和发展中国特色社会主义，必须高度重视理论的作用，增强理论自信和战略定力。"①

其二，自我革新能力。"勇于自我革命，从严管党治党，是我们党最鲜明的品格。"② 通过以纪检监察部门、组织部门为主干的工作体系的设置，中国共产党能够相对较好地实现组织机体上的新陈代谢。而这种新陈代谢，从某种程度上保证了中国共产党组织机体的生机活力。

其三，精英吸纳能力。中国共产党专门设置了统战部等部门来凝聚、团结和影响社会各界人士。包括网络大 V 这样的有影响力的人士，也已经纳入统战工作行列。这实际上在党的外围和周边营造了一个吸纳性的政治人气地带，能够很好地起到协同执政的作用，从而团结一切可以团结的力量，调动一切积极因素，为建设中国特色社会主义、实现伟大复兴中国梦而共同努力奋斗。

另外，可以作为中国共产党具有较强适应性，并且事实上也是促进其适应性的一个重要因素，那就是其与生俱来的并且在新时代越来越得到强

---

① 《习近平谈治国理政》（第二卷），外文出版社 2017 年版，第 62 页。

② 习近平：《决胜全面建成小康社会　夺取新时代中国特色社会主义伟大胜利——在中国共产党第十九次全国代表大会上的报告》（2017 年 10 月 18 日），人民出版社 2017 年版，第 26 页。

化的胸怀天下的品格。这种品格能使中国共产党以开放包容的态度放眼全球，以心忧天下的态度看待全人类，从而扩充了自己的心胸气魄。

（三）实践理性

为什么中国共产党能够在保持强大领导力的同时表现出足够的灵活性呢？这与中国共产党所秉持的实践理性有直接的关系。

首先，中国共产党有独特的执政文化。中国共产党笃信实事求是，坚持认为任何理论如果不经过实事求是的考察和检验，是不能轻易运用到实践中去的。即使是奉为指导思想的马克思主义，也要拿实事求是的尺子来量一量。中国共产党坚守服务人民准则，坚持认为真正的、最高的“道”就在于服务人民。所以，中国共产党在治国理政中没有特别执拗、教条主义的文化，这非常有助于它在保持强大的领导力的同时兼具高度的灵活性。张维为认为，中国模式的哲学观主要是实践理性，也就是在实事求是的思想指导下，一切从实际出发，不搞本本主义，不断总结、吸取自己和别人的经验教训，推动大胆而又慎重的体制改革和创新。如果没有共产党理性的、充满智慧的、非常平稳及循序渐进的政策和措施的话，中国可能还处于比较落后的阶段，至少赶不上现在的发展局面。

其次，中国国家制度和治理体系中有一系列民主性的安排。例如，中国的人民代表大会制度、政治协商制度、基层群众自治制度等，都是具有民主性的制度安排。人民代表大会制度既坚持中国共产党对人大工作的领导，同时又注重发挥人民代表大会制度对于整个国家政治社会的决策作用。它不是中国共产党单方面领导人大工作，实际上人大的运行对于党的领导也有相当强的反哺作用。政协制度的运行也具有这样的作用。这样就避免了中国共产党这种强大的领导力伤害到自身的灵活性。

关于中国的根本政治制度与基本政治制度等形成的制度体系，习近平总书记指出：“这样一套制度安排，能够有效保证人民享有更加广泛、更加充实的权利和自由，保证人民广泛参加国家治理和社会治理；能够有效调节国家政治关系，发展充满活力的政党关系、民族关系、宗教关系、阶层关系、海内外同胞关系，增强民族凝聚力，形成安定团结的政治局面；能够集中力量办大事，有效促进社会生产力解放和发展，促进现代化建设各项事业，促进人民生活质量和水平不断提高；能够有效维护国家独立自主，有力维护国家主权、安全、发展利益，维护中国人民和中华民族的福祉。”①

最后，中国共产党党内还有一些调节性的制度设计。比如，党内领导实行常委制、党委制，而党委制和常委制本质上都是委员会制。委员会制的设计可以使中国共产党各级党组织既保持领导力，同时兼具灵活性。这种调节性的制度设计对于中国共产党的领导，也起到了十分微妙而重要的活化柔化作用。

在党的十九大报告中，习近平总书记指出：“中国特色社会主义政治制度是中国共产党和中国人民的伟大创造。我们完全有信心、有能力把我国社会主义民主政治的优势和特点充分发挥出来，为人类政治文明进步作出充满中国智慧的贡献！”② 法裔美国著名政治学者帕斯夸里·帕斯奎诺认为，从西方政体类型学理论的角度来分析，21 世纪的中国，对于一个初到中国的西方观察者而言，无疑像一个谜团。最简单的方式就是依旧采用传统答案：中国难以理解，因为它的政治制度全然不同于西方文化和西方文明。这段话提示人们，必须要走出西方理论框架的视角，必须用一种全新的思维、全新的视角来审视和理解当代中国政治发展和中国共产党执政这一基本的政治事实，不能简单地做西方理论的俘虏。特别是，关于中国政治，西方理论也很难给出多少高明的见解和认识。为此，就需要在思想上突破局限，超越简单的、情绪化的评价，用一种更加内在、深刻、深入的视角来理解和分析中国共产党领导与中国政治发展。

突破西方思维的局限，中国共产党形成了关于政治发展的如下体认：

---

① 习近平：《在庆祝全国人民代表大会成立60周年大会上的讲话》（2014 年9 月5 日），《人民日报》2014 年9 月6 日。

② 习近平：《决胜全面建成小康社会　夺取新时代中国特色社会主义伟大胜利——在中国共产党第十九次全国代表大会上的报告》（2017 年10 月18 日），人民出版社2017 年版，第40 页。

第一，所有的政治发展都不是事先设计出来的，而是在应对各种问题的过程中不断地发展和探索出来的。事先设计出一种政治发展模式，然后把它实现，不符合政治的特点和规律，因为政治本身就是各种利益、力量、看法交汇互动的结果。沈承诚基于对后发现代化国家早产民主的学理分析，得出三个方面的启示：缺乏政治制度规制的政治参与爆炸将带来持续的社会动荡；民粹主义泛滥引致的短视政策将带来国家发展的长期停滞；民主原教旨主义的思维将带来整个社会事实上的不自由。[①] 所谓“早产民主”，实际上都是“移植民主”。

习近平总书记指出，设计和发展国家政治制度，必须注重历史和现实、理论和实践、形式和内容有机统一。要坚持从国情出发、从实际出发，既要把握长期形成的历史传承，又要把握走过的发展道路、积累的政治经验、形成的政治原则，还要把握现实要求、着眼解决现实问题，不能割断历史，不能幻想突然就搬来一座政治制度上的“飞来峰”。[②]

第二，没有所谓的最好的政治模式与政治发展道路，只有最合适的政治模式与政治发展道路。孙中山曾说过：“大凡一种思想，不能说是好不好，只看它是合我们用不合我们用。如果合我们用便是好，不合我们用便是不好。合乎全世界的用途便是好，不合乎全世界的用途便是不好。”[③] 实际上，所谓“最好的”通常并不是最好的，最合适的往往才是最好的。有学者指出，中国政治经济社会发展的客观复杂情势，构成了中国特色社会主义政治发展的逻辑起点，简单模仿或移植西方政治发展模式并不能促进中国政治发展，相反会导致政治过程的“消化不良”。[④]

第三，政治发展无法试错，强国竞争的时代容不得半点政治浪漫主义。政治发展中所犯下的错误，往往都是颠覆性的错误。所以，一定要理性平

---

① 沈承诚：《论后发现代化国家的早产民主陷阱及启示》，《江海学刊》2015 年第 6 期。

② 习近平：《在庆祝全国人民代表大会成立60周年大会上的讲话》（2014 年 9 月 5 日），《人民日报》2014 年 9 月 6 日。

③ 孙中山：《孙中山选集》，人民出版社 1981 年版，第 651 页。

④ 张明军、陈朋：《中国特色社会主义政治发展的实践前提与创新逻辑》，《中国社会科学》2014 年第 5 期。

和、冷静客观、内在细致地看待中国共产党领导与中国政治发展。习近平总书记指出："我国的实践向世界说明了一个道理：治理一个国家，推动一个国家实现现代化，并不只有西方制度模式这一条道，各国完全可以走出自己的道路来。可以说，我们用事实宣告了'历史终结论'的破产，宣告了各国最终都要以西方制度模式为归宿的单线式历史观的破产。"①

第四，中国共产党领导与中国政治发展始终存在改进空间，但这种改进应当是有方向有原则的改进。习近平总书记指出："我们全面深化改革，不是因为中国特色社会主义制度不好，而是要使它更好；我们说坚定制度自信，不是要故步自封，而是要不断革除体制机制弊端，让我们的制度成熟而持久。"② 根本的方向是，在坚持中国根本政治制度与基本政治制度、重要政治制度不动摇的前提下，加快推进国家治理体系和治理能力现代化，补上治理水平不高的短板，从而使得中国政治发展更加有序有效，这已经成为当前和今后工作的重中之重。

三、提出新型政党制度彰显制度自信

习近平总书记提出新型政党制度的重大政治论断，高度凝练地概括这一伟大的政治创造，彰显出新时代中国和中国共产党人坚定的制度自信——

政党制度是人类现代政治文明的核心制度，对人类政治生活的运行发挥着支撑性作用。人类进入21世纪的第二个十年，以资本主义政党制度为代表的旧式政党制度疲态尽显，而中国特色社会主义政党制度却愈益焕发勃勃生机。正是在这样的背景下，新型政党制度作为一种理论形态出场的时

① 中共中央文献研究室编：《习近平关于社会主义政治建设论述摘编》，中央文献出版社2017年版，第7页。

② 中共中央文献研究室编：《习近平关于全面深化改革论述摘编》，中央文献出版社2014年版，第22页。

机成熟了。由此，2018 年，在十三届政协的联组会上，习近平总书记提出新型政党制度的重大政治论断，高度凝练地概括这一伟大的政治创造，彰显出新时代中国和中国共产党人坚定的制度自信，为坚持和完善这一新型制度指明了方向，也为催生世界政党政治文明新形态贡献了中国智慧和中国方案。

（一）新型政党制度是历史性反思和创造性学习的产物

众所周知，政党制度源自西方，在近代西方政治发展过程中，多样化的政党制度替代了封建等级和宗教特权制度，逐渐成为西方政治制度中的核心制度，在政治权力更迭、国家和社会治理、利益代表和表达、政治社会化、政策制定以及精英遴选等方面发挥了重要作用，在一定历史时期推动了人类政治文明的发展进步。但作为资本主义制度体系的重要组成部分，西方政党制度有着内在的、深刻的、难以克服的缺陷。特别是在向发展中国家移植的过程中，这些缺陷表现得尤为明显。纵观近代以来非西方国家的政治发展，政党制度都是在本国历史发展进程中通过制度学习而获得的。作为全球最大的非西方国家，近代中国的政党制度学习是在制度自信遭遇千年未有之大变局的情形下开启的。“行路难，多歧路”，无论是辛亥革命后，以欧美资本主义政党制度为对象的两党制、一党制、多党制等的学习；还是十月革命后，以苏联东欧社会主义政党制度为对象的学习，都是在不断地试错，都代表了先进中国人对于先进政党制度的苦苦追寻。

历史证明，深刻的错误比肤浅的正确更有利于推进人类政治文明的发展。不断试错中的学习进而催生了伟大的政治创造，中华人民共和国的成立，使得试错的量变积累实现了质的飞跃，中国共产党、中国人民和各民主党派、无党派人士学贯中西、习通古今，共同创造了一种既本质不同于欧美资本主义政党制度，也重大有别于原苏东社会主义政党制度以及第三世界国家政党制度的全新政党制度。质言之，近代以来中国的政党制度学习由西向东，由外而内，反求诸己，走出了一条否定之否定的道路，最终在本国土壤中培育生长出适合自己的政党制度。

制度建设是国家建设的核心和最高形态，来不得半点形而上学和浪漫主义。在创造性学习中，中国共产党深刻认识到，以资本主义政党制度为代表的旧式政党制度从根本上不适用于中国；也深刻体会到，其他社会主义国家的政党制度不能简单照抄照搬，必须塑造适合中国国情的新型政党制度。同时，这种政党制度还要根据时代的发展变化而不断发展完善。从中国共产党领导下的多党合作和政治协商制度，到中国共产党领导的多党合作和政治协商制度，到中国特色政党制度，再到新型政党制度，中国政党制度不忘本来、吸收外来、面向未来，把马克思主义政党理论同中国具体实际有机结合并不断发展完善，走出了百年制度自卑，走进了制度自信的新时代。

（二）新型政党制度实现了理论与实践的创造性结合

“名非天造，必从其实。”政党政治是现代政治的通则，但实现政党政治的形式却是丰富多样的，不能拘泥于刻板的模式，更不能说只有一种放之四海而皆准的评判标准。没有“最好的”政党制度，只有最适合的政党制度，“最好的”不一定是最好的，最合适的才是最好的。欧美资本主义政党制度过分单一地注重竞争性选举，在花样繁多的利益博弈中选强择优，始终无法摆脱利益代表片面化、政党恶性竞争以及金钱政治等痼疾；原苏东社会主义政党制度始终难以克服党政不分、监督乏力以及官僚主义等一系列问题。出现这种情况，皆因理论与实践结合不当而致。

习近平总书记指出：“政治制度是用来调节政治关系、建立政治秩序、推动国家发展、维护国家稳定的，不可能脱离特定社会政治条件来抽象评判，不可能千篇一律、归于一尊。”[①] 从根本上说，一国政党制度的形成，取决于采用什么样的政党理论为指导，与什么样的具体国情相结合，并且这种结合还必须体现创造性思维。由是观之，中国特色的新型政党制度实现了马克思主义政党理论与中国具体国情的创造性结合。从历史演进的角度说，在对旧式政党制度闹剧的反思中，中国共产党主导中国革命、建设与改革伟大进程的历史发展逻辑，就注定了中国不能简单照搬模仿某些旧

---

① 习近平：《在庆祝全国人民代表大会成立60周年大会上的讲话》，《人民日报》2014年9月6日。

式政党制度。从理论的指导角度说，马克思主义指导下的政党制度与其他旧式政党制度有着本质的不同。同时，在理论与实践的伟大结合中，中国共产党也对原本的马克思主义政党制度进行了创造性发展。“履不必同，期于适足；治不必同，期于利民。”习近平总书记指出：“民主不是装饰品，不是用来做摆设的，而是要用来解决人民要解决的问题的。”[①] 新型政党制度把政党制度从旧的刻板印象中解放出来，以问题为导向，创造了“有事多商量，遇事多商量，做事多商量”的协商民主新形态，不仅代表广泛的直接利益，更代表深刻的根本利益；不仅代表短期利益，更代表长期利益；不仅代表界别局部利益，更代表全国各族各界全局利益；不仅代表流动的民意，更代表稳固的民心。从协商建国、民主建政，到重大建设、深化改革，再到精准扶贫、基层治理，协商民主广泛、多层、制度化发展。这一民主新形态能够真实、广泛、持久代表和实现广大人民根本利益、全国各族各界根本利益，有效地避免了以往政党制度民主代表少数人、少数利益集团的弊端，实现了世界政党政治发展史上理论与实践创造性结合的伟大变革。

（三）新型政党制度实现了制度上的创造性革新

纵观世界历史，人类政治文明的每一次重大进步都有赖于政治制度的伟大革新。新型政党制度吸吮5000多年中华民族历史沉淀积累的天下为公、兼收并蓄、求同存异等优秀政治文化，借鉴欧美资本主义政党制度多党竞合，以及原苏东社会主义政党制度的有益成果，突破二元对立和一元绝对的窠臼，辩证处理一与多的关系，有效实现一与多的结合，创造了一党领导多党合作制度，实现了政党制度的创造性革新。

一是新型政党制度实现了制度结构创新。欧美资本主义政党制度是“打橄榄球”，制度结构是竞选成功与失败择一的执政—在野模式；苏联东欧社会主义政党制度是“独自打保龄球”，制度结构是生存还是毁灭择一

① 习近平：《在庆祝全国人民政治协商会议成立65周年大会上的讲话》，《人民日报》2014年9月22日。

的执政—非执政模式；中国特色新型政党制度突破了旧式政党制度传统框架，是“唱大合唱”，创造了“长期共存、互相监督、肝胆相照、荣辱与共”的领导—合作与执政—参政相结合的复合模式，这一结构更精巧、更完善、更优越，实现了制度结构的伟大创新。

二是新型政党制度实现了政党关系革新。一定意义上，任何政党制度都是政党关系的总和，有什么样的政党制度就有什么样的政党关系。欧美资本主义政党制度下政党关系是非此即彼的竞争关系，原苏东社会主义政党制度下政党关系是有你无我的存亡关系，而中国新型政党制度超越了以往政党之间零和竞争、松散联结和“包打天下”等各种关系样式，创造了一种紧密合作的政党关系新格局，是一种共生关系，实现了政党关系两种创造性革新：一是政党政治地位法定的长期合作模式；二是执政党建设与参政党建设共进的相互增益模式。

三是新型政党制度实现了政党监督模式革新。政党是监督政党的好武器。以往政党制度中的两种政党监督模式，即“两党或多党制下离心竞争监督”和“一党制下政党自我监督”，存在要么监督过度的、要么监督过软的结构性顽疾。中国特色新型政党制度创造了“一党领导多党合作制下的向心合作监督”这一政党监督的新模式，有效避免了一党缺乏监督或者多党恶性监督的弊端。

（四）新型政党制度实现了理论话语的创造性突破

中国发展实践对西方中心主义理论话语的不断突破，已经成为当前全球社科理论研究的一种常态。理论话语是软权力和软实力，西方社科理论界长期把控着政党制度的理论话语，如迪韦尔热按政党数量标准进行的一党制、两党制和多党制分类，以及萨托利根据得票率、统治潜力和意识形态距离等标准进行的竞争性和非竞争性分类。这些“把投票选举简单等同于民主，把政党竞争简单等同于政治”的所谓“科学理论”，成为某些西方势力在意识形态和舆论上攻击中国政党制度的主要理论基础。

新型政党制度使得人们可以从新的理论制高点审视政党制度，凸显了西方政党制度理论的贫困：一是新型政党制度突破了迪韦尔热标准下的政党数目分类，形成了一党领导多党合作制的出场；二是突破了萨托利标准竞争与非竞争分类，形成了领导—合作与执政—参政相结合的复合政党制度的出场。由此，新型政党制度超越了以往所有政党制度的分类标准，以“新”“旧”界分政党制度，实现了对西方理论话语的创造性突破。更重要的是，新型政党制度赋予人类政党政治更加生动、丰富、有机的理论内涵和制度内涵，从而彰显了中国和中国共产党人高度的理论自信和制度自信。不难发现，西方理论话语的贫困是想象力、解释力的贫困，是囿于西方中心主义而不自省的理论视阈上的贫困，是蔽于西方局部经验而不自知的实践样式上的贫困。概言之，中国“新型政党制度”的理论出场，将西方政党制度从一种所谓的“全球性知识”打回到“地方性知识”的原形。

（五）新型政党制度取得了绩效上的创造性成就

实践是检验真理的唯一标准，绩效是检验制度的唯一标尺。中国奇迹、中国之治的背后是中国的制度优势；新型政党制度是制度优势的重要支撑。中国式现代化可以说是人类有史以来规模、体量、影响最大的现代化，这个现代化不仅因大而特殊，更因新而特别。中国式现代化是以政党为中心，由政党领导和推动的现代化。中国共产党领导的多党和政治协商这一新型政党制度是中国式现代化的主要制度支撑，它能够把各个政党和各界人士紧密团结起来，通过制度化、程序化、规模化的安排集中各种意见和建议，推动决策科学化民主化，为着社会主义现代化的共同目标而奋斗，因而催生出巨大的制度绩效。习近平总书记指出：“一个国家的政治制度决定于这个国家的经济社会基础。同时又反作用于这个国家的经济社会基础，乃至于起到决定性作用。在一个国家的各种制度中，政治制度处于关键环节。”[①] 中国新型制度政党不仅因特殊而优越，更因优越而特殊。作为中国奇迹、中国之治重要的制度力源，它推动中国迎来了从站起来、富起来到

① 习近平：《在庆祝全国人民代表大会成立60周年大会上的讲话》，《人民日报》2014年9月6日。

强起来的历史性飞跃，推动中国实现了连续40多年政治稳定、经济繁荣、文化发展和社会进步，推动中国快速实现超大规模现代化，彰显出巨大的制度优越性，取得了前所未有的制度绩效。“经验地看，中国开放的一党体制发展出了一些大众民主国家不存在的体制来保障多元社会利益的表达和社会的稳定。”① 反观一些发展禀赋条件并不比中国差的国家，由于简单移植某些旧式政党制度，非但没有取得预期的发展成果，反倒激化了民族分裂、宗教纷争等问题，陷入长期动荡不安。这在一些被西方国家用刺刀强加实施“西式民主”的国家，表现得尤为明显。可叹，一些国家陷于迷途而不知返；可恨，一些国家自视过高而不知悔，人类政治文明之发展进步由此蒙尘落垢。

制度总在比较中定新旧，在实效中分优劣。当前仍在不断发展完善的新型政党制度，是近代以来中国人民的历史选择，是从中国土壤中生长出来，并在无数次纵向和横向竞争中脱颖而出，适合中国实际和发展方向的伟大政治创造。面向未来，可以望见新型政党制度必将不为盛名所累、不为赞誉所惑、不为歧见所扰，不自视清高，不故步自封，在理论和实践上不断改革创新，在新时代焕发出更强的生命力，成为建设社会主义现代化强国的制度法宝，为世界贡献的政党政治文明新形态。

四、一条适合国情的政治发展道路

中国特色社会主义政治发展道路，是中国共产党人坚持把马克思主义基本原理同中国具体实际和时代特征相结合，在发展社会主义民主政治、建设社会主义政治文明的实践中走出的一条符合中国国情的政治发展道路——

习近平总书记指出：“各国国情不同，每个国家的政治制度都是独特

① 郑永年：《中国崛起：重估亚洲价值观》，东方出版社2016年版，第172页。

的，都是由这个国家的人民决定的，都是在这个国家历史传承、文化传统、经济社会发展的基础上长期发展、渐进改进、内生性演化的结果。”①

有学者指出，“二战”结束后，世界上有许多发展中国家照搬西方的民主制度，其中很少有国家就此顺利地进入到发达国家行列，反而是造成了国内的种种民主乱象，在不少国家里引发了多米诺骨牌效应，使经济社会发展长期处于停滞甚至倒退局面。这些失败的教训告诉我们，民主发展必须走好自己的路，从自身的特点和实际出发。②

当代中国走出的就是中国特色社会主义政治发展道路。

（一）中国特色社会主义政治发展道路根基深厚

一个国家选择走什么样的政治发展道路，绝非仅仅出于理论设想，而是由这个国家的社会历史条件、政治经济状况、民族文化传统、外部国际环境以及最广大人民群众的根本利益追求等共同作用的结果。

党的十一届三中全会以来，适应改革开放新形势，适应人民群众新要求，中国共产党开创了中国特色社会主义政治发展道路新进程。通过废除领导干部职务终身制、强化人民代表大会的权威、建设社会主义政治文明、建设社会主义法治国家、尊重和保障人权、以党内民主带动人民民主、实行基层民主、引入社会主义协商民主等，在民主选举、民主决策、民主管理、民主监督、依法治国、政治透明等各个重要方面，都取得了一系列重大的成就。经过40多年的探索和改革，我们已经成功开辟和坚持了中国特色社会主义政治发展道路，为实现最广泛的人民民主确立了正确方向。政治体制实现了从传统的集权模式向适应于社会主义市场经济的，民主化、法制化的社会主义现代政治体制的过渡与转变：党政关系的改革与规范化，人民代表大会制度得到巩固和加强，各级人民代表大会及其常委会功能强化，中央和地方关系的调整与规范和实行选举制度改革，扩大基层民主，

---

① 《习近平谈治国理政》（第二卷），外文出版社2017年版，第286页。

② 周少来、张君：《现代化进程中的民主发展》，《政治学研究》2018年第6期。

实行人民代表大会统一行使国家权力，实行决策权、执行权、监督权既有合理分工又有相互协调，保证国家机关依照法定权限和程序行使职权、履行职责，保证国家机关统一有效组织各项事业等等。任何不带偏见的人，都切切实实地能看到和认识到这些成就的积极后果和重要意义。

中国特色社会主义政治发展道路，是中国共产党人把马克思主义基本原理同中国国情相结合，同时借鉴人类政治文明有益成果，经过长期探索实践形成的，是改革开放以来我们党坚持立党为公、执政为民，在纷繁复杂的国际国内环境变化中坚定不移地推进政治体制改革，在不断完善和发展社会主义制度进程中勇于探索实践的结果。反观一些发展中国家和地区，或者在政治发展道路上长期停滞不前、进退两难，或者踌躇纠结、左右摇摆，或者连连失误、抉择欠妥。相反，这条道路是中国共产党团结带领广大人民呕心沥血、备尝艰辛、几经波折、接力探索的伟大政治成果，的确来之不易，应当倍加珍惜。

（二）中国特色社会主义政治发展道路优势明显

中国特色社会主义政治发展道路，是立足于我国国情而逐步发展完善起来的一条道路，特色鲜明、优势明显。它以人民当家作主为出发点和归宿，规定了党和国家组织与活动的基本原则，是对人类政治实践经验的科学总结，闪耀着马克思主义民主理论的光辉。它既有科学的指导思想，又有严谨的制度架构；既有明确的价值取向和目标要求，又有符合国情的实现形式和可靠的推动力量。

党的领导、人民当家作主、依法治国有机统一构成了中国特色社会主义政治发展道路的基本原则。党的领导是人民当家作主和依法治国的根本保证，人民当家作主是社会主义民主政治的本质要求，依法治国是党领导人民治理国家的基本方略。坚持三者统一的重要意义在于，有利于巩固党的领导，更好地发挥党总揽全局、协调各方的核心领导作用，保证党领导人民有效治理国家，坚持依法治国基本方略和依法执政基本方式；有利于发展更加广泛、更加充分、更加健全的人民民主，调动广大人民群众和社会各方面的积极性、主动性、创造性，增强党和国家的活力；有利于加强和改善党的领导，提升依法执政、民主执政、科学执政水平，实现社会主义国家的长治久安。

人民代表大会制度的政治制度、中国共产党领导的多党合作和政治协商制度、民族区域自治制度和基层群众自治制度的基本政治制度，构成了中国特色社会主义政治发展道路的基本制度体系。这个制度体系架构完备、设置科学、运转有效，有利于实现集中与民主、效率与公正、当前与长远的有机统一，发挥集中力量办大事的社会主义制度优越性，有效应对前进道路上的种种困难和风险挑战；有利于不断深化经济体制、政治体制、文化体制、社会体制改革，解放和发展社会生产力，推动经济社会全面协调可持续发展；有利于坚持开放的发展、合作的发展、共赢的发展，通过争取和平国际环境发展自己，又以自身发展维护和促进世界和平，推动建设持久和平、共同繁荣的和谐世界。

高扬人民民主旗帜，坚持一切权力属于人民，构成了中国特色社会主义政治发展道路的基本遵循。这已深深熔铸于社会主义政治生活的方方面面，有利于逐步建立以权利公平、机会公平、规则公平为主要内容的社会公平保障体系，坚持和完善社会主义基本经济制度和分配制度，保障和改善民生，加强和创新社会管理，使发展成果更多更公平惠及全体人民；有利于从根本上保障人民在国家和社会生活中的主体地位，推动了上层建筑与经济基础相适应、生产关系与生产力相适应，维护促进了社会公平正义、保证了人民群众共享改革发展成果；有利于更好体现中国共产党领导下的人民当家作主原则，保障人民享有更多更切实的民主权利，广纳群言、广集民智，广泛地反映人民群众的民主愿望和政治要求，增进共识、形成合力。

习近平总书记指出："政治制度是用来调节政治关系、建立政治秩序、推动国家发展、维护国家稳定的，不可能脱离特定社会政治条件来抽象评判，不可能千篇一律、归于一尊。在政治制度上，看到别的国家有而我们没有就简单认为有欠缺，要搬过来；或者，看到我们有而别的国家没有就简单认为是多余的，要去除掉。这两种观点都是简单化的、片面的，因而都是不正确的。”①

实践证明，政治发展道路是否正确，对一个国家的盛衰兴亡具有决定性意义。苏联东欧剧变，殷鉴不远；西亚北非动荡，如在眼前；一些发展中国家由于政治道路选择错误而积贫积弱，触目惊心。对于中国这样一个发展中大国来说，始终坚持正确的政治发展道路，更是一个关系全局的重大问题。这是一条正确之路、必由之路、希望之路。持客观立场的西方学者认为，中国政府实际上已经采取很多大规模的改革措施，更加尊重个人权利。尽管中国相关改革依然任重道远，但无论是联合国还是世界银行，乃至广受尊敬的非政府组织，没人否认中国正行进在正确的道路上。②

（三）中国特色社会主义政治发展道路内涵充实

这条道路初步具备了较好的思想观念基础。观念是行为的先导，观念能够改变世界。改革开放以来，中国共产党高举人民民主大旗，旗帜鲜明地从上到下倡导民主法治，形成了“人民民主是社会主义的生命”“党内民主是党的生命”等若干标志性的判断。党的民主观念，肇始于马克思主义政治理论，体现了中国特色社会主义的本质要求，但又保持了相当程度的开放性和创造性。坚持以人民为中心等执政理念，成为全国上下的共识。越来越多的人重视权利、关注人权、倚重法治、向往平等，变革中的思想支配着人们的行为，影响着中国社会的现实与未来。

这条道路还初步具备了较健全的制度保障。社会主义中国的确立，奠定了当代中国的基本政治制度：人民代表大会制度为根本，中国共产党领导的多党合作和政治协商制度、民族区域自治制度等为骨架。改革开放以来，中国发展和完善了基本政治制度，并建立了基层群众自治制度。最能体现民主政治的中国特色的，就是始终坚持和努力实现党的领导、人民当

---

① 习近平：《在庆祝全国人民代表大会成立60周年大会上的讲话》，《人民日报》2014年9月6日。

② 〔意大利〕洛丽塔·纳波利奥尼：《中国道路——一位西方学者眼中的中国模式》，孙豫宁译，中信出版社2013年版，作者题记。

家作主、依法治国三者的有机统一。这既是中国特色社会主义政治发展道路的总原则和总方向，又是其得以顺利推进的根本保障。

不唯如此，在政治发展问题上，我们党也进行了有意义的创新，自上而下与自下而上相结合的纵向民主，民主与集中有机结合而形成的民主集中制，富有政治参与和政治输入意蕴的群众路线等，这些都是在西方民主理论视野中难以理解，但在中国现实中颇富绩效的制度形式。

有必要指出，现有的所谓“主流”民主理论几乎都是基于西方实践而形成的，对于它们的误解和滥用，严重地束缚了人们对于中国政治现实的认知和判断，而对中国民主政治发展取得巨大成就视而不见、听而不闻。这就抑制了中国学者的理论想象力和创造力，从而仅仅满足于做西方理论的追随者。

这条道路也初步展示了深厚的理论意涵——

普遍性和特殊性的统一。20 世纪末，有西方学者提出了“历史终结论”，现在看来，历史没有终结，倒是“历史终结论”终结了。中国的政治发展没有背离人类政治文明的康庄大道，因而具有普遍性；但同时它又是植根于中国的具体国情，因而具有特殊性。民主政治是人类政治文明的共同成果和普遍价值，有着共同的要素。但是，由于实现民主的经济、政治、文化条件在不同的国家可能极不相同，因而世界各国的民主都带有自己的特征。在具体的国家制度形式上，民主政治应该以什么样的制度形式呈现出来，则在很大程度上取决于具体国家与社会的现实条件和发展可能。世界上没有放之四海而皆准的发展道路和发展模式，也没有一成不变的发展道路和发展模式。因此，既不能以普遍性压抑特殊性，又不能以特殊性抗拒普遍性，而必须把两者有机统一起来。

过程和结果的统一。任何国家的政治发展，都永远处于“进行时”而非“完成时”。所以，理解中国的政治发展，要从动态的、发展的眼光去看，而不能以静止的、孤立的眼光去看，更不能以某种刻板的、定型化的模式去套中国的民主政治。实际上，除了某些特定的情形之外，民主政治制度不是设计出来的，而是应对出来的。特定的、高度情景化且处于不断变化中的各种时空要素，对于一国政治模式的选择起着至关重要的作用。在既有政治框架之下，不断满足各方面的民主要求，有效化解多方面的民主压力，逐渐生长出一套有生命力的政治模式，这才是中国政治发展最真实的逻辑。

学习与反思的统一。中国作为一个后发国家，在实现现代化的过程中，可以作为学习对象的只能是成功的发达国家。因此可以看出，正如在市场经济方面，中国向西方发达国家学习了很多管理、法制和技术经验一样，在政治发展方面，中国也已经向西方发达国家学习了很多的经验和做法。未来发展中国特色社会主义民主政治，仍然离不开向西方发达国家学习，甚至还要学习更多的东西。但是，要看到，这种学习不应是也不能是简单的模仿和移植，而应当是基于主体性自觉之上的，即反思性借鉴之上的学习。一方面，当前西方发达国家在应对自身困境上不无尴尬地发现，其民主制度所赋予的行动能力不足以有效地解决自身的问题；另一方面，发展中国家在政治发展上正反两方面的经验教训，也给中国敲响了警钟。

（四）中国特色社会主义政治发展道路前景广阔

随着中国经济社会快速发展，综合国力不断增强，国际地位不断提高，人民生活不断改善，人民经济、政治、文化、社会等各方面权益得到更好保障，中国特色社会主义政治发展道路不仅在我国得到了各党派团体、各社会阶层、不同宗教信仰人群的衷心拥护，在国际上也得到越来越多的认同。实践充分证明，中国特色社会主义政治发展道路，是几代中国共产党人把全国各族人民当家作主的意愿与中国基本国情紧密结合起来，矢志不渝地艰辛探索而开辟形成的正确道路。这条道路前景广阔、前途光明，当今时代的人们有责任、有义务使这条道路越走越宽广。

——坚持正确政治方向。坚持正确政治方向，最重要、最根本的就是坚持党的领导、人民当家作主、依法治国有机统一。中国共产党的领导，人民当家作主，依法治国基本方略，决定了我国社会主义国家政权的根本性质，是我国政治制度区别于资本主义国家政治制度的本质特征。

习近平总书记指出："我们要适应扩大人民民主、促进经济社会发展的新要求，积极稳妥推进政治体制改革，发展更加广泛、更加充分、更加健全的人民民主，充分发挥我国社会主义政治制度优越性，不断推进社会主义政治制度自我完善和发展。"① 以习近平同志为核心的党中央提出全过程人民民主，党的二十大对此作了权威阐述，强调："人民民主是社会主义的生命，是全面建设社会主义现代化国家的应有之义。全过程人民民主是社会主义民主政治的本质属性，是最广泛、最真实、最管用的民主。"全过程人民民主体现了中国特色社会主义政治发展道路的正确方向。

坚持正确政治方向，涉及一个重要问题就是如何看待"宪政民主"。要清醒地认识到，"宪政民主"包含的一系列制度安排，包括普选制度、代议制度、司法独立制度、违宪审查制度等，都具有强烈的西方色彩；"宪政民主"所依存的自由主义占主流的社会思潮、浓厚的宗教文化氛围、私有财产占主导的财产体系、个人主义的生活方式等条件，都具有强烈的西方特征。这些都与中国特色社会主义政治发展道路有着本质区别。坚持走中国特色社会主义政治发展道路，必须划清与西方宪政民主的界限。"宪政"的讨论不是所谓"词语"之争，"社会主义宪政"的主张是种似是而非的模糊认识，不能把"宪政"作为我国的基本政治概念，避免陷入"话语陷阱"。但同时我们又要高度重视宪法之治、依宪执政，使宪法权威得到更好维护，使宪法之治更好支撑国家发展。

——坚持积极稳妥。政治发展是一系列经济社会发展引致的结果，是变化了的经济关系结构和利益关系结构对于治理方式提出的新要求。在中国这样一个14亿多人口的大国搞政治体制改革，必须从实际出发，与生产关系和生产力发展相适应，与经济体制改革相适应，与历史条件、经济发展水平、文化教育水平相适应，有秩序、有步骤地展开，决不能脱离实际、超越阶段，更不能华而不实、空喊口号。因此，必须更加注重改进党的领

① 习近平：《在首都各界纪念现行宪法公布施行30周年大会上的讲话》（2012年12月4日），人民出版社2012年版，第8页。

导方式和执政方式，保证党领导人民有效治理国家；更加注重健全民主制度、丰富民主形式，保证人民依法实行民主选举、民主决策、民主管理、民主监督；更加注重发挥法治在国家治理和社会管理中的重要作用，维护国家法制统一、尊严、权威，保证人民依法享有广泛权利和自由。党的二十大提出，“必须坚定不移走中国特色社会主义政治发展道路，坚持党的领导、人民当家作主、依法治国有机统一，坚持人民主体地位，充分体现人民意志、保障人民权益、激发人民创造活力”。

——坚持走自己的路。发展中国家政治发展正反两方面的经验告诉人们：民主的实现形式并非只有一种，发展民主的路径更是多种多样；民主不是书斋里的幻想，而是现实走出来的大道；民主应该是由各国内部生成的，而不是由外力强加的；民主很重要，走出一条符合国情的具有本国特色的民主政治发展道路尤其重要。中国特色社会主义政治发展道路是适应国情和时代必然要求而产生的合理而又现实的道路。坚持走中国特色社会主义政治发展道路，应始终立足本国基本国情，使之越走越实；应积极稳妥推进政治体制改革，使之越走越宽；应善于吸收和借鉴人类文明成果，使之越走越活；应加强民主政治的制度化建设，使之越走越稳。邯郸学步要不得，削足适履更要不得。

走自己的路，并不意味着一定要否定别人的路。这是我们与西方某些国家在民主政治等核心问题上很大的不同。“世上有英国的民主、美国的民主、印度的民主、中国的民主……无论哪种民主都值得我们尊重并加以研究，就像地球上每一条江河都是人类宝贵的资源一样，每一种民主都是构成人类文明不可或缺的一部分。”①

① 卫红生：《论印度的民主》，社会科学文献出版社2011年版，第411页。

第十三章　制度建设与中国式现代化

制度优势是一个国家的最大优势，制度竞争是国家间最根本的竞争。毛泽东认为："制度不单是所有制，而且有上层建筑，主要是政权机关、意识形态。"制度意义何在？"根本问题是制度问题，制度决定了一个国家走什么方向。"新中国成立70多年来，中国特色社会主义制度不断发展和完善，中国特色社会主义制度已经成为一种稳定的、科学的、规范的现代制度体系。中国之治的重要奥秘之一就是制度优势。

一、有效积聚且合理释放现代化动能

有效积聚推进现代化的巨大发展动能，且合理释放发展动能，并有效治理国家与社会，使现代化始终朝着正确方向前进，这是中国特色社会主义制度有效支撑中国式现代化的重要机理——

有学者指出，新民主主义革命的成功宣告了中国自1840年鸦片战争以来"屈辱的世纪"的结束。独立统一的新中国的成立为中国实现现代化奠定了基础。当现代化成为中国社会发展的主题后，"中国的现代化道路应该怎样走"就成为一个要立即付诸实践的问题。中国最终选择了"追求现代化但拒绝西方化"的道路，即通过社会主义来发展中国经济、推动中国社会发展和中华民族复兴。……东亚一些国家和地区追求现代化并拒绝西方化，主要是拒绝西方文化，保持自己的传统文化，而中国拒绝的是西方的基本经济制度——资本主义制度。中国作出了自己的选择，作出了历史要求的新选择——探寻社会主义现代化新路。这是一条极其艰难的现代化发展道路，更是一条无论对中国复兴、社会主义命运，还是对世界文明的推进，都具有重大意义的新路。[①]

（一）总体性社会制度变革为中国式现代化奠定根本前提

现代化是任何面向现代世界的国家都绕不开的必修课，而且是必须修好的主干课，关键在于用什么样的方式、以什么样的路径、循着什么样的逻辑推进现代化。现代化不是凭空产生的，它需要一定的社会变革为前提条件，而最能为现代化奠定基础的，莫过于社会制度变革。社会制度变革最深刻的根源是生产关系和生产力、经济基础与上层建筑之间的矛盾，当现存的上层建筑与生产关系成为生产力继续发展的严重障碍时，就要求通过社会革命，改变旧的生产关系以及维护这种生产关系的旧的上层建筑，即改变社会制度解放被束缚的生产力，推动社会进一步向前发展。

鸦片战争以来，裹挟着西方因子的现代化要素不断冲击着中国的政治和社会面貌，使中国局部地呈现了某些现代化的特征。但是，由于缺乏具有战略性全局性的社会制度变革，现代化要素与前现代要素之间的纠葛冲撞，使得近代中国社会呈现多重矛盾交织状态。真正解决了推进现代化的根本性先决条件的，是在新民主主义革命基础上进行的社会主义革命。从经济基础与上层建筑的关系层面看，社会主义革命清除了旧制度的经济基础以及之上的上层建筑，为新社会形态的形成奠定了基础；从生产力与生产关系的角度看，社会主义革命清除了阻碍生产力发展的旧的生产关系，为生产力发展奠定了基础。因此，中国式现代化发展的真正奠基，是新中国成立以及随之确立的制度形态，由此解决了中国走向现代化的根本障碍。

---

① 毛立言：《从现代化视野对中国道路的整体认识》，《经济纵横》2012 年第 2 期。

曾经有一种观点认为，中国的现代化要“告别革命”，俞思念对此指出：近代中国历史证明，在旧制度下是不可能完成中国人民期盼的现代化和民族复兴大业的，只有中国共产党领导的推翻旧制度的人民革命，才是扫清现代化的障碍和打开通向现代化大门的必由之路。从这个意义上说，新民主主义革命不仅为民族解放和人民解放所必需，同时又是中国走上现代化道路的第一步——不扫除中国社会前进的羁绊，就无法提出现代化任务和到达现代化建设的前沿。在现代化面前横着一个阻塞现代化通道的旧制度障碍时，奢谈什么“告别革命”，岂不是反现代化之道或把现代化推到遥遥无期吗？正是从中国现代化的内在根据和深刻把握历史本身的昭示中，中国共产党人把党的最高纲领和党的当前纲领结合起来，背负着民族复兴的重任，前赴后继，流血牺牲，向旧制度发起坚决的冲击，去争取中国革命的胜利。[①]

现代化实质是一个惊心动魄的历史过程。其最惊心动魄之处，莫过于如何积聚推进现代化的巨大发展动能，且能够合理释放发展动能，并有效治理国家与社会，使现代化始终朝着正确方向前进。从这个角度来说，制度资源与制度力量对于一个国家的现代化来说，就具有至关重要的作用；总体性的社会制度变革，在当代中国就起到了这样的作用。最彻底的社会制度变革中蕴含着对实现现代化的最根本准备，这是中国现代化历史刻画出的一条最明显的制度逻辑。革命的手段当然不能无限制、无限期使用，但革命是告别不了的。从理论上和意识形态上说，“告别革命”实质就是虚无历史、否定当下。有学者指出，现代化的价值取向、革命后社会的乡土性质以及现代化失败的经验教训，这些因素从根本上决定了当代中国现代化的演进方式，即通过革命的手段对旧有的社会进行彻底的改造，使之不再成为现代化过程的障碍，从而在社会革命的过程中建立获取现代化资源的制度框架。[②]

---

① 俞思念：《现代化理论与现代化中国》，《河南司法警官职业学院学报》2003 年第 1 期。

② 谢岳：《中国现代化革命方式探源》，《理论与现代化》2002 年第 2 期。

现代化的制度性要求与迎接现代化的制度准备不足之间的矛盾，是解释许多后发国家在现代化过程中出现治理难题的重要视角。一方面，一些发展中国家由于缺乏制度性安排和组织体系，难以有效实现国家和社会整合，难以完成国家治理的基本任务，在贫困、灾荒、饥饿等面前束手无策，而现代化所需要的基础设施如道路、桥梁、通信、互联网等更是难以提供，由此导致国家长期陷入发展不起来的困境。另一方面，即便现代化有所发展，但如果这种发展不是建立在总体性社会制度变革的基础之上的，也就是说，如果不能完成国家的重构和社会的再造，那么推进现代化就会面临巨大的动员难题，即难以动员物质、精神和人力资源全力推进现代化；即便强行和局部地推进了现代化，现代化要素突然闯入旧有社会结构也会带来严重后果，造成各种现代化困境。

（二）中国特色社会主义制度对于推进中国式现代化起到关键作用

中国共产党的十九届四中全会指出，中国特色社会主义制度是党和人民在长期实践探索中形成的科学制度体系，我国国家治理一切工作和活动都依照中国特色社会主义制度展开，我国国家治理体系和治理能力是中国特色社会主义制度及其执行能力的集中体现。深入理解这句话，可以体会的是：中国特色社会主义制度，从新中国成立后开始建立和形成，在改革开放时期逐步丰富和完善，在中国特色社会主义新时代又得到不断强化和推进，是当代中国发展进步的根本制度保障，集中体现了中国特色社会主义的性质、特点和优势，体现了稳定与活力的统一、民主与集中的统一、守正与创新的统一。从推进现代化的角度看，中国特色社会主义制度能够集中力量办大事，有利于解放和发展社会生产力；能够集中力量解决人民群众最需要解决的问题，有利于维护和促进社会公平正义；能够一以贯之进行长期规划，有利于发展的持久性、稳定性和战略性；能够有效运用资本力量但又积极驯化资本，不让资本逻辑占主导；等等。这些特点和优势，非但后发国家不具备，而且相当多的先发国家也不具备。中国特色社会主义制度丰富了世界发展模式和政治制度的多样性，又建立了一套后发国家的追赶型治理制度与发展模式并不断升级，还保持了能够及时回应变化和挑战的制度弹性与可调适性。

正如习近平总书记指出的："实践证明，我们党把马克思主义基本原理同中国具体实际结合起来，在古老的东方大国建立起保证亿万人民当家作主的新型国家制度，使中国特色社会主义制度成为具有显著优越性和强大生命力的制度，保障我国创造出经济快速发展、社会长期稳定的奇迹，也为发展中国家走向现代化提供了全新选择，为人类探索建设更好社会制度贡献了中国智慧和中国方案。"①

（三）中国共产党的领导是中国式现代化的根本制度保障

"从根本上说，没有党的领导，就没有现代中国的一切。"② 中国共产党领导是中国特色社会主义最本质的特征，是中国特色社会主义制度的最大优势。拥有强大政党的领导，是中国式现代化区别于其他国家现代化的根本标志，也是中国式现代化成功推进的根本原因。中国特色社会主义制度是一个严密完整的科学制度体系，起四梁八柱作用的是根本制度、基本制度、重要制度，其中具有统领地位的是党的领导制度。国家制度和国家治理体系具有多方面的显著优势，最根本的一个优势就是：坚持党的集中统一领导，坚持党的科学理论，保持政治稳定，确保国家始终沿着社会主义方向前进。

从领导力量和领导体系与推进现代化的关系看——

其一，中国共产党作为一个有机组织体，始终保持了自身的政治优势，比如坚定的信仰、科学的理论、严密的组织、严明的纪律、优良的作风，以及强大的自我革命精神，等等。这使得中国共产党既推动了经济社会发展，而又不被经济社会发展利益所俘获，始终保持了先进性与纯洁性。这是中国共产党之所以能够发挥核心领导作用的关键所在。

---

① 习近平：《坚持、完善和发展中国特色社会主义国家制度与法律制度》，《求是》2019年第22期。

② 《邓小平文选》（第二卷），人民出版社1994年版，第266页。

其二，中国共产党坚持全心全意为人民服务的宗旨，拥有坚实的群众基础以及不断满足人民群众各方面利益愿望要求的执政理念与执政绩效，这使得中国的经济社会发展始终坚持以人民为中心，得到广大人民群众的拥护与支持。

其三，正是有了中国共产党的领导，中国才能比较成功地协调生产力与生产关系、经济基础与上层建筑等现代化过程中的社会基本矛盾，实现根本性的制度创新。

其四，中国共产党善于通过制度化手段运用结合的智慧，既坚持以经济建设为中心，又全面推进经济建设、政治建设、文化建设、社会建设、生态文明建设以及其他各方面建设；既坚持四项基本原则，又坚持改革开放；既不断解放和发展社会生产力，又逐步实现全体人民共同富裕、促进人的全面发展；既以和平合作的方式参与全球化从而贡献世界，又保证了现代化过程中国家的独立自主性，捍卫了国家核心利益；既推动中国实现快速发展，又较好地缓和解决了快速发展中出现的不稳定不协调因素；既注重通过物质性因素来调动发展积极性，又强调精神境界的提升和精神文明建设；既注重满足人民群众的物质文化需要，倾听人民群众的心声，又不至于陷入民粹主义的发展泥潭；等等。正是这种智慧，使得中国既享受到现代化的成果，又在相当程度上避免了现代化的偏颇，实现了现代化的良性发展。

如果把中国作为一面镜子，那么，在一些发展中国家可以映照出一种现象就是：强大的领导体系在这些国家是某种十分稀缺的东西。所造成的后果乃是，即便明明知道现代化应当如何、不应当如何，但苦于缺乏有力的组织领导，该做的偏偏就做不起来。比如，明明知道开放与自主、发展与稳定、公平与效率等是顺利推进现代化必须解决好的复杂方程式，却只能按照西方的方式简单处理成单项选择题。这种“身心分离”“眼高手低”的现代化，当然既不可持续，又十分危险。

二、中国之治背后的中国之势

中国特色社会主义制度和国家治理体系是以马克思主义为指导、植根中国大地、具有深厚中华文化根基、深得人民拥护的制度和治理体系，是中国之治的制度密码——

习近平总书记指出："衡量一个社会制度是否科学、是否先进，主要看是否符合国情、是否有效管用、是否得到人民拥护。中国特色社会主义国家制度和法律制度是一套行得通、真管用、有效率的制度体系。"①

新中国成立70多年来，我们党领导人民创造了世所罕见的经济快速发展奇迹和社会长期稳定奇迹，中华民族迎来了从站起来、富起来到强起来的伟大飞跃。实践证明，中国特色社会主义制度和国家治理体系是以马克思主义为指导、植根中国大地、具有深厚中华文化根基、深得人民拥护的制度和治理体系，是具有强大生命力和巨大优越性的制度和治理体系，是能够持续推动拥有14亿多人口大国进步和发展、确保拥有5000多年文明史的中华民族实现"两个一百年"奋斗目标进而实现伟大复兴的制度和治理体系。

（一）能动性优势

能动性对于后发国家的现代化来说至关重要。后发国家要想在现代化之路上有所成就、有所超越，必须在相对较短的时间内付出比先发国家大得多的努力，必须从整体上积聚和释放巨大发展动能。具体到中国，无论是自新中国成立以来，还是自改革开放以来，中国式现代化表现出很强的能动性，始终雄心勃勃，不满足于已经取得的成就，保持强大的前进动力，

① 习近平：《坚持、完善和发展中国特色社会主义国家制度与法律制度》，《求是》2019年第22期。

展现勃勃生机。

为什么中国强烈而持续地保持了推进现代化的能动性？最重要也是最直接的，这与中国式现代化是理想驱动的现代化有密切关系。理想驱动的机制来自于“坚持党的集中统一领导，坚持党的科学理论，保持政治稳定，确保国家始终沿着社会主义方向前进的显著优势”。“革命理想高于天”，理想驱动机制既可作用于革命，也可作用于建设和改革。“中国共产党的领导人组成了一批曾为夺取政权和保卫其权力而斗争的新的政治精英，这是不言而喻的。中国共产党人是热情的民族主义者，他们为使一个落后国家实现现代化而努力奋斗，一直追求（毛泽东说过的）使中国繁荣富强从而能够在世界上‘站起来’的著名的现代民族主义目标，这也是无庸置疑的。”① 以共产主义为最高理想的中国共产党人，不能也不应满足于现代化之路上的某些阶段性成就，哪怕这些阶段性成就已经相当巨大；以实现民族复兴为己任的中国共产党人，对于任何中华民族不能重新站回世界之巅并长期站住的状况，都不可能是满意的，也是无法向人民交代的。

但是，“理想很丰满，现实很骨感”。理想只能解决精神动力层面、思想认识层面的问题，而任何国家现代化的成功推进绝不能仅靠主观能动性。是什么样的现实动因推动着中国式现代化不断实现一个又一个的“小目标”的呢？

最重要的因素当然是人。任何人都可以看到，中国式现代化事业不是个别人的、个别执政团队的事业，而是全体中国共产党人带领全国各族人民共同奋斗的一项宏大事业。有两个显著优势直接关联着这个特点：一个是坚持德才兼备、选贤任能，聚天下英才而用之，培养造就更多更优秀人才的显著优势；一个是坚持人民当家作主，发展人民民主，密切联系群众，紧紧依靠人民推动国家发展的显著优势。前一个优势能够把社会各方面优秀人才不断集聚到党和人民伟大事业中来，解决的是“关键少数”问题；

---

① 〔美〕莫里斯·梅斯纳：《毛泽东的中国及其发展——中华人民共和国史》，张瑛等译、丘成等校，社会科学文献出版社 1992 年版，第 128 页。

后一个优势能够最大限度凝聚最广大人民智慧和力量，解决的是“绝大多数”问题。在这个意义上，中国式现代化事业实质上就是“关键少数”深深扎根于“绝大多数”结成命运共同体，从而同心同德、齐心协力推进的一项共同事业。这构成了中国式现代化最重要的动力学机制。

同时，人在一起是要干事业的。要长久保持“关键少数”与“绝大多数”的同心同德、齐心协力，必须得能想大事、干大事、成大事。这就关联到一个显著优势，那就是：坚持全国一盘棋，调动各方面积极性，集中力量办大事的显著优势。立足于根本利益的一致性，把人聚在一起干事业与用事业凝聚人，是辩证统一的。还有，人在一起是要实现利益的。要长久保持“关键少数”与“绝大多数”的同心同德、齐心协力，就需要不断扩大事业的发展空间，而不能够在存量空间中打转转，那样各种利益关系、阶层关系就容易固化，社会容易丧失生机活力。增量空间来自哪里？这就需要联系一个显著优势，即坚持改革创新、与时俱进，善于自我完善、自我发展，使社会始终充满生机活力的显著优势。

（二）方向性优势

方向决定前途，道路决定命运。方向对于任何国家的发展都有根本性意义，对于中国来说尤其如此。无论发展到什么阶段，都必须保证现代化方向的正确性。多少国家由于发展方向选择问题而犯下颠覆性错误，走上了不归路，教训极为深刻。自改革开放以来中国已经目睹了许多这样的反面案例。就中国来说，无论作为一个发展中国家、社会主义国家还是超大型国家来说，现代化的方向总体上是正确的。

循着社会主义的方向实现现代化和民族复兴，这是中国共产党团结带领中国人民始终不变的根本准则。

1956 年，毛泽东说：“你有那么多人，你有那么一块大地方，资源那么丰富，又听说搞了社会主义，据说是有优越性，结果你搞了五六十年还不能超过美国，你像个什么样呢？那就要从地球上开除你球籍！”邓小平在 20 世纪 80 年代初高瞻远瞩地指出：“我们中国要用本世纪末期的二十年，再加上下个世纪的五十年，共七十年的时间，努力向世界证明社会主义优于资本主义。我们要用发展生产力和科学技术的实践，用精神文明、物质文明建设的实践，证明社会主义制度优于资本主义制度，让发达的资本主义国家的人民认识到，社会主义确实比资本主义好。”

为什么中国能够保持现代化的正确方向？根本的当然是中国共产党掌舵，拥有坚持党的集中统一领导，坚持党的科学理论，保持政治稳定，确保国家始终沿着社会主义方向前进的显著优势，这是现代化坚持正确方向的根本保证。除此之外，重要的是有这么一条优势：坚持以人民为中心的发展思想，不断保障和改善民生、增进人民福祉，走共同富裕道路的显著优势。中国共产党人推进现代化的特质，如果一定要用一句话来概括，一定是《共产党宣言》中的这句话：“过去的一切运动都是少数人的或者为少数人谋利益的运动。无产阶级的运动是绝大多数人的、为绝大多数人谋利益的独立的运动。”所以，中国共产党坚持增进人民福祉、促进人的全面发展是我们党立党为公、执政为民的本质要求。中国式现代化表现为一种普惠的、包容的、共享的、向着共同富裕目标迈进的现代化。“大多数人掉队”还是“大多数人获益”是衡量一个国家发展良心的最重要检验指标。在这个指标上，中国是可以拿高分的；而许多国家，包括一些发达资本主义国家，则未必能拿高分，甚至分数要低得多。

但是，坚持以人民为中心的发展并不会自然而然实现。还需要进一步深入思考的是：为什么中国能够长期坚持以人民为中心的发展而不偏航？

从经济基础方面看，中国拥有坚持公有制为主体、多种所有制经济共同发展和按劳分配为主体、多种分配方式并存，把社会主义制度和市场经济有机结合起来，不断解放和发展社会生产力的显著优势。这个优势对于坚持以人民为中心的发展具有两个方面的重要意义：其一，它推动社会生产力持续发展，以实实在在的物质利益和物质成果满足人民，不忽悠；其二，它为坚持以人民为中心的发展提供强大经济体制基础，使得任何市场经济或私人资本力量都不能够左右国家政策决策，不上当。这两点集中体现了社会主义制度优越性。

从上层建筑方面看，中国拥有坚持共同的理想信念、价值理念、道德观念，弘扬中华优秀传统文化、革命文化、社会主义先进文化，促进全体人民在思想上精神上紧紧团结在一起的显著优势。这个优势对于坚持以人民为中心的发展的意义在于：能够有效解决现代化所带来的社会撕裂问题，起到有力的思想整合作用，有效凝聚全国各族人民共同团结奋斗的力量，不分化。因此，中国共产党认为发展社会主义先进文化、广泛凝聚人民精神力量，是国家治理体系和治理能力现代化的深厚支撑。

从人类社会发展方面看，中国拥有坚持独立自主和对外开放相统一，积极参与全球治理，为构建人类命运共同体不断作出贡献的显著优势。在独立自主中不闭关锁国，在对外开放中坚持独立自主，是解读中国奇迹的一个重要密码。中国的发展不是以损害他国而是以造福人类的方式实现的，这既是一种具有正当性、道义性的发展，也是最有利于中国人民利益的发展。本质来说，和平发展是以人民为中心的发展思想在对外开放和全球治理中的体现。构建人类命运共同体，实质上是“推己及人”思维的外化，不害人。

（三）保障性优势

任何国家的现代化都要有强大的保障，这是国家发展的前提和基础。对于中国这样的超大型国家来说，现代化的保障意义就更大一些，分量就更重一些。

可以从中国式现代化成功实践中看出什么样的保障性优势呢？

优在法治建设。法治是国家核心竞争力的重要内容。[①] 法治不障或者法治成本过高是许多国家发展不起来或者不能进一步发展的重要原因。全面依法治国是坚持和发展中国特色社会主义的本质要求和重要保障。在法治建设上，中国拥有坚持全面依法治国，建设社会主义法治国家，切实保障社会公

① 习近平：《坚定不移走中国特色社会主义法治道路，为全面建设社会主义现代化国家提供有力法治保障》，《十九大以来重要文献选编》（下），中央文献出版社2023年版，第11页。

平正义和人民权利的显著优势。

优在民族关系处理。民族不和、族群纷争是许多国家发展不起来或者不能进一步发展的重要原因。在民族关系上，中国拥有坚持各民族一律平等，铸牢中华民族共同体意识，实现共同团结奋斗、共同繁荣发展的显著优势。

优在国防和军队建设。国防衰微或军人干政是许多国家发展不起来或者不能进一步发展的重要原因。在国家安全上，我们拥有坚持党指挥枪，确保人民军队绝对忠诚于党和人民，有力保障国家主权、安全、发展利益的显著优势。

优在促进国家统一。国家分裂、区域对立是许多国家发展不起来或者不能进一步发展的重要原因。在祖国统一上，中国拥有坚持“一国两制”，保持香港、澳门长期繁荣稳定，促进祖国和平统一的显著优势。

尤其值得注意的是，这些保障性因素之间具有复杂的相关性，比如：法治不障或法治成果过高易导致社会阶层对立，阶层对立易引发民粹主义，民粹主义对外易导致极端民族主义，极端民族主义易催生极端军事倾向，极端军事倾向妨碍国家正常治理和发展，等等。正确处理这些关系，是国家治理体系和治理能力现代化的重大课题；解决不好这些课题，会给国家发展和现代化带来灾难性后果。而中国之所以能够比较好地处理这些关系，根本的还在于拥有坚持党的集中统一领导，坚持党的科学理论，保持政治稳定，确保国家始终沿着社会主义方向前进的显著优势。

因此，习近平总书记在庆祝全国人民代表大会成立60周年大会上的重要讲话中曾强调指出中国特色社会主义的制度安排具有“四个有效”：能够有效保证人民享有更加广泛、更加充实的权利和自由，保证人民广泛参加国家治理和社会治理；能够有效调节国家政治关系，发展充满活力的政党关系、民族关系、宗教关系、阶层关系、海内外同胞关系，增强民族凝聚力，形成安定团结的政治局面；能够集中力量办大事，有效促进社会生产力解放和发展，促进现代化建设各项事业，促进人民生活质量和水平不断提高；能够有效维护国家独立自主，有力维护国家主权、安全、发展利益，维护中国人民和中华民族的福祉。①

三、中国之治背后的中国之制

中国特色社会主义并不表现为一个固定的结论，它始终在改革开放和现代化建设事业中不断丰富深化而自我进化，自我进化是中国特色社会主义制度和治理体系的独特优势——

明确中国特色社会主义的科学社会主义性质，并且在制度体系上不断对其进行优化升级，是中国共产党人治国理政的一个鲜明特征，也是中国式现代化成功之道的一个奥秘。

中国特色社会主义制度具有自我进化的特性：

——新中国成立后特别是社会主义基本制度建立后，如何在中国这样一个生产力水平落后的东方大国建设社会主义，成为我们党面临的一个全新课题，其间所取得的独创性理论成果和巨大成就，以及犯过的错误和经历的严重曲折，都反映了社会主义在中国本土生长的真实逻辑。

1949 年 9 月 30 日，第一届政治协商会议闭幕，毛泽东起草会议宣言《中国人民大团结万岁》，“我们应当将全中国绝大多数人组织在政治、军事、经济、文化及其他各种组织里，克服旧中国散漫无组织的状态，用伟大的人民群众的集体力量，拥护人民政府和人民解放军，建设独立民主和平统一富强的新中国”。习近平总书记指出，历史和现实都告诉我们，只有社会主义才能救中国，只有中国特色社会主义才能发展中国，这是历史的结论、人民的选择。这个重要论述，指明了中国特色社会主义所具有的深刻的历史合理性。

——党的十一届三中全会以后，以邓小平同志为主要代表的中国共产党人，开辟了社会主义事业发展的新时期，逐步形成了建设中国特色社会

① 《习近平谈治国理政》（第二卷），外文出版社 2017 年版，第 288 页。

主义的路线、方针、政策，阐明了在中国建设社会主义、巩固和发展社会主义的基本问题，成功开创了中国特色社会主义。

2014 年 4 月 1 日，习近平总书记在欧洲学院发表演讲，再贴切不过地道明了这种逻辑。他说，1911 年，孙中山领导的辛亥革命，推翻了统治中国几千年的君主专制制度。旧的制度推翻了，中国向何处去？中国人苦苦寻找适合中国国情的道路。君主立宪制、复辟帝制、议会制、多党制、总统制都想过了、试过了，结果都行不通。最后，中国选择了社会主义道路。在建设社会主义实践中，我们有成功也有失误，甚至发生过严重曲折。改革开放以后，在邓小平领导下，我们从中国国情和时代要求出发，探索和开拓国家发展道路，形成了中国特色社会主义。独特的文化传统，独特的历史命运，独特的国情，注定了中国必然走适合自己特点的发展道路。我们走出了这样一条道路，并且取得了成功。

——党的十三届四中全会以来，以江泽民同志为主要代表的中国共产党人，在世界社会主义遭受严重曲折的严峻考验面前捍卫了中国特色社会主义，确立了社会主义市场经济体制的改革目标和基本框架，推进党的建设新的伟大工程，成功把中国特色社会主义推向 21 世纪。

——党的十六大以后，以胡锦涛同志为主要代表的中国共产党人，坚持走科学发展道路，开始形成建设中国特色社会主义总体布局，着力推进党的执政能力建设和先进性建设，成功在新的历史起点上坚持和发展了中国特色社会主义。

——党的十八大以来，以习近平同志为核心的党中央不忘初心、牢记使命、接续奋斗，统筹推进“五位一体”总体布局，协调推进“四个全面”战略布局，坚定不移贯彻新发展理念，推动党和国家事业发生历史性变革，中国特色社会主义进入新时代。新时代我们推进国家治理体系和治理能力现代化，充分显示出社会主义制度强大的自我完善能力。

中国特色社会主义是中国共产党人带领人民进行的伟大创造，40 多年的改革开放塑造了它的基本形态，但它也烙印着世界社会主义 500 年的风云变幻，传承着科学社会主义 180 多年的真理品格，承载着中国共产党人

100 多年的理想追求，饱含着新中国成立以来 70 多年的艰辛探索。中国特色社会主义制度之所以能够历经国际共产主义运动巨大挫折而愈益展现其强大生命力，关键在于它坚持了社会主义的正确方向，又从中国式现代化实践中不断获得验证和支撑。中国特色社会主义制度从根本上解决了中国发展的领导力量、制度基础、治理机制等一系列根本问题，为中国式现代化和民族复兴提供了系统解决方案。

进入中国特色社会主义新时代，中国已开始从大国走向强国，并日趋走近世界舞台中央，发挥着越来越重要的作用。中国发展同世界发展的联系更加紧密，同世界各国的交融性、互动性也在显著增强。中国是一个社会主义国家，是一个发展中国家，是一个正在迅速崛起的大国，同时也是国际社会的一个重要成员。中国的发展及其走向，中国在国际社会的立场和态度，自然会成为世界普遍关注的焦点。对于中国来说，多重身份集于一身，必然也面临着许多必须独自应对的风险挑战。

比如，中国作为社会主义国家，必须要长期防范来自国外敌对势力尤其是西方敌对势力的渗透和分化；中国作为一个发展中国家，我们在推进现代化进程中，还要解决许多发达国家早已解决的问题，要面对发达国家在科学技术方面给我们带来的压力；中国作为一个正在崛起的大国，要面对来自西方一些强权国家的纷扰；中国作为一个国际体系的重要成员国，在维护世界和平、促进共同发展方面，要承担越来越大的责任。在这样的背景下，要长期赢得发展的主动和优势，有效化解各种风险挑战，就必须着力完善国家制度及各个方面的制度，以制度优势提升自身的竞争力和抗击力。

为什么中国特色社会主义制度能够拥有这样的特性？根本原因在于中国共产党的领导。中国共产党是全心全意为人民服务的马克思主义执政党，它的初心和使命就是为中国人民谋幸福、为中华民族谋复兴。带领人民创造美好生活、实现共同富裕，是我们党始终不渝的奋斗目标。习近平总书记指出，中国特色社会主义最本质的特征是中国共产党的领导，中国特色社会主义制度的最大优势是中国共产党的领导。以中国共产党的领导为核心要义的中国特色社会主义一方面坚持和加强党的领导，另一方面又根据党情国情世情的变化，不断改进党的领导方式和执政方式，使党能够在风险和挑战面前迎难而上，充分发挥以马克思主义为指导的无产阶级政党优势，赢得最广大人民群众的拥护。习近平总书记在十九届四中全会上要求：“新时代谋划全面深化改革，必须以坚持和完善中国特色社会主义制度、推进国家治理体系和治理能力现代化为主轴，深刻把握我国发展要求和时代潮流，把制度建设和治理能力建设摆到更加突出的位置，继续深化各领域各方面体制机制改革，推动各方面制度更加成熟更加定型，推进国家治理体系和治理能力现代化。”

随着许多国家纷纷“向东看”，它们希望探寻中国巨变的“发展哲学”，解开中国奇迹的制度“密码”。实际上，中国特色社会主义制度既不是照抄照搬的“飞来峰”，也不是封闭僵化旧制度的延续。这一制度和国家治理体制是中国共产党几代中央领导集体团结带领全国各族人民历经革命、建设、改革伟大实践，在深刻总结和反思发展经验和教训的基础上最终确立起来的。中国特色社会主义制度和国家治理体系善于吸取和借鉴人类制度文明有益成果，能够在国家治理实践中自我完善和发展。随着全面深化改革向纵深推进，这一制度和国家治理体系必将在国际竞争中赢得更大的比较优势，展现出更为旺盛的生机活力。正如习近平总书记说的，我们全面深化改革，不是因为中国特色社会主义制度不好，而是要使它更好。

新中国成立之初，毛泽东满怀信心地说：“一切事实都证明：我们的人民民主专政的制度，较之资本主义国家的政治制度具有极大的优越性。在这种制度的基础上，我国人民能够发挥其无穷无尽的力量。这种力量，是任何敌人所不能战胜的。”改革开放初期，邓小平指出：“我们的党和人民浴血奋斗多年，建立了社会主义制度。尽管这个制度还不完善，又遭受了破坏，但是无论如何，社会主义制度总比弱肉强食、损人利己的资本主义制度好得多。我们的制度将一天天完善起来，它将吸收我们可以从世界各国吸收的进步因素，成为世界上最好的制度。这是资本主义所绝对不可能做到的。”

中国共产党人对坚持自己的制度信心满满，对完善自己的制度决心满满。“我们既要坚持好、巩固好经过长期实践检验的我国国家制度和国家治理体系，又要完善好、发展好我国国家制度和国家治理体系，不断把我国制度优势更好转化为国家治理效能。”①

① 习近平：《坚持和完善中国特色社会主义制度、推进国家治理体系和治理能力现代化》，《十九大以来重要文献选编》（中），中央文献出版社 2021 年版，第 305 页。

第十四章　破解难题与中国式现代化

有学者深刻指出了许多发展中国家出现的“现代化衰退”原因及现象：发展中国家面临日益增强的经济、政治、社会心理的压力，以至于急功近利、急于求成，盲目抄袭发达国家的经济发展模式，导致冒进式发展。因此，后发型国家的现代化战略大都是一种“经济第一”“效率优先”的经济发展战略。这一发展战略的价值取向是效率至上，是对高速度的强烈攀比，为达到这一目标不惜牺牲社会公平，不惜付出社会、政治、文化等方面的代价。这一经济增长优先的发展战略也必然会导致社会诸方面现代化发展步伐参差不齐，因此这种先增长后其他的发展战略如今并不乐观。亚洲、非洲特别是拉丁美洲的一些国家出现了高通货膨胀率、高失业率、高度腐败、高低收入两极分化、累累外债和生存环境的恶化等问题所引发的社会矛盾。这些矛盾最终导致的却是现代化的衰退。①

不能说中国在推进现代化过程中没有遇到过这方面的问题，而是说中国相对比较好地解决了这些问题，从而避免了现代化衰退现象的系统性出现。其原因就在于中国有效破解了许多现代化难题。

① 刘伟、张冬梅：《对后发现代化国家实施赶超战略的思考》，《学理论》2000 年第 5 期。

一、能否破解现代化难题事关发展成败

发展中国家在实现发展的进程中必将遇到许多难题，能否成功化解这些难题将决定发展中国家的发展态势和局面，中国在解决这些难题中发展出了一套行之有效的方式方法——

如何从经济社会发展相对落后的位阶，通过和平合作共赢的方式，通过现代化的手段，上升到较高的发展位阶，是“二战”后包括中国在内的发展中国家共同面临的任务。总的来看，发展中国家现代化必须破解的重大难题包括：

一是发展与稳定的两难。稳定是发展的前提。但是对一些发展中国家而言，经济的发展往往伴随政治社会动荡，政治社会动荡又反过来制约了经济的健康稳定发展。这种发展与稳定难以兼容的局面，内在地看，源于现代化所引发的系统性变化对原有社会结构、利益关系和思想文化造成的强大冲击，而国家又缺乏足够的制度性和组织化力量来缓和和解决这些冲击；外在地看，发达国家对于发展中国家的干涉、干预和干扰，严重限制了许多发展中国家的政策选择余地，使其处于两难境地。许多发展中国家在现代化进程中，频频遭遇社会冲突动荡，现代化进程被干扰或打断，就是这种情况的反映。

二是开放与自主的两难。从发展中国家的实践来看，对外开放是一把双刃剑。封闭的代价是长期处于落后状态；而开放的代价往往可能是丧失独立自主的发展能力和发展权力。某些西方国家以银行贷款、直接投资、经济援助为诱饵，使众多发展中国家向国际资本敞开大门，按照西方游戏规则行事，成为资本主义全球链条上的被动一环，从而导致在财政政策、货币政策以及关系国计民生的重大决策上难以自主决定，事实上丧失了经济主权和其他方面的主权。一些拉美国家经济长期依赖外资，一旦外资撤走，本国经济就面临坍塌崩溃，就是这方面比较典型的例证。

三是助推与攫取的两难。出于对现代化美好前景的憧憬，绝大多数发展中国家的政府都希望本国尽快摆脱贫困落后的局面，也都会积极采取各种措施助推经济尽快发展起来。但是，在国家和社会的财富快速增加的过程中，某些政府特别是一些政府官员这只曾经的“助推之手”很难禁绝不正当的获取利益行为，从而成为伸向社会财富领域的一只“掠夺之手”。而“助推之手”一旦退化为“掠夺之手”，经济发展就难以健康长久。

更重要的是，已经占据较高位阶的国家并不会也不甘心轻易让出原有的位置，对它们而言从特权和垄断中获利远比通过领跑获利要来得方便快捷，于是又导致了国际调适的新难题。这种现代化发展位阶上的博弈，就是当今世界国际政治经济秩序面临深刻变数的内在逻辑。

中国的改革开放主要是为了解决自身问题，但也为解决发展中国家现代化难题贡献了作为理论形态的中国智慧和作为实践形态的中国成就。这些中国智慧和中国成就，以及许多发展中国家类似的探索，共同构成了当今世界政治经济秩序良性重构的前行动力和正能量。中国在改革开放中是如何探索破解现代化难题的呢？

对此，中国探索出了自己的方案：

一是以一整套治国理政方案解决发展与稳定的两难。在改革开放伟大进程中，中国共产党在治国理政上形成了一整套独具特色和优势的做法。在经济建设上，强调市场作用和政府作用是相辅相成、相互促进、互为补充的，“看不见的手”和“看得见的手”都要用好；在政治建设上，既汲取人类政治文明的发展成果，又注重保持底线思维和战略定力；在文化建设上，既对世界各国文化保持开放的交流态度，又注重传承和弘扬中华民族优秀传统文化，同时也注重传承和弘扬革命文化、社会主义先进文化；在社会建设上，既注重保障和改善民生，发展社会事业，又注重激发社会创造活力，同时也注重提升社会治理水平；等等。从治国理政的角度看，改革开放中所形成的中国方案实际上就是中国共产党在坚持和发展中国特色社会主义进程中所形成的一整套符合国情的、行之有效的治国理政方案。这套方案有助于中国的发展，同时又有助于平衡和协调各种利益关系。

二是以强大而有活力的基础制度解决开放与自主的两难。越有自主性，就越有开放的勇气和信心。从制度上看，中国特色社会主义制度以人民代表大会制度为根本政治制度，实行中国共产党领导的多党合作和政治协商制度等基本政治制度，实行公有制为主体、多种所有制经济共同发展的基本经济制度。中国的社会主义市场经济强调发挥政府与市场两种手段的长处，能够保持发展的独立性和自主性，在关乎国家经济命脉的领域和制度方面牢牢掌握着控制权，并且秉持让外来企业与本国企业公平竞争以推动国内产业经济发展的理念，能够坚定不移实行开放。

三是以新型政党制度破解助推与攫取的两难。从政治上看，与诸多发展中国家党派林立、攻讦不止，以及思想意识形态领域的纷繁芜杂相比，中国共产党领导的多党合作和政治协商制度以其独特的结构功能和运行机制，提供了合理有序的民主政治参与渠道，能够相对有效反映社会各方面的利益、愿望和诉求，拓宽社会利益表达渠道，破除既得利益集团，形成强大的社会整合力，调动各方面建设社会主义的积极性。特别是能够提供一种中国共产党自身监督之外更多方面的监督，能够避免政党间互相倾轧造成的政局不稳定和政权频繁更迭，最大限度减少社会内耗，使中国共产党既能广纳各党派、各群体的智慧，又能保持政策的稳定性与连续性。

当然，解决现代化难题，仅有方案是不够的，还需要有智慧。中国在推进现代化过程中还采用了极为辩证的方法，这些辩证方法，更集中体现了中国智慧。

二、把握中国式现代化的辩证法

现代化的两难问题要靠辩证法的方式解决，中国改革发展的重要秘诀就是对辩证法的把握和运用，深刻把握其中的辩证法，对于理解现代化的深层逻辑具有重要启示。

当代中国改革发展，无论是其延展形态，还是其内在逻辑，不是以直线而是以辩证的形式展开的。中国式现代化之所以取得如此巨大成功，就在于中国既坚持了现代化的一般规律，又进行了独立自主的探索，也就是说，既坚持了发展规律的普遍性，又坚持了发展道路的特殊性。这里面包含一系列的辩证法。中国式现代化历程中呈现出来的辩证法包括：

（一）辩证处理政府与市场的关系

20 世纪 80 年代全球范围兴起的改革，都以推动经济发展、激发经济活力为主要目标诉求；正确处理政府与市场的关系，是任何国家经济发展都必须正确处理好的重大关系之关键所在。中国的改革开放尤其如此。中国的改革开放进程，总体上呈现为市场在资源配置中发挥的作用越来越大，越来越具有决定性作用。但这并非意味着市场与政府的关系是此消彼长的零和博弈。认识到市场失灵的缺陷，我国在吸取其他国家发展市场经济经验教训的基础上，通过充分发挥社会主义市场经济体制优势、努力实现有效的政府治理和科学的宏观调控来更好地发挥政府作用，实现了有效市场与有效政府关系的有机组合。这也充分说明，社会主义市场经济中的市场作用和政府作用是有机统一的，而决不能把二者割裂开来、对立起来。其中政府与市场的历史辩证法表现为：政府主动进行的改革开放推动扩大了市场发挥作用的空间和范围，市场作用的发挥反过来又使得政府获得了更强大的能力和更大的改革开放动机；一个从改革开放中日益获得强大力量的政府，也对市场经济带来的负面因素的纠偏和政治社会后果的纾解起到了至关重要的作用。

中国社会主义市场经济体制的发展和完善之所以能够始终沿着正确方向前行，源于摆脱了单纯的“唯市场论”或“唯政府论”，让政府和市场在不同社会经济层次、不同领域充分发挥应有的作用。社会主义体制所支持着的强大政府体系与改革开放所造成了强大的市场体系之间的耦合与互嵌，是中国改革开放所形成的政府与市场关系的最真实逻辑。这种关系形态，既超越了传统的社会主义体制，又超越了新自由主义模式，从更深刻的层面反映和体现了社会主义维度下市场经济之真谛。加入世界贸易组织之后，社会主义市场经济体制的制度性优势得到了前所未有的发挥，并由此获得了具有世界意义的成长与锻造。一些发展中国家改革开放之所以不成功，关键不在于不够开放和市场化，而在于市场化之前和之中缺乏强有力的政府体系，甚至以摧毁政府体系为前提和代价。因此，党的十八届三中全会所定下的“发挥市场的决定性作用与更好发挥政府作用”乃是积近40年改革开放经验的最重要心得。中国特色社会主义市场经济体制的确立与完善，乃是中国改革开放最重要的成果，也是其成功的关键所在。当前某些外国试图以经济胁迫方式使中国放弃这一体制，只能是痴心妄想。以“完善和发展中国特色社会主义制度，推进国家治理体系和治理能力现代化”为总目标的全面深化改革，必然决定了中国一定不能犯下颠覆性错误。

（二）辩证处理物质与精神的关系

任何国家的现代化要想取得成功，首先必须正确处理好物质与精神的关系，这是一个带有根本性、方向性的大问题。物质和精神的辩证关系在于，现代化的变革既表现为生产方式、生活方式等物质方面的变革，也表现为思维方式、精神世界的变革。建构一个良性的现代化社会形态，既需要在物质方面满足人的需求，以长期持续调动人投身现代化建设的积极性、主动性和创造性，同时也需要在精神方面满足人的需求，以形成良好的社会心态和文化环境。以苏联为代表的传统社会主义体制之所以没能成功推进，一个重要原因就在于不注重对人的物质性需要的满足，造成人民群众的不满日益增加，最后遭到人民群众抛弃。以西方国家为代表的资本主义市场经济之所以不能被中国效仿，一个重要原因就在于，在这种体制下，物欲横流、“一切向钱看”等造成了严重的社会文化后果，总体上妨碍了人的全面发展和社会的全面进步。

中国坚持以马克思主义为指导实现现代化，从而对于物质与精神的关系有着自己独特的理解。马克思主义认为，物的满足和物质条件的改善和丰富，并不是也不应当成为现代化的终极目的，现代化最终是人的现代化，要以人的一定物质需要满足之上的精神需要的满足和自由而全面的发展为根本目标。中国共产党认为，以马克思主义为指导的、基于对传统社会主义体制和资本主义体制现代化方向反思的中国式现代化，必须要借鉴正反两方面的教训，走出一条新的现代化之路。这条路就是物质与精神相协调的发展之路。有机协调物质与精神之间的辩证关系，科学解答了中国特色社会主义现代化建设事业的根本性、方向性问题。在现代化的物质维度方面，从经济基础决定上层建筑这一原理出发，中国共产党自改革开放之初就牢牢扭住经济建设这个中心不放松，一心一意谋发展，聚精会神搞建设，经济社会发展取得了举世瞩目的成就。同时，从上层建筑反作用于经济基础出发，中国共产党也高度重视加强社会主义先进文化建设，培育和践行社会主义核心价值观，积极弘扬优秀传统文化，为物质丰富起来的人提供精神文化元素的滋养。

中国式现代化是物质文明和精神文明相协调的现代化。习近平总书记指出："只有物质文明建设和精神文明建设都搞好，国家物质力量和精神力量都增强，全国各族人民物质生活和精神生活都改善，中国特色社会主义事业才能顺利向前推进。"① 物质与精神的关系在现代化进程中的表达逻辑在于，不解决"发展的问题"，离开了物质的发展和物质条件的改善，现代化将是无本之木、无源之水。离开了生产力发展水平的稳步提高，离开了人民生活水平的稳步改善，就不可能有真正的现代化。同时，物质的发展解决了很多问题，但也带来了很多问题。脱离了价值目标的规范，物欲的泛滥和理性的片面发展，将会带来人与物关系的错位、人与人的对立，引发社会性危机。物质发展仅能解决物质性的问题，但它所带来的问题却并不是物质所能够解决的。因此，现代化要想成功，还必须注重解决"发展起来以后的问题"，主要是物质改善以后的精神满足问题。中国共产党在不发展的时候注重解决发展的问题，在发展起来以后更加注重解决发展起来以后的问题，中国的发展总体上就表现为正确处理了人与物的关系，

① 习近平：《论党的宣传思想工作》，中央文献出版社2020年版，第14页。

从而使得中国式现代化相对比较均衡而健康。“从中国现代化进程来看，只有物质发挥基础性、本源性、决定性作用，精神发挥能动性、超越性、引领性的反作用，物质与精神的关系保持合理的张力，中国现代化事业才能顺利推进；一旦某一要素缺位或越位，一旦二者的关系发生错位，中国现代化事业将会遭受挫折。”①

（三）辩证处理同一与差异的关系

与前现代社会相比，现代化是一个不断产生差异的过程，同时又是一个需要有效整合的过程。因而，现代社会的运行辩证法在于，既要保持差异性，又要保持同一性。如果说斗争性、竞争性与差异性表现了社会生活的丰富多样性与复杂变化性，并为社会发展注入了动力与活力，那么同一性、统一性则展示了社会关系的凝聚力，并强化了社会行动的集体纽带与共同基础。没有差异性与竞争性，整个社会就会陷入死水一潭与死气沉沉的状态；没有同一性，人际关系必然走向冷漠、敌对与分裂，整个社会就会充斥着混乱与无序。因此，在竞争性、差异性与同一性之间保持合理张力，并有机协调二者关系，对社会的正常运行是至关重要的。

改革开放之前的中国，为了进行高强度的社会动员，人为追求高度的同一性：在经济上强调生产关系的“一大二公三高四纯”，在政治上强调革命队伍的纯洁性，在思想文化上强调认识的高度统一，尽管这对于“集中力量办大事”、实行“赶超”战略、推动国家发展起到了十分必要的作用，但也在某种程度上压抑了全社会的创新创造活力，造成了惰性与僵化的现象。改革开放以后，为了释放全社会的创新创造活力，解放和发展社会生产力，容许多样性和差异性的发展，成为改革转型中的中国社会的一个突出特征，这也是中国经济社会快速发展的一个重要秘诀。但与此同时，中国现代化进程中不断产生差异性，如“四个多样性”（利益关系、就业

① 郝永平、鲁秀伟：《从物质与精神的关系审视中国现代化进程》，《科学社会主义》2021 年第 4 期。

方式、思想观念等)。但差异性过于悬殊，一旦突破社会的承受范围，将直接危及社会稳定。超过一定限度的多样性和差异性，也会带来新的负面影响，影响社会和谐，成为社会冲突与摩擦的重要原因。因此，现代化越推进越需要社会整合以强化同一性，如共同富裕与人民内部根本利益一致，核心价值观的文化认同等。改革开放年代，中国共产党汲取依靠斗争人为消灭差异性的历史教训，解决因不正当竞争而弱化同一性的现实问题，既尊重差异性的合理存在，又妥善化解社会矛盾。社会主义社会作为“和而不同”的社会，既是一个人民内部在竞争性中继续产生多样性与差异性、以此丰富社会并推动社会发展的过程，更是全体人民在相互合作中不断增强同一性、以此促进社会团结与强化国民凝聚的过程，从而是在差异性与同一性之间保持动态平衡的过程。

在革命年代突出斗争性是合理的，在党执政以后，特别是在和平建设年代应更加强调同一性，并把斗争性主要理解为差异性与竞争性，当然决不能忽视一定范围内的阶级斗争。一定意义上说，和谐就是不同事物在相互联系中达到一种促进共同发展与持续发展的良性状态，即“不同的音调造成最美的和谐”。社会治理之科学性在于，既非消灭一切社会差别与社会矛盾，也非不分是非地追求一团和气，而是在承认社会差别、肯定社会矛盾的前提下，科学认识与合理对待各种差别，妥善处理与有效化解各种矛盾，不断消除社会生活中的不和谐因素，最大限度地增加和谐因素，逐步走向社会和谐。因而开展好社会治理，既不能一潭死水，也不能波涛汹涌。改革开放年代中国的主要的做法是：在思想观念上尊重竞争的价值与差异性的合理存在；在制度安排上规范竞争并整合差异性，以求同存异的方式凝聚各种力量；在实践活动中充分发挥全体人民参与竞争的积极性，实现取长补短共同发展的目的；从维护秩序看，必须控制竞争的无序与差异的扩大，不能让悬殊差异演变为对同一性的破坏。

（四）辩证处理效率与公平的关系

正确处理效率与公平的关系，是任何国家现代化建设都必须认真对待的问题。这个问题处理得当，现代化建设就能顺利推进；这个问题处理不当，现代化建设就难以顺利推进，甚至产生灾难性后果。一般来说，传统社会主义国家在处理社会公平问题上相对做得比较好，但也出现了“平均主义”的现象，严重挫伤了人们的发展积极性，使得社会的创新创造活力受到严重抑制。同时，在资本主义经济体制下，一般来说，效率问题处理得比较好，但也出现了严重的两极分化等问题，长期看也损害了社会的健康有序运行。由于过去相对比较忽视效率问题，中国特色社会主义现代化建设事业自开启之初，就表现为对效率问题的极大重视。一切能够释放和激发人们投身于现代化建设积极性的改革措施，都被广泛实施起来了。事实证明，中国的快速发展与经济社会效率的快速提高，具有直接而明显的关系。

同时，随着发展的深入，中国共产党也认识到，如果不能够解决效率提高之后的公平问题，现代化建设也难以持续下去。因此，依托社会主义制度和价值原则，中国在基础设施建设、收入分配调节、民生社会保障、扶贫攻坚、区域发展平衡以及社会治理等方面，投入了巨大的财力物力。所取得的成绩就是，中国一方面是世界上发展最快的国家之一，另一方面也是现代化成果最普遍惠及普通人民群众的国家之一，共享发展理念在中国特色社会主义现代化建设中得到了最明显的体现。有研究指出，在共同富裕的进程中建设现代化体现着以人民为中心的价值旨归，是中国现代化建设区别于其他国家现代化建设的基本品质。全体人民共同富裕的现代化，不是西方国家“以资本为中心”的现代化，而是“以人民为中心”“为人民谋幸福”奋斗初心的现代化，是全体人民共建、共有、共享以及人的全面发展的现代化。①

中国之所以能够相对比较好地处理效率与公平的关系，关键在于正确处理了发挥市场作用与发挥政府作用之间的关系。中国特色社会主义现代化建设事业开创之初，一个基本国情乃是，经济社会发展过分依赖于政府

---

① 夏文斌、郭东升：《全面把握新时代社会主义现代化的基本特征》，《北京社会科学》2021 年第 1 期。

的作用，企业作为市场主体的积极性不能够充分得到发挥，由此带来了现代化建设的动力不足问题。因此，中国改革开放时代的现代化建设，从实践起点上，就是通过农村改革、城市改革、企业改革以及简政放权等，造成一个活跃的市场经济运行状态，由此为推动现代化建设提供强大的活力和动力。但是，随着改革的推进，中国共产党同时发现，市场经济的负面作用也会给现代化建设带来严重影响，有时候甚至是难以挽回的影响。而这些负面作用是市场经济自身难以克服的，必须依靠政府的作用才能够解决。于是，随着社会主义市场经济的日益深入发展，中国逐渐摸索出来一套既注重发挥市场的作用又更好发挥政府作用的体制机制和运行模式，从而比较成功地解决了政府与市场的关系。实际上，中国的市场化改革，一开始就不是完全按照西方自由主义经济学模式进行的市场化改革，而是有着强烈的基于中国自身国情和实际的考虑，最大的国情和实际当然就是社会主义。也就是说，市场化改革不能够以牺牲社会主义制度为代表，而必须以增强社会主义的活力和实力为检验标准。同时，中国政府在市场经济条件下之所以能够更好发挥作用，除了强大的政党力量和强有力的政府执行力之外，一个庞大的国有企业体制的存在且能够广泛发生影响，也是至为重要的原因。有研究指出："公有制占主体地位的制度保障突破了资本主义固有的生产社会化和生产资料私人占有之间的矛盾，有效规避了资本逐利的本性所带来的局限性，从长远和整体的角度有力提高了国民经济的发展效率，呈现出中国式现代化区别于西方现代化的显著特质。"①

任何国家的现代化，特别是落后国家的现代化，都必然要求生产效率和社会运行效率的持续提高，而效率提高的过程，本质上就是资金、技术、劳动等各种生产要素的优化配置过程。当然，效率的提高必然会对社会公平带来较大的影响。如果不能及时有效解决和化解经济社会效率提高所带来的社会公平问题，一些利益受损或相对受损的群体的状况长期得不到改善，甚至趋于恶化，将会给整个社会带来严重的不稳定问题。而这种不稳

① 刘洪森、李昊天：《中国式现代化新道路的历史、逻辑与特质》，《现代哲学》2021年第5期。

定反过来就会严重影响经济社会效率，也就是说，动荡不安会从政治、经济和文化上严重影响各种生产要素的优化组合，从而使得效率提高的目标难以实现。效率与公平之间的这种负面的相互作用，会使得一个国家的现代化陷入这样或者那样的陷阱而难以自拔，表现为一种发展停滞。“苏联是世界上第一个社会主义国家，取得过辉煌成就，但后来失败了，解体了，其中一个重要原因是苏联共产党脱离了人民，成为一个只维护自身利益的特权官僚集团。即使是实现了现代化的国家，如果执政党背离人民，也会损害现代化成果。”① 在效率与公平的问题上处理得当，社会公平程度提高所带来的健康稳定良性的社会发展与人的发展，可以为生产力的快速提高提供最为深厚和持久的基础条件。

（五）辩证处理创新与坚守的关系

有学者指出，非洲、中东和拉美部分发展中国家虽看到改革国家治理体系与提升治理能力的重要性，但在推进过程中急于求成，忽视本国政治文化、宗教民族和社会结构特性，将治理现代化等同于西式“政治民主化”和“经济自由化”，想要“一步到位”移植西方“先进治理模式”，结果破坏了本国原有的治理结构，加剧了国家“无效治理”乱象，甚至再度丧失国家治理主导权，其探寻符合本国实际的治理模式仍旧任重道远。②

这种现象所涉及的，主要就是创新与坚守的关系问题。

任何国家的现代化，都不是从空白开始的，都是在一定的社会文化传统和经济政治前提下展开的。现代化不能也不可能仅表现为创新，而与过去的一切相脱离。这就决定了，现代化的推进过程，必然要正确处理好创新与坚守的关系。正确处理好创新与坚守的关系，创新就能够行稳致远，而传统的优秀因素也会成为现代化的“正能量”和“正资产”；反之，如

---

① 中共中央党史和文献研究院编：《习近平关于中国式现代化论述摘编》，中央文献出版社 2023 年版，第 89 页。

② 张广平、张思萌：《国家治理现代化：国际经验与教训》，《当代世界与社会主义》2015 年第 2 期。

果处理不好创新与坚守的关系，因现代化而带来的经济社会文化许多后果会招致诸多抵制和反对，甚至因此使得人们更加极端地坚持传统的事物，从而给现代化带来致命影响。在一些传统文化根深蒂固的国家和地区，这样的例子屡见不鲜。

如何在一个发展落后、情况复杂的大国快速实现现代化？这是一个前所未有的问题，因而对于这个问题的每一个解答，都需要进行极富有原创性的探索。在中国特色社会主义现代化建设征途上，中国共产党始终坚持解放思想、实事求是、与时俱进、求真务实，勇敢推进理论创新、实践创新、制度创新、文化创新以及各方面创新，不断赋予中国特色社会主义以鲜明的实践特色、理论特色、民族特色、时代特色，形成了中国特色社会主义道路、理论、制度、文化，以不可辩驳的事实彰显了科学社会主义的鲜活生命力。但是，中国特色社会主义理论与实践的伟大创新，是建立在对于科学社会主义基本原则的坚守之上的。中国式现代化建设，牢牢坚持了中国共产党的领导这个中国特色社会主义最本质的特征、中国特色社会主义制度的最大优势，坚持和加强党对一切工作的领导，为应对一系列重大风险挑战、克服无数艰难险阻提供了根本保证；牢牢坚持了完善和发展中国特色社会主义制度这个关键，为解放和发展社会生产力、解放和增强社会活力、永葆党和国家生机活力提供了有力保证，为保持社会大局稳定、保证人民安居乐业、保障国家安全提供了有力保证。

没有创新难以进，没有坚守难以稳。正确处理现代化进程中的创新与坚守的关系，具有十分重要的意义。坚持辩证唯物主义和历史唯物主义世界观和方法论，正确处理改革发展稳定关系，不能在根本性问题上出现颠覆性错误。特别是要不断推进实践基础上的理论创新，为确保全国全社会既解放思想又凝聚思想提供有力保证。

现代化是人类历史运动的一个最重要历史进程，是人类社会从工业革命以来所经历的一场急剧变革，是一个国家的整体转型升级。对于后发国家来说，现代化是从传统到现代的“历史三峡”，在这个特定历史进程中，经济、政治、文化与社会生活方面发生的深刻变化，是以往时代无法比拟的。发达国家现代化实现现代化的经验，并不必然能为发展中国家所用。中国式现代化之所以成功，就在于既遵循了现代化的一般规律，又找到了适合自身国情和实际的现代化之路，展示了极富哲学特质的辩证逻辑。新时代，我们要坚定不移沿着这种路继续走下去，不为任何干扰所惑、不为任何风险所惧，继续夺取坚持和发展中国特色社会主义事业新的伟大胜利。

（六）辩证处理政党领导与人民创造的关系

中国共产党与人民群众的关系及其运动和变化，构成了历史变动之主动因素。基于历史唯物主义群众观的指导，基于革命和建设年代的群众工作智慧，中国改革开放历史之演进，既非党的领导单线牵动之结果，也非群众自发创造涌动之结果，毋宁说是二者有机互动之结果。

毛泽东在新中国社会主义建设伊始就说过："中国共产党是全中国人民的领导核心。没有这样一个核心，社会主义事业就不能胜利。"党的领导藉由改革开放之于人民群众，在改革开放的路径、原则和方向上发挥着至关重要的政治保障作用，在改革开放的推进、主导与策略上发挥了至关重要的政治能动作用。同时，人民群众藉由改革开放对于党的领导也发挥着两种至关重要的反作用，一是人民群众对于改革的愿望、要求和呼声，构成了改革开放最可靠最应当努力奋斗的方向，这给予了改革者莫大的信心和底气；二是人民群众在火热社会实践中的创造、创意与创举，构成了改革开放最具灵感、启发和可复制可推广的素材。党的领导的能动力量与人民群众的主体力量之间的互动，构成了中国改革开放动力的内核机制。改革开始是党团结带领全国各族人民共同演出的一部威武雄壮的历史活剧。更深层的历史效应是，通过改革开放，中国共产党强大自我革命能力与强大社会动员能力得到提升，中国共产党的领导在当代中国获得了新的内涵与动能。

改革开放使得中国共产党这样一个强有力的领导力量探索了有效领导市场经济条件下的中国的一整套体制机制。这种体制机制的形成，对于现代化进程中的中国具有至关重要的作用——当许多发展中国家还在为国家力量的集聚而苦苦发愁的时候，中国共产党事实上已经实现了有效领导相对发达的市场经济体系的跃升；赋予这套体制机制以强大的生机活力和韧性的，并非共产党自身，而是广大的人民群众。党群关系的哲学理念与市场经济的利益驱动之有效叠合，使得人民群众获得了对共产党执政最深刻的认同，最富有感情的投入，从而也就赋予了中国共产党的领导以最大的最真切的合法性。在市场经济条件下，领导力量与人民群众之间仍然能够并且更加能够紧密联系在一起而成为一种具有深刻政治意义的共同体，这是理解中国改革开放奇迹的一把政治密钥。

党的十八大以来，以习近平同志为核心的党中央更加深刻地强调，中国共产党的领导是中国特色社会主义最本质的特征，是中国特色社会主义制度最大的优势，党是最高政治领导力量等等，从更高层面进一步升华了党对以改革开放为主要内容的社会主义现代化建设规律的认识。通过提升政治领导力、群众组织力、社会号召力等进一步升级党群关系，为中国改革开放顺利前行提供更稳健的政治关系形态，这是新时代政治建设的一项重大战略。

（七）辩证处理发展自身与贡献世界的关系

不确证自身，便不足以贡献世界。中国改革开放的伟大意义，不仅是在自身历史比较中获得的，也是在世界维度的比较中获得的。改革开放后，世人发出这样的疑问：中国搞的还是社会主义吗？苏联解体后，世人发出这样的疑问：中国的社会主义还能搞多久？但 2008 年国际金融危机之后，世人又这样思考：社会主义体制具有怎样的优越性？而今质疑的阴霾正在散去，生机勃勃的中国特色社会主义不仅造福了 14 亿多中国人民，而且昭示世界，科学社会主义的原则具有强大的生命力，它代表了人类未来的一个方向，世界各地有志于探索更加美好未来的人们应该有信心有能力把当今社会不断推向科学社会主义的境界。

不贡献世界，又不足以确证自身。中国的改革开放成就为全世界所分享，世界对于中国的认可最大程度强化了中国的自我认可。2008 年以来，中国对世界经济增长的贡献率长期保持在 30% 以上，中国是经济全球化的获益者，更是推动世界经济增长的贡献者。除了在物质层面，中国通过改革开放向全球贡献了和平的、文明的、发展的力量，为人类社会发展增添了中国动力。

秦刚指出社会主义作为一种新的社会发展途径，不仅要消除阶级剥削、阶级压迫，也要反对和抵制对外扩张、对外掠夺，促进和实现世界的和平发展、合作发展。这样的本质规定，决定了中国特色社会主义道路必须要争取和平的国际环境，依靠与其他国家的互利合作来发展自己。①

中国式现代化道路不是一时心血来潮的产物，而是深思熟虑的结果，是深深植根于中华大地丰腴土壤中的马克思主义的理论之花结出的累累硕果，是典型的“中国智造”。深层次原因在于，中国特色社会主义既坚持了科学社会主义基本原则，又根据时代条件赋予其鲜明的中国特色，使共产党执政规律、社会主义建设规律、人类社会发展规律在中华大地上获得了新的认识和理解。

在更深刻的意义上，中国式现代化道路还有创造新的文明类型的内涵与主旨。王东早在1995年就指出由于中国的历史传统和基本国情，中国现代化经济起飞，必将开创既不同于西方模式，也不同于东亚周边模式的新道路、新模式。从世界历史 、世界文明新型期的全球史观来看，中国现代化起飞之道，将不仅为世界现代化提供一种新模式，开辟一条新道路，而且将探索中国特色社会主义新型文明。这种持续发展的新型文明，将认真吸取西方现代化中造成人类困境的历史教训，更加注重人与自然的和谐，人与人的和谐，人自我发展中的身心和谐。中国现代化起飞，是在融汇东西文明基础上的综合创新。这就从根本上驳斥了美国学者亨廷顿的“文明冲突论”，说明21世纪世界文明发展的主流不是冲突对抗，而是多元文明的交流撞击，综合创新。② 金耀基在1996年也指出，中国的现代化不能简单地看作是为了中国的富强，它基本上是中国寻求新的文明秩序的一个历

① 秦刚：《中国道路：社会主义与现代化的结合》，《思想理论教育导刊》2017年第10期。

② 王东：《现代化模式研究——中国经济起飞的新道路——中国、东亚、西方现代化比较研究》，《北京大学学报》（哲学社会科学版）1995年第6期。

史过程。因此：中国建构新的现代文明秩序的过程，一方面，应该不只是拥抱西方启蒙的价值，也应该是对它的批判，另一方面，应该不只是中国旧的传统文明秩序的解构，也应该是它的重构。中国的新文明是“现代的”，也是“中国的”。[①]

① 金耀基：《现代化研究论中国的“现代化”与“现代性”——中国现代的文明秩序的建构》，《北京大学学报》（哲学社会科学版）1996 年第 1 期。

第十五章　共同富裕与中国式现代化

习近平总书记指出："共同富裕是中国特色社会主义的本质要求，我国现代化坚持以人民为中心的发展思想，自觉主动解决地区差距、城乡差距、收入分配差距，促进社会公平正义，逐步实现全体人民共同富裕，坚决防止两极分化。"① 这就直接指出了共同富裕与中国式现代化新道路之间的内在联系。可以说，中国式现代化新道路之所以新，一个重要原因就是坚持走共同富裕不动摇。从共同富裕角度理解中国式现代化新道路，是理解中国式现代化新道路至为重要的一个维度。

一、共同富裕何以成为中国式现代化的本质要求

现代化与共同富裕之间并不具有必然的联系，甚至可以说，现代化往往导致贫富差距拉大。这是因为，现代化过程中往往伴随着各种各样的分化，而这些分化体现到收入分配上，主要是少部分人占有越来越多的财富，而大部分人占有财富的比重则没有显著上升，甚至趋于下降。这种现象，在一些政治家和社会科学家那里，就如同到了夏天气温就会升高一样，被视为一个"自然的历史过程"。那么，共同富裕何以成为了中国式现代化

① 《新发展阶段贯彻新发展理念必然要求构建新发展格局》（2020年10月29日），见中共中央党史和文献研究院编：《十九大以来重要文献选编》（中），中央文献出版社2021年版，第825页。

的本质要求呢？

（一）共同富裕体现马克思主义关于未来社会设想

习近平总书记在2016年1月18日省部级主要领导干部学习贯彻党的十八届五中全会精神专题讨论班上指出："共同富裕，是马克思主义的一个基本目标，也是自古以来我国人民的一个基本理想。"按照马克思主义关于未来社会——共产主义社会的设想，那是一个生产力高度发展，物质产品极大丰富，精神生活十分活跃，人人各尽所能、各取所需、各得其所的理想社会状态。在这样的状态下，每个人都能够充分地享受到丰裕富足的物质和文化条件，因而，用共同富裕来概括这样的社会一个方面的特征，是恰当的。马克思、恩格斯指出，"无产阶级的运动是绝大多数人的、为绝大多数人谋利益的独立的运动"，在未来社会"生产将以所有的人富裕为目的"。也正是在这个意义上，无产阶级政党领导下的事业，可以用共同富裕来向人民群众表示自己的奋斗目标。当然这个目标是一个总的宏大奋斗目标的一个组成部分或重要特征。

（二）共同富裕体现中国人民从古至今的一种社会理想

作为对于自然经济和封建社会状态下所产生的贵贱有别、贫富有差的一种自然社会趋向的反思与超越，从古至今，广大中国人民始终将"等贵贱、均贫富"作为一种基本的社会理想而念兹在兹。特别是在一个封建王朝的后期，社会矛盾、阶级对立越尖锐，这种社会理想就越受到提倡，甚至借助于农民起义等方式而向社会进行公开宣示和表达。社会矛盾和阶级对立相对缓和的时期，这一社会理想则以儒家、道家，乃至佛家学说的形式得以论证和传播——当然也是在相对和缓和简化的意义上进行。

（三）共同富裕体现中国共产党对于当代中国发展方向的坚定认知

在马克思主义的伟大理想与中国古代社会的美好理想的启发、驱动下，中国共产党人对于共同富裕这个奋斗目标始终高度重视并经常加以强调。

这种重视和强调，与当代中国所处的社会发展阶段有着明显而直接的关系。在新中国成立之后的社会主义革命和建设阶段，毛泽东等首创性地使用“共同富裕”这个词语，其落脚点在于为走社会主义道路提供具有充分吸引力的论证，特别是在生产关系和社会组织形式变革方面为社会主义提供充分的论证。尽管由于生产力和生产关系适配性的原因，共同富裕的实现状况不尽如人意，但作为一种待实现的且应实现的社会主义社会目标，它已经深入人心。

改革开放后，邓小平反思之前的那种“普遍贫穷”的状态，提出了新的发展思路，但同时，作为一个具有战略远见的无产阶级政治家，邓小平对于改革开放和市场经济所可能造成的贫富分化等也保持了足够的警惕，因而从社会主义本质论的高度，对“两极分化”等提出了鲜明的警告。习近平总书记在纪念邓小平同志诞辰110周年座谈会上发表重要讲话时专门指出：“此时此刻，我们必须牢记邓小平同志语重心长说过的这段话：‘我们搞社会主义才几十年，还处在初级阶段。巩固和发展社会主义制度，还需要一个很长的历史阶段，需要我们几代人、十几代人，甚至几十代人坚持不懈地努力奋斗’；‘社会主义的本质，是解放生产力，发展生产力，消灭剥削，消除两极分化，最终达到共同富裕。’”①

共同富裕事关改革的性质和社会主义的本质，因而一定要坚定不移坚持，并且越发展越要重视，这是邓小平的重要战略思考。江泽民、胡锦涛基本上也是在这个思路上强调共同富裕的。

二、新时代对于共同富裕的丰富发展

党的十八大以来，以习近平同志为核心的党中央又大大强化了对于共同富裕的重视和强调，并且采取了许多重大举措，从而将共同富裕从理论

① 习近平：《在纪念邓小平同志诞辰110周年座谈会上的讲话》（2014年8月20日），人民出版社2014年版。

和实践上推进到了新的更高的境地。

（一）新时代关于共同富裕的理论思考更加深刻

习近平总书记关于共同富裕的重要论述，从本质要求、根本立场等角度深刻思考共同富裕，加深了新时代关于共同富裕的理论理解。习近平总书记指出："消除贫困、改善民生、逐步实现共同富裕，是社会主义的本质要求，是我们党的重要使命。"① 这就是从社会主义本质要求的高度思考消除贫困、实现共富问题，延续了马克思主义关于社会主义的本质理解，特别是自邓小平开始的关于中国特色社会主义的本质性思考。

更进一步地，习近平总书记还从马克思主义政治经济学的角度思考这个问题。他指出："坚持以人民为中心的发展思想。发展为了人民，这是马克思主义政治经济学的根本立场。""党的十八届五中全会鲜明提出要坚持以人民为中心的发展思想，把增进人民福祉、促进人的全面发展、朝着共同富裕方向稳步前进作为经济发展的出发点和落脚点。这一点，我们任何时候都不能忘记，部署经济工作、制定经济政策、推动经济发展都要牢牢坚持这个根本立场。"②

能否稳步推进共同富裕，事关人民美好生活的实现。我国长期所处的短缺经济和供给不足的状况已经发生根本性改变，人民对美好生活的向往总体上已经从"有没有"转向"好不好"，呈现多样化、多层次、多方面的特点，其中有很多需求过去并不是紧迫的问题，现在人民群众要求高了，我们对这些问题的认识和工作水平也要相应提高。习近平总书记指出，我们要坚持在发展中保障和改善民生，解决好人民最关心最直接最现实的利益问题，更好满足人民对美好生活的向往，推动人的全面发展、社会全面

---

① 《在中央扶贫开发工作会议上的讲话》（2015 年 11 月 27 日），见《习近平谈治国理政》（第二卷），外文出版社 2017 年版，第 83 页。

② 《不断开拓当代中国马克思主义政治经济学新境界》（2015 年 11 月 23 日），见习近平：《论坚持全面深化改革》，中央文献出版社 2018 年版，第 187—188 页。

进步，努力促进全体人民共同富裕取得更为明显的实质性进展。[①]

（二）新时代关于共同富裕的政治判断更加明确

对于很多人来说，理论上把握共同富裕是一回事，政治上进行正确判断又是另一回事。理论上能够理解和接受的内容，政治上未必能够判别并践行。而在习近平总书记这里，两者是高度一致的。这主要体现在习近平总书记关于共同富裕所作出的深刻政治判断。

对于“如何把握共同富裕作为长远目标与当务之急的关系”有着深刻的政治判断。比如，习近平总书记指出：“我国正处于并将长期处于社会主义初级阶段，我们不能做超越阶段的事情，但也不是说在逐步实现共同富裕方面就无所作为，而是要根据现有条件把能做的事情尽量做起来，积小胜为大胜，不断朝着全体人民共同富裕的目标前进。”[②] 这实际上指明了一种科学的关于“实现共同富裕，当前需要做什么”的思考方向与要求。这对于那种认为“当前的当务之急是发展经济，共同富裕要等到发展起来以后才需要考虑”的看法，是一种政治上的纠正。

对于“如何从国际比较中获得关于共同富裕的新认识新理解”，有着深刻的政治判断。西方现代化的最大弊端，就是以资本为中心而不是以人民为中心。习近平总书记指出：“当前，全球收入不平等问题突出，一些国家贫富分化，中产阶层塌陷，导致社会撕裂、政治极化、民粹主义泛滥，教训十分深刻！我国必须坚决防止两极分化，促进共同富裕，实现社会和谐安定。”[③] 也就是说，在社会主义的本质要求之外，关于共同富裕，我们还应该从国际比较中获得深刻的认识和体会，认识到一些国家之所以治理不佳，与其严重的贫富分化以及由此引发的一系列重大政治社会问题有着

---

① 《新发展阶段贯彻新发展理念必然要求构建新发展格局》（2020 年 10 月 29 日），见中共中央党史和文献研究院编：《十九大以来重要文献选编》（中），中央文献出版社 2021 年版，第 820 页。

② 习近平：《在省部级主要领导干部学习贯彻党的十八届五中全会精神专题研讨班上的讲话》（2016 年 1 月 18 日），人民出版社 2016 年版。

③ 习近平：《扎实推动共同富裕》（2021 年 8 月 17 日），《求是》2021 年第 20 期。

直接关联。

因而："实现共同富裕不仅是经济问题，而且是关系党的执政基础的重大政治问题。"①

（三）新时代关于共同富裕的内涵理解更加厚重

共同富裕，如果仅就字面意义去理解，容易陷入望文生义的困境，将其理解为物质上的、同步实现的富足状况。对此，习近平总书记有了更深刻的阐发。正确的理解是什么？习近平总书记指出："我们说的共同富裕是全体人民共同富裕，是人民群众物质生活和精神生活都富裕，不是少数人的富裕，也不是整齐划一的平均主义。"② 也就是说，共同富裕不是少数人的富裕，这是容易理解的。但是，共同富裕的富裕，不仅包括物质也包括精神，共同富裕的共同并不是整齐划一的平均主义，这是需要向社会进行解释说明的。关于为什么不能整齐划一，习近平总书记说，我们要实现 14 亿多人共同富裕，必须脚踏实地、久久为功，不是所有人都同时富裕，也不是所有地区同时达到一个富裕水准，不同人群不仅实现富裕的程度有高有低，时间上也会有先有后，不同地区富裕程度还会存在一定差异，不可能齐头并进。

《中共中央　国务院关于支持浙江高质量发展建设共同富裕示范区的意见》中对共同富裕进行了一个描述性的界定："共同富裕具有鲜明的时代特征和中国特色，是全体人民通过辛勤劳动和相互帮助，普遍达到生活富裕富足、精神自信自强、环境宜居宜业、社会和谐和睦、公共服务普及普惠，实现人的全面发展和社会全面进步，共享改革发展成果和幸福美好生活。"总的来说，通过共同努力、共同奋斗、共同发展，共同分享整个经济社会文化进步的成果，动态化地形成一种全民富裕、全面富裕、共建富裕、逐步富裕的状态，这就是习近平新时代中国特色社会主义思想中关于

① 中共中央党史和文献研究院编：《习近平关于中国式现代化论述摘编》，中央文献出版社 2023 年版，第 90 页。

② 习近平：《扎实推动共同富裕》（2021 年 8 月 17 日），《求是》2021 年第 20 期。

共同富裕的要义所在。

（四）新时代关于共同富裕的现实举措更加坚定有力

党的十九大对基本实现现代化作出擘画，指出从2020年到2035年，在全面建成小康社会的基础上，再奋斗15年，基本实现社会主义现代化。共同富裕作为一个重要目标列出："人民生活更为宽裕，中等收入群体比例明显提高，城乡区域发展差距和居民生活水平差距显著缩小，基本公共服务均等化基本实现，全体人民共同富裕迈出坚实步伐。"① 而对到本世纪中叶把我国建成富强民主文明和谐美丽的社会主义现代化强国的描述中，关于共同富裕的预想是："全体人民共同富裕基本实现，我国人民将享有更加幸福安康的生活。"

党的十九届五中全会对于基本实现社会主义现代化的擘画，涉及共同富裕的部分，则更加具体而明确："人均国内生产总值达到中等发达国家水平，中等收入群体显著扩大，基本公共服务实现均等化，城乡区域发展差距和居民生活水平差距显著缩小"，"平安中国建设达到更高水平，基本实现国防和军队现代化；人民生活更加美好，人的全面发展、全体人民共同富裕取得更为明显的实质性进展。"②

党的二十大则提出，到2035年，"人民生活更加幸福美好，居民人均可支配收入再上新台阶，中等收入群体比重显著提高"，"人的全面发展、全体人民共同富裕取得更为明显的实质性进展"。

要指出的是，强调更加积极有为地推进共同富裕，也要注重现实可行性。习近平总书记指出，要统筹需要和可能，把保障和改善民生建立在经济发展和财力可持续的基础之上，不要好高骛远，吊高胃口，作兑现不了的承诺。政府不能什么都包，重点是加强基础性、普惠性、兜底性民生保障建设。即使将来发展水平更高、财力更雄厚了，也不能提过高的目标，

① 《决胜全面建成小康社会，夺取新时代中国特色社会主义伟大胜利》（2017年10月18日），见中共中央党史和文献研究院编：《十九大以来重要文献选编》（上），中央文献出版社2019年版，第20页。

② 习近平：《在中国共产党的十九届中央委员会第五次全体会议上的讲话》（2020年10月29日）。

搞过头的保障，坚决防止落入“福利主义”养懒汉的陷阱。①

为什么新时代对共同富裕更加强调、更加自觉？思考其背后的原因，应当至少有这么几个方面：对经济社会发展的反思，特别是对十八大之前一段时间收入分配差距拉大所带来的社会后果的警惕；对社会主义本质的认识，即对社会主义社会应当怎样体现其本质属性的深思；对新技术新经济的警醒，即对以互联网产业、数字经济等为代表的新技术新经济对地区差距、收入差距带来的影响的思考；对世界各国发展教训的汲取，即对无论是发达国家还是发展中国家，都普遍性出现了贫富差距问题且造成严重政治社会后果的现象的反思；等等。所有这些，都共同激发了新时代关于共同富裕的强调与重视。由此，新时代在共同富裕上的一个总体性重大跃升，就是“推动全体人民共同富裕取得更为明显的实质性进展”，即不但思想上理论上更加自觉，而且在政策上举措上更加自觉。

三、新时代对于共同富裕的清醒认识

以习近平同志为核心的党中央关于共同富裕的内涵以及如何推进共同富裕，从政治上和学理上有着深刻的理解和阐发，提出了许多重要要求，为在共同富裕上形成广泛共识提供了根本遵循。深入推进全体人民共同富裕，要以习近平总书记关于共同富裕的重要论述为指导，形成强大共识，这是实现共同富裕的重要前提。

其一，对实现共同富裕的重大意义有清醒认识。要清醒认识到，实现共同富裕不是政治说辞，不是空喊口号，而是要实实在在采取实质措施逐步实现的目标。之所以这样理解，是因为，能否实现共同富裕，事关经济社会能否健康良性可持续发展，事关党的执政基础和群众基础，事关社会主义国家性质和政权性质。习近平总书记指出，必须坚持发展为了人民、

① 习近平：《扎实推动共同富裕》（2021 年 8 月 17 日），《求是》2021 年第 20 期。

发展依靠人民、发展成果由人民共享，作出更有效的制度安排，使全体人民朝着共同富裕方向稳步前进，绝不能出现“富者累巨万，而贫者食糟糠”的现象。

其二，对共同富裕的合理状况有清醒认识。共同富裕作为一种美好社会的理想状况描述，令人向往、值得追求。但对于共同富裕内涵的理解和界定不能望文生义。以马克思主义为科学指导的共同富裕，是动态的而非静态的，是辩证的而非绝对的，是实事求是的而非形而上学的。因此，习近平总书记指出：“我们说的共同富裕是全体人民共同富裕，是人民群众物质生活和精神生活都富裕，不是少数人的富裕，也不是整齐划一的平均主义。”那种将共同富裕等同于整齐划一的平均主义的看法，是忽视了历史出现过的教训的，是忽视了共同富裕实现的现实路径的，根本上来说是不科学的。

其三，对共同富裕的实现路径有清醒认识。在社会主义社会，推进共同富裕主要依靠政策的力量和制度的力量。比如，党的十八大以来，我们集中力量推进脱贫攻坚，使现行标准下农村贫困人口全部脱贫，这就是以政治力量促进共同富裕的重大举措。注重更好发挥政府作用，发挥好社会主义制度集中力量办大事的优势，这是实现共同富裕战略依靠所在。从坚持和完善中国特色社会主义制度、进一步发挥中国特色社会主义制度优势、推进国家治理体系和治理能力现代化的高度思考如何科学地推进共同富裕，才能真正取得实效。然而，在共同富裕问题上，也不能忽视发挥市场在资源配置中的决定性作用，推动创造财富的智慧和动力源泉涌流。只有政府和市场“两只手”的力量都发挥好，共同富裕的实现才能得到根本力量支撑。

其四，对共同富裕的历史背景有清醒认识。我国正处于社会主义初级阶段，这是基本国情，也是推进共同富裕的基本历史背景。这就决定了，一方面要对共同富裕的长期性、艰巨性、复杂性有充分估计，不能做超越阶段的事情，要量力而行，不能犯急于求成的毛病，不能脱离正处于并将长期处于社会主义初级阶段的实际情况，不能超越发展水平。另一方面也要认识到，我国处于社会主义初级阶段并不是说在逐步实现共同富裕方面就无能为力和无所作为，而是要把能做的事情尽量做起来，尽力而为解决面临的实际困难，不断朝着推动全体人民共同富裕的目标前进。

其五，对推进共同富裕的当务之急有清醒认识。共同富裕既是奋斗目标又是历史发展过程，要把握好尽力而为和量力而行、公平和效率的关系。尽管不能指望在很短的时间内就达到非常理想的状态，要有经过长时间艰苦努力才有可能把事情办好的思想准备。但是，必须要有“补短板”的强烈意识和强势措施，要重点统筹需要和可能，把保障和改善民生建立在经济发展和财力可持续的基础之上，重点加强基础性、普惠性、兜底性民生保障建设，以此为着力点不断缩小城乡、区域和居民收入差距，逐步解决好发展不平衡不充分问题。

四、实现共同富裕对中国式现代化的复杂影响

其一，对于宏观社会背景要有科学把握：贫富分化等导致的“社会温度”较高，是共同富裕容易引发话语分歧和舆情热点的重要原因。为什么涉及共同富裕、第三次分配等问题，容易成为舆论关注的热点焦点问题，这与如今我国的区域差距、城乡差距和贫富差距相对较大等有直接的关系。社会上时隐时现的“仇富心理”“仇官心理”等的背后，实际上就是这种现实状况在社会思想舆论领域的直观反映。如果对这一宏观背景有充分的考虑，那么，各级党政官员在涉及这些话题的时候，就要更加谨慎小心，不要触碰社会舆论的敏感神经，特别不要使“炫耀财富”“歧视贫穷”等成为施政行为的特征。

其二，对于思想理论的复杂性要有科学把握：共同富裕学说具有较强的政治性和理论性，容易产生这样或那样的认识分歧。共同富裕并非仅仅是“怎么办”的问题，还涉及“怎么看”的问题，并且“怎么看”还具有先导性。共同富裕并非仅仅是一个经济学或发展学问题，还是一个政治学、哲学问题，并且后者更具有根本性。共同富裕并非仅仅是一个生产

发展、生活富裕的问题，还涉及经济政治文化社会生活的方方面面，是一个庞大的系统工程。因而，共同富裕既具有很强的实操性，又具有很强的理论性，这就对各级党政官员的理论水平和政策水平提出了相当高的要求。现实中围绕共同富裕出现这样或者那样的问题，与此有很强的关联性。

其三，对于社会利益的纠葛要有科学把握：共同富裕的推进具有很强的政策与法规内涵，容易触发各种利益之间的矛盾对立。马克思指出："人们奋斗所争取的一切，都同他们的利益有关。"尽管社会各方面对于共同富裕在大道理大原则大方向上并不存在大的分歧，但是，十分紧要的是，共同富裕还意味着具体的实实在在的政策举措，比如房地产税、遗产税的征收，第三次分配的相关配套政策，农村宅基地改革，乃至民营企业家的财产保护、打击互联网巨头的垄断行为，教育改革、医疗改革，等等。凡是与收入或支出相关的政策和法律，各利益相关方都有可能从这样或那样的立场出发进行解读，而他们分别调用的思想理论资源及其论证方向肯定是不一致的，在这之中，特别容易以"如何合理推进共同富裕"之名而爆发各种各样的争论，社会舆论也莫衷一是。而这些政策和法律，又深度地与各级党政官员的施政行为密切关联。围绕共同富裕，看清各种观点背后的立场，也是各级党政官员的执政能力和执政水平的重要体现，切不可在"乱花渐欲迷人眼"中失掉应有的原则底线。

五、坚持走共同富裕的中国式现代化道路

尽管走共同富裕的中国式现代化新道路会遇到这样或那样的各种问题，但是有必要指出的是，走中国式现代化道路必须坚持共同富裕原则，这是一个带有根本性、方向性的问题。而走共同富裕的中国式现代化新道路，并不是一件理所当然的事情，现代化过程中有各种各样的因素影响和妨碍着共同富裕的实现。因此，在当代中国，走共同富裕的中国式现代化新道路必须强化若干保证性、规定性因素。"实现共同富裕不仅是经济问题，而

且是关系党的执政基础的重大政治问题。”①

（一）政治保障：党的领导

从政党的政治属性看，中国共产党是坚定的马克思主义政党，而马克思主义政党代表无产阶级和最广大人民群众的根本利益，就其使命宗旨而言，必然要致力于解放和发展生产力，消灭剥削，消除两极分化，最终达到共同富裕的目标。从中国共产党作为马克思主义政党的政治生态而言，一个贫富差距严重、社会两极分化的状态，将会对无产阶级政党的治国理政带来极大的政治压力和意识形态压力，使得她面临一系列严重的决策两难问题，从而从根基上对其造成削弱。因而，从马克思主义政治学的一般原理来说，坚持中国共产党的领导必然要坚持共同富裕原则，坚持共同富裕也必然有利于中国共产党的领导，两者存在高度的正相关关系。

进一步说，也只有在中国共产党的坚强领导下，共同富裕才能得到真正实现。在实现共同富裕上，只有以中国共产党的领导为核心机制，发挥集中力量办大事的制度优势，才能聚合起推动共同富裕实现的整体性力量，才能真正从理论、制度、文化等各方面支撑共同富裕的可持续发展。党的领导对于共同富裕的重要作用，使得中国实现共同富裕与其他国家实现共同富裕有了本质的不同。这也恰恰能够说明为什么脱贫攻坚的奇迹仅能发生在中国。

（二）制度保障：社会主义

社会主义，就其出现的历史必要性而言，针对的就是资本主义生产方式带来的种种不平等、不公正问题，而贫富差距分化，是种种问题之中最典型的一个问题。因此，科学社会主义与共同富裕之间有着天然的亲缘性关系。马克思、恩格斯设想，在未来社会中，“生产将以所有的人富裕为目

---

① 习近平：《把握新发展阶段，贯彻新发展理念，构建新发展格局》，见中共中央党史和文献研究院编：《十九大以来重要文献选编》（下），中央文献出版社2023年版。

的”，“所有人共同享受大家创造出来的福利”。恩格斯结合马克思在《共产党宣言》《哥达纲领批判》《资本论》等著作中提出的一系列主张，阐明在社会主义条件下，社会应该“给所有的人提供健康而有益的工作，给所有的人提供充裕的物质生活和闲暇时间，给所有的人提供真正的充分的自由”。而在资本主义制度下，由于资本回报率大于劳动回报率，社会财富有不断向少数人手中集中的趋势，这种“一方面是财富的积累，一方面是贫困的积累”的社会制度，从根本上是与共同富裕背道而驰的，也正是在财富积累和贫困积累的双向运动机制之下，各种危机如经济危机、社会危机、生态危机、文化危机等接踵而来，内生性地存在于资本主义制度之中。资本主义与真正的共同富裕是格格不入的。如果说有一定的群体性的丰裕，那也是暂时的，或者建立在对别国的汲取之上的。

中国特色社会主义为解决共同富裕问题、走中国式现代化道路提供一种切实可行的方案。在这个方案之中，利用并驾驭资本为经济发展、社会财富的增加而服务，但同时不让资本的逻辑在经济发展和社会运行占主导地位。这个方案，坚持公有制为主体、多种所有制经济共同发展，大力发挥公有制经济在促进共同富裕中的重要作用，同时要促进非公有制经济健康发展、非公有制经济人士健康成长。允许一部分人先富起来，同时强调先富带后富、帮后富，重点鼓励辛勤劳动、合法经营、敢于创业的致富带头人。这种“所有制生态”，使得个人富裕与共同富裕相对比较融洽地结合在一起，既能够调动“先富”的积极性主动性，也能够彰显“共富”的正当性可行性。比如，习近平总书记曾指出，巩固和完善农村基本经营制度，走共同富裕之路。壮大农村集体经济，是引领农民实现共同富裕的重要途径。[①]

（三）价值保障：人民中心

现代化成果最终有益于大多数人还是仅有益于少数人，是衡量一个国

① 习近平：《走中国特色社会主义乡村振兴道路》（2017 年 12 月 28 日），见中共中央党史和文献研究院编：《十九大以来重要文献选编》（上），中央文献出版社 2019 年版，第 145 页。

家现代化成败得失的最高标准，体现的是一个国家现代化的“良心”。

“有良心”的现代化，坚持的是从人民群众整体利益出发推进的现代化，是能够正确处理现代化过程中的全局与局部、远期与近期、物质利益与其他利益关系的现代化，是能够真正对人民负责的现代化。反观有些国家的现代化，看似对人民群众负责，实则为了进行现代化的动员，为了满足某些党派的政治诉求，而不负责任地对人民群众进行民粹主义般的动员。人民可能得到了一时的物质性的满足，但这个国家却在现代化的道路上步入了歧途而难以返航。这样的现代化，绝不是共同富裕的现代化新路所支持的。

“有良心”的现代化，还坚持的是激发人民群众发家致富的内生动力的现代化。在推动共同富裕的过程中，中国共产党坚持一切为了人民、一切依靠人民，注重充分激发人民群众参与现代化、在现代化事业中建功立业的积极性主动性创造性，强调广大人民群众共同携手创造更加幸福美好的生活。这样的共同富裕，是以人的尊严和自尊提升相伴随的共同富裕，是人的自我实现的现代化。相比之下，在有些国家，尽管由于地理条件或者资源条件，让人民群众享受到了现代化成果，但这种享受带有强烈的“养懒汉”性质。从本质上说，这样的共同富裕，同样也是对人民群众不负责任的。事实证明，这种看似尊重人的行为，实则从根本上摧毁人，摧毁了群体的人可持续发展之条件。有些国家的现代化之所以失败，与这个机理是有内在联系的。这种情况，当然也是中国式现代化所不能采取也是采取不了的。党的二十大报告强调，“必须坚持在发展中保障和改善民生，鼓励共同奋斗创造美好生活，不断实现人民对美好生活的向往”。

第十六章　资本逻辑与中国式现代化

当今世界面临百年未有之大变局，站在新的历史方位，西方发达国家主导的旧有世界格局，已经落后于人类文明的总体认知水平。越来越多的学术思考从西方话语和语境中抽身，从马克思主义的理论视阈重新审视资本主义困境，并思考人类真正光明的未来。资本逻辑是资本主义困境的根源所在。“资本作为投入社会再生产系统中追求自身增值的剩余劳动价值，是一种通过物化劳动来运行的追求自我扩张的‘市场权力放大器’。它追求通过生产资料来支配人的劳动，从而不断把客观世界‘资本化’，成为它实现价值增值（即市场权力的放大）的工具，由此形成了巨大的客观物质力量及其遵循的矛盾发展规律。这是物化了的‘人的本质力量’，这种物质力量及其遵循的规律强制性地推动着社会经济的运行，我们称其为‘资本逻辑’。”①

在马克思主义看来，资本的本性是通过运动实现价值增殖；而资本运动是无休无止的，它不分时间、空间和领域地向外推进。资本运动的终极目标是要“按照自己的面貌为自己创造出一个世界”。西方主导的全球化本质就在此。然而，当一定的时空条件下资本可攫取的红利消耗殆尽的时候，也就是资本主义出现困境的时候。当前在我们眼前所发生着的这一切，就是这样的情形。习近平总书记在 2017 年 9 月 29 日主持第十八届中央政

---

① 鲁品越、王珊：《论资本逻辑的基本内涵》，《上海财经大学学报》2013 年第 5 期。

治局第四十三次集体学习时指出："尽管我们所处的时代同马克思所处的时代相比发生了巨大而深刻的变化，但从世界社会主义500年的大视野来看，我们依然处在马克思主义所指明的历史时代。这是我们对马克思主义保持坚定信心、对社会主义保持必胜信念的科学依据。"从马克思主义和中国特色社会主义视阈审视资本主义困境，避免误入歧途，是中国式现代化的明觉智慧。

一、资本驱动下的全球扩张

> 资本主义兴起以来的世界历史，基本上资本主义生产生活方式和资产阶级国家力量向全球扩张的历史，背后的驱动力量乃是资本逻辑，资本逻辑主宰的西方国家如今出现了信心不足局面——

资本是资本家的灵魂和人格，资本逻辑主宰资产阶级的集体行动逻辑。在遇到阻碍的地方，资本主义国家不惜动用武力来为资本扩张开辟道路；当发生利益碰撞的时候，资本主义国家间不惜发动世界范围的大规模战争。两次世界大战的发生，就是这种利益碰撞的后果，也是资本力量不惜牺牲全世界利益为代价而进行的利益争夺。甚至在某种意义上，战争也扮演了资本力量进行自我进化的方式。这种残酷而真实的逻辑，就是资本逻辑。

针对为西方早期现代化历史涂上玫瑰色的自由主义理论的描述，众多学者都有反思。黄宗智指出，即便是从主要的新自由主义的英国和美国的历史实际来回顾，新自由主义理论建构也是片面的话语/理论，绝对不该被认作历史的真实写照。资本主义国家的实际历史显然是一个双重性的历史。总体来说，资本主义经济的发展历史一直是和国家密不可分的，和新兴西方现代民族国家及其国际竞争和频繁战争密不可分，和对欠发展地区的帝国主义侵略密不可分，更和之后的资本全球逐利历史密不可分。[①] 陈周望指

① 黄宗智：《国家—市场—社会：中西国力现代化路径的不同》，《探索与争鸣》2019年第11期。

出，为什么西欧早发国家会给人一种去集中化的“自由市场”错觉呢？这一方面固然是西方基于意识形态理论长期鼓吹的结果，另一方面，在具有竞争优势的条件下，那些早发国家当然有强大的动机来维持他们的“自由市场”，让人忽略他们在经济起飞阶段的集中化特征。[①] 梅俊杰也指出，与流行看法相反，英国在现代化过程中大举采用了非自由主义的发展战略，此即融财富聚敛、贸易保护、工业扶植、国家干预、强权打造于一体的“重商主义”。[②]

冷战期间两大阵营对峙，暂时阻止了资本主义的肆意扩张，但也使得资本主义不断发生新的进化，逐步形成了新的“变体”，即整个西方国家的政治、经济、军事、文化和社会制度安排等在美国的主导下实现了高度一体化。自此，资本主义国家及资产阶级力量不再是以某各自单一面目出现的“单一体”，而是以高度一体化、综合性面目出现的“复合体”。这深刻影响着自那时以来的世界运行逻辑，实际上也是西方国家之所以在冷战中占得优势的重要原因。冷战结束后，“一体化”的西方“冷战惯性”和“发展势能”获得了前所未有的霸权主义力量，资本逻辑借助这种霸权主义力量大肆在全球深度扩张，从而形成了西方主导的世界政治经济体系。在这一体系中，资本逻辑决定了西方国家必然对外采取扩张、控制战略，以牢牢占据世界“食物链”的顶端位置，大肆收割“冷战红利”和“霸权收入”；而为了稳固国内基础，强化其内部认同与支持，又采取种种缓和与调和的政策与策略，把由于居于全球体系顶端位置所获“超额利润”的一部分在本国内部进行相对均等化的分配。这种体系格局，进而借助于互联网和信息技术的发展带来的所谓“新经济”而达到了其顶峰状态。

但是，正如马克思主义自诞生以来始终坚持认为的那样，资本主义自身无法克服其内在的矛盾。社会需要增长的步伐远远赶不上资本扩张的步伐，这种差距一旦拉大到一定程度，且全球市场中的利润空间被阶段性攫取殆尽的时候，就会爆发世界范围的经济危机。2008 年国际金融危机就是

---

① 陈周望：《国家治理现代化之路：改革开放的政治学逻辑》，《学海》2019 年第 1 期。

② 梅俊杰：《所谓英国现代化“内源”“先发”性质商议》，《社会科学》2010 年第 10 期。

在这样的情况下爆发出来的。从马克思主义视角看，国际金融危机的实质，就是以增殖为本性的西方资本阶段性耗竭其资本增殖的全球市场空间和技术创新空间而出现的必然结果。习近平总书记指出："就从国际金融危机看，许多西方国家经济持续低迷、两极分化加剧、社会矛盾加深，说明资本主义固有的生产社会化和生产资料私人占有之间的矛盾依然存在，但表现形式、存在特点有所不同。"①

由此，国际金融危机发生以来的西方国家，全面暴露了资本主导逻辑之下的种种困境。为了摆脱这种困境，西方主要国家的统治力量采取了两个方面的措施，一方面是对以中国为代表的新兴市场国家施加压力，试图以非经济手段汲取经济利益，尽管达到了部分的目的，但也遭到了相当程度的抵制；另一方面是，在国内一边采取一些以"再工业化"为代表的经济措施，一边煽动并利用民粹主义情绪以缓释压力。这些措施表面上看能够收到一些效果，但实际上，这些措施非但总体上不能使西方资本主义社会摆脱总体性困境，而在事实上又给全世界带来了新的重大不和谐不稳定因素，从而将加剧西方国家自身的困境。特别是，冷战以来西方世界所捞取的"自由""和平""人权"等桂冠，开始黯淡起来了。当前，西方资本主义力量正面临着冷战以来甚至"二战"以来最严重的信心不足局面。

二、资本逻辑与西方经济困境

资本逻辑一方面创造出高效率的生产关系和高程度的生产力与西方经济困境，另一方面又不断在全球耗竭其所赖以生存的剩余价值空间，从而导致了经济困境的出现——

西方所标榜的"自由市场体系"实际具有两重特性：一方面，在这样

① 习近平：《在哲学社会科学工作座谈会上的讲话》（2016 年 5 月 17 日），《人民日报》2016 年 5 月 19 日。

一种经济体系之下，各种生产要素能够相对自由地进行组合，从而创造出高效率的生产关系和高程度的生产力；然而另一方面，它是一种有利于资本便利地追逐剩余价值，并且给予这种行为以最高正当性的经济体系，这是资本逻辑的必然结果。

冷战时期，得益于“二战”红利，技术垄断，较高的劳动者素质，军事实力，西方内部较为广阔的市场空间，以及对第三世界国家的能源和原材料的掠取，以及与社会主义国家比较带来的竞争刺激压力等因素，这一经济体系得以以较高的水平和效率运行，为西方国家所谓的“不战而胜”奠定了基础。冷战结束之后所造成的西方空前的霸权地位，使得资本的逻辑在全球扩张获得了资本主义诞生以来最好的最便利条件，已经进化为“复合体”的西方国家，得以在全世界不遗余力、相对顺利地推广西方的“自由市场体系”。这一过程外在表现为全球经济的发展和繁荣，而实质上则是西方国家前所未有地获得了经济全球化的“超级红利”。“全球商品链使得帝国主义以单个商品为基础嵌入全球化生产。在全球商品链中，劳动密集程度最高的环节位于南方国家，因为这里的产业后备军规模较大，单位劳动力成本较低，剥削率相应较高。生产全球化的结果是跨国公司获得了相对较高的利润率，而附加值往往归功于中心国家本身的生产，整个剥削过程产生的利润为中心国家带来了大量财富。”①

冷战时期的西方经济运行体系本来是以资本为中心配置和调节包括技术、市场、劳动力和原材料等生产要素在内的“实体性”经济体系，是一个实体经济占主导的生产生活体系。这也是主要西方国家竞争力强大的根本所在。然而，一旦把“自由市场体系”的套路放大到全世界，资本就立刻暴露了其内在空虚的一面：仅仅依靠金融控制与资本运作而生存。但是，在这场如梦如幻、形同“博彩”的资本游戏中，只有极少数中间阶层能够升到上层，大多数中间阶层不具备持续参与游戏的能力，而越来越多的中

① 〔美〕因坦·苏万迪、R. J. 约恩纳、J. B. 福斯特：《全球商品链与新帝国主义》，李英东译，《国外理论动态》2019 年第 10 期。

间阶层坠入了社会的下层乃至底层。更加真实的是，资本家一旦真的变成了纯粹“资本”家，其好运气也就用尽了。

2008 年以来西方世界的自我调整，在某种意义上是资本逻辑在自身的圈套中打转的表现。按照 20 世纪以来的常规逻辑，它们最惯于采用的手段，就是动用武力或者利用武力相威胁，针对中国等新兴市场国家采取非常规的经济手段以挽救其颓势。然而，中国等国家从冷战以及冷战以后的世界局势中，看到了军事力量的根本保障作用，加强了军事力量建设，使得西方国家难以承受动武的代价，甚至有可能得不偿失。于是，经济上的贸易保护主义开始抬头。“随着资本‘空间转移’的余地越来越小，资本主义全球化已经走到尽头，走投无路之下，只能通过‘逆全球化’寻找解困之道。随着资本主义全球化积累的过剩资本无处流动，金融资本驱动的资本主义全球化体系也将成为人类发展进步的‘负能量’和‘负资产’而走向穷途末路。”① 采取贸易保护主义措施，实际上恰恰暴露了资本逻辑下“自私自利”的深层实质；其所带来的收益尚未可知，而其产生的负面后果，则已经显现出来了：采取贸易保护主义使得西方彻底违背了“二战”以来其苦心孤诣塑造的“自由经济”道义形象，堪称“为了一磅肉而出卖自己的灵魂”的典型表现。按照国际政治逻辑，这种道义上破产的危害不亚于经济上的破产。

三、资本逻辑与西方政治困境

资本逻辑体现在政治领域，就是资本逻辑主导的政治，资本逻辑主导的政治在自我调节上出现了前所未有的失能，从而导致政治困境的出现——

马克思主义认为，政治是经济的集中体现，经济基础决定上层建筑，

---

① 田行健、江涌：《资本积累视角中的“逆全球化”问题》，《当代世界与社会主义》2018 年第 6 期。

上层建筑反作用于经济基础，上层建筑有时对经济基础又具有决定性作用，而政治上层建筑在上层建筑中又起着主导作用。用这一马克思主义的视角分析西方资本主义社会，不难理解，资本逻辑体现在政治领域，就是资本逻辑主导的政治。“现代的国家政权不过是管理整个资产阶级的共同事务的委员会罢了。”[①] 各种资本力量的分化与联系，传导到政治领域，就是各种政治力量的博弈互动；各种政治力量综合作用的结果，就是西方国家的对内对外政策决策。

所谓西方“民主政治”，内在地看乃是一种平衡和调节各种社会优势力量的政治制度安排。因此，从西方资产阶级登上政治舞台到“二战”之前，西方政治无论从实质还是表象上看，都是一种精英政治，精英阶层牢牢占据着各种上层位置，对内对外的政策决策都以满足和体现精英阶层的利益为优先选择。冷战期间，为了平息和缓和某些社会矛盾，社会中下层获得了某些政治权利，而西方政治也就具有了某种大众政治的特征。代表性的举措就是引入了大众选举，把选举权扩展到了大多数公民之中。这种改变所取得的政治收效就是，一定程度上矫正了精英过大的权力与权利，大体上营造了精英与大众在政治事务上的某种阶段性均衡。但这并没有改变精英政治的实质，只不过具有了“精英政治的内核、大众政治的外表”的特征。列宁说过：“资本既然存在，也就统治着全社会，所以任何民主共和制、任何选举制度都不会改变事情的实质。”[②]

冷战结束之后的一段时间内，得益于西方政治霸权在全球范围内前所未有的扩张，以及西方主导的全球市场体系的形成，西方国家收获了盆满钵满的“冷战红利”。这种“超额垄断利润”也经由所谓的“民主政治”运行的扩散机制，使得中下层从上层那里分享到了部分的全球性剩余价值。红利以及对红利的分享，神奇般地在西方精英与大众之中造成了一种迷幻性的共识与自信：西方的政治制度就是最好的政治制度。这种“自信心”最有

① 马克思、恩格斯：《共产党宣言》，《马克思恩格斯文集》（第二卷），人民出版社 2009 年版，第 33 页。

② 《列宁选集》（第四卷），人民出版社 2012 年版，第 37—38 页。

代表性的言论就是“历史终结论”；最有代表性的行动就是“颜色革命”。

问题的关键在于，如果说以中间阶层面目出现的西方民众，是资本市场的群众演员的话，那么，以有投票权的选民面目出现的西方民众，则是“政治市场”的群众演员。但与资本市场有所不同的是，在“政治市场”，群众演员们经常被政治理论家们灌输为，甚至他们也自以为是主要演员。实际上，群众演员终归是群众演员。当西方国家在全球制造的动荡与不安，如所谓的“文明冲突”、难民问题、移民问题、恐怖主义等，反过来向西方国家进行传导的时候；特别是当发生新冠肺炎疫情这样的大型公共卫生事件的时候，大众与精英在政治上的平衡感就遭到了空前的危机，精英政治与大众政治之间开始产生严重冲突。

为了化解这种政治上的困境，西方政治发生了自“二战”以来的重要转向，那就是：精英阶层总体性地发生了朝着右翼保守主义的转向，开始系统性地放弃那种自由主义色彩的政治形象，于是“遏制”“打压”“强权”等逐渐成为西方政治生活中的新的关键词，这实际上是重新捡起冷战的老套路。另一方面，为了策应这种右翼保守主义倾向，一种刺激和调动中下阶层民粹主义的政治操纵开始有意识地被采取。这两种潮流其实都是所谓西方“民主政治”不能以有效的政治调适顺应新的世界变局的必然结果。而这两种潮流的汇合，以及在西方国家的外交和军事行动中的体现，是造成世界大变局中最大的不安定的政治根源。

此外，西方的困境同样也体现在其外交和国际关系层面。需要认清的是，“军事工业复合体”挟持下的美国，必然要寻求战争和军事扩张，否则资本权力就维持不下去。因此，冷战结束之后，人们原以为世界会更加太平，而实际上世界更加不太平了。以美国为首的西方国家为了清除其构建有利于西方的世界体系之路上的“绊脚石”，连续发动了伊拉克战争、阿富汗战争、肢解南联盟等战争，以及制造海湾地区、东亚地区、南海地区新的不稳定等；当前更加需要警惕的是，为了从国际金融危机之中恢复过来，为了稳住其在世界体系中的霸主位置，以美国为首的西方国家有意把一些国家使劲推向战争的边缘，资本主导的逻辑按其本性来说是必然会产生这种冲动的。

四、资本逻辑与西方社会困境

相对比较完善的社会保障体系和公共服务体系，以及对各种人权的相对较强的维护，通常被认为是西方资本主义世界的某种优越性的表现，如今这种光环正在迅速褪色——

以马克思主义的利刃刺透西方社会保障体系和公共服务体系这个“优越性”皮囊，所暴露的乃是资本主义体系存在的“密码机”。资本之所以能够增殖，最根本的还是要依靠人及其劳动。因而，在资本生产与再生产体系之中，西方社会中的人以“劳动者”和“消费者”两种角色和画像出现，这两种角色的呼应与切换联手成就了资本这个主角的生存与发展。由这个现实出发，可以看出，为了保持“劳动者”的劳动力和“消费者”的消费力，在“人的生产与再生产”进行一定的投入，实为社会之必需。宏观地看，这是资本主义生产体系的生产性投入，是一种投资行为。这就是西方社会福利制度的由来。这套体系经由西方理论家们的意识形态的加工，竟成为资本主义优越性的证据。

冷战期间，借助于“二战”后“婴儿潮”所造就的优质劳动力资源，不断强化的社会福利制度使得西方国家在其内部造就了大批的具有较高素质的“生产者”，从而维持了其较高的劳动生产率；同时，也使得西方国家在其内部造就了大批的具有较强购买力的“消费者”，从而维持了较为庞大的国内市场。这就是资本逻辑主导的西方资本主义社会要采取较为完善的社会福利制度的根本原因。冷战结束之后，独占的霸权地位以及不断加深的全球化使得西方国家从全球获得了更多的剩余价值，从而也就更有资本完善其社会福利和保障制度，从而也就更有利于其在全球范围内吸纳和聚集优秀的人才，特别是金融和科技人才为其服务。冷战结束后一个时期内的所谓资本主义为什么“好”的种种说辞与论调，主要的证据都是从这些方面引出来的。

但“自由市场体系”在全球范围的扩张也给西方社会保障和福利制度带来深刻挑战。由于世界大市场的进一步形成，不再单纯依赖本国的劳动者和消费者，从而也就在资本主导逻辑的驱使下，渐渐放缓乃至削减了对社会福利制度的持续投入，使得社会中下层所赖以生存发展的社会条件持续恶化。而中间阶层群体的持续衰落越来越使得西方具有某种优越性的社会制度和政策沦落为“兜底线”的工具。同时，新兴市场国家购买力的增强，以及由社会条件恶化和“中产梦”破灭所带来的，使西方吸纳和聚集全球优秀人才能力的下降，这又反过来降低了社会整体的创新能力。自此，聪明、智慧、创新的桂冠不再单独属于西方国家——这也是“二战”以来所不曾有过的。

更进一步地说，这样一种已经变了味的社会保障和福利制度，在调整上出现了经济的与政治的两难困境。从经济上说，由于相对恶化的财经困境难以支撑日益膨胀的社会保障体系投入，而势必要求进行根本性改变；但是，从政治上说，任何对于这种改变的政策努力都会遭到强烈的抗议与抗争，而这种抗议与抗争恰恰是所谓“民主政治”条件下底层社会人员的正当权利。法国的“暗夜站立”“黄马甲运动”就很能说明问题。于是，“最合理”的解决办法就是一个字：“拖”，一直拖到这套制度体系再也无法维持下去为止。

五、资本逻辑与西方文化困境

资本逻辑主导下的西方文化产业和社会思想体系，阻断了中下层群众与任何推动社会发展进步的思想文化之间的有机联系，全球化和网络化时代的到来，使得形而上学思维方式主导下的西方出现文化困境——

尽管西方极端敌视和压制的马克思主义理论，包括马克思主义理论在落后国家的理论与实践。然而，马克思主义理论与实践却在相当程度上唤醒了其求生欲，这一点马克思主义者并不否认。

关键在于，在西方资本主义社会，在资本逻辑的渗透下，一切都资本化了，连意识形态也不例外。以“思想自由”“言论自由”“新闻自由”等为标榜的西方国家，以资本为秘密武器，通过对大学和研究机构、新闻媒体等的市场化控制，牢牢控制着意识形态的生产与再生产，成为一整套意识形态国家机器，使得任何敌对的、反抗的、反思性的思想言论，都得不到大范围传播和广泛的认同，翻不起任何大的涟漪，激不起任何大的浪花。这些言论在最积极的意义上，也不过是其主流意识形态“锻炼身体”的手段而已。实际上，在西方社会，资本主导的逻辑，通过政治的、社会的和文化的手段，切断了马克思主义与对于马克思主义具有迫切需要的中下层群众之间的有机联系；中下层群众关于改变自身境况的任何宏观理性的思考，仅能在资本主义意识形态的场域进行，从而也只能在不违背资本主义逻辑前提下得出一些改良性的口号与举措。

在《共产党宣言》乃至更早的文献中，马克思和恩格斯早就揭示了，资本主义社会，本质上是一个资本主导的社会，也就是人为资本所异化的社会；而最深刻的异化，就是人际关系与人的生存境况的异化。资本逻辑“把宗教虔诚、骑士热忱、小市民伤感这些情感的神圣发作，淹没在利己主义打算的冰水之中。它把人的尊严变成了交换价值，用一种没有良心的贸易自由代替了无数特许的和自力挣得的自由”①。这样境况下的所谓“人”，在其思想和精神世界已经丧失了人之为人的完整性，自由被简化为了出卖劳动力的自由，平等被简化为了在市场面前的平等，人权被简化为了人实现劳动力生产和再生产的“权利”。正如马克思指出的：“自由这一人权不是建立在人与人相结合的基础上，而是相反，建立在人与人相分隔的基础上。这一权利就是这种分隔的权利，是狭隘的、局限于自身的个人的权利。”②

由此，这样的价值观体系，实质上不过是满足和服务于资本增殖需要的价值观体系。更进一步地说，由于人沦为了资本实现增殖的手段和工具，

---

① 马克思、恩格斯：《共产党宣言》，《马克思恩格斯文集》（第二卷），人民出版社2009年版，第34页。

② 马克思：《论犹太人问题》，《马克思恩格斯文集》（第一卷），人民出版社2009年版，第41页。

人的思想世界和精神文化生活也被深刻地由资本逻辑所钳制了。人与人之间，除了利益关系之外，其他的社会和文化关联性都被大大压缩了，因此人就被原子化了；这种意义上的"人"实际上是简化缩水的"人"，是剥皮待宰的"人"。"总之，形成这样一个领域，它表明人的完全丧失，并因而只有通过人的完全回复才能回复自身。"① 无论个体主义、个人理性显得多么正确，实际上都是在集体主义、宏观理性被消解的情况下的一种无奈选择。西方所津津乐道的人性人道的某些内容，看起来"很高级"，充其量也不过是对简化版的"人"的一种抚慰，实际上依然掩盖不了西方意识形态和思想文化中"人性"之简陋与匮乏。

从本质上说，资本主义社会在意识形态上并不具有道义上的优势。然而，资产阶级为了更好地实现无止境扩张的目的，必然要将资本积累生成的经济优势转化为政治上的统治力与文化上的价值导向，逐步超越了国家和民族的界限，将并不互相往来的不同国家与文明全部纳入自己的"资本主义文明"体系之中。"在这样的运作方式下，被纳入同一平台的不同国家能够在相同的政治环境与文化环境中进行与资本主义国家相同的社会生产实践，产生相同的文化价值认同，从被迫屈服到主动学习再到复刻传播。"②

特别是在冷战时期，借助于"丰裕社会"的优势，西方国家以"自由世界"自居，对社会主义国家和第三世界国家进行了不遗余力的"污名化"，从而使得意识形态成为"不战而胜"的秘密武器之一。冷战结束后，以"自由、民主、平等、人权"等所谓的"普世价值"在全世界肆虐横行，实质上是为构建西方主导的世界体系提供一整套合法化论证。这套话语体系的内在问题，由于西方国家居于世界体系的优越位置而被有意无意忽略了。但是，2008 年国际金融危机发生之后，越来越多的国家认识到，政治制度和价值观没有最好的、只有最适合的，他之蜜糖可能是我之砒霜，

① 马克思：《〈黑格尔法哲学批判〉导言》，见《马克思恩格斯文集》（第一卷），人民出版社 2009 年版，第 17 页。

② 吴海江、武智鹏：《基于马克思世界历史理论对资本主导的全球化的检视与超越》，《思想理论研究》2019 年第 8 期。

甚至他之美酒里面很可能已经下了致命毒药。意识形态推销在国际上的受挫，传导到国内，必然导致西方国家在意识形态上的危机。

这种危机目前已经显现出来了：首先，全球化的深度发展深刻暴露了西方国家的虚伪性。在全球化时代，西方国家对于其所主导的世界体系必须在全球范围内进行合法化论证，然而，这样一个服务于西方少数人利益的世界体系从本质上说是不可被论证的。非西方国家一旦具有了思想上的觉醒，那么这种觉醒就再也不可逆了。其次，资本增殖驱动下的西方国家的霸权主义的种种做法，使得世界上大多数国家和人民近距离看清楚了西方资本主义的实质。打着“人道主义干预”的借口制造“人道主义危机”，以维护自由民主的名义毁掉自由民主的社会基础，等等。这样的做法，连西方自身都难以自圆其说了。最后，更重要的是，对西方国家的民众来说，在整个经济、政治和社会制度普遍面临困境的情况下，仍然在全球范围霸道地、挥霍性地运用军事、经济和其他力量，而置本国的国计民生于不顾，这样的政策决策合法性再也难以维持下去了。

特别在抗击新冠肺炎疫情中，西方国家前所未有地暴露了其政治模式、政治制度的虚伪、失范和低效，得到了“二战”以来前所未有的“差评”，其基于“普世价值”的理论说教和媒介宣传在中西抗疫现实对比中被频频“打脸”，甚至在西方内部意识形态领域还出现了自我怀疑、价值撕裂、族群对立等问题，意识形态吸引力加速下降。这也成为西方意识形态吸引力加速加强的倍增器。

六、走稳走好自己的路

剖析西方困境，是为了增强现代化的警醒与自觉，增强“四个自信”，坚定“四个意识”，更好地认识自己所走的路，更好地走好自己的路——

如今世人已经看到，资本逻辑下的西方资本主义按照自己的面貌塑造了全球体系，但是“现在像一个魔法师一样不能再支配自己用法术呼唤出来的魔鬼了”，西方模式正面临“二战”以来最严重、最全面的挑战：经济困境使得它们必须在开放与收缩性经济政策之间进行平衡；政治困境使得它们必须在精英政治与民粹主义之间进行平衡；社会困境使得它们必须在自由主义与保守主义之间进行平衡；意识形态困境则使得它们必须在道义和利益之间进行平衡。在当代，金融资本不只役使经济，也掌控政治、文化与生态；不仅支配社会和自然，同时宰制人和资本；不但统摄特定国度，而且侵蚀整个世界。有学者指出，在金融资本全面而深刻地统摄资本、世界与人本身的历史条件下，借助、导控和超越金融资本，实现更高程度的解放与自由，已经成为当代人类生存和发展的首要课题，也成为中华民族复兴进程中的重要课题。为了在实践中更好地应对与驾驭金融资本，人类理性不能不对其加以认真思索。①

因而，剖析资本主义困境，是为了增强中国特色社会主义自觉，更好地走好自己的路。从历史逻辑看，近代中国历史发展进程表明，资本主义的生产方式和政治方案无法实现中华民族救亡图存、走向复兴的历史重任，这个重任历史性地落在了无产阶级及其政党身上，因而“只有社会主义才能救中国”成为历史必然。回溯历史，可以领悟，正是因为选择了社会主义的救国兴国方案，中国才以决裂的姿态冲破了资本主义世界霸权体系的掳掠钳制，并按照社会主义的方式对传统中国进行了最彻底的革命性重塑，从而为走向现代化奠定了充分的基础，也才有了中国特色社会主义。如此，只有进一步强化中国特色社会主义的自觉，才能更好保持中国发展的独立自主性，才不至于落入资本主义世界的霸权体系。从现实逻辑看，中国特色社会主义的形成与发展的过程，既是不断在新的时代条件下坚持科学社会主义基本原则的过程，也是不断引入资本主义世界的某些要素和形式的过程，其中最重要的一个引入，就是对资本逻辑的引入，也就是在市场经济条件下使资本发挥其推动经济、调配资源的重要作用。发挥资本的作用，

① 刘志洪：《从资本一般到金融资本——资本哲学的范式转换》，《马克思主义与现实》2018 年第 6 期。

对于中国特色社会主义来说，很重要但又很要命。由此所带来的一个最大的自觉性要求就是：在利用资本的同时不被资本逻辑所俘虏，运用资本的力量但不让资本逻辑成为主导。

保持并增强中国特色社会主义的自觉的核心要义在于：

一是更加自觉地坚持中国共产党的领导

毛泽东明确指出："中国共产党是全中国人民的领导核心。没有这样一个核心，社会主义事业就不能胜利。"① 党的十九大指出，"中国特色社会主义最本质的特征是中国共产党领导，中国特色社会主义制度的最大优势是中国共产党领导，党是最高政治领导力量"。这是习近平新时代中国特色社会主义思想中具有标志性意义的重大论断，也是为实践证明了的赢得新的伟大斗争、确保新时代党和国家事业顺利发展的根本保证。从资本逻辑导致资本主义困境中，可以获得的最基本最重要的启示就是，要更加自觉地坚持中国共产党的领导。马克思、恩格斯早就指明："工人阶级革命的第一步就是使无产阶级上升为统治阶级，争得民主"，"无产阶级将利用自己的政治统治，一步步地夺取资产阶级的全部资本，把一切生产工具集中在国家即组成为统治阶级的无产阶级手里，并且尽可能快地增加生产力的总量。"② 也就是说，从经济基础与上层建筑的关系看，无产阶级政党的领导既是一定的经济基础之上的必然要求，又反过来对经济基础产生重要的反作用；使资本服务于社会，而非社会受制于资本，是无产阶级政党领导最重要的政治功能。这是坚持中国共产党领导的最重要原因之一。

二是更加自觉地坚持社会主义基本经济制度

不可否认，借鉴和利用市场手段以及其中所包含的资本逻辑，是中国发展的重要原因。但是，更深层地，我们要看到，市场经济是与社会主义充分结合的基础上发挥作用的。习近平总书记2015年11月23日在十八届中央政治局第二十八次集体学习时的讲话中指出，我国经济发展获得巨大

---

① 《毛泽东文集》（第七卷），人民出版社1999年版，第303页。

② 马克思、恩格斯：《共产党宣言》，见《马克思恩格斯文集》（第二卷），人民出版社2009年版，第52页。

成功的一个关键因素，就是我们既发挥了市场经济的长处，又发挥了社会主义制度的优越性。中国之所以发挥资本的作用而又没有产生资本逻辑之困境，根本的在于社会主义这一关键的定性因素。

三是更加自觉地坚持和发展中国特色社会主义

早在改革开放之初，邓小平就对坚持社会主义方向作了明确宣示。1979 年，针对当时有人散布的社会主义不如资本主义的言论，邓小平在《坚持四项基本原则》中理直气壮地说："社会主义制度和资本主义制度哪个好？当然是社会主义制度好。"他还说："资本主义无论如何不能摆脱百万富翁的超级利润，不能摆脱剥削和掠夺，不能摆脱经济危机，不能形成共同的理想和道德，不能避免各种极端严重的犯罪、堕落、绝望。"基于对社会主义和资本主义前途命运的战略分析，邓小平当时以"迷之自信"作了一个预言："现在我们总结了经验，纠正了错误，毫无疑问将来会比任何资本主义国家发展得都快，并且比较稳定而持久。"而现在看来，不得不佩服，这是一个完全被 40 多年历史所验证的"神预言"。

中国特色社会主义形成发展的重要历史与理论逻辑在于，它是在充分考量了资本主义与社会主义的国际比较、生产力与生产关系的有机匹配以及经济基础与上层建筑的良性互动的基础上孕育推出的。"在资本主义生产方式还占主导地位的世界历史时代，在一个广博的、比较落后且发展极不平衡的国家，我们只能通过对'资本逻辑'的驾驭（而不是被'资本逻辑'的支配）来推进社会主义的发展。社会主义的'中国特色'，实际上就是通过驾驭'资本逻辑'发展社会主义过程中形成的中国特有的经济、政治和广义文化的特点。"[①] 由此，对于中国特色社会主义来说，要"不断建设对资本主义具有优越性的社会主义，不断为我们赢得主动、赢得优势、赢得未来打下更加坚实的基础"[②]。"社会主义驾驭资本逻辑是为了利用资本自身的力量和矛盾发展最终超越资本逻辑，实现劳动的解放和人的全面

① 叶险明：《驾驭"资本逻辑"的中国特色社会主义初论》，《天津社会科学》2014 年第 3 期。
② 习近平：《关于坚持和发展中国特色社会主义的几个问题》，《求是》2019 年第 7 期。

自由发展。”[①] 其中最关键的，当然是坚持科学社会主义基本原则不动摇。因此习近平总书记明确指出：“中国特色社会主义是社会主义而不是其他什么主义，科学社会主义基本原则不能丢，丢了就不是社会主义。”[②] 同时，我们也要深刻认识到，一部社会主义发展史就是一部不断发展社会主义的历史，社会主义从来都是在发展中前进的。深刻的自觉要求我们必须具备更加深刻的创新创造意识与能力。

要指出的是，指明资本主义困境也并不能使中国共产党人沾沾自喜：既要坚定自觉与自信，坚定坚持“两个必然”，又要深刻认识资本主义社会的自我调节能力，科学把握“两个决不会”。正如习近平总书记所告诫的：“我们要深刻认识资本主义社会的自我调节能力，充分估计到西方发达国家在经济科技军事方面长期占据优势的客观现实，认真做好两种社会制度长期合作和斗争的各方面准备。在相当长时期内，初级阶段的社会主义还必须同生产力更发达的资本主义长期合作和斗争，还必须认真学习和借鉴资本主义创造的有益文明成果，甚至必须面对被人们用西方发达国家的长处来比较我国社会主义发展中的不足并加以指责的现实。”[③]

① 何小勇：《马克思对资本逻辑的批判与中国新现代性的构建》，《社会科学辑刊》2016 年第 3 期。

② 《习近平谈治国理政》（第一卷），外文出版社 2018 年第 2 版，第 22 页。

③ 习近平：《关于坚持和发展中国特色社会主义的几个问题》，《求是》2019 年第 7 期。

第十七章　世界经验与中国式现代化

“现代化”一词指向人类社会的理论和实践具有很强的开放性。陈晋指出：“现代化是一个不断探索、渐进积累的过程，人们对现代化内容的认识，对现代化道路的认识，是在逐步扩展和深化的过程中成熟起来的。”①贾海涛也指出：“西方和全世界的现代化的历史和理论演变是在一个不断发展、不断超越的过程中前进的。……它应该是一个人类以改善自身的生活状况和克服发展中遇到的问题与挑战为目标的实践过程。”② 作为公共知识财富，现代化理论与经验为人类共同所有，任何国家、地区和个人都没有资格垄断。中国既从现代化先行国获益良多，又以自身的成功实践进一步充实了人类的现代化认知。中国人有责任有义务把这笔财富看护好，并使之不断保值增值，从而为人类探索更好社会制度、走向更加光明未来提供中国智慧和中国方案。

---

① 陈晋：《中国共产党与中国现代化》，《中国井冈山干部学院学报》2018 年第 3 期。

② 贾海涛：《模式之惑：中国现代化观念与进程反思》，《南京理工大学学报》（社会科学版）2011 年第 5 期。

一、中国式现代化是人类历史的飞跃性事件

中国对先发国家现代化经验的学习，以及中国式现代化理论与实践对于人类现代化经验丰富与充实，造就了人类现代化历史上的一次飞跃性事件——

由于中国式现代化属于后发国家的现代化，因而中国在推进现代化的过程中，不可避免地受到先发国家的影响；又由于中国比较注重学习他国经验，这种影响自然较其他发展中国家相比更为强烈一些。向先发国家学习，无疑是中国成功推进现代化的重要原因。就此可以说，先发国家现代化理论与经验，对于中国式现代化起到了滋润和启迪作用。如果过于凸显中国式现代化之路的独特性，而忽视了中国的学习与模仿，特别是在新中国成立后对苏联东欧国家的学习与模仿，以及在改革开放之后对欧美和东亚国家的学习与模仿，显然将模糊历史的真相，实际上也将否定中国投身于现代化的智慧与决心。但同样也要看到的是，中国的这种“现代化学习”是一种有选择的学习，是一种以我为主的“拿来主义”的学习。中国并没有因为学习西方而变成西方的样子，正如并没有因为学习苏联而变成苏联的样子一样。

由此需要进一步思考的是：中国对于先发国家现代化经验的选择性吸收借鉴，是有利于还是不利于中国成功推进现代化呢？在大量的西方研究看来，答案显然是“不利”。然而深层的研究却发现，中国的这种选择性学习借鉴恰恰是中国式现代化成功推进的重要原因。进一步地，中国在选择性吸收之上所发展出的成功推进现代化的理论与实践，构成了对人类现代化经验的反哺。由此所推导出的重大理论意义就在于：人类的现代化经验，自从中国式现代化经验的丰富与充实之后，才开始走出西方小天地，走向世界大舞台，也更务实，更接地气，更具有普遍意义的指导性。张乾元等指出：“新中国现代化建设道路及其实现的伟大社会变革，既不是西方资本主义国家现代化发展的翻版，也不是其他社会主义国家现代化道路

的再版，而是中国共产党领导人民探索的适合中国国情的‘创新版’。它根植于中华民族优秀传统文化，发端于中国社会主义实践，秉承马克思主义科学精神，又借鉴人类所创造的全部文明成果。”①

二、使命型政党是中国式现代化的核心支撑

中国共产党使命型政党的角色定位，是中国式现代化并非复制西方国家现代化的关键，也是中国既能吸收西方现代化经验又能反哺乃至校正西方现代化经验的关键——

为什么中国式现代化经验对于人类现代化经验能够产生重要的增益作用？回答这个问题，自然要从中国共产党的领导中来寻找。中国共产党作为马克思主义执政党，其治国理政的具体作为，直接决定着中国式现代化的选择与走向，也决定着中国式现代化的方式与成效。王宗礼指出：“与其他国家的现代化道路不同，我国的现代化进程是由中国共产党所主导的。中国共产党是我国现代化的领导者、组织者和直接推动者，是现代化的坚强领导核心，这是现代化中国道路的最本质的规定性，也是中国现代化能够取得历史性成就的根本原因。”②

那么，中国共产党的何种执政特质使得它能够独立自主地思考并引领中国走出一条独特而又成功的现代化之路呢？答曰“马克思主义使命型政党”。李海青指出：“所谓马克思主义使命型政党，是指以马克思主义为指导，以对人类社会发展规律的认知与把握为前提，以人民至上为价值宗旨，以实现自身民族、国家的解放或发展为自觉使命，以推进世界大同、实现共产主义、实现每一个人的自由全面发展为最终使命，具有强烈的历史主

① 张乾元、苏俐晖：《新中国现代化建设道路的探索与道路自信》，《新疆师范大学学报》（哲学社会科学版）2019 年第 4 期。

② 王宗礼：《新中国成立 70 年来现代化中国道路及其理论超越》，《中国特色社会主义研究》2019 年第 4 期。

体意识与舍我其谁的责任担当情怀的一种政党类型。”①

从这一定义性描述出发，可以解读出来的是：

其一，作为使命型政党，中国共产党对自身的历史任务有着清晰的认知，因而对于现代化有着独特的理解，即中国式现代化是向着未来理想社会目标行进的一种必要的历史过渡，它是一个历史的过程，而非历史目的本身。同时，与资本主义性质的现代化不同的是，中国式现代化是社会主义性质的现代化，即能够避免和克治长期以来马克思主义所深刻指出的种种资本主义现代化后果的现代化。由此，中国式现代化当然也就不会完全重复先发国家的现代化经验，而实际上，主要是试图超越和升华先发国家的现代化经验。

其二，作为使命型政党，由于牢牢坚持全心全意为人民服务这一宗旨，中国式现代化就表现为坚持“以人民为中心”的现代化。这种现代化的特质，主要就是表现为对人类现代化非均衡后果的最根本纠偏：使经济社会发展有利于社会中的大多数人。而要锚定这样的执政目标不动摇，就需要执政党具备强大的政治定力，以代表大多人民群众的根本利益为指向，而不受制于一时一地或者某一特定群体的利益、愿望、要求或者压力。就世界范围而言，中国共产党具有典型性，比较符合这个标准。

其三，作为使命型政党，中国共产党具有为担当使命而英勇奉献的主体责任意识。这就决定了，中国共产党的领导与治国理政，并非一般意义上的执掌政权，而表现为以自觉积极的态度、通过有效施政行为而不断达致更高目标的行为，这是中国共产党担负经济社会发展领导者的主体责任的根本要求。这就使得，中国式现代化即便仅就政治领域而言，也不能表现为所谓的复制西方政治制度模式的过程。基于“利益交换”思维而设计的西方政治制度，根本无法用之于基于“使命责任”思维设计出来中国政治制度。或者说，使命型政党的执政逻辑，是“利益交换”思维完全无法理解的。

① 李海青：《中国共产党：马克思主义的使命型政党》，《江西社会科学》2018年第2期。

三、整体性变革为中国式现代化作了基础性准备

成功推进现代化既以一定的政治和社会变革为内容表现，又以特定的政治和社会变革为先决条件，中国共产党领导的中国革命以及新中国的成立作为一种整体性变革，为中国式现代化作了充分铺垫——

现代化是任何面向现代世界的国家都绕不开的必修课，而且是必须修好的主干课。关键在于用什么样的方式、以什么样的路径、循着什么样的逻辑推进现代化。鸦片战争以来，裹挟着西方因子的现代化要素不断冲击着中国的政治和社会面貌，使中国局部地呈现了某些现代性特征。但是，由于缺乏具有战略性全局性的政治和社会变革，现代化要素与前现代要素之间的纠葛冲撞，使得近代中国社会呈现多重矛盾交织状态。陈明明指出，在这种背景下，从政治上寻求根本解决的激进方案，以高度集权的方式重组社会秩序，便成为多数现代化精英的选择。显然，在这里，“革命”这一曾经主导中国政治研究的“反帝反封建”范式的中心话语被置入中国式现代化的语境中获得了新的意义：革命既是一个分权运动（摧毁传统的政治结构，打破专制的中央集权），也是一个集权运动（重建国家主权，为现代化提供新的权威基础）。①

因而，破解中国现代化困局的根本，在于给出一整套彻底变革旧社会的总体性解决方案并予以实现。显而易见，能够担当这样的职责的历史主体，只能是中国共产党，方式只能是革命。邹谠指出：“只有先建立一个强有力的政治机构或政党，然后用它的政治力量、组织方法，深入和控制每一个阶级、每一个领域，才能改造或重建社会国家和各个领域的制度与组织，才能解决问题，克服全面危机。”②

---

① 陈明明：《比较现代化·市民社会·新制度主义——关于20世纪80、90年代中国政治研究的三个理论视角》，《战略与管理》2001年第4期。

② 邹谠：《中国20世纪政治与西方政治学》，见《思想家》编委会编：《思想家：跨世纪的探险》，华东化工学院出版社1989年版，第19页。转引自陈明明：《现代化进程中政党的集权结构和领导体制的变迁》，《战略与管理》2000年第6期。

实际上，正是在一系列革命任务的完成中，中国共产党系统性地实现了对传统中国政治形态、经济形态、文化形态和社会形态等的重构与再造。历史事实证明，这种重构与再造从真正意义上推进了中国式现代化，使得中国式现代化从一开始就不同于也必然不会追随于西方式的现代化。叶险明认为，从现代化视角上看，中国共产党能够领导中国人民夺取全国胜利主要有三个方面的原因：把对社会结构的彻底改造任务与争取国家独立和领土完整的任务有机地结合起来，从而实现了“现代化领袖获得了权力的转变”；能够按照其制定的彻底改造社会结构的纲领和路线，脚踏实地地深入到农村变革中去，从而为进一步在整体上推动中国社会转型和现代化奠定了牢固的社会基础；以毛泽东为代表的中国共产党人从文化层面上把现代性和民族性有机地融为一体，从而为中国式现代化提供坚强的精神支柱。① 这实际上已经深刻触及了中国革命的现代化意涵。

新中国成立以及因之而来的社会主义革命之所以能够为中国式现代化成就一种扎实的奠基、形成一种根本性的条件，最明显最直接的原因当然是，现代化绝非仅仅是生产力的发展、经济的繁荣以及对世界市场的融入等——现代化是一个艰巨而复杂的变迁过程。尽管物质性的、经济性的因素如工业化、市场化、城市化等是现代化的主要体现，但社会的和政治的等因素发挥着不可或缺的根本保障作用。新中国的成立和社会主义制度的确立等重大历史变革，为中国顺利走向现代化、走自己的现代化道路提供了根本的政治前提、制度基础和社会条件等先决条件，解决了阻碍中国实现现代化的根本障碍问题。从现代化角度看，新中国成立和社会主义制度建立，是中国自资本主义入侵以来所完成的一次“逆天改命”，使得中国从此在现代世界体系中具备了“我命由我不由天”“我命由我不由西”的政治前提和制度基础。

因而，即便将一些挫折和失误考虑在内，新中国成立后的头 30 年也在现代化建设方面取得了巨大成就。

---

① 叶险明：《中国共产党夺取全国胜利原因的现代化思考》，《史学月刊》2001 年第 4 期。

德国著名中国问题专家托马斯·海贝勒指出，怎样评价改革前中华人民共和国的30年？毫无疑问，毛泽东时代的政治、经济、社会和生态成本是巨大的。从经济上看，私有成分被进一步消灭，农业和消费品工业被忽视。农村人口的生活条件只有很微小的改善，日常必需的重要物品都是定量供给，教育和培训缺少亟须的专业力量。与世界市场的脱轨也加剧了体制的孤立和贫困的长期化。

但是，从现代化的角度看，如果不提下面的因素就太片面了，比如：

——100多年来，中国第一次重新获得了政治上和经济上的国家独立，一个统一国家的建立和一个在世界上享有声望的民族的建立，也被大多数中国人民看作是积极的方面。

——建立了工业基础，为中国今天成为世界上最大的经济体之一打下了基础。

——在大部分地区成功地消除了饥饿，保证了基本的饮食，粮食的自我供应可以进一步得到保障。

——城市人口有稳定的工作和基本的社会供应。

——局部地区，主要是城市化地区，实施了基本教育法，文盲现象基本被消灭。①

可以反证的是，如果缺少国家和社会层面的政治性、制度性重大变革，对许多发展中国家来说，有两个巨大难题将自初始阶段即横亘于其现代化进程：一个是“动员难题”，即人财物和精神文化等要素难以动员起来全力推进现代化。也就是说，作为一个后发国家，即便具有推进现代化的强烈意愿，但是由于缺少足够的进行社会动员的政权体系和制度资源，面对先发国家在现代化发展水平上的强势地位，也难以聚合起现代化所需要的足够动能。另一个是“调适难题”，主要表现为：即便一些国家在动员不足的情况下强行启动并强力推进现代化，现代化所造成的种种经济社会影

---

① 〔德〕托马斯·海贝勒：《20世纪中国政治史：对现代化与善治的追求》，张凤凤译，《马克思主义与现实》2009年第5期。

响与其原有社会结构、社会秩序和调节机制不足以有效应对之间的矛盾，将带来极其严重的问题，比如依附性的政治运行、买办性质的经济结构以及愈发不平等的社会形态和多种文化元素的畸形混合等。许多国家的现代化困境都是由此而来的。

以社会主义为核心架构的政治社会制度之于中国式现代化的根本意义在于，前者为后者奠定了基础性政治社会条件，这就是新中国对于改革开放新时期和中国特色社会主义新时代的奠基性作用所在。在西方文献关于现代化的叙事中，革命的地位并不高，褒贬不一，甚至贬多于褒。如今看来，成功的革命相当于对现代化先决条件的“一次性买断”，而那些所谓比较“温良恭俭让”的国家则要为未能充分做好迎接现代化准备而连续“分期付款”。最彻底的革命中蕴含着对现代化的最根本准备，这是中国式现代化刻画出的一条有力的历史逻辑，是从先发国家现代化经验中读不到的，而在有些发展中国家则能从反面读到。

四、社会主义是中国式现代化顺利推进的关键要素之一

现代化经验从先发国家到后发国家的传递对于后发国家具有至关重要的作用，但传递能否真正成功，关键在于后发国家是否具备特定的接受条件，社会主义对于中国顺利推进现代化发挥了关键作用——

后发国家对先发国家的学习与模仿，是人类现代化的重要方式和途径。但对于决定所谓先进经验到底是否有用或者具有多大用处的主要原因的探究，既往的答案往往是：主要决定于后发国家的学习吸收程度。也就是说，后发国家学习吸收得越彻底越充分，这些先进经验就越能发挥作用。现代化经验自先发国家向后发国家传递得越充分，后发国家的现代化就越容易成功；而传递是否充分，主要取决于后发国家在多大程度上接受这些经验。但是，事实并非如此。

应当肯定，西方发达国家现代化经验中，必然包含着许多对中国非常

有启发的内容。但是也要辩证地认识到，一方面，它所包含的技术、管理等体现人类现代化一般规律的内容，对于中国顺利推进现代化是有助益的，是具有启发作用的；另一方面，它所包含的那些难以体现人类现代化一般规律的内容，比如政治、意识形态、文化传统等方面的内容，如果不加鉴别地吸收，则可能产生十分不利的后果。因此，对中国来说，西方现代化经验具有两面性。理想的状况是，把那些有害的因素剔除出去，把那些有益的成分留下来，从而形成一种良性的经验吸收。正如毛泽东所言："我们的方针是，一切民族、一切国家的长处都要学，政治、经济、科学、技术、文学、艺术的一切真正好的东西都要学。但是，必须有分析有批判地学，不能盲目地学，不能一切照抄，机械搬运。他们的短处、缺点，当然不要学。"①

实际上，实现这种设想并不是一件容易的事情。现实往往是很棘手的：两种要素往往同时并存、相互纠结在一起，吸收某一个方面往往意味着必然接受另外一方面。比如，西方式的市场经济往往导向西方式的政治法律制度，西方式的法律制度往往导向西方式的市场经济，而西方式的文化价值观必然要求以上两者同时出现。华林等对中国加入世界贸易组织后面临的情形分析指出，通过辩证考察可以发现，中国在更为直接和方便地吸收西方一切肯定的文明成果的同时，也进一步增加了在经济全球化进程中削减社会主义制度特征和价值原则的可能性。这样，就面临着以往社会主义实践所不曾经历的新的风险。孤军奋战于西方资本主义包围之中的社会主义中国若想坚持社会主义现代化道路，所面临的形势更为严峻和复杂。具体表现在：一方面，由于苏联、东欧各国放弃社会主义走上资本主义道路，世界社会主义运动进入低潮，中国作为幸存的为数不多的社会主义国家之一成为西方资本主义的众矢之的。另一方面，中国选择市场经济作为迅速提高生产力水平的举措，以及为更快地发展生产力而加入世界贸易组织的行动，也使资本主义进行"和平演变"变得更为直接可行，确实在客观上

① 《毛泽东文集》（第七卷），人民出版社 1999 年版，第 41 页。

增加了捍卫社会主义的制度特征和价值目标的复杂程度，也增大了被“西化”和“分化”的危险。如何在积极吸收资本主义文明的一切肯定的成果的同时，维护和完善社会主义的制度特征和价值目标就成为特别需要加以关注的课题。①

对于这些“打包”而来的西方现代化经验，发展中国家的“过滤”经验和能力严重匮乏。这就是许多发展中国家现代化过程往往就是西方化过程的重要原因，实际上也是发展中国家的现代化难以成功的重要原因。

中国为什么能够汲取西方现代化经验的有益成分而又没有被西方化？社会主义的制度机制和价值观念作为“抗体”发挥了关键的作用。具体来说，其间的机理在于：正是因为具有强大的对于资本主义社会后果的免疫力，中国才能够得以对西方现代化建设经验形成较强的吸收力，才能够比较成功地应用和推广西方现代化经验，最终熔铸成自己独特的现代化发展之路。再进一步明确说，中国式现代化成功证明了，现代化经验从先发国家到后发国家传递的关键，不在于后发国家主观上是否具有足够的接受诚意以及随之而来的接受行动，而在于后发国家是否在客观上具备建立在一定程度的免疫力之上的吸收力。此中的辩证法在于：免疫力越是强大，对西方国家现代化经验精华的吸收就越充分。

相比之下，恰恰由于缺少这种免疫力，许多发展中国家的现代化不得不停滞于某个发展阶段，陷入进退两难的境地。“没有西方的身，揣了西方的心”“没有西方的命，却得了西方的病”，是许多发展中国家的现代化陷入这样或那样困境的重要原因。由此可以理解，社会主义对中国来说是一笔多么宝贵的财富。社会主义非但不是中国吸收先发国家现代化经验的障碍，反而作为一整套体制机制装置，提高了中国的吸收转化效能。再进一步说，社会主义自带着克治西方现代性后果的种种基因，“社会主义现代

---

① 华林、赵秀文：《关于中国特色社会主义现代化的若干分析》，《马克思主义研究》2003 年第 2 期。

化”这个名词中本就蕴含着中国道路的成功密码。邓小平深刻指出：“现在我们搞四个现代化，是搞社会主义的四个现代化，不是搞别的现代化。”①

在“二战”后两种社会制度的较量中，社会主义被认为是发展的障碍，而资本主义则被认为是现代化的阳关大道。特别是苏联解体、冷战结束后，这样的看法一度十分盛行。这样一种看法，曾经深刻影响了许多发展中国家的选择，甚至也令一些社会主义国家出现了不够自信的现象。还产生了显著的理论和意识形态效应，使得“历史终结论”一类言论在中国得到了广泛的反思和批评。然而历史发展的真实逻辑表明，在维护国家独立自主、推进国家现代化发展上，经过优化完善的社会主义的制度机制，比其他任何制度机制都产生了更为优良的表现。搞了“颜色革命”和资本主义的原社会主义国家后果普遍都不好，至今基本都在泥泞的道路上挣扎，也可以从另一方面证明这点。

五、新型国家制度为中国发展提供关键保证

制度是影响现代化进程的关键变化，越是现代化起点低、势能弱的国家，其现代化推进与治理越是依赖于制度资源和制度力量，中国的新型国家制度为中国快速稳定发展提供了根本保证——

在一般的关于现代化话语体系中，现代化通常被描述为一个从“传统”到“现代”的单线化的历史进程，同时，这样一种单线化的历史进程，在话语上也被表达为一种从“负向度话语”到“正向度话语”的转换过程，甚至这种转换还被赋予了种种理想主义、浪漫主义的想象。然而，现代化的真实情况在世界各国都并非如此，在广大发展中国家更非如此。

现代化实质上是一个危险系数很高的历史进程。对于广大发展中国家

① 《邓小平文选》（第三卷），人民出版社 1993 年版，第 110 页。

来说，其最具挑战性之处莫过于在“积聚推进现代化的巨大发展动能”“合理释放发展动能”“有效治理现代化进程中的政治社会后果”实现动态战略平衡，并使现代化始终朝着正确方向前进。这种国家层面的现代重生，决然不是浪漫的、轻巧的、愉悦的。由此，制度资源与制度力量对于一个国家的现代化具有十分重要的作用。国家制度资源与制度力量的关键而独特的作用在于，它为推动国家的现代化、管理现代化进程以及应对现代化后果提供了一个无可比拟的具有根本性的传感与处理系统。对于任何国家来说，这套传感与处理系统越完备，现代化过程就越顺利，现代化就越容易取得成功。特别是，如果说先发国家在推进现代化的过程中，还可以一边推进现代化一边完善优化这套系统的话；那么，对后发国家来说，几乎或根本不存在这样一种调整空间。从而后发国家的现代化更具有危险性。稍有不慎，满盘皆输，或者稍有差池，即陷于某种畸形的发展锁定状态而难以自拔。

基于长期的社会主义革命和建设以及新时期改革开放的积淀，中国摸索建立并逐步完善出了一整套后发国家实现现代化的追赶型制度模式，并且这套制度模式并非一成不变，而是不断优化升级，保持了很高的灵活适应性。这套制度模式对于中国成功推进现代化当然起到了至关重要的作用。中国这套独有的国家制度与治理体系，自革命时代就开始孕育，新中国成立后开始形成和发展，在改革开放新时期逐步丰富和完善，在中国特色社会主义新时代又得到不断强化和推进，是当代中国发展进步的根本保障。党中央的决议指出，实践证明，中国特色社会主义制度和国家治理体系是以马克思主义为指导、植根中国大地、具有深厚中华文化根基、深得人民拥护的制度和治理体系，是具有强大生命力和巨大优越性的制度和治理体系。①

从推进现代化的角度看，中国特色社会主义制度与治理体系的主要优

① 《中共中央关于坚持和完善中国特色社会主义制度 推进国家治理体系和治理能力现代化若干重大问题的决定》，《人民日报》2019 年 11 月 6 日第 1 版。

势在于：

其一，能够集中力量办大事，有利于解放和发展社会生产力。后发国家的现代化，如果不能够聚集起全社会的资源于最需要发展和突破的领域，也就是说，如果不能够实现在具有战略意义的点上的突破，那么国家的现代化永远无法形成“追赶超越”的态势，长期持续地解放和发展生产力也就无从谈起。社会主义建设时期，中国集中力量发展重工业；改革开放初期，中国集中力量于沿海开放城市，体现的都是这种优势，并且都取得了巨大的成功。中国特色社会主义新时代，又实行新型举国体制。

其二，能够解决人民群众最关心的问题，有利于维护和促进社会公平正义。现代化无可避免地会带来以区域分化、收入分化为主要表征的社会成员的分化，如何应对和解决这种分化，十分考验国家的行动能力。对许多国家来说，社会成员的分化会被认为是“现代化的必然结果”“现代化的必然代价”，从而只是象征性地解决或者干脆置之不理，就是想解决也“有心无力”“有心无法”。中国制度的优势在于，不但认为这是一个亟待有序解决的问题，而且能够动用制度性的力量大规模地、长时间地解决这些问题。从而，中国式现代化既保持了快速的发展又没有出现以贫民窟为代表的现代化创伤、大面积社会溃疡，这在全世界是罕见的。贫民窟实质是一种持续存在的低烈度人道主义灾难状态，作为一个外在可见的监测指标，贫民窟的面积、人口等要素，可以作为验证一个国家现代化成色的重要标准，从中可以照见一个国家的现代化良心。

其三，能够进行长期持续的战略规划，有利于实现稳定长久的发展局面。既关注短期目标又关注长期目标，并且能够使二者有机协同起来，是中国共产党治国理政的一个显著特点。之所以具备这样的特点，关键还在于，在中国特色社会主义制度和治理体系之下，具体来说是在中国新型国家制度和新型政党制度的总体框架下，中国共产党执政地位的取得与存续超越了西方政治制度下的那种“选举型政党”范畴，从而实现了党的执政与国家发展的持久性一体化。在党的执政与国家发展合为一体的情况下，对于国家发展的谋划，自然就不再拘泥于所谓的任期这样一种选举政治因素的影响，而表现为根据国家发展目标和发展战略来进行长期规划。

这些特点和优势，非但发展中国家不具备，相当多的发达国家也不具备。正如习近平总书记指出的：“实践证明，我们党把马克思主义基本原理同中国具体实际结合起来，在古老的东方大国建立起保证亿万人民当家作主的新型国家制度，使中国特色社会主义制度成为具有显著优越性和强大生命力的制度，保障我国创造出经济快速发展、社会长期稳定的奇迹，也为发展中国家走向现代化提供了全新选择，为人类探索建设更好社会制度贡献了中国智慧和中国方案。”①

坚实的制度支撑着的中国道路的不断成功，对“西方中心论”鼓吹者的智商和情商构成了严重考验。可以看到的是，一些发展中国家盲目引入西方政治制度，非但无助于解决问题，反而助长了原有的问题。比如，以所谓选举为核心的西方民主制度，只能越来越强化资本的力量在国家政治生活中的主导权，而广大底层群众的根本和长远利益却无人考虑。由此，在选举时集体欢呼、自认为享有着充分的“民主”“自由”的下层群众实际上没有认识到，西方式选举制度恰恰是造成他们的群体如此庞大、窘况不能根本改变的根本原因。

六、现代化的打开方式至关重要

现代化是历史大潮流，但“随大流”往往易陷入发展旋涡，以高明策略和科学方法因应潮流才是推进现代化的正确打开方式，中国共产党的领导对于中国主导性地推进现代化起到了核心作用——

后发国家的现代化，离不开主导性政治力量，这几乎已经成为普遍共识。需要着重思考的是：为什么后发国家的现代化需要一个主导性的政治

① 习近平：《继续沿着党和人民开辟的正确道路前进　不断推进国家治理体系和治理能力现代化》，《人民日报》2019 年 9 月 25 日第 1 版。

力量？答案当然还要从现代化本身的特性中去寻找。

作为一个复杂的历史过程，现代化的特性有很多，但是其中的一个特性最为关键，对发展中国家来说也最为重要：现代化需要驾驭。现代化当然可以是一种自发的历史过程，但是，对于发展中国家来说，任由现代化过程自发进行，实际上是非常危险的。这是因为，自发的现代化影响之剧烈、过程之艰险、后果之不确定性，对经济社会文化冲击之大，远远超出了国家和人民所能承受的常规力度。这就意味着，任何现代化进程在发展中国家都必须表现为某种程度的自觉的历史过程，这一过程需要推动、平衡、协调、调度、治理、保障等一系列政治的和政策的操作过程。对于所有发展中国家来说，能够有效地实现这样一个统筹管理的过程，现代化才有可能取得成果；无法有效地实现这样一个统筹管理的过程，现代化肯定无法成功。这已经为“二战”以来的世界各国历史不断证实。刘瑞指出：“一些国家在比较短的时间内就跨入了先进国家行列，而另外一些国家则始终徘徊在现代化大门前。这一事实也说明，不是任何一种现代化努力都能够获得成功的，必须要有一系列正确的实现步骤。”① 因而，再明显不过的是，后发国家的现代化需要驾驭，驾驭这一现代化进程需要一个主导性的政治力量。

在中国，正是有了中国共产党的领导，中国式现代化进程中的生产力与生产关系、经济基础与上层建筑等重大关系才能够得到有机协调，发展与稳定、开放与自主等重大问题才能够得到辩证处理。

由此可以看到：中国特色社会主义道路，既坚持以经济建设为中心，又全面推进经济建设、政治建设、文化建设、社会建设、生态文明建设以及其他各方面建设；既坚持四项基本原则，又坚持改革开放；既不断解放和发展社会生产力，又逐步实现全体人民共同富裕、促进人的全面发展。②

至为重要的是，中国在现代化过程中表现出了以实事求是为核心特征的实践智慧。马克思主义与中华优秀传统文化的实践智慧滋养了中国式现代化

---

① 刘瑞：《中国现代化的意义、内涵和标准》，《企业经济》2018 年第 1 期。

② 《习近平谈治国理政》（第一卷），外文出版社 2018 年第 2 版，第 9 页。

的成功，这是中国共产党自革命年代就探索得来的。“一切从实际出发”“好的就学过来”“一分为二”“到哪儿说哪儿”“有什么问题解决什么问题”“看情况”“试试看”“错了就改”等理念和方法，对于成功推进现代化具有重要作用。在这种实践智慧的引领下，中国避免了形而上学的执迷，从而在推进现代化的过程中表现为一种既坚韧执着又灵活机动的发展主义态度：什么样的发展经验好，就学习借鉴什么样的发展经验；什么样的发展办法出了问题，就及时进行反思和纠正；对于未曾经见过的想法做法，鼓励进行政策实验，取得好的效果后再推向全国；鼓励各地区各部门之间的学习与模仿；等等。

如果把中国作为一面镜子，那么，在一些发展中国家可以映照出一种现象，那就是：由实践智慧所支撑着的“精神独立性”，在许多国家是某种十分稀缺的东西。所带来的后果乃是，明明开放与自主、发展与稳定、公平与效率等是顺利推进现代化必须解决好的复杂方程式，却偏偏按照西方的方式简单处理成了单项选择题。这种“身心分离”“眼高手低”的现代化，当然既不可持续，又十分危险。现代化的踟蹰乃至失败，显然是无可避免的了。

人们已深刻认识到：西方国家的现代化理论总结了不少关于现代化进程的一般规律，这些规律对于我们认识和理解现代化进程是有益的。但是，西方国家的现代化是在不同的文化、历史、国情等背景下进行的，从这些进程中总结出来的经验，即便是客观、严谨的，也不可能为当代的广大发展中国家提供一条现成的现代化道路。因此，包括中国在内的发展中国家认真去探索一条适合自身的现代化道路就具有决定性的意义。①当中国成为世界上第一个走社会主义道路成功建成的现代化强国，而走其他道路的国家面临这样或那样的问题的时候，在中国进行的现代化这场社会革命将更加充分地展示出其伟大意义。

不妨再重温一遍：中国式现代化是中国共产党领导的社会主义现代化，是人口规模巨大、全体人民共同富裕、物质文明和精神文明相协调、人与自然和谐共生、走和平发展道路的现代化，是创造人类文明新形态的现代化。

---

① 苏振兴：《关于拉美国家现代化研究若干问题的探讨》，《学术探索》2006 年第 2 期。

China's Renaissance

使命型政党与中国式现代化

Mission-oriented Political Party and Chinese Modernization

结束语

向下一个 100 年再进发

中国共产党的第二个100年，与它的第一个100年相比，有着怎样的相同与不同？当中国共产党领导中国人民开启它第二个100年的历程的时候，每一个关心中国、关心中国共产党的人，都免不了发问并尝试思考这个问题。

相同之处是明显的：中国共产党依然朝气蓬勃、意气风发，领导中国人民无所畏惧地向着理想的奋斗目标迈进——贯穿于这个党组织之中的类似“生命基因”一样的信仰信念，100年前和现在，是惊人地一致的；如果考虑到如今的中国在中国共产党领导下取得的发展与治理成就，这种一致性就更加惊人了。

不同之处同样也是很明显的：与100年前的那个刚刚接受到马克思主义理论，并初步尝试用这种理论指导自己的革命行动，且常常犯下这样或那样错误的处于幼年时期的中国共产党相比，如今的中国共产党更加自信、更加坚定、更加成熟，而这些特质形成的原因，除了历史智慧的沉淀、现实成就的支撑等，尤为重要的，是因为有了其指导思想的最新版本——习近平新时代中国特色社会主义思想。

那么，习近平新时代中国特色社会主义思想（简称“新思想”）将如何引领中国的新未来呢？

一、让人民过上好日子

“党团结带领人民进行革命、建设、改革，根本目的就是为了让人民过上好日子，无论面临多大挑战和压力，无论付出多大牺牲和代价，这一点都始终不渝、毫不动摇。”2020年5月，在参加十三届全国人大三次会议内蒙古代表团审议时，习近平总书记这样强调。实际上，类似的观点遍及习近平总书记的重要论述之中。2012年11月15日，刚刚当选党的最高领导人的习近平，在十八届中共中央政治局常委同中外记者见面时就强调，“人民对美好生活的向往就是我们的奋斗目标”。这句话一度成为中国传播最广的政治语句。

正如类似“民有、民治、民享”这样的政治语句所传递的信息一样，在全世界的政治文本中，自法国大革命以来的政治文本中，特别是俄国十月革命以来的政治文本中，以“为了人民”为主旨的政治表述从来都是不缺乏的。那么，以“让人民过上好日子”为其标志性表述的新思想中的有关内容，如何使其区别于，或者说，超越于其他国家的其他政治人物的类似表述呢？这才是问题的关键所在。从全球比较的角度，在中国的语境之中，准确而科学地把握“让人民过上好日子”，需要进行以下的思考是：这句话是真实的政治目标的表达而非短期的或带有机会主义的竞选承诺。一个政党向支持它的民众许下美妙的诺言，或者许下美妙的诺言以赢得更多民众的支持，对全世界的政党来说，这都是再通常不过的事情。然而，关键在于这些诺言是否具有足够的真实性。人们常常看到的是，一些诺言被许下了，许下这些诺言的政党领导人当选了；当选后的领导人无意履行曾经许下的诺言中的大部分或者一部分，民众对这些领导人表示不满；另外的政党领导人开始许下另外的新的诺言……如此往复循环。可以说，这样的政治游戏不但出现于发展中国家，也出现于发达国家。甚至还可以说，在发达国家，这样的政治游戏被玩得更娴熟、更老练，被这些发达国家的发达的社会科学描述、粉饰得更加显得高大上。拥有5000多年历史智慧的中国人民，作为冷静的观察者，对于这样的政治游戏看得是很真切、很透彻的。

中国共产党的领导人，从毛泽东到邓小平再到习近平，相信中国人民有足够的政治智慧而分辨出什么是真实的、什么是虚假的政治承诺，知道赢得中国人民长期而稳固的支持的前提和基础是什么，因而他们实实在在地做着为努力提高人民生活水平而必需的各种各样的事情，从国家独立到工业化，从工业化到现代化，从现代化到民族复兴，所有这些，如果必须用一句话来概括，那这句话就只能是“让人民过上好日子”。对中国人来说，国家强大的精髓要义，并不是能够战胜更强大的敌人或者在与他国的竞争中胜出，而是意味着在一个更加安全、更加稳固的国家过着更加舒适、更有期待的生活。对于这一点，习近平总书记抓得很准。2022 年 6 月，在四川省考察时，他再次说：“新的征程上，我们遇到的困难还会很多。我一直讲前途是光明的，道路是曲折的，要准备迎接挑战、接受考验。中国共产党带领中华民族就是这样推着国家往前走，让人民群众奔着更好的日子去。”

面向未来，让人民过上好日子的重要着力点，就是更加积极有为推进全体人民共同富裕。之所以如此，是因为在新思想中，由于共同富裕关系中国特色社会主义的本质要求，关系中华民族数千年的文化心理，关系中国经济社会长期稳定健康发展，因而在新时代具有明显的重要性和紧迫性。从这个意义上说，实现共同富裕不仅是经济问题，而且是关系中国共产党的执政基础的重大政治问题。因此，习近平总书记强调：“我们决不能允许贫富差距越来越大、穷者愈穷富者愈富，决不能在富的人和穷的人之间出现一道不可逾越的鸿沟。”实际上，放眼全世界，收入不平等问题造成的后果触目惊心：一些国家贫富分化，中产阶层塌陷，导致社会撕裂、政治极化、民粹主义泛滥等等，这为中国提供了极大的警示。对于推进共同富裕，中国明确了以提高发展的平衡性、协调性、包容性，着力扩大中等收入群体规模，促进公共服务均等化，加强对高收入的规范和调节等为重点的思路，这在中国是合乎实际的，也是切实可行的。

二、推进国家治理体系和治理能力现代化

本来，中国人以往所理解的现代化，主要都是由西方学者建构出来的，由西方社会展示出来的。比如，现代化的器物，通常指的是汽车、个人电脑、飞机等；现代化的制度，通常指的是市场经济、法治等；现代化的文化，通常指的是独立、自尊、个性张扬等。然而，随着中国发展水平的日

益提高，人们越来越认识到，这些现代化内容，越来越不足以涵盖人类现代化的全部了。更为重要的是，中国人发现，这些现代化的内容，如果不以国家治理体系和治理能力现代化为基础设施，就难以持续长久。比如，解释拉美国家为什么长期陷于中等收入陷阱、社会经常性地处于动荡不安状态，解释西亚北非国家为什么经过所谓的“颜色革命”而依然不能焕发新颜，解释苏联、东欧社会主义国家为什么在实现所谓的转型之后依然没能加入发达国家俱乐部，从任何现有的西方哲学社会科学中找不到恰当合适的答案。有些答案甚至陷入了一个死循环：它们之所以存在众多问题，是因为它们向西方学得不够多；而之所以它们向西方学得不够多，是因为它们存在众多问题。再没有什么解释比这样的解释更省事的了，但问题在于，这样的解释如何让人信服呢？

中国人是不相信这样的解释的。中国人相信，一定有更科学、合理的答案，足以让众多国家从现有的迷思中超脱出来，而能够更加科学、合理地实现发展。于是，一个关键词“治理”就被中国人挑选出来了，一个国家发展的新面向“推进国家治理体系和治理能力现代化”就被习近平总书记系统发展了。那么，推进国家治理体系和治理能力现代化，在新思想中主要意味着什么呢？

首先，这意味着中国共产党的领导作用发挥得更加充分。从 5000 多年的历史传统中，中国人深知大一统的极端重要性，而在当代中国，中国共产党就是大一统最明显的体现——中国共产党作为一整套组织体系，从制度和机制层面保障了大一统的历史延续。从 180 多年的近代史中，中国人深知“一盘散沙”的极端危害，而在当代中国，中国共产党就是团结中国人民的最优良机制。党的二十大报告指出：“党的领导是全面的、系统的、整体的，必须全面、系统、整体加以落实。”习近平总书记说：“一定要认清，中国最大的国情就是中国共产党的领导。什么是中国特色？这就是中国特色。”换句话说，如果有人不理解中国共产党的领导对中国人民来说具有什么样的重要意义，最大的可能在于这个人没有进入到中国的历史与现实语境之中。

其次，这意味着民主在中国得到更丰富的充实与完善。中国人深刻认识到民主对于治理的极端重要性，但他们同样也认识到“使民主运转起来”有着更深层的机理。对于民主，新思想中发展出了丰富而深刻的认识。比如，评价一个国家政治制度是不是民主的、有效的，习近平总书记指出，应该有八条标准，即“八个能否”：国家领导层能否依法有序更替；全体人民能否依法管理国家事务和社会事务、管理经济和文化事业；人民群众能否畅通表达利益要求；社会各方面能否有效参与国家政治生活；国家决策能否实现科学化、民主化；各方面人才能否通过公平竞争进入国家领导和管理体系；执政党能否依照宪法法律规定实现对国家事务的领导；权力运用能否得到有效制约和监督。实际上，如果按照这八个标准，有些自认为的或者公认为的“民主国家”可能并不能够得到高分。不难想象的是，如果因为引入所谓的“西式民主”而导致政党纷争、相互倾轧，民族隔阂、民族冲突，相互掣肘、内耗严重，决议不决、决而不行，等等类似情况，这样的民主就已经失败了。对于民主，一个科学的态度是：没有最好的，只有最适合的。中国特色社会主义民主政治，符合中国的国情，反映了中国共产党领导下的广大人民群众的意愿心声，有力保障着中国的经济社会发展。这样的民主如果还不能在世界民主理论与实践殿堂中占有一席之地的话，还有什么样的民主可以毫无惭愧地有资格自命为民主呢？

再次，这意味着法治体系在中国得到越来越多的完善。党的十八大以来，随着全面依法治国的深入推进，中国的法律制度体系越来越完善，党领导法治的制度越来越健全，法律的制定与实施更加体现社会公平正义，一句话，中国的法治建设取得了举世瞩目的成就。人民群众对于法治建设水平的提高，给予高度评价和认可。面向未来，以完善的法治体系保障中国特色社会主义行稳致远，已经成为全党全国各族人民的集体共识。通过法治建设，为每一位公民和企业提供稳定可靠可预期的行为规范，这是中国特色社会主义法治建设的重要要求。党的二十大报告阐明：“全面依法治国是国家治理的一场深刻革命，关系党执政兴国，关系人民幸福安康，关系党和国家长治久安。必须更好发挥法治固根本、稳预期、利长远的保障作用，在法治轨道上全面建设社会主义现代化国家。”

什么是好的政府？能够有助于实现好的治理的政府才是好政府；什么是好的制度？能够有助于不断推动治理优化的制度才是好制度。这种实事求是、一切从实际出发的理解政府、制度等人类政治的思维方式，从实际效果看，要优于某种抽象的、形而上学的评判标准——无论这样的评判标准是如何地被充分论证过且正在论证着。

三、实现中华民族伟大复兴

实现复兴对于中华民族来说具有特殊的意义。实现中华民族伟大复兴是近代以来中华民族最伟大的梦想。而对于中国共产党来说，它自从成立之日起，就把实现共产主义作为最高理想和最终目标，义无反顾肩负起实现中华民族伟大复兴的历史使命。作为远大理想的共产主义与作为宏大梦想的民族复兴，在中国共产党的奋斗愿景中是同一个向度的不同阶段，在民族复兴的道路上实现共产主义，与实现共产主义必然要求实现民族复兴，二者是一致的、内在统一的。

世界上的国家有很多，但宣告民族复兴为其未来奋斗目标的国家并不多，这恐怕至少要满足以下几点：第一，这个国家或民族通常有着悠久而辉煌的历史；第二，这个国家或民族曾经遭受过巨大的历史挫折；第三，这个国家或民族目前具有实现更高更强发展的雄心壮志；第四，这种雄心壮志具有相当程度的现实可行性。如果一个国家或民族不能满足这四个条件，一般来说是很难令人信服地相信其宣告的所谓的民族复兴的。

于是，一个问题产生了：中华民族的复兴有何显著特征？新思想指导下的中华民族伟大复兴，总的来看：

首先，中华民族的伟大复兴是建立在“实干兴邦”理念基础之上的复兴。“人世间的一切美好生活要靠辛勤劳动来创造”，这是中国人民倍加推崇的也是习近平总书记反复强调的一句话，这句话体现了实现中华民族伟大复兴的精髓要义。换句话说，新思想领导下的中国共产党和中国人民，他们深知复兴的不易，他们知道，通过自身的艰苦努力，不断提高国家综合国力和人民生活水平，最终才能实现伟大复兴的目标。他们不希望也不选择通过压榨和剥夺而实现本国家或民族的复兴，他们不相信“躺平”“坐等”能够实现伟大复兴的目标。这两种方式既非现实可行的，在道义上也是被他们所唾弃的。在当代中国，以苦干实干加巧干的方式实现自身的梦想的例子实在是太多了。

其次，中华民族的伟大复兴是以弘扬中华优秀传统文化为显著特征的复兴。尽管中国共产党的领袖们对于中华优秀传统文化都有着深刻的理解和认同，但习近平总书记把中国共产党人对于中华优秀传统文化的认识理解和传承弘扬提高到一个新的前所未有的高度。从这个意义上说，一个走向伟大复兴的中国，也就是一个越来越具有中国风格和中国气派，或者说，越来越像中国的中国。

为什么传统文化或文明对于民族复兴具有如此重要的作用？这源自于习近平总书记的深刻判断与洞察。中国有句古话：“求木之长者，必固其根本；欲流之远者，必浚其泉源。”中华优秀传统文化是中华民族的精神命脉，是涵养社会主义核心价值观的重要源泉，也是中国在世界文化激荡中站稳脚跟的坚实根基。增强文化自觉和文化自信，是坚定道路自信、理论自信、制度自信的题中应有之义。从这种观点出发，中华优秀传统文化非但不是现代化的负累，而恰恰是现代化建设的重要方面；只有以中华优秀传统文化作根基，中华民族才能在复兴之路上行稳致远。

在弘扬中华优秀传统文化上，是否存在一种“文化复古”的倾向？答案是否定的。传承弘扬中华优秀传统文化，习近平总书记提出的原则是创造性转化、创新性发展。也就是说，对中华优秀传统文化的挖掘和阐发，不是简单地使之再现于当今，更不是简单地用之来规范和约束人们的各种行为，而是要把蕴含在其中的精气神和价值观发掘出来，使中华民族最基本的文化基因与当代文化相适应、与现代社会相协调，此中所要弘扬的，是那些跨越时空、超越国界、富有永恒魅力、具有当代价值的文化精神。推动中华文明创造性转化、创新性发展，目的是为了激活其生命力，让中华文明同各国人民创造的多彩文明一道，为人类提供正确精神指引。在对待传统文化这件事情上，中国人没有也不会出现“原教旨主义”式的倾向——反对任何形式的“原教旨主义”其实也是中华文明自古以来的一个重要思维方式。

最后，中华民族的伟大复兴是具有充分正当性和内驱力的复兴。一些国家用极端现实主义的态度来审视中华民族的伟大复兴，他们想当然地认为中华民族的伟大复兴就意味着其他国家或民族的衰落，或者意味着中国与其他国家发生冲突——极端的形式就是战争。且不说这种用西方国家崛起的经验对中国崛起进行判断，在方法上就是错误的。就其所蕴藏的深层思维模式而言，也是有着根本性误导的。中华民族实现复兴，有着充分的正当性，这种正当性来源于复兴的性质——这是人类历史上不多见的在并没有以任何国家利益为牺牲、反而普遍性地提升了人类福祉的复兴。也正因为有着这样的正当性，中国共产党和中国人民对于实现复兴也有着强大的内驱力，对于以任何借口压制中国复兴的言论和行为，都难以接受，或者，按照中国式的说法，化压力为动力。

也正是由于以上因素的共同作用，中国共产党在中国特色社会主义新时代所唤起的民族复兴的情绪情感，并没有表现为某种“民族主义”。这一点，使之显著不同于许多所谓的采用了现代政党政治制度的国家和地区。在不少的国家和地区，在所谓的现代政党政治制度之下，“民族主义”被政治家或政客们用来作为相互竞争、拉拢选票的工具。政客们最擅长的并非以实实在在的努力取得政绩以赢得人民，而是以各种各样的方式挑拨人民的“民族主义”情绪，但却没有人对如何真正满足人民群众的需要负责。这样的政党政治后果，可以解释许多国家和地区的政治发展何以发展到与邻国交恶、社会撕裂、种族对立等程度。

四、以世界眼光关注人类前途命运

在新思想的指导下，中国共产党人和中国人民越来越具有世界眼光，越来越强调坚持胸怀天下。

回顾中国共产党的诞生之初，就可以发现，中国共产党人尽管深深植根于中国沃土之中，但他们并非“土里土气”，而实际上有着世界的眼光。早在革命战争年代，中国共产党就认识到，中国革命是世界革命的一部分。1936年，美国记者埃德加·斯诺这样评价毛泽东：“我发现他对于当前世界政治惊人地熟悉。”1947年，到访延安的美国记者安娜·路易斯·斯特朗称赞中国共产党的领导人是一群“思想深刻、头脑敏锐和具有世界眼光的人”。美国前国家安全事务助理布热津斯基称邓小平是“一位具有世界眼光的领袖”，在回忆1978年与邓小平的首次交谈时，他说：“邓个子小，气魄大，立即使我折服。”英国前首相爱德华·希思是邓小平结交的众多外国友人中的一位。他说：“邓小平对整个世界最大贡献就在于，他向全世界表明，中国可以如何管理和快速发展；而中国又能够因此向整个世界作出何等的贡献。”

习近平总书记同样也是一位具有世界眼光的领袖。比如，他强调一个看似尽人皆知而实际上有些国家的政治家却屡屡违背的常识：“地球是人类的共同家园，也是人类到目前为止唯一的家园。”因此，他对人类发展进步的理念和愿景是共同构建人类命运共同体：“人类命运共同体，顾名思义，就是每个民族、每个国家的前途命运都紧紧联系在一起，应该风雨同舟，荣辱与共，努力把我们生于斯、长于斯的这个星球建成一个和睦的大家庭，把世界各国人民对美好生活的向往变成现实。”

中国共产党始终“站在历史正确的一边，站在人类进步的一边”。在《中共中央关于党的百年奋斗重大成就和历史经验的决议》中，坚持胸怀天下作为党的百年奋斗历史经验被郑重书写。之所以提出坚持胸怀天下，一方面，这源自中国古老的治国理政智慧，在这种智慧中，天下既是治国理政的环境、对象，更是应当有的一种心胸、气度。没有一种天下的气度，无论是具体的政策措施，还是长远的战略规划，都具有相当的狭隘性，因而也就难以获得好的治理效果和社会认同。当今世界某些国家所坚持“本国优先”“本国第一”，从胸怀天下的角度看来，是十分狭隘的，并且难以持续长久。另一方面，提出坚持胸怀天下，还体现了中国共产党作为马克思主义者本就有的远大追求。中国共产党人首先是中国人，因而他们以追求中国的强大、追求中国人民的幸福为要务。但中国共产党人也是诚挚的马克思主义者，从而也就是从人类的整体命运中把握中国与世界命运的理论者与行动者。

以世界眼光关注人类前途命运对中国共产党和中国人民来说意味着什么？这意味着中国将越来越坚定自己的战略主张，在重大国际事务上根据历史经纬和是非曲直作出自己的判断，表明自己的立场；意味着中国在提升自己的发展水平的同时，也愿意帮助一切向中国寻求帮助的国家和人民提升自己的发展水平；意味着一些不公正不平等的规则和秩序被滥用的时候，一些所谓的普世的价值观和制度模式被强加于别的国家和地区的时候，中国有权利也有意愿站在人类进步的一边发出强有力的声音，采取必要的行动。党的二十大报告再次宣示：“我们坚定站在历史正确的一边、站在人类文明进步的一边，高举和平、发展、合作、共赢旗帜，在坚定维护世界和平与发展中谋求自身发展，又以自身发展更好维护世界和平与发展。”

放眼当今世界，一些国家或国家集团无视人类命运共同体的基本理念，直接或间接地对另外一些国家采取了足以破坏国家间基本信任与安全感的行为，从而引发了激烈的反应。这种“回旋镖”式的博弈，不但给人类带来了自“二战”以来从未有过的不安全不安定感，也带来了深刻的理念与认知方面的挑战。面对这种全人类必须共同应对和解答的不确定性与挑战，中国展示出了其独特的智慧。中国将坚定维护多边主义的核心价值和基本原则，坚持互利共赢，坚持求同存异，坚持公平正义，坚持合作发展，为人类文明进步贡献智慧和力量。中国的实力越增强，世界上维护和平、发展、进步的实力就越增强，呼唤公平、正义、合作的声音也就越嘹亮。

总之，比总结历史更难的，是预见未来。然而，如果有确切的判断依据，未来也并非不可预见。党的十八大以来，在新思想指导下，中国的发展取得历史性成就、发生历史性变革，实践以确凿无疑的方式证明了思想的威力。面向未来，有理由相信，中国的样子，最接近的必将是新思想所描摹的样子，这就是：人民过上更好的生活，国家实现更好的治理，民族日益走向复兴，世界越来越得到更多关切。人们清晰记得习近平总书记在 2014 年 5 月 4 日同北京大学师生座谈会上的讲话中一句掷地有声的话："一个民族、一个国家，必须知道自己是谁，是从哪里来的，要到哪里去，想明白了、想对了，就要坚定不移朝着目标前进。"①

眼观当下，心怀未来，面对复杂的发展形势、复杂的国际政治经济环境，面对国内周期性和结构性矛盾，该如何应对？如果一定要用一句话概括，或许没有比这句话更合适的了：中国共产党作为使命型政党以中国式现代化全面推进中华民族伟大复兴。

① 习近平：《积极培育和践行社会主义核心价值观》，见《习近平著作选读》（第一卷），人民出版社 2023 年版，第 242 页。